文化性动物

人类的本性、意义与社会生活

The Cultural Animal

Human Nature, Meaning, and Social Life

[美] 罗伊·F. 鲍迈斯特（Roy F. Baumeister）著

张建新 等译

华东师范大学出版社
·上海·

图书在版编目(CIP)数据

文化性动物：人类的本性、意义与社会生活/(美)罗伊·
鲍迈斯特著；张建新等译.—上海：华东师范大学出版
社,2021
ISBN 978 - 7 - 5760 - 1141 - 8

Ⅰ.①文… Ⅱ.①罗…②张… Ⅲ.①社会学-文化
人类学 Ⅳ.①C912.4

中国版本图书馆 CIP 数据核字(2021)第 034838 号

文化性动物

人类的本性、意义与社会生活

著　　者 [美]罗伊·鲍迈斯特(Roy F. Baumeister)
译　　者 张建新 等
责任编辑 彭呈军
特约编辑 张艺捷
责任校对 廖钰娴 时东明
装帧设计 高 山

出版发行 华东师范大学出版社
社　　址 上海市中山北路 3663 号　邮编 200062
网　　址 www.ecnupress.com.cn
电　　话 021 - 60821666　行政传真 021 - 62572105
客服电话 021 - 62865537　门市(邮购)电话 021 - 62869887
地　　址 上海市中山北路 3663 号华东师范大学校内先锋路口
网　　店 http://hdsdcbs.tmall.com

印 刷 者 上海锦佳印刷有限公司
开　　本 787×1092　16 开
印　　张 25.75
字　　数 393 千字
版　　次 2021 年 5 月第 1 版
印　　次 2021 年 5 月第 1 次
书　　号 ISBN 978 - 7 - 5760 - 1141 - 8
定　　价 78.00 元

出 版 人 王 焰

(如发现本版图书有印订质量问题,请寄回本社客服中心调换或电话 021 - 62865537 联系)

译者序

有关文化心理学和跨文化心理学的西方学术著作,在国内已经陆陆续续地翻译出版了不少本(册)。当华东师范大学出版社询问我是否愿意组织人员翻译《文化性动物》一书时,我确实因上述原因而犹豫过。我要求先看看书稿,再做决定。随即我又在互联网上查看了有关本书作者的情况。

《文化性动物》一书的作者是美国人罗伊·鲍迈斯特(Roy F. Baumeister)教授,他现在澳大利亚昆士兰大学心理学院任教,教授社会心理学。已近 70 岁的鲍迈斯特教授发表过 500 多篇科学杂志研究论文,并撰写了超过 30 本的学术著作。2013 年美国心理科学联合会(APS)授予他威廉·詹姆斯奖(William James Fellow Award),以表彰他在职业生涯中对社会心理学作出的贡献。特别是,网上他的照片让我想起来,我似乎在某一个国际会议场合与他交谈过。他是一位很谦和、又很广博的学者。他所取得的成就令人肃然起敬,让人有足够的信心去假设,他的著作值得翻译,并可介绍给国内的读者。

但是,促使我最终决定翻译此书的理由,并非上述两个。最为重要的原因在于,作者在进化论前提之下对人的本性进行了重新建构,从而在书中展示出了一种标新立异的创新思维和勇气。通读全书后,你会强烈地感觉到,鲍迈斯特教授试图通过一种既谦逊又自信的方式,尝试探索和建立一个新的思考框架,以便整合社会心理学、历史学、人类学、社会学、政治学和经济学等学科已有的研究证据。正像作者自己在序言中开宗明义地表明的那样:我决定描述一个新的模型……它与我(写书的)最初设想之间出现了完全而根本性的改变……人类心智不再仅仅是一个由独立的工作部件随机组合起来的集合,它也许是为着某些非常特殊的东西而设计出来的……经过一番努力思考后,我为本书定下了这样的主题:自然是为了文化而创造出人类,因此,由自然选择设计出的人类心理,是为了让人们能够从属于文化。我的观点却是,文化一直都在影响看自然。我被作者在书中表达的新思路所吸引,认为本书内容所包含的是一个需要足够勇气和宽泛视野才可以设计的思想实验,它可能会为心理学、特别是社会心理学和文化心理学带来一个重新启动思考预设的新方向。这才是我最终决定接受翻译此书任务的原动力。

人类心智受到自然和文化两种环境的影响,这是一个被广泛接受的观点。但人们一般都认为,文化是在人类的生产力发展到一定水平的基础之上,才产生和发展出来的。如果一种动物还处于只为生存和繁衍而活动的阶段,则是不可能具有文化的;只能说各种动物具有某种习性,而没有真正意义上的文化。汉语"文化"中的"文"字,有"装饰"的初始意义,由此可以推测,"文化"是在人类有时间、精力和资源进行装饰活动时,方才产生的事物;在英语、法语、德语等拉丁语系语言中,"文化"与"种植"具有共同的词根,可见"文化"在西方的语境中也是农业萌芽后才有的东西。当然,文化一旦产生,就会反过来塑造和促进人类心理的变化和发展。可以说,大多数与文化相关的心理学教科书都是基于这样的预设,去组织和综合各种已有的研究证据的;更进一步说,大多数实证研究也是基于这样的一般预设,去形成研究问题、提出研究假设、设计实验方案和采集样本证据的。其结果当然都会更进一步地加强了人们初始的预设,认为文化为人类所特有,只有人类才享有文化带来的积极影响,当然,也只有人类才受到文化的强烈制约。

但本书颠覆了这个一般性的预设。它假定,文化其实先于人类而存在。因为文化在某些动物活动之中,已经向大自然显示出自己所具有的优势,即较之个体的聪明和群体的力量,文化是一种更有利于物种生殖与繁衍的存在方式。因此,大自然便在各个物种之中进行选择,让那些已经在生物学意义上为文化准备好的物种,为利用和享用文化而进化和演进。这个物种便是在漫长的演进过程中充分利用了文化的优势,从而进化为超越其他动物而独步自然环境的人类。也就是说,文化不是人类进化的结果,而是人类进化的目的。是大自然选择了人类这个物种去进入和适应文化,以帮助生物物种更好地达成生存与繁衍的最终目标。当然,在更广泛的意义上,文化反过来也改造了自然。

按照作者对文化的定义,文化是一种以信息为基础的系统,它让人们一起生活,满足彼此的需求。文化利用信息组织人们的活动,提高生存与繁殖的努力。我们使用信息(意义)帮助自己更有效地应对物理世界,也使用信息帮助自己更有效地与社会世界中的其他人打交道。所以,只要一个物种能够以某种方式利用信息,传递意义以联结起更广泛的个体和群体,那么就应该算是具备了文化。爱德华·威尔逊在《社会生物学》一书中曾列出了众多以如此方式生活的动物,比如白蚁、蚂蚁、蜂类、鱼群、鸟群、猫鼬、海豚、大象、狮子、鬣狗以及与人类最为接近的猿类。比如,西方学者观察到,山雀的行为就具有某种文化的特性。20 世纪 50 年代的一个晴朗的早晨,一只山雀用嘴啄开了放在一户人家门口的牛奶瓶的瓶盖。几周后,附近山林中所有的山雀都学会了这种开瓶技术,并把这种技术传给了下一代。另外,乌鸦能互相学习制造和使用抓捕食物的工具;在许多地区,唱歌的小鸟竟然还创造了"方言"。再比如,狮子是群居动物,也是领地意识极强的动物。雄狮日常的一个重要任务就是巡视领地边界,并时时留下尿液进行标记。通过尿液散发着的味道信息(人类味觉退化,或许无法感知这类信息),狮子向其他陌生狮群和狮子猎物传达着明确的意义:此地为我所有,不畏就来赴死。因此,狮子不仅靠群居生活的社会特性更好地生存和繁衍,而且通过领地信息与更广泛的狮群和猎物之间建立起某种共生文化,从而促进了某一地理环境之中生物总体的生存与繁衍。

毋庸置疑,越来越多的实例证明:人类不是唯一能够创造文化、并使之传承下去的动物,其他动物也可能有这样的本领。生物学家哈尔·怀特黑德曾经说过,如果动物也有文化,那么它们或许还会拥有思想。如果真是这样,那么人与动物间那个曾被长久认定的隔阂将变得微乎其微。或许,"人与动物之间并不存在那个把彼此分开的假想屏障"。总之,正如本书作者所言,文化并非人类特有,只不过人类被自然选择出来,将文化发扬光大、尽其所能而已。

甚至,人类所独有的大脑神经结构与功能系统也是为了能够利用社会关系和文化意义而进化发展的。众所周知,大脑是否存在自主意识、是否具备自主创新能力,是区别人和其他生物的标志。古人类学近些年的发现表明,人类最近的祖先和近亲——智人和尼安德特人(现代欧亚人与后者存在平均 1.5 % 的共享基因)的大脑都具有了意识,可以独立思考问题并行动,尼安德特人的大脑体积甚至比智人大脑的还大一些。按照常理而言,大脑的体积越大,人就会越聪明,实力会更强大。然而,在生存竞争中,尼安德特人最终还是灭绝了,而智人则成功进化为现代人类。

语言学家菲利普·利伯曼和解剖学家埃德蒙·克里林认为,尼安德特人低级的语言能力是他们灭绝的原因。他们根据尼安德特人建立了声道模型,然后用计算机测定其发音能力。研究结果表明,尼安德特人的声道像猩猩和婴儿一样,是单道共鸣系统,只能通过改变 C7 腔的形状来改变声音,发音能力十分有限。语言的落后影响了其思想的交流和社会的发展,因而尼安德特人渐趋灭绝。尼安德特人在种群基因、智力与工具、群体间信息交流和知识的共享方面,存在着远不如智人的劣势。也就是说,智人在利用文化方面远胜于尼安德特人。总之,生物特性——大脑体积并非决定人类祖先生存之争胜负的关键,智人取胜的关键在于,他们更适应于文化生活,即较好地掌握了语言——能够更广泛地交流和共享信息。因此,从这种新框架视角去看,我们现代人类大脑的结构和功能的进化,也受到了文化的影响和塑造,而不仅仅是生物自身演变的结果。

作者在书中还对如下"混淆"的认识进行了特别澄清,即人类的社会性等同于其文化性。"不同时代的思想者,从亚里士多德到阿伦森,都把人类称为社会性动物。因此在学界和普通人群中通行的说法都是,人类是具有生物属性和社会属性的动物,其中人类的文化属性被不容置疑地纳入到了社会属性之中,也就是文化性来源于、产生于或者包含于人们的社会属性之中。显然,这一认识混淆背后的逻辑是符合"文化是人类进化的结果"这一预设的。

当代的生物学研究显示,人类甚至不是典型的社会性动物。社会性动物是指那些个体一旦离开了群体,就无法独自生存的物种。比如,蚂蚁和蜜蜂的种群中都有严格的社会分工,蚁(蜂)后依赖于工蚁(蜂)供给营养,否则就会饿死,而工蚁(蜂)自己无法生育,则必须依赖蚁(蜂)后生产和繁殖下一代。它们的生存和繁衍完全取决于种群成员的社会分工,谁也离不开谁。但人类个体并非如此,从生物学角度讲每个人都是完整的个体,在脱离群体之后,也是能够独立生存的,或者说群体对于个体的生存是非必须的条件。当然,对于人类的繁衍,群体则是必须的。所以,在生存和繁衍的意义上,人类并非全然和典型的社会性动物。但文化则不同,离开了文化(比如语言及语言表征的意义),人类就与类人猿,甚至进化等级更低一些的社会性动物几无差异了。

因此,具有生物属性、社会属性和文化属性的人类,同时生活在了物理(生理)、社会和文化三个相互缠绕、相互作用和相互塑造的世界之中,但究其更胜于地球之上其他各种动物的原因,其实人类更是一种文化性的动物。

所以,文化如同社会一样,是先于人类而存在着的。作者就是以这样的方式,从一个全新的预设开始,将人所共知的社会心理学现有研究成果重新加以组织和安排,写成了《文化性动物》这本著作。我相信,未来社会心理学的研究设计和教科书写作都有可能会受到本书的影响,改而遵从一种新的思考框架。我将这一新的框架称为一种充满新奇假设的思想实验,或许未来我们能够获得更多的证据,用以证否或证实新的假设。当然,或许它注定只能成为一种启迪人们思想空间的理论构想,就像进化论本身因为没有地球之外的生物进化对照试验,其理论正确与否以及其边界条件如何的问题,是无法得到实验科学的验证的。除非有一天,人类在茫茫宇宙之中发现了另外一个类地球行星及生存于其上的生物,那时,生物进化论与创生论以及文化与人类谁先谁后之争等问题才会得以澄清。

未来是否能够证否或者证实本书作者的假设,对于社会心理学、文化心理学和其他相关学科的从业者当然是一个重大的挑战。但无论将来会怎样,对于本书读者来说,这还不是最为重要的。我以为,读此书最为重要收获似乎在于读者能够体会到作者的勇气和视野。在丰富的跨学科证据面前,要不拘泥于、甚至敢于放弃过往的理论模型和公认的参考框架,哪怕这些理论模型和框架出自于人类历史上具有最聪明大脑的思想家。这是中国学者所特别缺乏的一种创新精神,前人的书读了很多,许多人还进行了大量的实验研究,但始终都还是在他人的框架之中打拼,就是不敢或者不能从根本上挑战学科领域中的基本预设,提出全新的假想和少有人探求的思路。这就像孙悟空可以翻个十万八千里的跟头,却怎么都逃不出如来佛的手心一样。希望本书翻译出版后,不仅能够带给中国读者新视角和新思路,而且能够让更多学者受到启发,增添一些创新学问的精气神。吾虽未尝身至其境,当亦如是而行之矣。

行文至此,本可以转入最后的致谢环节了,但大脑仍不舍得就此转出来,似乎还有犹未尽之意。我早些年曾读过著名当代德国哲学家恩斯特·卡西尔(Ernst Cassirer)的著作《人论》。他在该书中提出:人与其说是"理性的动物",不如说是"符号的动物",亦即能利用符号去创造文化的动物。只有人才能够把动物作为条件反射的信号(sign),改造成为有意义的符号(symbol)。人能发明、运用各种符号,所以能创造出自己需要的"理想世界",从而摆脱被物理世界所局限和规定的动物命运。所以,人的本性就带有了文化的本质,"人是文化的动物"。卡西尔晚年移居美国并在美国任教,对美国当代人文社会学界影响至深,而《人论》一书又是以英文写就的。我在《文化性动物》一书的参考文献中看到了卡西尔的名字和被引用的他在 1955 年发表的英文译著《象征符号的哲学》(*The philosophy of symbolic forms*)。显然,卡西尔的思想对鲍迈斯特是产生过重大影响的。所以,尽管两人分别在哲学和科学界从事研究,但他们殊途同归地将人定义为"文化的动物"或"文化性动物",却并不令人感到意外。

我倒是建议,若读者在阅读本书的同时,还能抽出些时间去读一下《人论》(上海译文出版社,2004)的话,你会有更深刻的收获。在科学家眼里,他们已然在做着理论抽象的工作,但他们却被具象化在某个研究领域之中,是具象化的抽象;只有哲学家的思考才是超越领域的,才是真正对最终抽象层面抽象化的一群人。所以,鲍迈斯特为辩护"文化性动物"假说寻求具体的科学证据支持;卡西尔则为"文化的动物"进行了纯粹的思辨论证:符号思维和行为是人类生活中最富代表性的特征;符号是"指称者",具有功能性的价值;一个符号并不是作为物理世界一部分的现实存在,而是具有一个"意义";它使人类具有了命题语言,从而建立起符号化知识,超越现实存在的界限。当然,科学家使用的语言不是哲学符号,理解起来或许更容易一些。在这里需要提醒读者的是,鲍迈斯特与卡西尔不同之处不在于他掌握了更多现代科学、特别是社会心理学的实证结果,而在于他提出了:虽然文化只是最为原初的形式,但还是先于人类就已经存在了;而卡西尔则认为符号意义文化只归属于人类。

最后,我当然要衷心地感谢参与翻译本书的各位同事,他(她)们分别是美国的赵然(第一章和第二章),深圳的林丽(第三章),北京的吴丽丽(第四章),四川的王斌(第五章),北京的金玲(第六章)和武汉的黄端(第七章)。他(她)们大多是 80 后,英语水平较之我们处于他们同样年龄时高出了许多。因此,他们都能以出乎意料的速度完成初稿的翻译工作,为我进行统稿奠定了良好的基础。在此也特别感谢华东师大出版社的彭呈军分社长,他慧眼识珠,选了这样一本好的英文原著,并信任地交给我们来翻译。希望此译著能为出版社带来 2021 年的好运!

　　是为序。

张建新

2021 年 1 月 20 日

于北京天坛西门家中

献给我的女儿们

    据说,作者开始写作时会依据一个特定的大纲,并在实际写作过程一直遵循该大纲,因此,最终的成书会与最初构想十分接近。但更为常见的情况是,作者的思路在写作过程中会持续发生改动和演变。本书正是如此,它与我最初设想之间出现了完全而根本的改变。

    我最初的计划是,根据社会心理学的最新实验发现,对人性做一次新的总结和概论。我以为我有充分的理由去写这样一本书。心理学已经积累了大量令人印象深刻的研究成果,但这些成果多是零碎的,分布在数千篇期刊文章之中,而每一篇文章都只试图解释一两个小的问题。除非是这一领域的专家,否则绝大多数人都基本上无从获得这样大量的信息。因此这就导致了,每当其他领域的学者想要获得关于人性的普遍答案时,他们常常只得求助于弗洛伊德。我在这里并不想延续近几十年来心理学家对弗洛伊德所进行的时髦抨击,我甚至会承认,弗洛伊德是有史以来最伟大的天才之一。但是,他毕竟已经过时了。尽管我们应该赞赏他的正确思想,但我们也必须承认,他在许多其他方面都出现了错误,而且他还不可避免地疏忽掉了更多的方面。

    因此,心理学家在看到其他领域的学者仍然使用着弗洛伊德的人性模型时,会感到悲哀和恼火。由此,我决定描述一个新的模型,一个建立在弗洛伊德去世后几十年来心理学所积淀的知识基础之上的人性模型。当然我为此就要阅读大量的研究成果,并对它们加以概括和总结。当时我正在"斯坦福大学行为科学高级研究中心"作研究休假,所以这个想法对我有特别的吸引力。行为科学高级研究中心是一个跨学科的休假场所,我在那里的每一天,都会和其他社会科学的专家们进行交往。这些交流帮助我获得了完成上述任务所需的多元视角。毕竟,我习惯于只关注一些较为局限性的问题,因为我和所有身旁同事一样,都是经过严格培训的实验室研究人员。为了能够对心理学知识进行总结,我要从惯常的视角退后一步,尝试理解其他学科的学者希望从心理学这里获取怎样的知识。当我入住中心后,便开始与那里的社会学、经济学、政治学、人类学、历史学及其他学科学者进行各种交谈;一旦开始写书,我便总在心里考虑着,这些学者们将会期待心理学给他们提供什么样的知识或信息。

　　本书写作路径的关键,是我一开始就形成的一些基本想法。那时我想,心理学有几个主要的范畴,我要为每一个范畴划定其主要的知识框架。本书核心章节内容便反映出了这个知识框架:动机(人想要什么)、认知(人如何思考)、情感(人如何感受)、行动(人如何行动)和互动(人们如何对待彼此)。我写作时秉持着尽可能开放的心态,没有预设先定的规则或者不可言说的前提。

　　我用了几乎一整年的时间写书,通常每天都要工作好几个小时。每一章的写作大约花费一个月的时间。整个写作期间,我都没有一个总的设想或总的规划;这本书就是这样一章一章地完成的,我只求把写作按照合理的顺序安排好,并不给自己强加任何宏大的设想。事实上,我在很长时间里都坚持了这样的写作方案,我寄给几个可能出版商的书稿草稿,就是基于这样一个写作方案完成的。

　　当然,我对该书稿不太满意。我在写作中学到了很多,因此我后来认为,这本书应该成为一个更有用的资源库。但由于缺乏一个统领的设想,它看起来顶多不过是一份我阅读文献的综述报告或者只是一本教科书。我曾很努力地想要找寻一些方法来整合如此大量的材料,甚至在一些章节中我还写下了"万事万物如何融合在一起"的段落。但成书看起来仍然像是一个松散的总结。

　　终于有一天,当我坐在屋顶的游泳池旁,等待出版商的回音时,我开始认识到,庞大的信息量似乎真的已经准备好迎接对它们进行的整合解释了。人类心智不再仅仅是一个由独立的工作部件随机组合起来的集合,它也许是为着某些非常特殊的东西而设计出来的。心智内部过程服务于人际交往功能,每个人内心深处所发生的事情,正在促使人们形成不同类型的人际关系。

　　关于人类心理功能的绝大多数宏观解释,都可以回溯到两大原因:自然与文化。我原以为这不过是些口头说辞而已,但这时我开始意识到,人们谈论自然与文化的标准方式,在许多关键方面都是错误的。经过一番努力思考后,我为本书定下了这样的主题:自然是为了文化而创造出了人类。因此,由自然选择设计的人类心理,是为了使人们能够从属于文化。

　　传统心理学观点认为,自然在小概率发生的个体生存和繁殖的基础之上,为人类装配了某些心理模式;然后,文化才又在自然装备之上形成并产生影响。学者们的争论通常都围绕着文化在多大程度上影响着人类行为,而不是将大多数行为模式归因于自然。而我的观点却是,文化一直都在影响着自然。

　　要使这一观点看起来更加合理,就必须满足几个标准。幸运的是,最近众多的研究进展对我的设想有极大的助益。如果能在其他动物种群中观察到文化的原始形态,那么文化影响自然的观点就会显得更为合理,而最近的证据恰恰表明,其他几十个动物种群之中确实存在着文化。另一个要达到的标准是,文化必然为物种带来益处的假设,要能够经受得住"生存与繁殖"这个冷冰冰的生物学标准的衡量。同样的,恰恰也有证据表明,人类由于归属了某一种文化,他们生存与繁衍的状态得到了改善,即使在现代技术和医学出现之前也是如此。

想要了解文化对人类的助益,就需要掌握诸如政治与经济等系统如何运作的知识。这些知识与生物学知识联系了起来,推动我更进一步去了解当代进化生物学的思想。我必须坦率地承认,我在所有这些生物学领域都不是专家。我获得的是社会心理学博士学位,社会心理学现在仍然是我的专长。毫无疑问,我或许因此而忽略了其他领域重要的精微之处。对此我感到很抱歉,但又别无选择。因为只有跨越了从经济学、社会学到生物学的漫长路径,我才能获得能为心理学知识提供恰当解释的背景。

经济学家懂得,贸易会增加财富,劳动分工会提高生产力。历史学家、社会学家和科学家知道,知识是在文化中不断积累的,从而为人类带来了进步,这样一种进步在非文化动物种类中是闻所未闻、甚至是难以想象的。因此,成为文化系统的一部分,人们便能够比独居的个体生产得更多,生活得更好。这些文化助益当然还可以从生存与繁殖的角度来加以衡量。因此,我设想,人类之所以进化,就是为了获取因为属于某个文化而能得到的那些好处。

当我决定以这样的解释思路重新安排本书的内容后,我又经历了如下几个阶段。我写信给看过之前草稿的出版商,告诉他们我已经有了一些新的想法,想重写这本书。开始时,我想要用第一章内容来概述我的新想法,但保持其他章节内容不变。之后,我又想,我也许应该让所有章节的内容都与"文化性动物"这一主题联系起来。然后,我逐渐地意识到我非得重写整本书不可。这又花掉了我整整一年的时间,我要不断地研磨自己的耐心。本来应该已完成的工作,现在却要超过最后期限,还得另花上一整年的时间去写作,这对于我这样一个有时间意识、按日程安排做事的人来说,实在是难以忍受的。然而,新想法的兴奋与刺激使我坚持了下来。每周似乎都有一些新的启发和新的想法涌现出来。新的思想总是让我兴奋不已,在重写本书过程中尤为如此,虽然每一个新出现的想法都会让我面对再次修改的压力。在随后的整个过程中,我不得不时常甚至有些变态地告诫自己,写这本书时我可以去不理会(新的和旧的)最后期限,要尽可能地投入必要的时间和精力。

我要感谢所有帮助和支持我最终完成这本书写作的人。凯萨琳·沃斯(Kathleen Vohs)给予我极大的帮助,她通读了整本书的草稿(有些部分反复阅读多次!),并慷慨地、详尽地与我分享她的想法。与她一起进行的讨论,使本书的某些部分得到了理论重新建构。张丽青(Liqing Zhang)阅读了早期的草稿,给了我一些详细而有意义的评论。我也很感谢参加我在 2002 年秋季为凯斯西储大学(Case Western Reserve

University)举办的探讨班的研究生同学们,他们在研讨班上提出了许多建议,当时正是这本书处于从最初的(人性)书稿向现在(文化性动物)的主题过渡的艰难时期。

其他几个人也作出了重要的贡献。感谢牛津大学出版社编辑琼·博塞特(Joan Bossert)的指导。一直以来我都很钦佩她,和她一起工作真是太好了。内森·德瓦尔(Nathan De Wall)和马修·盖利奥特(Matthew Gailliot)为我提供了有价值的帮助,他们帮助我寻找那些古老的参考文献,使这项令人沮丧无助的工作变得至少可以忍受。布拉德·布什曼(Brad Bushman)阅读了全书,并给予了一些建议,乔纳森·海特(Jonathan Haidt)为若干关键文献提供了有益的指导。

我还必须感谢下述几个机构。感谢凯斯西储大学给了我研究假期,让我在这一期间能够进行研究并完成书稿第一稿的撰写。尽管现在我离开了这所大学,但我永远感激它多年来对我的支持。我的研究休假是在斯坦福大学行为科学高级研究中心(Center for Advanced Study in behavior Sciences)度过的,那里拥有促进智慧萌生的环境,那里的工作人员和学术资源尤其有帮助。我也很感谢该中心提供的弗里茨·雷德利希奖学金(Fitz Redlich Fellowship),它为我在中心一年的工作提供了支持。更宽泛地讲,我还要感谢佛罗里达州立大学(Florida State University)和国家精神卫生研究所(the National Institute of Mental Health),他们对我实验室工作提供的财政支持,使我可以腾出足够的时间来完成本书的写作。

最后,我要感谢妻子戴安娜·提斯(Dianne Tice)给予我的支持和鼓励。在我艰苦写作的两年时间里,她尽力使家庭和家人团聚在一起,同时,她还阅读了我不断修改的书稿,提出了许多有益的建议,并帮助我形成和发展了本书的思想。

目　录

1

文化性动物

因为打折促销,这天的商场显得格外拥挤。琳达给孩子们淘了几条牛仔裤,然后匆忙赶到百货店外,与等在那里的丈夫——杰克汇合。当她看到杰克后,朝他招了招手。杰克微笑着告诉她,他刚刚路过女装店,发现那里有一些很好看的套装在半价促销。于是他们一起走进了女装店。琳达并不喜欢橱窗上的展品,但是在店里,她发现了一件非常适合她的毛衣。可惜的是,那件衣服并不打折。杰克拥抱着她,让她不要担心这些,随后掏出了自己的信用卡,果断地买下了这件衣服。

琳达走出了女装店,她的内心因为这件新的上衣而欢欣愉快,还充满了对丈夫杰克的爱意和感激。在人头攒动的商场中心,她把丈夫拉到自己身边,紧紧抱着他,并给了他深深一吻。杰克也愉快地回吻了琳达,他感觉到自己内心升腾起一种巨大的欲望。于是,他们把买的东西都放到了地上,开始脱彼此的衣服。商场的地上铺着柔软的地毯,很好地贴合着他们赤裸的肌肤,他们在上面拥抱、做爱。一些购物者停了下来,驻足观看。其中一人开了一些鼓励的玩笑,另外两个人简短地评论了一下杰克臀部的动作。但是更多的人则行色匆匆,继续奔向他们的购物目标和打折商品。在几分钟激烈而满足的性爱之后,小两口再次彼此亲吻,并把衣服穿了起来。此时,杰克问道:"我们还需要买点什么吗?"琳达说,她还想去鞋店,看看那里有没有女儿要的那种品牌的足球鞋。

正如你们所推测的那样,你读到的这个故事是虚构出来的。人类通常不会在商场或任何公众场合发生性行为。然而,这是为什么呢?

毕竟,几乎所有其他种类的动物都不羞于在别的动物面前进行性行为。当然,在某些特殊情境下动物们也会寻找私密空间,例如,一只动物与第三者的固定配偶进行交配的时候。人类也同样有禁忌的性行为。但人类文化允许结了婚的配偶之间有性行为,所以夫妻间没有什么禁忌。通奸者或性变态的人是要尽量避免被人捉奸在床的,但是为什么结了婚的配偶也不愿意让他人看到自己在合理合法婚姻中的性行为呢?如果可以做些什么的话,他们应该因为已经得到了社会的认可,而更愿意在公共场合做爱才对啊。

那么,是因为人们做爱时看起来很滑稽么?这不是一个令人满意的答案。如果你见过兔子、狗或者其他动物的交配,就会知道它们的性交动作看起来也很滑稽,但这并没有妨碍它们进行性交。雄兔子在交配的时候,眼珠子瞪得滚圆,姿势怪异地贴在它毛绒绒的伴侣的后面,盆骨极速地摇晃。不过它并不会因为其他兔子看到并嘲笑它交配行为的可能性而停止交配。事实上,其他兔子也没有嘲笑它:它们可能会盯着它看,但是从它们的表情上你很难读到嘲笑或嘲讽。看来它们天生就没有彼此嘲笑的能力,缺乏嘲笑其他兔子的前提条件之一,就是它们并不把自己当作是由心智相同、相互理解的个体组成社群中的一员,因此它们不具有任何身份认同受到威胁、尊严受到损害这样的概念,所以它们也没有嘲笑其他兔子的依据。

避免在公共场合发生性行为只是人和其他动物许多区别之一。性是大部分物种(当然不是全部),特别是大型哺乳动物,都会做的生物学意义上的自然行为。生物学家以及进化心理学家观察到了很多人类的求偶模式,同时他们正确地注意到了人类与其他物种在求偶模式方面存在着相似性,但也有着深刻的差异。[1] 比如,在其他物种中都没有见到过诸如乳胶装、恋物癖、黄金浴、专业鞭笞服务、电话性聊、性幻想的媒介分享[如《阁楼》(*Penthouse*)杂志上发表的信件],以及更多形形色色的特殊性愉悦玩法。最近几年,物种间的相似性受到了人们很多的关注,但是物种间的差异也需要得到更多的解释。毕竟,单纯而原始的动物性行为在其他物种中可以很好地运行,但是为什么到了人类这里它就突然转型了呢?

回答这些问题的一个标准说法就是,人类既被自然、也被文化塑造着。因此,在历史的环境中,琳达和杰克所处文化告诉他们不要在公共场合做爱。但是,这个答案也不那么令人满意。为什么文化要教导人们这么做?就像我们刚刚提到的,大多数文化允许配偶间进行性行为,而且在公共场合进行很多被社会认可的行为还会得到人们的尊重。那么,为什么众多的文化在这方面都如此相似呢?不会有这样的事情发生:美国的游客到了西班牙、印度和秘鲁后,意外地发现那里结了婚的配偶在公共场合或商场发生性行为。几乎所有的国家都有餐厅,但是你有见到过人们在那里等餐前(毕竟,这是很高效的消磨时间的方式)进行性行为的吗?

相反地，绝大多数社会中的人们会寻找私密的空间来进行性行为。当然我们需要承认，有时候人们（例如那些不能负担拥有私密空间的穷人）会找个黑暗的地方妥协将就一下。在人类历史上，有很长一段时间都是一大家子，很多人住在一间小棚屋里，这么多人都挤在一个房间里睡觉，那样的房间与狗窝没有什么不一样。很显然，即便在这样的情况下，配偶也是要进行性行为的，因为事实证明，人类的典型婚姻生活一直在延续着：怀孕并生儿育女。他们也许是在深夜进行，假设孩子们和亲戚此时都已经睡着了，他们很可能也会很安静地做爱，以免吵醒屋里的其他人。

孩子就是这样生育出来的——在尽可能最大化的私密空间里进行，婚内性交从来不是表演给在周围欣赏、并在高潮处给予鼓掌支持的观众们看的。

那么我们还是要问，这到底是为什么呢？对性行为私密性的嗜好似乎是人的天性，而非一种特殊的文化规定，但是为什么呢？社会允许婚姻中的配偶有性行为，而且在历史上大部分时期绝大多数社会都希望能够增加人口，那么合法的性交应该是对社会最大利益的贡献呀。为什么不鼓励人们在观众的喝彩中表演性行为呢？最可能的原因就是，这是一种人类天性的设计奇巧，是某些人类关键品性的一种副效应。

人们为了从属于一种文化，需要像他人看自己一样看自己，还要担心他人如何评价自己。这种觉察意识对于男女的性反应都是有损害的，它给男性带来的萎缩效应会经常性地抑制性交行为。就算是成人色情影片中的专业明星也会在工作时出现勃起困难（虽然"伟哥"的使用在近几年有效地缓解了他们的职业风险）。为了使我们能够在文化中生存，自然赋予了我们自我觉察意识的能力，而所有文化都在利用这种能力。自我意识对于性行为是不利的，特别是当性爱之中的人想象到旁观者正在评价着自己时，更是如此。[2]

本书的主旨就在于探讨，自然是如何为使人们参与文化社会生活而设计出了他们的心智。这种设计导致了两方面的改变。一种改变直接影响了人类的生物学结构；而另一种改变的影响则是间接的：我们的生理使我们终生能够进行学习和发生改变，文化和社会的影响从而也能够不断地塑造着我们。这两方面的改变叠加起来，就造成了人类心理学的众多特殊而不寻常的特征。

对于性隐私的普遍渴望可能只是这些深刻改变的一种副效应而已。比如，较之其他任何一种物种，人类具有可以推断他人的思考和情绪过程的强大能力。这种被称为**读心**或者**心理理论**的模式,让我们对于他人如何看待我们更加敏感。这种推断他人想法的能力对于我们参与复杂的社会交往至关重要,但或许也是让我们很难在有他人观看的情况下进行性行为的原因。兔子交配时看起来很滑稽,但是它们并不会相互嘲笑,或许是因为它们缺乏意识到其他观看的兔子可能正在评判自己的行为的心理能力。对于你我来说,正在交尾的雄兔子看起来很可笑,但是它并不这么认为,即使其他兔子真的觉得它很可笑,雄兔子可能也没有能力对此做出推测。因此,当它有机会和一位年轻可爱的兔小姐发生点什么的时候,它根本不会在乎周围看热闹的家伙。所以兔子们是不会介意其他同伴观看它们自己的性行为的,但对于人类来说,这就构成了一种障碍。我们是不同的,被他人评价的意识可能在很大程度上干扰我们的性唤起。像他人看自己那样看自己,以及在意他人想法的能力,是使我们成为人类的关键一环——如果你要在文化中生存,那么这种能力就是不可或缺的。

换一种更好的说法,我们可以说人类的性行为是被**文化化**了的。这并不是否认人类性特征与其他哺乳动物有很多相似之处,也不是否认生物和自然依然是塑造人类性特征的重要力量。只是在此之上,人类的性行为受到人类所处的文化世界生活的影响。文化之中的人类是有自我意识的,他们意识到自己是同类群体中的一员,并且这个社会群体秉持着特定的信念和价值观——其中的一些信念或价值观是可以被他人用来评价个体的性行为的。这些事实从主观体验和客观行为两方面改变了性。人类根本不能再回到如同雄性兔子交配时那种毫无顾忌的疯狂状态了。甚至当性行为在法律、道德、精神和社会层面都是合理的情况下,我们也都不愿意让他人看到我们的性行为。因而合理性的解释显然不够。

7　　当我提到性行为被文化化时,并不是指文化的差异。自我意识的最基本现象在于,隶属于任何和所有文化社会使我们天生就具有的特性包括:预想别人如何看待你;根据共同的信念和价值观评价自己和自己的行动;在意别人如何评价自己等。在本章后半部分我会论证,聚焦文化差异的研究其实已经使很多接受过严格训练的优秀社会科学家们低估了文化的力量和重要性。各种文化和社会在很大程度上都存在着很多相似性,而正是这些相似性揭示了人类本性的关键方面。确实,这些相似性或许就是人类天性被设计成这样的背后的原因的体现。

当然,人类性行为还是存在着一些文化差异的,特别是在哪些行为应被表扬、哪些行为应被谴责这个方面;而且人类和其他哺乳动物在性方面也存在着一定的连续性和相似性。但是，人类的性行为已经不再是单纯的动物性遗留了，其改变的原因就在于，人类首先被自己的基因，其次被自己的社会环境塑造更新了，为的就是要在文化中生存。

生活在三重世界

人类和动物在许多方面都很相似，但两者在其他许多方面又十分不同，比如上面提到的公众场合性行为的例子。对于异同相混合现象的通常解释都是：人与动物的相似是自然的手笔，而两者的差异则是文化的教化。我的理论将给予自然和文化同样的影响力，但是我不会按照传统的方式来书写它们。

几乎所有专家在解释自然与文化的问题时，都会假设自然排在第一位，之后才是文化。因而，学者的争论就集中于下面的问题，即自然在多大程度上为人类的本性铺垫好了基本框架，从而文化又有多少自由空间去改变人类心理的最终性状呢？我的观点是要将文化提升至因果链上的更早期和更显著的位置上。文化实际上引导着自然，人类本性的设计形成的部分目的就在于要使人拥有文化能力。

本书试图对人类的基本心理功能作出一个全面的综述，这些功能包括了欲望、思考、情绪、行动和互动，以及它们之间的相互影响。为了知道人类心理是如何组织在一起的，我们需要了解它的功能，也就是它被设计出来的目的是什么。从这一角度来讲，相似和差异便都具有了意义。人类具有和其他大多数动物一样的基本需要和需求，但是人类会使用不同的策略来满足自己的欲望。

任何物种内部存在的绝大部分东西，都可以帮助该物种应对外部存在的东西。所有有机体之所以以现在的方式存在，是因为只有这样，它们才可以有效地应对外部环境。"环境"一词可能太过笼统，因为它混合着不同的组成部分。将我们生活的世界区分为三个世界或许是有用的。人类心智一定具有适应这三个世界的某种内部结构。

第一世界是物理环境。所有生物都需要从物理环境中获取一些东西从而生存下去。几乎所有生物都需要某种形式的食物、水和空气。因为（至少到现在为止），自然界还没有创造出不朽的生物，所有生物都必须用自己的方式来繁衍，以保证自己种族的延续。生存和繁殖是生物成功的普遍特点，所有生命体都需要生存与繁殖。人类也同样需要。

所有生命体因而都具有帮助它们从物理世界获得所需东西的某些内部结构。

大部分植物通过根或叶子来获取所需要的东西。大部分动物需要进食，为此它们就必须有嘴以及某类消化系统。寻找食物也是一类常见的问题，因此动物必须有某些感觉（如视觉、味觉）来获取周遭物理环境的信息，以及从大脑获取信息，以便分辨出哪些东西可以食用、哪些东西不可以食用。

对于一些动物来说，这些就足够了。只要这些动物多数时间独自生活、直接与物理环境互动获得到它们所需要的，那么它们的心智就根本不需要那么复杂。它们所需要只是其内部结构能帮助它们寻找到自己生存和繁殖所需要的。

但另一些动物则生活位于物理世界之上的第二世界中，这就是社会世界。社会世界的存在是因为它给正在进化中的动物提供了一种应对物理环境的更好方式。相对于一只狼单独猎食，一群狼共同狩猎可以围杀更大型的动物。社会性动物可以更好地生存和繁殖，而若它们还是单打独斗的话，生活就不会是这样了。社会互动因此成为了一种生物策略，它的成功与否可以由生存和繁殖的生物标准来衡量。

但是社会生活并不是那么容易的。为了能够进行社会交往，动物必须要增加内部结构，不能只具有获得食物和水的内部结构。社会交往需要与他人合作的能力。这就需要动物具有在某同程度上知道它的同伴将要做什么和如何进行回应的能力，以及影响他人和被他人影响的能力。这样的动物必须有组织群体和共同作出决定的能力。狼群或蜂群在为同一个目标工作，且当这个目标是为它们所有个体利益所选择时，它们才会成群结队地集体行动。至少它们需要某些内部心理机制来让它们加入集体、像伙伴们一样地行动。

文化则构成了第三世界。极少数动物会使用这种策略，只有人类物种开始从文化的潜在力量中获益，从而使自己生活得更好。文化是进行社会生活的一种更好的途径，就是说，文化是一种更好应对社会和物理环境的策略。究其根本，文化发展起来也因为它为生存和繁殖这一生物目标做出了贡献。可以确定的是，文化的发展增加了很多的想法、目标和意图，但是自然选择创造出这些为文化所需的能力，就是因为一些动物发现利用文化能够更好地生存和繁衍。

但是，既然文化如此之好，那为什么只有极少数物种拥有文化？几乎可以肯定的是，这是因为文化是很难由自然提供。生活在文化世界，较之生活在社会世界和物理世界需要多得多的内部结构。自然选择花费了相当长的时间才形成这些内部结构，让拥有这些结构的物种能够具有文化的能力。我们将要看到，文化相应的要求远远高于大多数社会性动物所能够应对的水平。

我们可以将食物作为例子来展现这三个世界的递进关系。所有生物都需要从环境中获取某种食物。那些生活在物理环境中的生物只需要具有让它们找到并吃掉食物的内部结构；那些生活在社会世界中的生物还需要有心智来与同种伙伴互动，而一旦这些内部结构到位后，社会性动物将会获得比单独生活时更多、更好的食物。最后，我们这样极少数幸运地生活在文化世界中的动物则需要相当多的内部结构；通过利用文化策略，我们就可以获得比那些单纯的社会生物更多、更好的食物。

我们确实比其他动物吃得更好。即使在美国中部的寒冷冬天，冰雪覆盖着大地，人们也能吃到新鲜的水果、鱼和各种肉。发达国家的现代人类可以自豪地说，他们可以在饭店或超市买到食物，不再需要宰杀或者种植食物。必要时，他们还可以叫外卖。任何其他物种都不会有餐厅或外卖服务。在漫长而干燥的寒冬，一匹狼可能也希望能够去趟超市，采购大量包装好的肉，但是狼不具有文化，所以它们也不能创造出超市。

10

文化的本质

文化一词被不同领域的人们以不同的方式使用着，因此给它下一个令所有人都满意的简单定义并不容易。如果要让我下面的讨论更好地被理解的话，那么现在就有必要花一些时间来思考一下文化牵涉到了什么，如果这些思考不仅仅是让我们下面的讨论看起来还算有文化的话。长久以来，人类学都宣称文化是该领域所特有的概念，而其他领域学者主要都是借用人类学的理解。但是近些年来，一些人类学家开始批判人类学领域对文化的解释，而这种批判让文化这个概念失去了先前的家园。

人类学家威廉·休厄尔（William H. Sewell）[3]很好地总结和评价了这场争论的要点。文化是部分隶属于社会生活的一个类别或者一个方面。人类学家们以不同的方式来界定它。第一种观点是，文化是习得性行为。它是由人类某个群体创造并代代相传的一系列信念、习俗、制度、风俗、传说以及喜好的综合。第二种观点与第一种有些关联，文化是一种意义和符号的体系。著名的人类学家克利福德·格尔茨（Clifford Geertz）扩大了这种解释的影响，使之成为人类学自20世纪60年代以来占主导地位的观点。凡本书讲到文化珍视某种类型的活动和主张某种信念时，我们实际上就是在遵从第二种观点。

第三种观点与第二种正相反,用**实践**一词来抓取文化的意义。[4] 就像该词暗示的那样,它强调文化是人类为生存而战的一个实践活动的范围。这种观点的提倡者不认为文化是共享而统一信仰下的一种逻辑、协调的体系,相反文化暗含了冲突和分歧。例如,加拿大文化之所以被称为一种文化,并不是因为加拿大人拥有统一的信念、价值和符号,而是因为他们采取了共同框架来指导自己的日常生活。在加拿大的法律、金融、语言、卫生体系、交通运输等文化的框架之下,加拿大人过着自己的日常生活,开车、上班、交房租、购买食品、做爱、治病、教育子女,等等。

但这些关于文化的观点并非像学术界争论得那样彼此不可调和。休厄尔教授本人揭露了这种虚假的二元对立。[5] 他指出,文化系统和日常实践能很好地并驾齐驱。或许早先的人类学家错误地高估了文化的同质性,但若不完全抛弃文化是共同认识这一观点,高估错误就无法得以纠正。比如在美国,共和与民主两党对于什么是最好的政治策略存有很大的分歧,但是这些分歧多是隐含在一些共同认识和协定之下的,两党的共同之处足够让他们都被称为是同一个文化的组成部分。尽管他们在一些具体细节上观点不同,但是他们都在同样的**意义世界**之中生活及行动。我们只需要认识到,文化是一个意义的世界,它不必是一个由完美统一协调起来的信念构成的世界。相反,文化就是一个由松散地联系在一起的预设、公开质疑、争论和改变组成的世界。

严格来说,没有共同的理解,争论甚至都不可能发生,因而争论也很难破坏那些在共同理解下的信念。美国人在堕胎是否应该合法化等的问题上有很大分歧,但是在争论中他们常常会引用那些与反方共同认同的预设和价值观,比如生命的价值、对个人的尊重、法治的力量以及个人选择的自由,等等。

日常实践同样也会运用到共同的理解。世上有数十亿的人都知道什么是一美元,虽然每个人对待美元(或一般货币)的态度可能非常不一样,但是人们都同意使用美元可以有效地买卖货物,即使与之打交道的是完全陌生的人。

此外,即便人类学家拒绝把文化视为是一种静态系统的简单观点,但他们还是没能够触及文化的全部主题。马歇尔·萨林斯(Marshall Sahlins)引用了他一位同事的话说:"不管人类学家喜欢与否,似乎人们——不只是那些拥有权力的人——都需要**文化**,他们最需要一种有约束性的、具体化的、本质化的和永恒化的文化,但这正是我们大多数人现在所拒绝的文化。"[6]

文化扩大了人们社会参与和相互依存的程度。人们在文化中的所作所为都与其他人相关联,也与整个文化相关联。甚至像刷牙这样看似私人的活动也是一种文化参与。你选择的牙膏品牌反映了市场提供给你的产品,如果有好几个品牌,你的选择很大程度也会受到如广告宣传语等文化信息的影响。随后,你的选择与许多其他牙膏购买者的选择结合起来,就决定了哪些品牌仍会留在市场上、哪些品牌将会失败或消失。当一家公司破产时,许多人会失去工作,他们的家庭便会面临诸多麻烦。此外,刷牙并不是进化过程灌注到我们的基因之中的,进化淘汰了那些不刷牙的人,从而让所有人都有刷牙的本能。相反,你刷牙可能是因为你父母教你这么做的,你坚持刷牙可能是因为你相信如果口气清新、牙齿洁白(你相信刷牙会有这些效果),其他人就会更喜欢你。你可能还会相信文化这样的教导,即刷牙能增进牙齿的健康。如果不刷牙,你的牙齿就会变坏,你或其他人将不得不为治疗,比如补牙,去买单;而牙医服务也便成为了经济的一部分。

12

简而言之,必须将文化理解为同时包含了思想和活动。它是一套意义系统,控制着人们复杂而庞大的行为和互动。意义(如符号、信仰、法律等)提供了结构和指导,从而帮助组织起人们的行为。更准确地说,文化是一种以信息为基础的系统,它让人们一起生活,满足彼此的需求。这个定义对于我之后的讨论已经足够了。

文化之间的差异有时会造成这样一种印象:文化的形式和影响几乎是随意的,几乎可以是任何东西。但这种印象(尽管被有些人热切地加以接受)却是错误的。文化之间的相似之处远不如那些最为罕见的、最令人惊奇的差异那样引人注目,但它们或许更能揭示出文化的本质和目的。为了使人们能够生活在一起,大多数社会都必须解决一些同样的基本问题。这些问题包括了获取和分配食物,供养后代,抵御敌人,管理个人之间的冲突,积累财富,以及做出集体决策等。构成文化的信仰和价值观在帮助解决这些问题方面具有重要的作用。

文化必须引导至少一部分人扮演特定的社会角色。在过去大部分的历史中,大多数人都是为食物而活。在现代工业化社会中,只有少数人制造食物,其他人则从事其他工作。但是必须有人去获得食物;必须有人把它分给吃食物的人;必须有人来烹饪或准备食物。同样地,大多数社会也都需要战士,在敌人攻击时能够应战。足够数量的战士是必要的,但也不需要每个人都随时准备拿起武器去杀敌。需要一些人去建设和维护人们可以居住的庇护所,但并不是要每个人(谢谢上帝,就像我一样不会造房子的人)都必须能造一个房子。这样的例子还有很多。我的观点是,文化中的主要信念监督着人们履行各司其职的过程,这样,文化成员才能顺利生存、和睦相处，也许还能多一点时间享受生活。

在描述上述这些过程时，我被推动着这样讲，就好像自然和文化"需要"人们去做某些事情。显然，这只是一种讲话风格，而不是客观事实。自然和文化在字面意义上讲都不能提出"要求"。我无意将这些抽象概念具体化。如果某个物种的成员不能繁殖，那么这个物种就会灭绝。所以从这个意义上说，自然"需要"它们去繁殖。同样地，如果一种文化不能指引任何成员提供食物，那么人们就会挨饿或者迁移它处，该种文化就会不复存在。因此，也是从这个意义上说，一种文化"需要"有人提供食物。不这样简单地拟人化、说文化"需要"，就要把文化说得更为复杂累赘，虽然也会更准确一些，如，只有能够以特定方式组织起人们的行为，从而解决大多数社会面临的基本问题的文化，才能生存和繁荣。但这也正是我说文化"需要"人们去做某事的意思。

如果把文化说成是一个整体，这也是一种为方便进行讨论才过度简化的说法，而不是现实。许多文化是开放的、多样化的、内部并非完全一致的，等等。[7] 文化不是优雅的哲学体系，而是在否则就会出现的混乱之上施加的某种程度的秩序。成功施加的秩序只能是部分的成功，但部分的成功却足以让文化生存和繁荣下去。

我对文化的定义包括了**基于信息**这个概念。它反映了知识和意义在文化中的核心重要性。文化利用信息来组织人们的活动，提高生存和繁殖的能力。使用语言加工处理意义的能力确实是人类进化中的关键一步，它帮助我们与生物学的祖先分道扬镳了。没有任何其他动物拥有报纸或书籍。我们使用信息（意思）来帮助我们自己更有效地应对物理世界，我们也使用信息来帮助我们自己更有效地与社会世界中的其他人打交道。所有文化都是如此。

进化和文化

进化发展推动了越来越丰富的社会生活进步。不难推测，因为一些物种在协同工作中更容易生存和繁殖，所以文化便朝着这个方向发展了。随着自然选择了越来越多的社会物种，它终会逐渐到达一个临界点，使最初的文化曙光显现出来。文化被证明具有远高于社会生活的优势，这时自然选择为自己设计出了下一个发明——也就是我们人类，具体而言，自然使我们可以同时拥有社会和文化的能力。这就是为什么我们成为了现在这个样子。

这种观点有道理吗？答案取决于如下几个方面：首先，文化必须存在于其他物种中;其次,它必须对这些物种的生存和繁殖有价值;第三,生物学必须有能够增加或扩展那些使文化成为可能的特质。让我们依次考虑下每一个方面。

进化通常不会凭空产生重大事件。如果文化是我们这个物种的决定性特质之一,那么它必须存在于我们的生物祖先中,至少是以原始形式存在着的。自然不可能突然使真菌或老鼠变成现代的人类,目前的人类文化已经进化到可以编写计算机程序和到月球旅行的程度。但如果文化也出现在其他物种那里,那么人类或许只是在同样的进化道路上往前多迈了一两步。

文化并不是人类独有的,因为动物社会已经展示出一些符合文化定义的模式——比如,习得的行为模式可以被群体中其他成员共享,然后被传递给下一代。其中最著名的就是鹿岛(Koshima)上的日本猕猴洗红薯的行为。故事称,鹿岛上的猕猴的主要食物是红薯,甜红薯很硬,上面的泥土也会让它们的牙齿受损,为此它们很烦恼。据报道,一只名叫 Imo[8] 的猴子富有创意地想出了解决这个问题的办法。它在水里冲洗红薯,从而清除了上面的大部分污垢。这种模式逐渐被群体中其他猴子学会了。最后,除了最年长的雄猴子(它们与年轻雄猴子接触最少,也最缺乏可塑性),所有猕猴都学会了这种做法,而且将该做法传递到了下一代。当研究人员给猴子喂食从人类市场买来的红薯时,尽管这些红薯上几乎没有泥土,但猴子们也还是会用海水先把它们清洗一遍。研究人员解释说,之所以这种做法能一直持续下去,是因为盐水让红薯吃起来味道更好。一些研究人员开始说这种行为是给红薯"调味",而不是"清洗"。

这样一种创新的行为在社会中传播开来,并传递给后代。尽管这之前似乎从来没有出现过,但这就足以使猴类社会符合大多数的文化定义了。[9] 更为重要的是,生活在附近、基因相同的猕猴群落却从来不洗红薯。因此,洗红薯是一种只在一个群体习得并传递下去的行为模式,而其他群体则没有这样的行为。

还有一些其他的例子,比如设计工具使用的特殊样式。一些黑猩猩学会了用特殊的扁平石头来敲开坚果,并把这些石头存放在同一个地方,以供不同黑猩猩在长时间里使用。杰出的灵长类动物学家弗兰斯·德瓦尔(Frans de Waal)[10] 记录了这类文化创新。此外,黑猩猩和猴子并不是唯一有资格进入文化俱乐部的动物:德瓦尔认为,其他类人猿、鲸鱼、海豚和大象也应该被包括在内。

而另一方面,德瓦尔也欣然地承认,任何物种所做到的都远不能与人类文化所达到的广度或复杂性相提并论。在海里洗红薯与上网、开喷气式飞机横渡大西洋、莎士比亚的戏剧或《大英百科全书》相比，远不可等量齐观。因此，即使是德瓦尔也说，尽管他更喜欢一个更广泛、更具包容性的文化定义，但为文化设定一个排除了任何其他物种、而只留下人类的定义相对来说也是容易的。我们的文化远远超过了其他物种的文化，我们可以看到其中存在着很多实质性的、有意义的差异。不过，就目前的论述而言，问题的关键在于文化的起源被证明可以在其他一些物种中找到。因此，文化在人类出现之前就出现在了这个星球上是说得通的。从某种意义上说，自然认识到了文化的好处，并将我们设计成为能够更好地利用文化的样子。

梅林·唐纳德（Merlin Donald）[11] 最近也提出了类似的观点。他没有关注文化本身，而是将社会现实看作是存在于人们之间的大型网络，他认为大脑（和意识）的进化利用了这种可能性。语言和文化提供了巨大优势，但一个物种必须要发展出足够复杂的大脑才能使用它们，就像计算机在登录互联网之前必须具备一定的处理加工能力一样。在我看来，更关键的是唐纳德拒绝接受标准认知科学的观点，即思维被完全包容在了单个大脑之中，因为他认为思维必须利用只存在于构成文化的共同预设之中的语言、概念和其他现实。至少需要两个大脑才能有语言——单独的大脑是不能产生语言的。一旦有了大脑间的网络，他们就可以分享信息、比较记录、积累更多的知识，等等。新成员（比如孩子）可以学习加入同一个网络并从中获益。这种能力使人类比其他物种远远成功得多，至少在某些方面是如此，比如控制物理环境和运行社会关系。

大脑是为了利用社会和文化而进化的观点，将自然和文化深度地结合起来。生物学势必对此有所贡献，因为如果没有足够强大的大脑，一个人就无法获得语言或者完全参与到网络中。但文化不仅是大脑进化的一个副产品或后效余波——至少在唐纳德看来，大脑和文化是共同发展的，因为掌握了语言和所有文化的人在整体（和个体）上比那些不能掌握的人拥有巨大的优势。

总之，文化确实存在于其他物种中，而且很可能在智人进化之前就已经存在了。这种理解人类心智的思路非常关键，本书也采用了这种思路。几十年来，理论学者不提倡文化影响了进化的观点，因为生物变化需要很长的时间，而大多数文化都是最近产生的。例如，美国人和法国人不同，但没有人说这些差异反映的是美国人和法国人具有不同的遗传因素。或许因我提出了文化可以影响生物基础的观点，思想警察就想把我关进顽固不化者的监狱，因为这样的观点是一种禁忌——但

16

它们之所以是禁忌,原因在于人们有一个不幸的思考预设前提,即文化就等于文化差异。那些认为某些特定文化产生的时间太短,因而不可能对生物性有影响的观点,可能是完全正确的,但它没有抓住重点,正是犯了我所批评的错误,即混淆了文化差异和文化。

诚然,现代美国文化和现代法国文化之间的差异出现的时间太短、太不稳定了,无法塑造美国人和法国人的基因遗传。但是文化本身却已经存在足够长的时间去影响进化过程了。生物学家声称,文化可以在各种非人类物种中找到,包括一些在智人出现之前的物种。根据定义,这意味着文化在人类进化时就已经存在了,所以人类进化的方向很可能早就准备好以便让我们参与到文化之中。

大多数社会科学家都把文化等同于文化差异。文化差异确实存在,而且也值得关注,但最大的差异可能存在于文化和无文化之间。文化差异极有可能不是根植于生物差异的,但文化本身却很可能是根植于生物的——事实上,可能是人类的生理与心理就是为文化而设置的。

语言说明了这一点,可能有助于说服那些存疑者。语言是一个很好的例子,因为它表达意义,而意义是文化的建筑基石。人们普遍认为,其他一些物种会自发地进行交流,而其他物种则能够学习语言的基本原理。人类不是唯一的交流者,甚至可能也不是唯一的语言使用者。但是我们比其他物种更广泛地使用语言,至少目前我们可以说,没有任何其他物种的语言能够接近人类的语言,其中包括了书面语言,每种语言所使用的成千上万的词汇、高度抽象的概念以及可以结合多个概念来让我们表达新奇思想或观点的复杂语法和句法等。其他物种几乎不使用句子,更不用说长句子或复杂句子,或是出现在任何一本书中的大规模概念组合了。正是符号和思想的结合,而不仅是词汇,使人类语言成为了如此强大的工具。如果你只能使用一个单词的句子,当然它比什么都没有要好些,但它还是非常有限的。试着每天只使用含有两个词的句子,你就会发现其他动物的思维过程是多么受限了。

认为是进化让我们准备好去使用语言,这是不是有点太夸大其词了?不是的。其他动物也发展出了基本的交流方式。这也赋予了它们充分的优势,因为自然选择会眷顾语言使用者,而非那些不会说话的类人猿。

如果你怀疑人类是在进化过程中被特别选择出来的语言使用者的话,那么请考虑一下声带这个例子。从我们的声带就可以看出,人类比其他类人猿更能好地使用语言,我们的声带能更精细地控制声音,也能发出更多样化的声音,其他物种则不能。事实上，当最初研究人员想知道其他类人猿是否能学习语言时，他们首先尝试的就是教它们发声说话。但是黑猩猩无法发出足够清晰的声音进行有效的交流，因此研究人员只能教它们使用手语。黑猩猩不是哑巴，但它们不能足够稳定一致地发出不同的声音来进行口语表达。人类可以在一个十分广泛的声音分类上控制自己发出的声音，这一能力远远胜过了其他任何生物。一个会说两三种语言的人，甚至能稳定一致地说出超过百万个不同的单词，并记住它们不同的意思。这只是巧合吗？还是这种非凡的声音能力发生了进化，使我们比其他那些只会发出呼噜声和做手势的动物能够更好地进行交流？

同样的论证也适用于其他支持使用语言的人类生理方面。我们有一个很强的大脑，它不仅拥有巨大的记忆能力——能够学习成千上万个词汇，而且大多数人认为，它天生就准备好去学习语法和句法了。黑猩猩手语的研究人员一直在争论，它们（黑猩猩，而不是研究人员）在掌握语法和句法方面的能力究竟存在多少限制，比如把单词组合成有意义的句子；但几乎没有专家认为它们的潜力可与人类说话者相匹敌。所以，可以说进化的顺序好像是，其他物种在开始使用语言时便受限，然后人类物种才进化出了能够更为广泛使用语言的能力。在人类出现之前，大自然母亲就意识到了说话的价值，人类因此而被设计成能充分利用语言的样子。自然选择可能主张：用嘴发出声音是进行交流的最佳方式。没有其他物种拥有书面语言，所以书写语言不可能对人类的进化有所贡献。但发声确实存在并且成功了，显然，自然选择更偏爱那些能够发出大量且可控声音的新物种。

18　　　这并不是说文化的所有影响都是经过生物学筛选的。阅读就是一个有启发性的例子。没有其他物种会阅读，所以，说进化设计我们去阅读是不合理的。但阅读对于参与现代社会生活至关重要。无论你现在生活在世界的哪个角落，如果你不能读书，你的前途就只能是二等公民。如果不能阅读说明书，你就不能很好地使用技术，而顶尖的新技术（比如互联网）几乎都是基于阅读能力的。如果你看不懂路标，你就不能正确驾驶汽车。虽然你可以做一些低技能、低报酬的工作，你也可以学着去兑现薪水支票，但你还是不能确定你的薪资合理与否。阅读对于成为文化成员是至关重要的，但它都是学习得来的。（当然，我们还是需要进行阅读的视觉和处理完整人类语言的脑力。）总之，我们的阅读能力不是被进化设置的，阅读完全是人类文化的发明。

但是，自然设计了我们能够说话。交谈就是参与集体和储备知识。我的论证便得出这样的观点：自然选择了我们去参与文化，因为文化提供了若干好处，语言就是其中之一。人类进化不仅是为了说话，还为了分享，为了学会和扮演不同的角色，并以其他方式参与到文化中。

个人与社会

人类个人与文化之间的关系是什么？这是社会研究中最古老、也最具争议的问题之一。有几种可能的观点，每一种都有自己的支持者。问题在于，构成人类心智的内在过程和机制是如何与外部社会世界中的意义和人际互动相互适配在一起的。简单来说就是，对于今天的人类而言，内在世界和外在世界是如何融合在一起的。

可把这个问题想得更复杂一点，没有人（包括大自然母亲）能够预见到我们今天生活的社会和文化世界是什么样子。基本的人类本性是在相当不同的环境中进化而来的。那么，进化后的我们如何与我们今天所面对的社会相融合，我们的文化能否帮助将我们塑造成文化动物，从而为我们在不可预见、迅速变化着的社会世界（在其中我们现在发现了自我）中带来幸福？

接下来让我们探讨一下个人与社会相关联的几种主要研究思路。前两种很容易被反驳；但第三和第四种则需要仔细的思考：文化性动物的理论是第五种。这里存在着很多陷阱：每一种思路都指向了不同的人性观，都需要一套不同的特征、偏好、倾向、弱点和长处来加以解释。

冲突和斗争

"圆孔方木"是一种关于个人和社会如何融合的经典观点。依据这种观点，人类本质上是一种拥有巨型大脑的野兽，除此之外人类就是一种很普通的动物，只是不知怎么就变得异常聪明了。智慧的祖先随意地建立起一个社会，这个社会随后发展成一个不适合其他野兽生存的地方。因此，现代文明生活是一个我们并没有真正做好准备去应对的棘手问题。人们可以在一个文化社会中活下去，但这需要对心智进行相当广泛的改造。为了生活在现代社会中，人性就不得不接受一些粗暴的改良以适应新的生活。

这种观点至少可以追溯到卢梭（Rousseau）。他认为，社会具有扭曲人性的邪恶影响力。人天生善良，但会被社会腐化。他的作品鼓励人们回归他们期望在社会之外才能找到的那种简单和美德的状态。在美国，亨利·大卫·梭罗（Henry David Thoreau）因崇尚这种观点而著名。梭罗住进了树林里的一间小木屋里，据说他在那里思考、写作，并培养自己的内在天赋，从而不再受堕落的社会的影响。当然，他的母亲和姐姐每周都会来看望他，告诉他一些家长里短并帮他洗衣服，而且他的小屋离镇上只有很短的一段路程，所以他究竟在多大程度上摆脱了社会的羁绊，还是值得商榷的。但他的努力反映了这样一种普遍的观点，即如果人们远离社会的破坏性影响，就会过得更好。自那以后，在美国人的印象中，他一直是这种观点的代表。

在社会科学的思维模式中，西格蒙德·弗洛伊德（Sigmund Freaud）[12] 可能是充斥矛盾观点的最佳代表。他提出，要使人类的心智能够过文明的生活，就需要让它经历大量的痛苦和困难。他确实说过，文化生活带来的好处在某种程度上是建立在人类牺牲的基础之上的，他很清楚这些牺牲是相当大的。在他看来，人的本性并不适合共同生活在文明社会中，因此为了驯服内在的兽性，就必须把攻击本能向内引导，这样人们就会折磨和伤害自己。用他的话说，超我的形成（从好斗的本能中获取能量）是为了让人们能够生活在一起，超我需要很高的代价。尤其是伴随着超我而来的罪恶感是一种无法被相应收益抵消的代价。因此，生活在文明之中代表了一种净损失。

20　　　人类不适合文化的观点是有一些道理的。显然，文化的崛起并没有带来普遍的和平与幸福。在 20 世纪，尽管文化的进步给日常生活带来了种种改善，但人类却利用文化产生的工具和技术进行了前所未有的自相残杀。如果我们要设计一个生活在其中的理想的、乌托邦式的社会环境，显然还有很多需要调整的地方。

但另一方面，文化对人类本性有害的这一观点其实是与历史事实不相符的。拒绝文化、回归自然的运动总是周而复始地出现，但与大规模、广泛地追求更多文化的运动相比，这些运动是微小而短暂的。尽管人们还没有找到乌托邦生活的完美方式，但大部分人们显然普遍地需要和喜欢文化。另一个重要的事实是，当人们生活在一个文化社会中时，他们在大多数方面（包括身体健康、心理健康和寿命）总要比他们与世隔绝或独自生活时更好。这一事实很难与文化对人有害的观点相妥协或相一致，因为文化显然对人有益。

人们会继续建立哪怕有害的文化的观点，要求人们接受这样一个前提，即人们是在寻找对自己有害的生活方式。由于弗洛伊德欣赏胆识和坦诚，因此他确实接受、甚至拥抱了这个观点,他提出,人有一种内在的死亡冲动,驱使他们去寻求自我毁灭。但他的核心思想与进化论观点背道而驰。进化论认为,人类(和所有生物一样)会以某种方式适应环境,从而使自己的生活变得更好。文化性动物理论在某种意义上正好与弗洛伊德的理论相反,因为它提出,文化恰好是为我们量身定制的,而不是某种与我们本性相悖、并被强力以负面的方式加在我们身上的东西。

作为防御机制的文化

第二种观点认为,由于人类比其他动物更聪明,所以我们要面对其他动物都没有的特殊问题,而文化就是一种防御这些问题的手段。这一观点在厄内斯特·贝克尔(Ernest Becker)[13]和他的现代追随者[14]那里得到了最好的体现。在他们看来,人和大多数其他物种一样都是个体动物,但更高的智力和意识却给我们带来一个令人不安的副作用,即我们知道自己会死。认识到自己的死亡会让人极度不安,并产生存在主义式的恐惧。于是,为了应对这种恐惧,人类创造了文化来从心理上保护自己。通过认同超越个人躯体的文化,我们就可以获得一种不朽的假象,从而可以抵制存在主义的恐惧。简而言之,文化是一种防御机制,帮助我们应对个人的死亡恐惧。

有几个重要的论据反对这种观点。首先,人们主要是通过学习文化才知道自己会死的,所以一定数量的文化必定在人们知道死亡之前就已存在。至少,这种文化是死亡意识的原因,而不是其结果。

更重要的是,死亡恐惧可能还未普遍深入到足以解释所有文化的程度。的确,当人们停下来思考死亡的时候(或者被提醒想到死亡时,就像从事相关探讨的研究者们所设计的巧妙实验一样),大多数都会感到害怕,他们可能会用一些简单的方法来平息自己的恐惧或者转移自己的注意。但是,认为所有人类的奋斗和所有其他文化活动都是由死亡恐惧加以驱动的观点,则远远超出了现有证据所能支持的范围。

贝克尔的观点也许是正确的。他认识到,现代文化的某些方面是用来帮助人们免受死亡意识的痛苦的,但文化的更多方面并不是一种防御机制。文化不能保护我们免于死亡。更重要的是,比起保护我们免于死亡,文化在许多其他方面做得更有效,也更成功——所以最有可能是,文化的功能不是保护人们免于死亡,而是下面的作用。在日常生活中,大多数人更担心被公开羞辱,或被爱人抛弃,或被一些主要的社会团体拒绝、或工作失败等,而并不是终日担心自己有一天会死去。文化不能阻止死亡,但能帮助人们在一起共同生活。

我倾向接受这样的说法,即死亡恐惧是影响许多文化活动的偶发因素。但是,像贝克尔和他的追随者们探讨的那样,把它提升成为文化的首要且唯一的潜在原因,就似乎太过牵强了。相较于帮助人们忘记自己必死的命运,文化提供了更多的真正且明显的好处。

文化构建个体

关于个人和社会关系的第三种观点来自于人类学及相关领域的传统智慧,它认为人在很大程度上是文化和社会化的产物。文化可以用各种各样的方式塑造我们,没有什么是天生的或必然的。从这个角度来看,试图对人性进行概述几乎是愚蠢的,因为人类的心智基本上是一张白纸,文化可以用各种方式描画它。

22 　　这种观点有很多可取之处,这可能也是它流行了几十年的原因。它认识到文化的力量和重要性,并有助于解释不同文化背景下的人们如何思考和行动。但是文化并不能随心所欲地塑造个人,近年来的证据已经开始表明,人们在许多方面的相似性都多于差异性,甚至在跨越文化边界时也是如此。

我个人更倾向于站在文化这边而不是自然这一边,所以这种文化塑造个人的全能观点对我很有吸引力。但我不再为它辩护了。事实上,写这本书的一个动力就是为文化的重要性提供另外一种解读,其重要性从各种关于文化差异的研究数据中都可以得到证实。可以肯定的是,文化在表面上存在着许多差异。然而,在本质上,文化间的相似性往往更为有力。当你到另一个不同的文化中生活时,你开始可能会被各种差异搞得晕头转向。他们使用不同种类的钱,钱的颜色也不一样;他们说不同的语言;他们在马路的另一边开车;他们有不同的假期;他们还可能信奉不同的宗教,有着不同的仪式和教义……

然而,一段时间后,你便会开始意识到被这些巨大差异所掩盖着的潜在相似之处。货币的颜色和名称并不重要,重要的是某种文化中的人们拥有一种共同的货币,使该文化下的人们可以相互交易。语言也是如此:它让人们拥有一种共同相互交流的手段。(语言和金钱一样,在任何一种文化中都起着本质上相同的作用。)你在路的哪一边开车,远没有人人都一致地在同一边开车重要,因为这样人们才不会撞到对方的车。节日的功能是相同的,庆祝的方式也是相似的,尽管它们纪念的事件会有所不同。在大多数不同的文化中,宗教也发挥着大致相同的作用,或者说它试图进行的是同样的终极战斗,以解决关于人们的日常生活和政府治理应在多大程度上由宗教指导这一问题上的争论。

在下一章,我们将更详细地探讨文化相关性对人性的影响。就目前而言,只需要指出一点就足够了,那就是文化常常无法按照既定目标和蓝图去塑造人。如果文化能够以几乎无限的方式塑造人,那么历史上那些专制政权就不会遭遇失败。毕竟,极权政府似乎拥有了所有可能需要的工具,可以把人民塑造成理想的臣民。政府控制着教育,使之能够如其所愿地将孩子们社会化。它控制着信息,例如通过大众媒体能够教导人们如何思考和说话。它对公民拥有生与死杀伐的权力(并能自由地使用这种权力),因此可以进行严格的压迫,使人们按照文化的规定思考和行动。它不允许任何异议,并渗透到社会的每一个主要机构。它与爱国主义相结合,把人民对祖国的情感动员起来支持政权。按照这一观点,它本应该起作用的,但它却没有。

在美国文化中,文化力量的局限性也可见一斑。性别社会化的思想转变就反映出了人们对这种局限性日益增加的认识。性别认同是人类生活中看似普遍的基本事实之一。也许每一个正常的人类都知道自己是男性还是女性。文化和社会化的倡导者强调应教育孩子们遵守社会认可的性别角色:男孩不要哭,女孩不玩枪;成年男人要为女人开门,等等。此外,毋庸置疑的是,男性和女性的角色在不同的社会中有所不同。所有这些都表明,性别认同是文化的产物。

事实上,20世纪60年代的妇女运动引发了女权主义思想影响的大高潮。女权主义的一个核心理念是,男性和女性之间的差异主要产生于社会教育男孩和女孩思考、行动和感受的方式。纵观历史,男人和女人生活在不同的领域,遵循着不同的生活道路和机会。当妇女开始问为什么她们不能追求男人所拥有的机会时,她们起初听到的回答是:性别之间的先天差异使妇女不适合从事男性的职业。女权主义者对这些说法进行了猛烈的抨击,并开始断言,先天的性别差异是微不足道的。相反,社会——连同它的偏见和错误的教训——创造了本来不存在的性别差异。

最具戏剧性的测验案例之一是,一个加拿大男婴在一天深夜由一个过度劳累的医生实施割包皮手术[15]。手术出了差错,男孩的阴茎严重受损,无法修复。医生和他的父母决定采取激进的方式,即去掉他的男性生殖器,把他变成女孩来抚养。

在这一点上,相信他们受了女权主义影响的性别理论,该理论认为,社会化才是人长大后认定自己是男性还是女性的主要原因。他们给孩子起名叫布伦达(Brenda),给他穿上裙子,告诉他和所有人他是女孩,长大会成为女人。(可以肯定的是,他们确实预料到了,在青春期必须给他一些激素治疗,以帮助他的身体从生物学意义上变得更加女性化。)他们得到了约翰·莫尼(John Money)的帮助。莫尼是一位国际知名的性研究者,熟知最新的理论和方法。莫尼认为这个项目应该进行得很顺利,他只是想知道孩子长大后是否会对男人或女人产生性欲。如果是对后者,那么布伦达就是女同性恋。

24

如果文化真的可以塑造一个人,那么这个计划本应该是成功的。所有主要的社会化力量都合力地把孩子抚养成女孩;父母都很努力;学校也很理解这个问题,很配合把孩子当作女孩来对待;心理治疗师随时准备提供帮助和支持。这个孩子对他/她自己的阴茎发生了什么一无所知,只是被人告知自己是一个女孩。伟大的专家莫尼医生也随时提供建议。

但是这个项目并没有成功。布伦达不知道自己出了什么问题,但她和其他女孩就是不一样。她不喜欢洋娃娃,也不喜欢漂亮的衣服,她更喜欢像男孩子那样胡乱打闹。她的父母让她留长发,但她不愿费心去梳头或做发型。她的衣服也被她夸张的动作弄脏弄破了。有一次,她的母亲发现孩子在壁橱里试穿母亲的软皮手套,想到女儿布伦达终于开始欣赏女性的东西,她感动得流下了眼泪。然而事实是,这个孩子一直在想象这副手套是赛车手带在手上的,以便在超速通过危险弯道时可以更好地抓住方向盘。

问题被隐藏了很长时间。家长们非常希望这个项目能够成功。他们向莫尼提供了乐观的报告,莫尼也将这些报告宣传了出去。充满了女权主义理论的关于性别差异的教科书报道说,这个女孩在成长过程中一帆风顺,经历了一个正常的女孩时代,正朝着女性的方向前进。对他们来说,布伦达进一步证明了性别间的差异是由文化构建的,而不是由自然决定的;社会化是男性和女性身份的至高决定因素。

随着青春期的临近,布伦达开始被邀请参加一些男女聚会,在聚会上孩子们成双结伴,甚至一起玩接吻游戏。但布伦达对这些完全没有兴趣。莫尼不愿意承认失败,特别是他已经通过宣布该项目已经成功而赢得了国际声誉,但他确实开始告诉那对父母,他们的女儿可能是女同性恋。父母意识到问题可能很严重,而孩子的性取向是他们最不担心的问题。与此同时,当研究人员开始质疑把一个男孩变成女孩是否真的那么容易时,莫尼则抱怨说他是反女权主义反弹的受害者。[16] 他仍然试图告诉全世界他的试验成功了。

荷尔蒙注射的时候到来了,这被认为有助于布伦达从生理上转变为女性。但布伦达却完全不同意。她大发雷霆,拒绝接受任何注射。最后,父母让步了,并告诉了布伦达实情:他出生时是个男孩,但由于事故,他们把他当作女孩抚养。布伦达第一次感到理解了自己,也明白了为什么他不能和其他女孩一样。他立刻拒绝了自己的女性身份。他剪掉了头发,换了衣服,取了一个男性的名字,开始迈向成年男性生活。当他结婚的时候,他没有成为人妻和人母,而是成为了丈夫和父亲。布伦达当然无法从生物学上成为孩子的父亲,但这位年轻人娶了一位已经有两个孩子的女人,并成为了孩子们的父亲。

这个案例产生了深远的影响。它证明了文化和社会化存在着严重的局限性,而在这之前,它们的力量所及被广泛认为是深远的。文化和社会有影响,但这些影响大多都是表面的,布伦达更像一个穿着女孩衣服的男孩(勉强遵守女性行为规范),而不是一个真正的、自我接受的女孩。尽管科拉平托(Colapinto)新书对这个案例的介绍,让约翰·莫尼看起来像是一个故意歪曲事实以推进自己的职业生涯的骗子和恶棍。[17] 但更有可能的是,莫尼是衷心拥护当时的主导思想的,即性别认同是社会化的产物。无论如何,他绝不是唯一一个认为社会化——尤其是在激素注射的帮助下——可以把一个男婴变成一个正常年轻女性的人。肯定还有更多人也是这样认为的。

在我看来,关于文化力量局限性的最有力证据出现在关于"历史的终结"的辩论之中。颇具影响力的政治学家弗朗西斯·福山(Francis Fukuyama)因"历史的终结"一词遭受到了相当众多且不公平的谩骂。[18] 这个争论发生在心理学领域之外,甚至很少有心理学家知道它,但它对我们的研究领域却有重要的影响。

在中世纪,欧洲人普遍认为历史在走下坡路。这是有充分理由的:罗马人修建了道路和引水渠,但这些都遭到了破坏,也没有被替换,所以社会的基础设施越来越差。新的疾病在蔓延,犯罪团伙在侵害那些缺乏防御能力的村庄,到处都出现了无法无天的现象。大多数人都是农民,对他们来说,生活也在不断恶化着。那时人们还没有发明作物轮作,所以他们中的大多数人一代又一代地在同样的田地里种植同样的作物,产量在逐步下降。宗教又巩固了人们的这样一种观点,即历史的高峰点是耶稣生活在地球上的时候,而现在处于螺旋下行、走向世界末日的阶段。

26　　　在文艺复兴前后,人们开始看到某些方面的进步。有一段时间,长期的前景存在不确定性。渐渐地,一种新的观点出现了,德国哲学家黑格尔(Hegel)颇具影响力地阐述了这一观点。根据黑格尔的观点,世界上所有的事件都有一个相互联系的内在逻辑,显示出一种逐渐走向"历史的终结"(他的说法)的运动。黑格尔对于这种内在逻辑的细节以及最终状态是什么样子的描述相当模糊,但他认为历史正朝着一个完美而理想社会的最终状态在发展。

27　　　如果有一种社会制度可以照顾到每个人,那么就存在着一种人类本性,文化必须服务于它,而不会伤害它。许多不同的体系都被人类尝试过了,但有些体系比其他更有效,其中有一种效果最好。文化不能塑造人们去适应它恰好偏好的安排。相反,文化最终的成功或失败取决于,它们能否很好地适应于被设置在人类本性之中那种内在的、不可避免的倾向。

作为进化副产品的文化

关于个人与社会关系的第四种观点来自于生物学的传统智慧。本质上,它认为文化是智力进化中的一个偶然副产品。按照这种观点,我们的大脑进化主要是为了帮助我们应对物理环境。脑力增长的一个副作用是让我们变得足够聪明去创造文化,比如,相互复制彼此的创新。

高智商无疑是人类最重要的特征之一。大多数关于人性的讨论都强调我们拥有巨型的大脑,事实上,为了凸显我们的智力,我们还把我们这个物种命名为智人。但是大脑究竟是为了什么目的而被设计出来的呢?

根据我们大多数人在高中科学课上学到的关于进化和生物学的标准观点,解决问题是其关键的目的。我们这个物种比祖先更聪明,因为智慧使我们能够更有效地应对环境。我们可以发现天气的规律,想出如何建造更好的家园和其他庇护所,用智慧更有效地捕捉我们想要吃的动物。这种解释表面上很合理,但越来越多的证据却表明这不是主要的原因。

生物人类学家罗宾·邓巴(Robin Dunbar)通过比较不同物种的大脑尺寸,试图验证上述这一理论的不同版本,以便看看大脑变大时会带来哪些差异。[19] 如果大脑进化是为了解决某些问题,那么大脑更大的动物应该能更好地解决这些问题,但这种验证却一再失败。具有更大大脑的动物在如何应对物理世界方面没有显现出任何一致的关系。

例如,传统观点认为,更大的大脑可能被用于获取更多难以获取的或复杂的食品(如水果,它们分布得很不规律,并且腐烂得也很快,因此对"寻找水果"的大脑要求就会更高),或者用于构建更完整和广泛的心理地图(如跨越更大的领土)。"寻找水果"的大脑理论没有得到支持,心理地图的理论最多也只找到了一点证据:大脑中与空间记忆有关的海马体的确在行走于更大区域的动物中长得更大些,但其行走效果与大脑尺寸大小的主要变化没有关系。

28

大脑大小的主要区别在于大脑中用于推理和意识过程的那部分——即新皮质。对于不同的物种来说,大脑这部分的大小主要与社会结构有关。[20] 这些社会结构的指标包括了典型群体的规模和社会关系的复杂性等。大脑较大的人有欺骗的能力,有察觉他人欺骗的能力,有结成联盟的能力(记住群体中谁属于自己的小团体),有复杂的交配模式。较大的大脑似乎能产生复杂精细的社交技能。[21]

这些发现很有说服力。如果大脑进化是为了解决物理世界中的问题,那么更大的大脑应该能更好地应对物理世界。但它们没有。相反,大脑越大与社交世界的复杂程度越紧密地联系在一起。这表明,大脑的进化主要是为了使动物能够与同类的其他成员相处。邓巴称之为**社会大脑假说**:大脑的进化是为了支持社会互动和社会关系的。

邓巴的另一个观察也很有说服力。大脑中推理区域(新大脑皮质)的大小与更长的"少年期"有关联,"少年期"被定义为从婴儿到成年之间的生命阶段。但大脑皮层的大小与出生前大脑发育时间的长短并不相关。正如邓巴所说,这意味着,大脑变大的关键在于进行社会学习意义上的"软件编程",[22] 大脑不需要更长的时间来增加更多的脑组织。人类青少年时期主要用大脑学习掌握复杂的社会关系,无论它是个人层面还是整个社会系统层面的关系。动物花在社会学习上的时间越长,大脑就越大。当然,这并不意味着学习本身就会使大脑变大。相反,它表明大脑变大的目的是允许最大限度地进行社会学习。要学习的东西越多,青少年期就越长,大脑也就越大。需再次强调,大脑是为社会、人际关系,以及最终是为文化目的而存在的。

罗伯特·博伊德(Robert Boyd)和彼得·里切尔森(Peter Richerson)在他们开创性的工作中,为同样的结论提出了另一种不同的论证,他们将进化思维应用到文化研究之中。[23] 他们强调,人们通过自身的能力进行直接经验的学习时充满了错误风险,而且极其困难和耗时。相反,人们更依赖于向他人学习。至关重要的是,人们往往经常更依赖于从他人（他们的文化）那里学到的东西，而不是从自己个人经历学到的东西。人们的生活也通常会因此变得更好。

29　　　总的来看，上述这些发现都指向了一个结论，即自然制造出更大的大脑是为了社会参与（尽管从技术上来说，这些证据没有证明这个结论）。对于不同的物种，大脑的主要目的是促进社会互动和社会关系的形成。人类大脑的设计目的主要是为了让人们能够向他人学习，而不是通过与物理环境进行直接而艰苦的斗争来学习。

结论：为文化而定制

到目前为止，我已经探讨并否定了关于个人与社会关系的四种经典而有影响力的观点。它们的缺陷为一种新观点铺垫了道路，即进化是为文化而造就了人类。是的，人类的文化和社会还有很多问题，但问题也是生活的一部分。真正的问题是，人们有比生活在其他文化社会中更适合的生活方式吗？答案是否定的。整个的人类历史可以被看作是人们前赴后继地做着各种笨拙的努力，以期创造出一个可行的体系，使人们可以生活在一起，满足各自的生理需求。换句话说，就是创造出一个有效的文化。

下面的第五种观点是一种激进的观点，即我们的心智是自然特别为我们编码定制的，是为了让我们能够参与到文化和社会中。或者更准确地说，人类心智的出现是因为自然选择重新设计了灵长类动物的心智，使它们更适合在文化社会中生活。

但是为什么呢？下一节我们将探讨文化的优点。文化是否强大和重要到了这样的地步，它们甚至足以让生理和进化为了利用文化而塑造最基础的人类本性？

文化的生物学优势

到目前为止我们一直在讨论，自然为了文化而塑造了人类。自然选择塑造了人类的心智，在很大程度上是为了使我们能够参与到一个有文化的社会中去。为了使这一论点更为可信，文化必须提供巨大的优势，大到足以抵消改造和升级猿类心智所必须付出的困难和成本。因此，根据计算，人脑只占人体质量的2%，却消耗了普通人摄入的20%的卡路里，[24] 这让人脑成为了一个拥有和维持都极其昂贵的器官。难怪大多数生物都不比人类聪明。自然通常会赋予生物一些可以自给自足的特征，而人类大脑消耗的卡路里远远超过其重量，因此只有在卡路里总摄入量增加到足以抵消大脑消耗的增加量时，人类大脑才会发生进化。更直截了当地说，身体的大部分食物都被用来喂饱大脑，所以大脑必须为自己带来更多的食物，以使自己更具价值。

此外，文化的优势最终还必须从生物学角度来加以衡量，那就是生存和繁殖。人们可能会把各种所谓的优势归结于文化，比如，让我们自己拥有高自尊，让我们自我感觉良好，等等。但自然一点也不在乎我们对自己的感受。只有在文化提高了人类生存和繁殖的成功率时，进化才会为了文化而设计人类。

当然，文化似乎真的也发挥了作用。我们的生存和繁殖都很顺利。人类预期寿命显著提高，特别是在工业化国家。不过说到繁殖，情况会更复杂一些，因为在最现代化和最发达的工业化国家中，出生率一直在下降，有时都低于了更替水平，但这些趋势反映了个人对家庭规模的深思熟虑，用小规模的家庭换取在其他方面生活质量的提高（更少的费用、更少的压力、更多的闲暇等）。就跨物种整体而言，人类在繁殖方面毫无疑问是非常成功的。据估计，最早的人类出现在大约 20 万年前，现在人类的数量已经激增到 60 亿到 70 亿之间。地球上大多数适宜居住的地方都挤满了人，而最适宜居住的地方也都人满为患。人类不在濒危物种之列——相反，人口过剩的危险要比灭绝的危险来得更大。

人类的哪些成功可以归功于文化的优势？

棘轮式进步

文化的一大优势是不断进步。在进步能否在几代人之间积累下去这个问题上，文化性动物与纯粹的社会性动物拉开了差距。北极地区群狼（它们是相当群居的动物）现在的生活方式与一万或十万年前的生活方式几乎一样（主要的区别是由人类侵入了它们的领土引起的）。最强壮的公狼仍然是老大：狼没有发明新的政府或社会组织形式，更不用说重新定义社会中的性别角色了。他们也没有发展出改善自己的狩猎活动、延长食物的储存时间或者建造更舒适的庇护所的技术。他们也没有帮助受伤的狼更好地康复并活到成年的医疗护理技术。

相比之下，人类的生活发生了翻天覆地的变化。即使在很短的时间间隔内，人类生活条件也能呈现出非凡的进步。在 20 世纪初，大多数美国人还没有室内管道、电力或汽车，爱情还没有被汽车和电影彻底改变，"约会"仍然仅仅意味着和妇女见面；美国钢铁公司的工厂工作仍然是每周 7 天，每天 12 小时；报纸是主要的大

30

31

众传播媒介;电影几乎还没有被发明出来;而且没有电视或收音机;海上旅行充满危险,空中旅行尚是未知;由于当时还没有抗生素,轻微的感染往往都是致命的——事实上,直到 1910 年前后,人们看医生的效果基本上还是弊大于利。[25] 而仅仅一个世纪之后,美国人日常生活的所有这些特征都截然不同了。

文化对进步的贡献被称为**棘轮效应**,这一术语来自于一种被称为棘轮——只允许前进、不准后退的工具。专家迈克尔·托马塞洛(Michael Tomasello)[26] 写了大量有关灵长类动物和人类思维能力的著作,他这样总结了这种效应:进步需要做两件事,首先是创新:必须有人对一个常见问题提出更好的解决方案;另一种是保存:新的解决方案必须被传递给他人并被记住,这样即使在发明者或发现者去世后,每个人仍可继续使用它。托马塞洛说,非人类类人猿实际上非常善于想出新颖、有创意的问题解决办法。它们(我们的生物学亲属)的问题,在于无法保存创新。即使问题解决者在一段时间内记住了创新方案,即使他或她的几个伙伴复制并使用了该方案一段时间,创新方案最终还是会被遗忘,下一代不得不重新开始摸索。

在文化之中,知识被储存在集体而不是个人的心智中。每个发现都可以被分享给其他人,然后又被传递给下一代。如果没有进步,今天出生的孩子们将不得不自己弄清楚该如何制作食物,如何狩猎或种植食物,以及该如何对待自己的新婴儿——他们的到来是一个巨大惊喜。但是,知识的汇聚使每一代人都能站在前一代人的肩膀之上。在这个有 60 多亿人口的星球上,[①]一个人发明了盒式录音机就足够了,因为其他每个人就都可以获得这种知识了。下一代人就因此能想出如何制造出更好或更便宜的录像机。这种进步的速度是惊人的。尽管我们现在已经积累了好几个世纪的知识,但最近的一项研究估计,世界的信息总量在 2000 年到 2002 年间翻了一番。也就是说,过去几年里新信息的总量相当于历史上全世界知识的总量。[27]

32　　汇集的知识也更能抵御挫折。黑死病夺走了三分之一欧洲人的生命,但文化中的知识储备却幸存了下来,因为有些人存活了下来。(将知识转化为书面形式本身就是一项额外的、强大的创新,有助于保存和分享知识。)相比之下,非文化动物的知识会因死亡而消失。假如其中一只动物想出了一个捕获美味虫子的聪明的新

---

① 截至 2020 年 12 月 10 日,全球人口已经超过 75.85 亿。——编辑注

方法,哪怕它与其他动物分享了这个方法,但是一旦那只动物死亡,就意味着其他动物将不再能用这个方法得到食物了。

尽管我们这个物种取得了巨大成功,但认为其原因就在于人类智慧建筑在我们的巨大大脑之上的这一说法从根本上是一种误导。我们大量地复制自己,并在这个过程中接管且彻底改变了我们生活的星球。可以肯定的是,生物的成功还有其他特征。从某些方面来说,甲虫和蟑螂可能遵循着一种更为有效的策略,或许它们最终能比我们更彻底地统治这个星球。虽然如此,我们人类已经取得了非凡的成功。尽管智力是这种成功的标准性解释,但我认为它不是全部、甚至不是主要的答案。

我们的成功应该归功于人类的社会和文化。正是通过人们之间彼此合作、分享信息和知识、并在彼此相互的贡献之上不断进步,我们的物种才做得如此之好。正是由于社会和文化力量的不断积累,智力才产生了作用。

让我们从另一个角度来考虑。假设我们是一种聪明、但彼此孤立的问题解决者,我们能走多远呢?即使每个人都足够聪明,知道如何生火并维持火焰,这本身也需要花费多年的努力才能实现。每个新生的个体将不得不吃生肉,在寒冷中度过许多年。但自有了文化,无论一个人发现或发明了什么,他都可以与他人分享,所有人的生活因此就可以很快起步并一直持续下去。这就成为了团队知识的一部分。新成员只需要学习它,而不需要自己再去发现它。这种起步的优势让新成员有机会创造不同的发明或者改进他们所学到的知识。反过来,下一代也会从这种新的进步中受益。

人们共享创新的观点与我们对最早期人类的了解非常吻合。小麦是中东新月沃土中土生土长的作物,当人们学会种植它后,小麦种植方法就从那里传播开来。在世界的其他地方,小麦并不是本地的作物。当人们开始种植小麦以替代当地土生植物时——这就是一个明显的迹象,就表明他们是从其他人类(甚至那些生活在相对遥远地方的人)那里学习到的方法,而不是在当地做出的发现。同样地,考古学家也发现了一些似乎是从很远的地方运来的器物,这是人们在交流和分享文化进步的另一个迹象。

33

劳动分工和角色分化

亚当·斯密(Adam Smith)还是学生时曾参观过苏格兰格拉斯哥的一家钢铁

厂。这家工厂给他留下了非常深刻的印象,以至于当他许多年后成为了一位著名的哲学教授时,他还在自己的伟大著作《国富论》的开头部分描述了这家工厂。《国富论》这本书创造了一个全新的研究领域(经济学)。根据斯密的说法,这家工厂的不同寻常之处在于,10 个人一天可以生产近 5 万个大头针。这一切的关键并不在于技术,尽管技术也提高了人类的生产力。他认为其关键在于工厂的劳动分工。制作大头针的工作被分成了几个部分,每个部分都由不同的人来完成。10 个人单独工作是不可能生产出他们一起分工合作时所生产出的那样多的大头针的。

因此,劳动分工是文化的另一个巨大而强有力的优势。从定义上来说,非社会性动物几乎不能从劳动分工中获利。社会性而非文化性动物能以某种方式分配劳动。然而,文化性动物能够更为广泛和细致地分工。最终,这在现代工业化社会的奇迹中达到了顶峰。在现代工业化社会中,绝大多数人口从未杀死或种植过任何食物,也没有建造过任何住所,但几乎每个人都有充足的食物和住所。

劳动分工实际上有两种形式。一种是基于完成不同任务的分工,这不是人类独有的。例如,群居生物,如鸟类和蚂蚁,会给不同的个体分配不同的工作(建造房屋、产卵、照顾幼仔)。人类文化会有更多不同种类的任务,也能更灵活地进行分配,但在这个方面,人类只是在程度上而不是种类上具有独特性。

第二种劳动分工是把每一项任务分成若干部分。生产线生动而极致地体现了这一点:没有一个人的任务是完成整个汽车的制造。相反,制造工作被分成几十个、甚至几百个小的工作步骤,每个步骤由不同的人执行。第二种方式似乎是一种相对现代的创新,但它利用了与第一种分工相同的基本原则。

劳动分工使生活有了不同吗? 是的。随着人们的专业化水平的提升,他们可以学习更好地扮演自己的角色。从某种意义上说,每一项工作都是由一位专家完成的,每项任务的绩效因此都有显著的提高。试着想象一下,你要自己种植和加工自己的食物、或者建造自己的房子:这需要你花几年的时间来掌握必要的技能,才能完成一项仅仅够用的工作,即使这样,你的食物和住所的质量也可能很差。而通过分工,你的食物和住所是由专家同步生产的,而专家则是在长期积累的知识基础上去完成他们各自的任务的。

最重要的是,这两种劳动分工都带来了强大且不可否认的好处。因此,文化性动物能够比非文化性动物更成功,即便他们具有相同的能力。10 个人单独自给自足地生活在森林里,绝对不如 10 个术业专攻的人一起活得那么长久和那么好。

因此,每一种人类文化都对任务作出分工并非偶然(**每一种**文化都使用劳动分工的事实,使劳动分工成为文化本身的一个特征,而非文化差异的问题)。的确,试想一家现代公司拒绝使用劳动分工的结果:仅仅因为它不可能竞争得过其他依赖劳动分工的公司,它很快就会倒闭。当工厂刚被发明的时候,许多工厂只是手工艺大师们自己制作整个产品的地方,他们在一起工作,但互相之间没有互动。这些工厂有了第一种劳动分工,但没有进行第二种分工。然而,在 18 世纪和 19 世纪,这些工厂都被新工厂所取代,新的工厂将制造过程又分成了许多部分,并分配给不同的工人。新分工的收益可以用金钱来衡量。雇佣一名制作整套餐厅设备的技艺大师需支付很高的成本,因为这项制作技能需要经过长期而全面的培训才能获得。即使工匠们所做的任务只是拧紧螺丝或进行事后清理,也需要向他们支付同样昂贵的报酬。相反,如果建造桌子和椅子的任务可以被拆分开,就不需要工人像技艺能师那样拥有全面的技能,因此如同扫地这类的工作就可以由一个几乎没有技能的廉价劳动者来完成。任务的每个部分都需要更少的技能,所以总的工作成本会更低廉。工作的结果反而也可能更好,因为每一部分工作都是由专家来完成的,而若工作由一位技能大师来完成,每位大师本身都可能多多少少有一些弱点。因此,角色分化和专业化从整体上提高了任务绩效,随着时间的推移,一切都变得更好。团队的集体绩效和产出也提高了。

为了更好地说明这一优势,我们以足球队为例。如果球队中的每个人都拥有相同的技能,那么较之一个为每个球员培养出独特技能的球队,前者的表现就会不如后者那样好。专家可以赢过多面手。可以肯定的是,足球在过去的几十年里已经在朝着越来越专业化的方向发展着。在早期甚至在 20 世纪 50 年代,大多数球员都兼备进攻和防守技能,但这在今天是不可想象的。现代的球队都有专门处理特定情况的专家球员,比如近距离传接球,或者阻截后卫等。要在这样一个球队系统中有效地发挥作用,球员就需要获得专门的能力。

角色分化也逐渐催生了文化的另一个巨大优势。这是一个日益扩大的互利合作领域。群居动物有时会相互合作和帮助,但这主要发生在血亲之间和有限的范围内。相比之下,文化让人们能够与远方的陌生人以双方互利的方式进行交流,例如,开展任何类型的经济交易。你来到了一个遥远的城市,想要吃东西,这时你付钱让餐馆为你提供一顿饭。你和餐馆都从中获益:比起钱,你更想要食物;而餐馆老板更想要你的钱而不是食物。与在世界各地发生着的贸易一样,双方都从中获益。即使你们不认识彼此,以前也从未听说过彼此,甚至可能再也见不到彼此,你们都会设法以一种对双方都有利的方式互动交易。

角色分化的核心是经济交易网络。文化可以制定出一种制度,许多不同的人都能在这种制度中扮演不同的角色,交易他们的成果,从而改善每个人的生活。通过这种方式,文化性动物可以实现合作和互利互惠,其规模要远远超出社会性动物有限的亲密小圈子。

文化是一个系统。从某种程度上说,自然为了文化而设计出了我们,让我们成为该系统的一部分。系统将多个单独的点(称为节点)联结起来,其整体之和要大于各部分之和。因此,角色的差异至关重要。如果一个系统中的每个节点都是相同的,做着完全相同的事情,那么这样的系统就算不上是一个系统了。相比之下,将完成不同任务的不同节点联结在一起的系统会变得异常强大,并能产生巨大的生产收益。

语言和意义

语言和文化紧密相连,没有必要纠结语言是文化的先决条件还是相反的问题,这就像纠结鸡生蛋还是蛋生鸡的问题一样没有意义。重要的事实是,语言不是一个人大脑内部的活动,而是集体共享和传播知识的一部分。孩子们学习在自己的社区中所使用的语言,一旦他们掌握了这种语言,他们就能够与许多不同的人进行交流,并获得集体的信息储备。人本身没有语言,语言自身也不独立存在。(事实上,早期人类很可能花了好几个世纪,才创造出足够强大和多样化的语言,从而能够交流各种可能的人类思想。)因此,一个人能够使用语言的唯一途径就是融入一种文化。正如语言只有通过文化才能获得一样,文化也总是包含着语言:没有语言的文化是不存在的。文化依赖于意义,语言是获取和使用意义的主要工具。

语言对于思想来说也许并不是必不可少的,[28] 但是它极大地增加了思维的能力和范畴,并且使人们能够与他人分享自己的思想,从而可能进一步提高思想的质和量。让我简短地列举一些语言提高文化性动物应对社会世界和物理世界的能力的例子。

当然首先要提及的是信息可以用语言进行编码,从而更有效地得到传播。如果并不拥有语言生物解决了一个问题,那么它只能通过操作展示来与他人分享。相反,文化性生物可以用语言相互解释他们的创新。美国人可以阅读中国人的新发明并采用它们,反之亦然。

第二,争端可以通过对话而不是战斗来加以解决。在社会生活中,由于对有限资源的竞争以及其他争端,出现纠纷可能是不可避免的。两个文化性动物可以通过语言解释他们的争论,并试图说服对方让步,比如通过诉求共同拥有的价值观。举例来说,电视剧《黑道家族》中有一集描绘了职业罪犯群体之间的一次会面。其中一组人指责另一组的老板拒绝分享一笔不光彩的房地产交易利润,并指出这笔交易是由线人促成的,而该线人理应是由两家共同"拥有"的。该老板强硬地拒绝在其他一些问题上妥协,因为他的组织目前强大而成功,他可以不受影响。但在谈到共同认定的规则时,他迟疑了,内疚地笑了笑,表示他将分享利润。因此,即使在职业罪犯中,强权也不能支配权利,他们也需要根据对协议和规则的共同理解来解决争端。

文化性动物基于语言享受到的第三个优势,部分或大部分地在于人们对时间有一个广泛的理解。其他大多数动物都"困在时间里",[29] 意味着它们仅仅生活在现在,并且很少能基于过去或未来去决定或改变它们现在所做的事情。即使像囤积食物这样看似面向未来的行为,也不是基于对未来需求的真正理解,因为如果环境的变化使得囤积没有用了,他们还是会继续囤积。用一位专家对其研究结果的评论来说,他们囤积食物(比如埋橡子)其实也"不知道为什么要这样做"。[30] 在一项实验研究中,猴子每天被喂一次食,每天喂食时它们都饿得要命。研究人员在喂食时给猴子的食物超过了它们实际需要的量。猴子们吃饱了就不吃了,它们有时甚至会拉开食物大战,把美味的食物扔向其他猴子。如果它们在下次喂食前能把剩下的食物保留起来,它们的境况就会好很多,不至于几个小时饿肚子,但它们从来没有学会这样做。

同样,动物也不能很好地将过去导入现在。当然,它们确实会学习,但它们主要是在行为发生后即刻有结果的情况下才会学习,这需要奖励和惩罚之间存在显而易见的联系。在一项著名的研究中,老鼠必须在黑白键中做出选择,并从正确的反应中获得奖励。如果奖励马上出现,它们很快就能轻松地完成任务。但如果奖励在它们选择之后延迟 5 秒钟才出现,它们就需要经历数百次的尝试才能学会。如果奖励延迟 10 秒才出现,它们即使尝试一千次也学不会。显然,老鼠只能把过去和现在联系几秒钟时间。[31]

相比之下,人类可以思考和谈论遥远的过去和未来。人们可以根据其他时间发生的事件来了解他们当前的选择，并相应地改变自己的行动。人类甚至可以从某人出生前发生的事情（比如人们庆祝节日时）、或者某人死后很久才发生的事情（比如人们立下遗嘱、或者制定遏制全球变暖的法律）中得出意义。

从广义的时间角度得到的唯一最重要的获利，或许是能够在短期利益与长期利益之间的进行权衡。由于关注长期利益和接受短期成本，文化性动物可以通过养殖动物，从而极大地改善生活，包括能更好地生存和繁殖。例如，如果没有长远的眼光，农业将是不可能的，因为短视的人们会吃掉（甚至丢弃）种子，而不是保存它们用来种植下一年的作物。许多其他的选择，诸如从使用避孕套到上大学等，都是人们接受短期成本和损失以期获得更好的长期收益的结果。

第四个基于语言的优势，是人们获得了思考各种替代可能性的能力。人们可以超越当下的现实，不仅可以考虑过去和未来，而且可以考虑其他各种可能的安排和情况。人们能想象改变某些特征后生活会变得更好的样子。

第五个也是十分强大的优势是，人们可以学会利用意义的内在结构来解决抽象的问题。逻辑推理和数学计算便是这种思维方式的重要例子。只有文化性动物才能使用语言和基于规则的推理来解决数学问题——这些思维方式极大地增强了人类应对物理世界（如建筑）和社会世界（如经济）的理解能力。这些出类拔萃的思维方式取决于文化，因为它们是由很多代的专家发展出来的，所以大多数使用它们的人都是在学校里学习过的。

文化基于使用意义的语言的最后一个好处是，可以将理性强加于体制之上。前面劳动分工的例子就说明了这一点。需要有人计算出，在将任务进行分解并将它们分配给合适的专家、而不是让通才（技术大师）完成全部的工作后，工厂能够获取到多大的利润，比如工厂可以因此以更便宜的成本，生产出更多、更好的商品，而这又会使公司和客户都从中受益。

军事后勤是另一个例子。中世纪的军队靠土地为生，这当然是一种礼貌的说法，用以描述他们在行军途中从路过的城镇里盗取食物的行为，不这样做的话他们就会挨饿。现代军队有精心设计的专业人员，他们会计算部队每天需要多少食物和其他给养，在哪里需要以及如何运送到那里。其中一些后勤创新是由普鲁士（Prussia）王国开创的，它是一个被面积更大、国力更强的邻国包围着的北欧小国。普鲁士需要找到一些优势来增强其竞争力。其他军队中传统主义者嘲笑普鲁士军官，因为他们需要从做文书开始一天的工作。但在普鲁士几次击败了他们之后，他们开始认识到规划的优势(如在此时此地拥有正确数量的士兵、武器和食品等)。最终他们都开始复制普鲁士军队的方法。

和许多事情一样,将一群人的行为组织起来的方法有好有坏,因为有时不需要群体,甚至一个人单枪匹马也能想出一个更有效的方法来完成同样的任务。然而,利用有意义的思维解决问题的能力,以及改变人们的行为以便实施改进后制度的能力,一直都是文化带来的一个重要而强大的好处。

附言:问题解决

在描述个人与社会关系的不同观点时,我批评了高中生物学的观点,即大脑的进化主要是为了解决物理环境中的问题(解决物理环境问题可能只是更大的大脑所得到的一个小收获,大脑进化的主要目的还是为了社会生活)。然而,在某种意义上,问题解决的观点又重新出现了,因为在这一节中,我已经多次指出,从属于一种文化会使人们能够更好地应对物理世界的问题。这里是否相互矛盾?

关键的是,文化最终是人们应对社会和物理环境的一种策略。它帮助我们更好地处理物理世界,比如使我们能够从商店和餐馆获得丰富多样的食物;它帮助我们处理社会问题,比如通过设置法律、规范和规则来指导我们如何对待他人——但是,归根结底,社会生活本身就是一种应对现实世界的策略。生物方面的挑战是生存和繁殖,进化赋予我们的一切也都是为了改善生存与繁殖这两种结果。

大脑进化能使我们更好地处理物理环境的说法并不完全错误,但是大脑进化和解决物理世界问题之间的联系则是间接的。人类发展文化,是因为文化最终能使我们更好地生存和繁衍。大脑和人类心智其他特征的进化帮助我们处理彼此之间的关系。这可能是进化的直接目的,但人类心智的这些特征确实(尽管是间接性地)有助于提高人们应对物质世界的能力。

建构文化类人猿

如果大自然母亲要设计一种文化性动物,那么它的设计中将会包含哪些特征呢?更确切地说,在我们猿类祖先那里发生了哪些主要的变化,才使人类本性能够参与到文化社会中来?

这两个问题其实不太一样。如果我们能以自己想要的方式来设计人类,那么我们希望拥有的可能不是超人的能力就是蜘蛛侠的能力,以及两倍的苏格拉底

39

(Socrates)智慧,卡萨诺瓦(Casanova)的性能力,圣母玛利亚(Virgin Mary)的无限美德,甚至蟑螂的韧性。然而实际上却并非一切皆有可能。让我们简要地思考一下自然能做什么和不能做什么,然后我们再简要地推论一下自然是如何把我们变成文化性动物的。

自然的极限

我已经提到文化的能力是有限制的(下一章将重新探讨这个主题),而自然的能力也有它的限制。我的看法是,自然为了文化而设计我们。显然,这个工作做得并不完美:生活在文化之中,无论作为个人还是集体,我们一直都面临着各种问题。也许每个人都能想象出各种各样的方式,能够把人类设计得更适合现代文化生活(例如,如果我不需要每天睡七八个小时的话,那我就可以完成更多的工作)。然而,这些或许都是不可能实现的。

自然根据一个物种能否存活下来判断其成功或失败。从理论上说,一个灭绝的物种就是失败的。根据这一标准,生物成功的最合理途径就是一直进化,直到消除死亡。如果我们的物种(或就此而言的任何其他物种)都由长生不老的人组成,那将是一个巨大的成功。然而,自然似乎满足于一种长生的低级替代品,即繁殖。当你想到性交和养育孩子过程中所包括的复杂系统、机制、问题和危险等时,似乎就可以很清晰地做出判断,长生不死会是一个更有效且更可靠的解决方案。[32] 但是,永生显然不是一个选择。正因为衰老和死亡是不可避免的,自然就不得不求助于有性繁殖来维持人类的持续生存。

同样地,在我看来,如果我们能飞的话,人类的处境会更好。自然创造了一些会飞的动物,但它没有赐予我们这样的福祉。我们无法埋怨自然选择让我们只能脚不离地。当然,如果有些人具备了飞行的能力,他们很可能会更成功。在远古时代,他们将能够逃脱掠食者的追捕,从高处侦察地形,并战胜其他的人类。在现代,一名会飞的运动员可能会通过从事职业篮球或足球运动而赚到很多的钱;加上其名人的身份,他还很可能会吸引大量异性的注意。

生物学家斯蒂芬·杰伊·古尔德(Stephen Jay Gould)关于自然极限的著作很有说服力。进化可以改变现有的结构,这要比增加新的结构容易得多。例如,如果不弯曲膝盖就能挠脚有很大好处的话,人类就可能会发展出更长的手臂。这要比在臀部长出一个额外的手臂(这样它就能达到膝盖)有更大的可能性。延长手臂可以在现有结构下实现,而长出新的手臂对于进化来说则要困难得多。

行为可塑性是一个很好的例子。许多动物都会经历一个青少年阶段,它们的任务是接受社会学习。当这一阶段结束时,它们的行为就会以自己的某种方式固定下来,大多数物种的成年动物都不会轻易接受新的行为模式。正如古尔德所说,[33] 可塑性的这个阶段是由基因调控的:一个基因(或一个基因组)启动这个阶段,另一个基因则结束这个阶段。只要有充分的理由,比如改善生存和繁殖,那么进化就可以改变其中一个基因的运作。与大多数其他物种相比,人类在一生中保持行为可塑性的时间要长得多,这可能是通过简单地关闭负责结束的基因的工作,从而使可塑性阶段持续下去来实现的。

为什么不为人类和其他物种创造无限的可塑性呢?为什么不让智力也具有无穷的能力呢?当然,如果"一些"是有益的,那"更多一些"岂不更好。在这里,我们再次遇到了生物学所能达到的极限。智力和可塑性带有适应的性质,但它们需要的成本也很高,因此自然选择只能使它们增加到一定程度——而且只会在收益的增长超过成本的增长时才会扩大它们。

让我们换一种说法。如果你是设计文化性动物委员会的一员,并且你能全权做出决定,这样你就可以创建几乎无限的智慧。但是,正如我们所看到的,大脑消耗的能量远远超过了重量与摄入总能量之比。身体其他部位也需要卡路里,所以给大脑增加无限多能量就是不现实的。事实上,我们的许多祖先仅靠有限的食物得以生活,所以获得足够的食物来维持身体运转已经很困难了。增加大脑就意味着需要更多的食物,最终可能会导致有机体饿死。由此可以猜测,太过聪明可能会害死你。

对我的论证而言,其关键的含义关联着人类和其他动物之间的相似性和连续性问题。大多数描写人类本性的理论家要么试图强调连续性和相似性,以表明我们很像其他动物;要么强调两者的差异,以证明我们是特殊的和独一无二的。关于文化性动物的争论需要连续性和变异性的结合。有证据表明,人类心智的独有特征也可以在其他动物的有限而基本形态中找到,这是最有力的支持。因此,进化是从已经存在着的东西中提取和扩大人类的特性的。无论是完全连续性学说(即人类与其他原始人完全相同),还是激进的差异性学说(即人类是独一无二的),都不是真正符合文化性动物理论的。人类文化在我们这个星球的动物王国中是独一无二的,但使文化成为可能的生物结构,则是由逐渐改变其他动物所拥有的相同特征和能力而被创造出来的。

改造猿类心智

　　想象一下，你已经被神圣的大自然母亲任命为负责设计新物种的委员会主席。设想智人还没有进化出来，但已经被放在了组装线上。大老板已经批准了，因此，你的委员会可以开始工作了。大自然给了你相当大的自由来进行彻底的改变，但是你应该从过去的成功和失败中学习经验。此外——这也是任务中令人兴奋的部分——最近在其他猿类中进行的初级文化实验被证明是成功的，所以你的委员会应该更深入地考察文化。从某种意义上说，你需要重新设计黑猩猩或猿类，以创造出一个更彻底的文化性动物。那么你打算在文化猿类身上构建什么样的特征和属性呢？

　　首先，你肯定想要确保新创物种有强烈的动机去与他人建立社会联系。文化的存在是社会存在的延伸，所以，你至少还想要保留这些动物所具有的社会性倾向，而且可能还要去加强它们。一个文化性动物应该有强烈的"归属需要"，将自己的注意、努力和行为都指向社会联结的目标，包括去寻求配偶（一对一）和群体的关系。新生物应该很容易形成社会关系，并且不愿意它们遭到破坏。这一特性与黑猩猩相比或许不是一个大的改变，但它肯定是文化的一个先决条件。

　　此外，在理想情况下，归属需求的对象要超出与单独个体间的联结，要使文化性动物认同更大的群体，甚至要上升到认同一个民族、一所大学、一个公司或其他可能容纳数千人单位的水平。因此，人不仅需要认同特定的个人，而且要认同更广泛的文化单位，如部落或国家。将归属需求的焦点从联结个人转到（也）联结群体，会有很大的帮助。

　　在归属需求的基础上，还可给文化性动物增添一些额外的特征。文化性动物必须要做的不仅仅是和其他人联结在一起，它还必须具有所谓的**心理理论**能力，即它必须认识到，自己的同伴具有与自己相类似的内心状态，从而使交流、移情、社会交换、相互理解、欺骗以及其他文化关联的高级特征成为可能。他属于由其他人组成的社区，他人的内心状态和过程与自己是相似的。没有这一能力，文化性动物就不能一起分享知识或共同工作。

　　此外，为了让自己可以与他人一起工作，理想中的文化性动物应该还有这样一些倾向和能力，要让自己的行为恰当适宜。因此，它们就需要自我意识，包括预测

42

他人如何看待自己的能力以及希望维持他人对自己好感的动机。

文化可能将提供大量挑战新生物的信息，而处理信息需要多种要素。首先，大   43
脑必须有足够的智慧来处理这些信息。它将需要一个良好的推理能力，以找出事
件和行为的意义及可能的影响。文化性大脑显然需要非常大的存储容量：它需要
记住大量的单词、人物、事件、社会关系以及文化所积累的知识。它需要有良好机
制以便在混乱的海量信息中找到最有用、最重要的点，因此，它必须能够进行信息
的筛选、分类、标记和分类。它必须以一种系统的方式存储信息，以便之后能够检
索到它所需要的信息。

文化性动物将需要一个漫长的社会化过程。他们需要学习文化知识，也需要
学习社会的行为规则。文化性动物要想成功地进行社会化，需要具备如下几个特
质：首先，他需要自觉自愿地学习很多年。学不会新把戏的老狗无法在一个文化
社会里生存得很好。真正的狗，当它们变老的时候，可能会失去学习和适应的灵活
性，但是老年人若要学会操作录像机、登录互联网，要与丧偶后新的约会对象协商
避孕套的使用，他们中的一些人都做到了。我们已经知道，斯蒂芬·杰伊·古尔德
（Stephen Jay Gould）曾提出，自然对这个问题的解决方案是，让人类比大多数其他
动物能更长久地保持孩子般的可塑性。他写道："许多动物在童年时表现出灵活性
和玩耍能力，但成年后却依从着严格编码好的模式。"与之不同的是，人类在一生中
都保持着青少年模式，甚至脸型都是如此。古尔德很清楚这样做的价值："被延长
了的童年可以让文化通过教育得到传承。"[34]

因此，在整个生命中行为都必须有可塑性，特别是儿童期和青少年期将需要很
长的时间，因为这些阶段尤其能够促进个人的社会化（好奇心、学习意愿等）。年轻
人应该渴望快速地从其他人类成员那里学习新事物，无论他们是年长者（比如老
师）还是同龄人。

成年人也需要为社会化作出持续的努力。文化性动物将受益于培养、教育和
帮助年轻人的终生的热情，帮助他们为进入社会替代自己的位置而做好准备。文
化性动物成年后可能需要继续学习和适应，因此，让年长者在教学（指导）年轻人中
获得一些满足感，也是很有益处的。只教育年幼的孩子是不够的。一些研究灵长
类动物行为的专家评论说，尽管类人猿在其他方面很聪明、善于交际，但它们却没   44
有表现出任何有意识开展教育的迹象。[35] 如果掌握了文化的人愿意并倾向于教育
后来者，文化就会取得更好的成功。

　　文化性动物的另一个需要则涉及复杂的决策机制。了解如何在一个复杂的文化社会中行动,是件不容易的事情。随着文化变得越来越复杂,每一种可能的行为都可能被转化为有多重意义和价值的行为。新的和不可预见的情况会频繁出现,带来新的选择困境,人必须决定该怎么做。因此,任何简单的行为控制机制都有可能被证明是无法应对的。文化性动物需要的不是僵化的反应系统,而是具有多样的、高度灵活的系统。至少可以这么说,思维系统必须能够控制并驾驭行为。思维系统必须理解各种文化的意义,然后用此来指示行动的进程。本质上,生物必须能够进行理性的计算,以确定什么是合理和适当的,并可能带来好的结果。除此之外,文化性动物需要某种机制来有效地处理复杂而不熟悉的情况。

　　内部对行为控制的重要性很容易被忽视。人类能够用意义来分析情况,并找出在该情况下的最佳做法,以期获得好的长期结果。但除非他们也有能力在这些想法的基础上开展行动,否则这种分析能力将是无用的。必须有某种能够克服短期的自然冲动的机制,取而代之以实施基于意义思考而计划的行动。做出选择将是文化行为的一个重要组成部分。在出生时就被编写进大脑的简单决策规则,不太可能有足够的灵活性去应对文化社会生活。相反,新生物应该有某种"自我",能够控制和思考多种可能的行动路径,然后择其一而行之。

　　与其继续用花哨的术语和措辞谨慎的限定词,不如让我用一个非常直白的术语来加以表述,即**自由意志**。也就是说,为了使我们适合在文化中生活,自然必须赋予我们自由意志。正如我将在第六章中解释的那样,自由意志一词有许多含义,我指的当然不是其中最夸张的含义。然而,在文化中生存,人必需要能够了解多种可能的行动路径,能够同时形成行动意义和影响(包括可能的后果)的心理表征,能够分析和比较各种行动,能够以一种并非完全和明确先定的方式选择其中一种行动路径。总之,人必须要能够做出行为决定,不能由当下情景、个人的先天倾向,或者甚至由行为强化的历史来完全做出这个决定。(如果自由意志这个词对你来说太过宽泛,就请用**控制加工、自我调节**以及**终身行为可塑性**来代替吧。)

　　换句话说,文化性动物将同时面对影响自己行为的内部和外部的力量,但它不应该完全受这两种力量的支配。它应该能够克服自己的冲动,至少它可以用文化认可的方式和在允许的场所吃东西、约会、小便以及做其他的行为。它不应该对来自外界的第一个信号或线索就做出反应,因为在下一步该怎么做的问题上,文化往往会发出复杂而矛盾的信息。如果你买了销售人员推荐的所有东西,你很快就会因为买了过多没用的东西而变得贫穷。文化性动物有时应该能够抵抗这种压力。

用哲学家约翰·塞尔（John Searle）[36] 的话说，自然必须在因和果之间创造一个**间隔**。采取行动时常有内在和外在的原因，这些多重原因会导致矛盾的行为。被文化教化了的人类自我就生活在这个间隔之中，扮演着连接原因与行动的中介者的角色。这里并不需要极端意义上的自由意志，即那种可以完全不受内在或外在原因影响的任意行为选择。但这确实意味着自然降低了行为的规则决定性，因此，人类自我就可以使用理性思维（或者其他指引）在多个相互竞争的理由中进行选择，并采用最好的理由来指导行动。

正如我上面所建议的，将这种变化加以概念化的一个很好方法是用**受控过程**[37]一词重新表述。受控过程并不完全等同于自由意志，但是这种差异更多的是微小的而不是巨大的争议。自我需要做的不仅仅是做出选择。如前所述，文化是一种通过劳动分工和角色分化而发展起来的体系。原则上，人在生理上可以被预设成各种不同的角色，但这样的系统将不能有效地运作，其部分原因是缺乏灵活性。举个例子，如果一个人在生理结构上被预设为一个铁匠，而且他干得还很不错，他可能会因此兴旺发达，从而繁殖后代，结果可能会有一打的孩子，而后他们在生理结构上都被预设为铁匠。但如果村里只需要一名铁匠，其余的人就可能会饿死。所以正相反，生物适应的神奇之处就在于形成了一个灵活的自我，既要能够被群体认可，又要为自己寻找或创造或多或少更为独特的角色。人类自身必须寻求与他人的共同点（获得认可），同时拥有独特的能力（在系统中扮演独特的角色）。

对于非文化性动物来说，自动加工过程可能就足以指导行为了：刺激直接导致反应，如果有任何内部处理过程，它将遵循标准和相当严格的方式。正如已经论证的那样，自动过程是有效的且具有高度可预测性，而受控过程则是昂贵的（低效的）但又非常灵活的。文化需要受控过程的灵活性，用该过程取代自动的、习得的或先天的反应模式。毫无疑问，从生物学层面上来说，使人类拥有受控过程的能力是巨大而代价高昂的一步，因此，我们的能力可能有限，但我们所拥有的仍然是极其重要而强大的。

最后，我们的文化类人猿将受益于一个强大的内部机制，它可以操控某些自身反应并进行自我调节。总之，它应该具有自我控制的能力。随着社会变得越来越复杂，想（感受）到什么就出于做什么的方式会越来越有害，一个总是凭第一冲动行事的人如果不变成为一个罪犯的话，可能很快就会变成一个被遗弃的人。复杂和不断变化中社会环境将使这样的生物获得巨大的优势,他们有能力为了获得最佳的结果去改变自己内心状态和行为倾向。

如果你的设计委员会想出上述所列的特质,那你们的工作做得就很好!毫无疑问,可能还有其他一些的特质和能力对于文化性物种来说也是有益处的,但是这个列表已经足够清晰,可以让我们开始工作了。可以肯定的是,任何社会科学家(包括我自己)通常都会对这类纸上空谈的理论持怀疑态度,尤其是当大多数事实已经为人所知的时候。尽管如此,几乎可以肯定这些特质会比相反的那些特质催生出更好的文化物种。一个特立独行、不太聪明、刻板僵化、缺乏自控、灵活不足、不愿意学习新事物、厌恶社会影响的物种,是难以成为适合文化生活的物种的。

为了避免有人被误导,让我们明确一点,上面所提及的关于重新设计黑猩猩以使之成为人类的委员会小故事,当然不是人类进化的方式。这个故事至少在一个重要的方面具有误导性。进化建立在已存在之物的基础上,它只可以做一些微小的修改。委员会的故事则假设任何改变都是可能的。但实际上,只有有限度的变化才是可能的。这大概也正是各种乌托邦愿景失败的原因:人类的本性仍然与我们由之进化而来的动物特质紧密相连。委员会或许能把人类设计成为生活在乌托邦或任何其他社会安排中的动物。但现实是,我们动物祖先的遗迹仍然存在,它们限制着我们的社会可能性。

本书计划

47

本书其余部分将在上述观点的基础上展开。我的目的是对心理学研究揭示出来的人类本性进行解释。心理学家已经收集到了大量关于人们如何行动、反应、思考和感受的事实,但对于如何将这些事实整合起来并进行一般性解释,心理学家们却鲜有探讨。

我是一个社会心理学家,而不是进化生物学家或比较心理学家。在我看来,文化性动物理论是一个很好的框架,它整合并解释了心理学对人类行为的揭示。这就是我的目标。要证明进化选择了人类是为了赋予我们这些特质,则是另一项需要不同专业技能去完成的任务。换句话说,这本书的目的并不是要证明人类是为了文化参与而进化的,而是要借用这个预设作为一个强有力的解释框架,来为社会心理学和实际的人类功能提供一个整合的框架。

下一章将详细阐述这些关于自然和文化的基本观点。它将解释什么是文化的特殊性，什么构成了文化以及什么是文化参与所必需的心理前提。鉴于语言和意义对文化生活的重要性，它的作用将受到特别的关注。心智组织的两个部分（意识和自动）将成为本书反复强调的一个关键主题，因为以后的每一章都需要用这一主题来解释人类在文化中的功能。

随后本书将继续考察人们向心理学家提出的基本问题：我们如何解释需求、思考、感受、行动和互动？第 3 章将从动机开始，因为驱动卡车前行的正是动力。理解人们想要什么至关重要，否则他们的行为就毫无意义。

接下来的第 4 章论述思考。思考是满足需要的工具：人们通过想清楚事情去获得他们需要的东西。之后第 5 章会考察情绪。在心理功能中，情绪一直是难以捉摸且神秘的。第 6 章将着眼于行为控制。认为人们的行为只产生于他们的动机、认知和情绪，得出这样的观点很容易，然而这样的观点却是错误的。在我看来，行为是一个独立的系统，需要、思想和情感的混杂并不一定会自动地引发一系列明确的行动。人们可以在没有相应行为的伴随下，产生需要、想法或感受等心理活动。因此，有必要单独地考查行为的控制系统。

第 7 章将着重讨论互动。虽然心理学通常都将其宏大的理论集中于人类个体的自我、思维、情感、欲望和行为，但人们的互动却遵循着另一套规则。此外，如果我们接受"人是自然为文化而设计的"这个预设前提的话，那么人类的互动就值得单独进行探讨。可以肯定的是，社会生活已经是互动性的了，所以第 1 章将集中讨论文化互动和社会互动之间的差异。社会互动大多是一对一的，而文化互动则是指群体或其他集体情景下的人际互动。因此，第 7 章将探讨社会行为，如家庭生活、侵略、性和权力等，但它会强调这些行为是如何作为文化互动的一部分而被转化的。

48

2

人类心智如何运作

　　有多少人碰过你的晚餐？

　　人们在公园里散步主要是为了放松和娱乐，但这里的动物们却每日都在辛勤劳作着。绝大多数情况下，它们都是在寻找食物并吃掉它们。有些动物，比如鱼，几乎除此之外不做其他事情，而其他一些动物还会有类似筑巢等活动，但寻找食物则几乎永远是主业。此外，当它们找到食物时，通常当场就会吃掉。对于大多数动物来说进食是机会主义的。等着和亲戚们聚在一起共进家庭晚餐的做法并不多见，个别情况下成年鸟会把虫子带回家喂自己孩子。但即使在这些例子中，除父母和孩子以外，也几乎没有其它鸟儿加入进来。虽然动物可以当着彼此的面吃东西，但进食大多还是一种个人行为——每只动物都摄取并食用自己的食物。

　　现在，让我们想象在现代美国郊区的一顿家庭晚餐。会有一些人在后院的花园里种植了番茄等作物，但大多数家庭都很可能无法直接从大自然获得任何食物。因此，我们试着数一数，会有多少不同的人在促成这顿晚餐的过程中可能发挥了作用？整个过程将会很发人深省。蔬菜是在不同的农场种植的，而肉类来自其他地方，所以那里的所有农民和他们的工人都有贡献。有些食物在出售前在面包店或屠宰场进行了加工，有更多从事加工业的人也参与了。几乎所有东西都以某种方式包装好了。卡车司机又把它们从工厂运到生鲜店，然后被准备晚餐的这一家人买了下来。因此，可能有几十个人在食物到达家庭餐桌前接触过它们（或它们的包装）。再想象一下，如果狗设计了一个系统，让大约 50 只狗在它见到食物之前加工食物，那这只狗一定会挨饿的！因为这些食物要是有幸能挨到不被第二只狗全吃掉的话，就真的算是奇迹了。

　　上述那些人还不是参与了制作晚餐的所有人。还有很多人，他们从来没有真正碰触过这些食物，他们没有那么直接参与该过程，但也发挥了重要作用。如，若没有类似总部的管理层,连锁生鲜商店就不可能存在。同样货运公司也有自己的管理层。银行很可能为农场、商店和沿途的其他几家企业提供了资金,因此,这些银行的所有雇员都算是参与者。家庭中的父亲在生鲜店买食物所使用的钱是他的工作报酬,那些让他可能挣到工资的人也都有参与这个晚餐过程,包括公司的管理人员、支持他工作的辅助人员以及他公司的客户等。他开了一辆车去杂货店,所以汽车制造商和经销商也算为晚餐做了贡献。用来烹饪食物的炉子制造商也是,更不用说生产和销售冰箱的公司的人了。事实上,一家人使用的那个厨房都是他们从另一家银行贷款购买的房子的一部分。

人们还可以把这个例子做进一步的推想,但已很明显了,在工业化社会中,人类家庭的聚餐比其他任何动物的聚餐都更为依赖于其他社会成员。端到餐桌上的食物至少直接经过了 50 个人,可能还有 1 000 人间接参与其中。他们中多数人从未听说过这个晚餐家庭,也永远不会见到他们。尽管如此,他们还是努力协作使这次晚餐成为可能。

要使这样一个系统发挥作用,文化必须组织大量个体的行为。大多数参与晚宴过程的人都有特定的、明确的个人角色。(蚂蚁也大量地在一起工作,但它们只有几种不同的角色。)当整个体系起作用时,它的效率令人惊叹,这种大规模协调在效率方面产生的巨大优势是人类各种活动能够成功的原因。如果没有这个系统,50 个人(或 1 000 人)就不能有效地为这个家庭提供食物。这个系统可以组织和协调起许多个人的行动,使系统的效率远远超过各个部分效率的总和。这就是文化的优势!

但是,既然文化如此伟大,为什么大多数其他物种都没有采用它呢?文化的缺点是它对个体的要求很高。因此,即使当你知道有这样一个令人惊叹的体系,也不意味着你就可以饿着肚子出现在那个家庭的餐厅里,去平白无故吃到美食。相反,你必须在系统中找到并维持自己的相应位置。而文化在这方面的要求是相当可观的。

再想象一下鸟类。假设由于某种原因,也许是一场森林火灾摧毁了一只鸟筑巢的那棵树,它失去了它的家巢。搬到一个新地方需要做什么呢?从根本上讲,无家可归的鸟儿必须找到一棵无人居住的树,然后筑巢;再用它熟悉的方式在周围掠飞以获取食物。而对于群居的鸟来说,它需要做的就是找到一些像它一样的鸟儿,并和它们呆上一段时间。

51

相比之下，人类想要搬到一个新地方住就需要完成一长串的任务。首先，要找到一套公寓，需要掌握一些文化体系的知识，比如了解在哪里寻找和解读广告。人还需要一笔钱，通常他要有一份工作，所以他还必须知道如何找到一份工作（仅仅知道如何找工作是不够的——从事一项工作通常需要多年的教育或其他资历）。社交生活则需要更多的技能，比如，要知道如何使自己对别人有吸引力、该穿什么服装、说什么和怎样说、在哪里找到朋友以及哪些人可能会愿意和你交朋友，等等。与伴侣发展出浪漫的关系更是需要进一步的专门的知识。

简而言之，上面两点是理解人类心智是如何被组合在一起的关键。文化的优势是如此令人叹为观止而难以拒绝。但是，只有当动物拥有某种复杂内部结构，使它们自己能够走过被社会接受的漫长道路时，它们才能够利用文化。即使某只天才猫或天才鸟为自己的物种设计了一套文化系统，其他的猫或鸟也无法运作该系统，因为它们缺乏必要的内在能力：如适当的驱力、认知能力，等等。

集体组织水平是社会性动物和文化性动物之间的一个重要区别。不仅人类个体是相互联系在一起的，而且人类也与系统联结在一起。（再次重申，我们把文化定义为基于信息的、有组织的社会系统。）有些动物可能也会对它们的群体产生依恋，但与人们对工作、友谊、国家和其他系统的复杂依恋相比，动物的依恋实在是太粗糙了。

意义作为资源

文化由意义构成。只有借助意义，我们存储和交流的信息才能超越关于此时此地的最简单事实。意义对于在大体系中实施组织行为也很有价值。意义还有其他用途。人们使用语言来获取意义，语言可能被认为是人类文化最伟大的发明，没有语言，文化的其他成就可能就不会出现。因此，我们先来考虑意义是什么以及人们是如何使用它的。

语言和思想

文化相对论最有力、最具影响力的观点之一是语言决定思维。它因本杰明·李·沃尔夫（Benjamin Lee Whorf）和他的学生爱德华·萨皮尔（Edward Sapir）的研究而出名，后来被称为萨皮尔-沃尔夫（Sapir-Whorf hypothesis）假说。其核心论述是，不同的文化使用不同的语言，不同的语言表达不同的概念，因此，来自不同文化的人们会以根本不同的方式思考，在他们如何体验自我和世界的方式上会存在着深层的根本差异。为了说明这一点，沃尔夫和萨皮尔举了几个经典的例子。据报道，爱斯基摩人有 17 个描述不同种类的雪（或 3 种、或 50 种、甚至 400 种之多）的不同词语，[1] 这表明他们在雪这个概念上做出了一些对他们来说很重要、但我们却视而不见的区分。从很多方面来说，这是最有冲击力和令人激动的论证，即爱斯基摩人的语言使他们能够思考使用其他语言的人无法理解的思想。

区分颜色是沃尔夫和萨皮尔的支持者使用的另一个例子。根据物理学家的说法，光谱实际上是一个连续体，从物理学角度来看，把光划分成特定的颜色有点武断——所以不同的文化对光谱的划分也不一样。因此，我们认为红、蓝、黄、绿是天然不同的颜色，而浅蓝和深蓝是同一颜色的不同变体，但这都只是我们的文化随意强化在它们身上的结果。

最奇特的是，沃尔夫和萨皮尔说霍皮人（Hopi，一个美洲土著部落）没有时间概念，也没有过去和未来的概念，这由他们的语言揭示出来。受限于他们的语言，霍皮人不能像现代美国人那样思考过去、未来或时间的其他方面。如果这是正确的，那么我们的时间观念就是基于文化建构的，是个相对的概念。我们认为时间就存在于世界上，我们都受制于它，但我们错了：时间是我们自己建构的，文化正是通过所建构的时间教给我们如何体验这个世界。

这些还仅仅是语言之间无数差异之中的一小部分。如果沃尔夫和萨皮尔的假说完全正确的话，那么许多想法——也许是大多数想法——都是文化条件作用的产物，人们几乎不能用另一种文化或另一种语言来加以思考。如果思维都是完全相对分离的，那么我们就很难说存在着一种普遍的人类本性。相反，我们必须假定，来自其他文化背景的人与我们之间存在着无数难以理解的不同之处。

因此，沃尔夫和萨皮尔理论是文化相对主义信徒的一个重大胜利。这似乎证明了人类的经验是由语言强有力加以塑造的，在某些特定文化中成长的偶然经历，使某些想法对你而言显而易见，而对另外一些人则晦涩难懂。现代美国人无法了解苏里南、尼日利亚或缅甸人的生活，即使美国人试图去了解这些地方。一顿美餐或一次性高潮是如此不同，以至于人们无法想象来自另一种文化的人对此会有怎样的感受。

然而，沃尔夫和萨皮尔假说存在着更多的错误。后续的研究已经一点一点地削弱了它的可信性。[2] 爱斯基摩人确有很多表示雪的词语，但是美国人也有（例如，

slush、sleet、flurries）。更重要的是，当美国人需要做出更细微的区分时——比如当他们开始滑雪并想谈论不同的雪况时——他们会迅速发展出所需要的单词（例如，powder、corn）。这个事实上是对沃尔夫和萨皮尔的有力反驳，因为它表明思想不受语言的限制。美国人的语言并不妨碍他们识别各种雪的区别，也不妨碍他们思考这些雪。当需要一种思想时，语言就会相应地发生改变。

霍皮人似乎和我们一样地了解时间，他们能像其他所有人一样谈论过去和未来。至于色轮，尽管从光的物理角度来看，它可能是一个连续体，但人类的眼睛在任何地方都有相同的颜色感受器，因此，所有能区分颜色的文化都会得到相同的列表。有些语言显然不能像我们一样区分所有不同的色度，但是新的颜色命名总会以相同的顺序被添加进来。也就是说，只有两个颜色词的文化，总是会描述浅色（白色）和深色（黑色）。若文化中有了第三种颜色词，那基本都是红色；第四种颜色词一般是黄色或绿色；第五种是黄色或绿色两者中的另一个；第六种总是蓝色，等等。[3] 大多数文化都以完全相同的方式识别出了 11 种基本颜色。也许就光波而言，颜色光谱是连续的，但人眼中的感受器则不是，它可以让我们识别出特定的颜色。任何眼睛正常的人（即非色盲的人）都能分辨出红色和绿色，且不受文化和语言的影响。

最近，出现了一种试图找出一些语言之中的细微差异的趋势，比如，人们认为用某些语言比用另一些语言更容易表达某些观点，并使它们更容易被记住。然而，这应该被认为是在寻找语言学相对性的细枝末节，而不是对下述观点的再次论证。即来自一种文化的人无法理解来自另一种文化的思想或概念。[4]

语言的相似性远比我们之前所认为的要大得多，这种普遍性表明人类大脑的设计就是要以某种特定方式来理解世界，而这种理解与现实的结构或许是相对应的。因此，所有的语言都有名词和动词、修饰语（副词和形容词）、名称和代词。[5] 对于不同语言来说，句子中词语的顺序可能有所不同（例如，动词在中间或结尾），但总是要使用句子，甚至连单词的顺序也没有那么大的变化。史蒂文·平克（Steven Pinker）说，一个句子的主要部分有 128 种可能的顺序，但是大多数语言只使用其中的两种。[6] 最重要的是，大多数语言似乎都有一个几乎相同的概念列表，因此，几乎所有的单词和句子都能有效地从一种语言被翻译成另一种语言。

在我看来，最严峻的考验是翻译。如果思想依赖于语言，语言又是根本不同的，那么许多想法就只能用一种语言思考，而无法用另一种语言表达。因此，翻译就是不可能的。然而，翻译可以做到极其精确，有时可能只丢失了大约1%的意思（通常是一些俏皮话，如引申义和内涵）。相对于英语原著，用西班牙语或日语阅读《哈利波特》或《呼啸山庄》的人可能并不会错过什么。[7]

但我们还是要感谢沃尔夫和萨皮尔假说，重点不在于它是错误的，而在于它是那么疯狂和离谱地误导了整个观点。而真正深刻的重要见解恰好与之完全相反。让人惊叹于不同语言和由此产生的不同思想的地方，正是语言之间的相同之处，而不是差异之处。几乎任何思想都可以用任何主要语言来表达。这就是其神奇的地方。

这意味着所有的语言在本质上都使用了相同的概念。它应该被称为反沃尔夫（Anti-Whorf）假设：存在着一个所有语言都在使用的基本概念体系。人们只是给同一个概念赋予了不同的发音，所以 dog、Hund 和 chien 都指同一个物体（分别在英语、德语和法语中）。这个概念集是人类思考的一个重要共同基础，除了一些细微的差别外，它在任何方面几乎都是一样的。

概念的共同集是一个重要的资源。它表明存在着一套特殊的思想——也许是非常大的集，但无论如何只有一个这样的集——被大多数文化和语言所利用。不能够思考这些概念的大脑，就不能对物理现实产生任何影响，但当大脑开始使用这些概念时，思想就会对物理现实产生影响。在此之前，它们只是作为尚未被思考的可能想法而存在着，但它们仍然是概念集中的一部分。

因此，也许存在着一个充满可能想法、可能意义的概念集，但它尚未被人类利用，正等待着被发现。因此，我们可以把它分成三个不同的过程：大脑进化，语言被发明，意义被发现。也就是说，大脑是按照物理、化学和生物学的法则被创造出来的。语言的发明是为了让大脑（或拥有类似想法的大脑）使用意义。各种可能的想法都在等待大脑的出现，等待着被利用，从而产生出巨大的影响——就像人类最终所做的那样。

我们来思考一个不寻常的数字，比如 342 945 518 204 337.412 974 368 31。可以合理地假设，在人类出现之前，这个数字从未在我们的星球上被使用过，而且最早的人类可能也没有使用过它。假设第一次有人说出或想到这个确切数字的时间是在1755年。当时，人们用它来决定出售物品的数量，根据这个数字，一个人付给另一个人一笔钱换取一定数量的物品。从这个意义上说，有物质分子在1755那年因为这个数字而发生了移动，而在此之前，这个数字（这个想法）从未对物理现实产生

55

过直接的影响,该数字只是作为一种可能想法存在着。数字一定在那里存在着,等待着被人使用。数字不是被发明或发现的:所有的数字都在那里等待着,等待着某人理解数字的概念(如上面例子中带有小数点的数字)。所有使用数字和数学的文化都将数字理解为表示相同的数量(尽管他们可能书写方式不同、发音方式也不同)的符号。这个数字的价值不受文化的偏见、扭曲或改变的影响。

再来看一个简单的例子,思考一下 4 乘以 7 等于 28 这个等式。它是适用于任何地方的。没有任何特殊的文化影响可以规定 4 乘以 7 等于 804,或者等于 28 以外的任何数字。如果文化的重要性在文化差异中被发现,那么 4 乘以 7 在希腊可能等于 25,在西班牙和墨西哥等于 26,在中国和尼日利亚等于 28,在巴西和新西兰等于 30,在以色列和加拿大等于 32。但事实并非如此,正确答案都是 28。至少,每一个使用乘法的文化都得到了相同的答案。

4 乘以 7 等于 28 这个想法始终都是正确的,但它并不总是重要的。在人类出现之前,它没有任何影响。它只有在足够聪明的大脑了解了数字和乘法之后,才能影响物理事件,所以上述这个算数等式在人类出现之前可能是完全无关紧要的,况且早期的人类也都没能发现或使用 $4 \times 7 = 28$。然而,4 乘以 7 等于 28 这个等式是存在于意义的本质之中的,一旦人类大脑能够思考和使用它时,这个事实就开始影响事件了。

一些理论家利用语言的相似性推论说,语言是人类大脑构建的结果。根据这个推理,我们使用语言的方式来自于进化,实际上是进化将大脑联结整合在一起的。这种说法也许有一定道理,但我不认为大脑结构的进化是偶然的。具有各种概念和概念联结的可能想法集就在那里存在着。大脑并没有创造意义的结构;相反,大脑的进化是为了能够识别和使用它们。4 乘以 7 等于 28 并非大脑结构进化的一种偶然结果;它是真理。大脑只是进化到能够利用这个真理。如果有一天我们穿越宇宙寻找到其他独立于人类进化的智能生物,而且如果他们有数学的话,那么对他们来说,4 乘以 7 也会等于 28。

语言是我们的仆人,而不是主人。它是世界各地的人们用来处理世界事务的工具,世界各地大多都呈现出了相同的情况和问题。因此,大多数语言都使用着相同的概念。母爱、争吵、好听的歌、男孩和女孩、好吃的、不公平、坏天气以及无数其他的想法在所有语言中指的都是相同的现象。

不同文化之间人类思维的相似之处要远多于不同之处。当然,在思维方式上确实存在一些重要的文化差异，我将在第 4 章中加以介绍。但总的来说，世界各地的人都有同样的想法。即使是坚定相信文化差异的人类学家也会不时提到，世界各地的日常对话在话题和内容上都十分相似。[8] 每种语言都能表达出同样的基本思想和想法，例如：我饿了；这里下雨了；我此时和你结婚；太冷了；你输了比赛；我的孩子病了；这不公平；帮帮我；我想和你做爱；她的父亲去世；他撒了个谎；坐在贵宾席上；请停止战斗，等等。这些重要想法是所有文化下的人们都需要的，因此每一种语言都为它们找到了相应的词汇。

在上一章我们已经探索了能够使用意义的很多巨大的优势，文化的优势确实主要依赖于对意义的处理过程。世界上每一种已知的文化都有一种语言，这并非偶然。我以为，大脑通过自然选择进化到了能够使用语言的阶段，因为语言为人们提供了进入可能想法集的工具，从而可以使用意义进行思考和交流。人类大脑结构的形成遵循着物理世界中的因果关系规律，但意义的世界则是完全不同的。虽然分子可以被用来代表意义并因而可以被加以使用，但意义却不是由原子和分子构成的。

意义和物理过程之间的区别是社会因果和物理因果间重要区别背后的基础。这种区别让许多现代思想家感到不安，因为他们通常会否认它的存在，但却在实践中继续使用这种区别。这里我们有必要澄清一下因果关系。

因果关系

在我们开始探究人类心智这个奇特角落之前，我们必须对一件事如何影响另一件事有所了解。我不准备对所有争论的技术细节进行深入的讨论，相反，我认为给出一个所有人都能相对容易理解的简单概述就足够了。然而，我承认，领域内的专家们可能会因此而指责我掩盖了因果的复杂性。但本书并不是关于因果关系的书，读者所需要做的就是理解事物是如何相互关联的，便可以继续阅读本书。

尽管现在几乎没有人玩撞球了，但它仍然是因果关系的标准象征之一。撞球有点像台球，使用的是同样的球，只是桌子的角落没有洞。因果关系的象征中有一个球安静地放在绿色的毡台上，还有另一个球被球员用球杆击打滚向第一个球。滚动的球撞到静止的球，使之滚动起来。这就是因果关系的呈现：滚动球的物理冲击导致第一个球也开始滚动。

这种因果关系在牛顿物理学中非常有效，但在心理学中，事情却很少如此简单

57

和清晰。我们可能会问为什么山姆拒绝帮助杰各布,答案可能包含了诸如山姆当前的心情、他的童年经历、房间里的温度、山姆最近的想法、杰各布请求帮助时的措辞如何、山姆和杰各布的关系,以及一个星期前当山姆向杰各布寻求帮助时发生了什么,等等。所有的答案都可能是正确的。事实上,就山姆在这种情况下是否会帮忙这个问题而言,它们也可能同时都是正确的,所有这些因素都会影响到帮助行为。

当一个台球撞击另一个台球时,第二个球肯定会移动,除非它被粘在或被固定在那个点上了。这带来了另一个关键的区别。房间温度和当时情绪对山姆是否帮助杰各布的决定确实都有影响,但两者对帮助行为的决定程度,不可能像我们描述台球相撞的结果那样有 100% 的确定性。

关键点在于,心理学中的大多数原因都采取了反应发生时几率改变(而非确定结果)的形式来呈现。原因是概率性的,而不是确定性的。科学期刊上发表的人类行为研究都是经过严格控制的,它们充满了一个又一个因果关系的证据,但其中大多数表明,即使在精心安排的实验室条件下,行为也只有 5% 到 10% 的变化。在实验室之外,各种因素可能相互干扰或消除,许多真正的原因对结果的影响都很难达到 1% 以上的程度。然而,这并不意味着所有这些信息都应该被当作无关紧要的东西被放弃掉。(事实上,一场增加了 1% 销售额的广告竞争,可能会给广告商带来数百万甚至数十亿美元的收入,从而使商店可以进行丰厚的打折和促销活动,而竞争对手则可能因此就不得不开除自己的员工。)山姆是否真的帮助了杰各布,可能取决于所有那些小原因的累积。例如,他当时的心情对他是否帮助杰各布只产生了 3% 的影响——但这 3% 仍旧是真正的原因。说不定这可能就是决定结果的关键因素。

物理与社会

社会因果关系是真实存在的。许多社会科学家可能也会这样说,但这却不是他们自己的真心话,但我是真心这样讲的。在本书中,我将假设物理因果关系和社会因果关系都会对行为产生真实的影响,虽然它们是不同的因果关系。

从技术上讲,**文化现实**这个概念比**社会现实**更为准确。意义仅存在于文化之中,如果不使用意义去理解世界,就有可能成为完完全全的社会性动物。但是社会现实这个词已经被广泛使用,在某种程度上我们只能这么使用它。同样地,移民成为美国公民要经过一个被官方称为**归化**的过程,尽管这个过程与自然毫无关系,而**文化化**或许是一个更恰当的术语。

物理因果关系涉及原子和分子、化学物质和细胞的活动以及物理现实的其他方面。物理学、化学和生物学的定律足以解释这些现象。许多社会科学家都声称自己相信社会因果关系,但当他们被追问时,他们却说他们相信的是所有心理活动都可以最终还原为物理定律。[9] 例如,他们相信思维最终不过是大脑内部发生的生物化学活动。大脑是一个物理实体,由神经细胞组成,通过清晰的物理和化学过程运作。如果思考只不过是脑细胞的放电,那么社会层面的分析也许最终都会被摒弃,一切都可以按照自然科学的规律来加以解释。

这个想法说好听点是奇怪的,说难听点是完全荒谬的。试想一本书试图从脑细胞活动的角度来描述美国内战,这将是一本冗长而又无聊的书,它将完全错过重要的内容,如内战为何而起,战争中发生了什么事件等。内战的原因和事件是不能用脑细胞的活动、甚至肌肉的活动来加以适当描述和表达的。南北战争中的事件是有意义的,并由意义联结起来,如果你不能理解这些意义,你就不可能理解南北战争,更不可能对它作出解释。这是反对把心理学还原为物理学和化学的极端例子。用纯粹物理术语讲述的南北战争故事不可能对它作出一个清楚的解释。

思想不能被还原为大脑活动,(更一般而言)心理学不能被还原为物理和神经科学,这也许有些偏激。然而,如果我们想把任何真正的现实归因于社会和文化过程,那我们就必须从根本上理解,它们不仅仅是生物化学或分子过程发生的奇异之事,它恰是文化产生之处。文化不是一种物质现实。它根植于人们组成的网络或系统体系之中。它不存在于单一的大脑中,而存在于大脑之间的网络联结之中。事实上,个体的大脑是可替换的,但文化依然会持续存在下去,即使特定的大脑从该网络中被清除了(比如死亡),又会有新的大脑加入。文化由意义组成。一个句子、一个行为或一个事件的意义并不是具有化学或分子结构的东西。

意义可以用物理结构来表征。大脑活动是表征意义的必要条件,但意义并不存在于大脑活动中。相反,意义存在于社会与文化网络中。这就是为什么即使一些大脑停止运作、新的大脑取而代之,意义却仍然存在。如果意义仅包含在个别大脑的神经细胞放电活动时,那么当大脑死亡之时,意义也将不复存在。

因此,只有当意义被物理世界的生物使用和理解时,它才能开始影响物理世界。对圣经中"道成肉身"（Word become flesh）①的典故最好的理解应该指向文化生活的起源，而不是指向物质世界的诞生。"道成肉身"从某种意义上是指，人类可以在大脑中加工处理意义，然后根据这些意义改变他们自己的行为方式。

表面上，语言之间的差别很大。这些差异，再加上语言必须学习这一事实，促使许多专家把语言视为文化的本质和文化差异的一个重要来源。然而，更现代的学者们却发现，语言之间存在着很多相似之处。两个词不一样，但其代表的想法和意义却是相同的。不同语言的词序各不相同，但基本语法却是相同的——名词和动词、主语和宾语、形容词修饰名词等。在地域分布和经验大相径庭的文化中，学者们都发现了这些语言特点，因此我们可以认为各种语言是独立发展出来的。

越来越被人们所接受的一种观点认为，语法和句法的基本要素是先天存在于人的大脑中的。当然，这并不一定能解决大脑结构是否导致了特定的语言这个问题。大脑本身可能以某种方式发展，因为那是最好的或唯一的使人进行思考的方式。例如，也许所有语言都有动词的原因在于人类大脑具有某种特殊的结构，可以自然地形成含有动词的句子。但开始拥有这种特殊的大脑结构本身可能并非巧合。大脑那时可能已经学会用动词来思考，因为没有其他方式，或者至少没有其他有效的方式能像动词一样，在任何地方都能表征现实生活。动词能够表达动作、变化、运动和存在，如果我们不依赖于这些动作、运动和存在的词汇的话，我们简直就没法用其他的方式去描述现实。所有的语言都必须以某种方式表达行为，因为行为是生活中不可避免的事实。这实质上就是上一节中关于乘法解释观点的扩展版。所有能做乘法的文化都同意 4 乘以 7 等于 28，这绝不是大脑结构的偶然结果。相反，大脑只是进化到了能够利用 4 乘以 7 等于 28 这样外在真理的阶段。大脑以同样的方式进化，直到它能够连接不同种类的概念，例如名词和动词，从而去表达行动、运动和存在等的外部现实。语法的普遍特征可能是意义结构本身所固有的，而大脑只是进化到了能够使用它们的阶段。

---

① "道成肉身"（Word become flesh）：出自《圣经新约》之《约翰福音：道成肉身》这个章节。约翰福音开头就阐明福音的核心是道成肉身的耶稣基督，他将上帝显明出来。这段经文是全书的序言，以永恒（即"太初"，与《创世记》1：1 的"起初"同义）作开始。道就是上帝，于太初，即宇宙被造以前，道就已经存在了。耶稣是父的独生子，所以"道"也是指耶稣。道成了肉身，是指道以人的肉身来到地上，就是我们所认识的耶稣基督。圣子耶稣降世，住在人间，将不能看见的上帝启示出来。基督降生意味着恩典时代的开始，借着他，将上帝丰盛的恩典带给世人。——译者注

思想能移动分子吗?

对一个人是否真正相信社会现实,或许可以进行这样的测验:你相信观念可以运动分子吗?换句话说,宇宙中物质的分布是否曾因意义或其他非物质现实,发生过哪怕是轻微的改变吗?

我认为答案显然是肯定的,尽管只是在有限的条件下。观念确实可以使分子运动,前提是人能够理解观念(即在他们的大脑中加工处理思想观念),并根据对观念的理解改变自己的行为。当然,这些观念中的现实是独立于任何特定大脑的。因为这些观念植根于一群人共同持有的文化中。如果这群人中一个人死了或者离开了,这些观念思想还会继续存在,由存留下来的人保持下去。

正如我们所见,所有语言和文化都依赖于一个根本性的概念集。这个观念集一直是一个毫无关联、抽象的可能性,直到有一天出现了能够处理它的大脑。之前所举的 $4 \times 7 = 28$ 例子就说明了这一点:这种算数计算超出了恐龙的能力,所以它在恐龙时代没能对世界产生任何影响,但如今人类有能力进行计算以及处理类似的想法,那么算术真理就会发生作用了,比如,摩天大楼拔地而起,人也知道了需要给另一个人支付多少钱了。

许多人出于某些不明原因坚信,社会现实能用纯粹的物理术语来解释,这里我就不赘述了。不过,让我来说明一下社会现实和因果关系意味着什么。首先,我要补充一点,我不认为人类的行为违反了物理、化学或生物学规律。相反,人们所做的一切都必须符合这些规律。我的观点只是,除此之外,还有一些额外的、非物理的因素也可以影响人类的行为。物理学是不够的,社会原因也必须得到重视。人类行为对意义做出反应,而意义不是一个物理现实,意义存在于文化群体的共同理解之中。

回到大脑问题,我同意,思维与脑细胞活动紧密相连,且不能违背支配大脑的神经和生化原则。在极端的情况下,你可以用高尔夫球棒猛击一个人的大脑来阻止他思考。但这里至关重要的是,个人思想的内容部分地取决于非大脑组成部分的非物质现实。

共享性是社会的本质:两个或更多(通常是更多)的人有了一些共同的理解,他们的大脑就可能通过脑细胞放电(可能是各自大脑中的不同细胞)的特殊组合来表征着这些相同的观念,但共享性本身不具有物质属性。共同想到某事,尤其是共

61

同理解了某事,这是物理因果关系中所没有的。

货币就是一个很好的例子。货币不是一个物理现实。当然,有些货币以实物的形式存在,如纸币和硬币,但这些纸币和硬币的价值几乎完全取决于人们的共同理解。就在我写本书时,一些欧洲国家已经放弃了自己的货币,开始使用一种新的共同货币(欧元)。荷兰盾和德国马克不再有任何价值了。最近在收拾行李准备搬家的时候,我发现了一张 25 荷兰盾的钞票,这是我上次去荷兰旅行时留下的。多年来它一直是同样的实物,但此时即使我回到荷兰,也不能用它来买啤酒或牙膏了。这张纸币有相同的原子和分子,我们的大脑可以像以前一样识别它,但它的社会现实意义却已经发生变化了。

我们也利用到了货币所具有的其他非物质特性。如,10 个 10 美分硬币相加等于 1 美元,但这种等价性在金属硬币和纸币的分子结构中是永远找不到的。此外,大多数人经常使用货币,但实际上并没有交换硬币或纸币——他们使用信用卡购物,将工资直接存入银行账户,给电力公司开支票,等等。如果我们将所有的硬币和钞票都找到并加和起来,它们将只有货币总额的大约三分之一,这是因为大多数的货币是以抽象数字的形式存在于银行账户等类似的地方,而从未以钞票和硬币的物理形式存在过。

社会现实的争论因此可以用货币的例子来说明。钱是真实存在的,并且可以很大程度地影响人们的行为。人们常常(有时会花很长的时间)会想到钱。但对货币的想法不能完全还原为单个大脑的放电活动,因为这些想法依赖于对什么是货币的共同理解。货币本质上不是一种物理介质,它是作为一种共同的理解而存在的。事实上,只有当大量的人对货币有相同的默认和理解时,货币才有可能存在。毕竟,你为什么可以用一美元钞票换一根香蕉呢?这种交易不能用美元的分子结构来解释,甚至也不能用你大脑中的神经活动来解释。但它们又都是相关的,比如,如果你的大脑不再工作了,或者美元钞票由错误的分子(如铝或泥煤苔)制造出来,那么你的交易就无法进行。这个交易只有在你和香蕉供应商对钱币的价值都有共识的基础上才可能发生。正是因为有了相同的系统,即文化,你才可以用一张美元钞票换一根香蕉。美元钞票是否具有意义取决于集体共享的预设和符号思维,这就是一美元钞票能换到香蕉的原因。

另一个说明社会现实的很好的例子是法律。法律并不存在于个人的大脑中,而是存在于社会系统中。法律并非不可或缺的:有些国家没有完整的法律体系,但通常情况下这些地方的生活会很糟糕。人们会遵循着他们甚至不知道的法律：例如，当你买股票时，你会期望有各种法律（例如，你投资到股市的钱不会通过内幕交易被偷走）来保护你，否则你不会去买它。你的行为被你甚至不知道的法律影响着。更普遍的是，更为庞大的人群网络要设法创造、维持和遵守法律。个人的大脑使人能够恰当地运用和遵守法律，但大脑并不含有法律。

63

另一个例子是波士顿倾茶事件①。在英国，一位国王的脑细胞指示他的肺部和声带做运动，从而产生特定的（话语）声波，并从他的嘴里发出来。结果，在几千英里之外，茶的分子和盐水发生了混合，而不是与它们宿命中的淡水相混合。如果物理因果关系足以解释一连串原因的话，那么从国王口中出来的空气分子要能够产生物理和化学效应，从而影响波士顿港的茶叶。但是这些空气分子没有任何特殊的物理性质。即使这些茶叶被现代化学家截获，他或她也不会发现任何下面的信息，为什么这些茶叶会与海盐水而不是淡水相混合。

事实上，同样的空气分子在英国同一间屋子里也做了运动，但却没有对任何东西产生明显的影响。如果这些话语是由一位扫地工人在空无一人的房间里说出时，它就不会引起之后导致波士顿倾茶事件的一系列事件。人们的共识在这里至关重要。这些声波（国王指示）在英国人的话语中有重要的意义，这些意义由国王的下属处理和执行，这便对波士顿的殖民者造成了实际的和象征性的影响。殖民者所具有的共同价值观，使他们认为（国王的）这项政策不公平；因此，他们决定把茶叶倒入港口，象征性地表达他们的抗议，等等。可以肯定的是，这些事件中没有一个与物理定律相矛盾，但是它们需要一个不能被还原为物理学的复杂社会系统。从国王口中发出声波中的空气分子本身，并没有携带造成大洋彼岸很久以后将要发生事情的原因。社会原因才是至关重要的。

行为的物理原因和社会原因或多或少地可以分开运作。虽然它们在实践中可

---

① 波士顿倾茶事件，也称波士顿茶党事件。1773 年 12 月 16 日发生的波士顿倾茶事件（最开始被约翰·亚当斯称为"the Destruction of the Tea in Boston"，波士顿茶叶大摧毁），是一场由波士顿"自由之子（Sons of Liberty）"所领导的政治示威事件。示威者们乔装成印第安人的模样潜入商船，将东印度公司运来的一整船茶叶倾入波士顿湾，以此反抗英国国会于 1773 年颁布的《茶税法》。来自英国的北美殖民者专门针对《茶税法》进行示威，是因为他们坚信这项法案侵犯了他们作为英国臣民"无代表不纳税"的权利。该事件发生后，英国国会于 1774 年起陆续颁布了五条《强制法案（Coercive Acts）》，又称《不可容忍法令（Intolerable Acts）》。美洲十三个殖民地的殖民者们为了对抗《不可容忍法令（Intolerable Acts）》，召集了第一届大陆会议，向英国王室请愿，希望其能够撤销这些法令，并调解殖民地对该法令及英国政府的抵抗。然而，在 1775 年，殖民地与英国政府之间的矛盾还是爆发了，并最终成为了如今我们所说的美国革命。——译者注

能经常交织在一起,但它们仍然是可以区分的。行为不仅受到大脑活动的影响,还会受到荷尔蒙、肌肉疲劳、身体疼痛和快乐等类似因素的影响。人的身体会因疼痛而退缩,这是一种自然反应。不需要借助语言或概念化的意义来解释人们为什么会因疼痛而退缩。因此,某些行为可以用纯粹的物理原因来解释。

然而,社会原因是基于语言和意义的。规范和价值观指导人们的行为。对某些问题的反应可能取决于人们如何解释它们,比如说谁应该受到责备,或者面对选择时应该被当作是机会、还是风险。社会因果关系并不单独起作用,因为它需要物理过程——至少大脑必须处理信息,以使行为受到这些意义的影响。

物理和社会因果关系的交织过程可以在足球赛的例子中呈现出来。踢球当然包括物理过程。眼睛把光感传送到大脑,大脑决定球的位置,等等。脑细胞按一定的模式运动以调节腿的运动,使脚尖与球接触,使球沿一定的轨道飞出去。没有这些物理过程,什么也不会发生。然而,物理过程并不能完全解释正在发生的事情。踢球者和球的位置关系只有在比赛中才能被理解——而因为双方几十名球员,加上教练和裁判,以及一些观众都有相同的理解,足球比赛就因此而存在了。理解比赛规则的人们比想象中得更为广泛,比赛如果被电视转播,就会有人在世界的另一面打开电视观看,这个观众可以很快就了解发生了什么,以及为什么球员要这样踢球(我们假设该观众理解比赛规则)。同样地,球的轨迹是物理过程的结果,如动力、方向(矢量)、风的阻力,等等,这些都决定了球会在哪里落地,但人们的共同理解则可以导致每个人因为球的某些落点(如球落在球门边,或在界外线上)而出现巨大的行为差异,而球的其他落点(如越过边界半米或 10 米)带来的行为差异则非常小。足球规则不能简单地归结为分子或化学物质。所以自然科学和物理因果关系绝对不能完整地解释一场足球比赛。

上述论证都不是要否认物理定律的真实性,甚至也不是要否认物理因果关系对人类行为的影响。基因和激素确实在很大程度上在独立于意义之外影响着人类的行为。但是,要充分理解人类行为和心理,就需要同时理解生理的和社会的原因。人们对意义的反应和对荷尔蒙的反应一样多,甚至更多。大脑中的分子和放电过程使得个体可以理解和处理意义,因此,他们的行为也会受到社会原因的影响。

超越此时此地

我们周围真实的世界是肉眼可见的,毫无疑问,它对人们的行为有着强烈的影响。事实上,进化而来的人类主要生活在感官所接触的世界里,就像今天几乎所有的非文化性动物一样。然而,人类也可以对无形的现象作出反应,这一事实从根本上改变了人类的功能。

65

我们之前讨论过的可能想法集就是一种看不见的无形现实。意义的世界,如数学原理和逻辑规则,并不作为物理事实而存在,但对那些足够聪明的物理生物却是可用的,因为他们能够在心理上表征并利用这些规则。人类使用意义的范围比任何其他动物都更为广泛,就这一点来说,我们已经是与众不同的了。

意义可以让人们表征出他们当前环境之外的可能性和情况,这也是至关重要的。人们因此可以为遥远的未来目标而努力,人们可以与那些看不见甚至距离很远的人协调行动。例如,2003 年,美国入侵伊拉克。在这次行动中,分散在伊拉克各地的数千名男女的行动就得到了军事指挥官和政治家的协调,而后者中的一些人远在世界的另一端(远在华盛顿特区)。不仅无形的意义对执行行动至关重要,而且其他无形的现实也塑造了行动。入侵行动是否符合道德和国际法是由国际性的辩论决定的。联合国是由居住在美国的一群人构成的,他们(无形地)代表着不同国家(被无形的边界和其他象征性的决定所定义)。联合国针对入侵展开辩论,决定是反对或阻止入侵还是不介入。入侵伊拉克的最大推动力是联合国核查人员无法在伊拉克找到某些类型的武器。这些看不见的武器受到无形法律的禁止(当然其中一些法律是印在纸上的)。尽管如此,那些敦促入侵伊拉克的人还是认为这些武器就存在于伊拉克的某个地方。

无形现象甚至可能是意识运作的根本。哲学家让-保罗·萨特(Jean-Paul Sartre)将意识与非存在联系在了一起,他指出人类可以意识到缺失或者不存在。[10]例如,计算机可以"看到"那里有什么,但不能真正直接意识到那里缺少了什么。充其量,它只能比较两种形式:一种有某样东西,一种没有某样东西,从而确认它们的不同。相反,一个人可以查看桌面,并可以立刻看到他的钥匙不在桌子上。如果他很专心致志地找钥匙,他甚至可能都认不出桌面上到底有哪些东西,而只知道他要找的钥匙不在那里。

甚至当一个人看到那里有些什么时,他的意识也会被无形的现实信息所影响。

例如,人们听到的高音很高,但**高**是一个相对的形容词,只有在与低音对比时才有意义。要听到被认为高的音调,意识必须以某种方式获知它听不到的低音。同样地,人们在看到一个工具时可以想象如何使用它,看到一个雇员时就希望他/她或许会更适合做这份工作,看到一个无赖的邻居或屋顶漏水就想到它们对自己财产价值的威胁。可能只有很少的意识体验是对某些物理事实的简单感知。相反,感知浸透充满了意义,其中包括了暗示、可能性和选择。

此外,人们能够通过看不见的力量和事实来理解他们的世界。即使是其他最聪明的动物似乎也不能做到这一点。当原因与结果都可见时,它们可以理解因果关系,但当理解世界是由看不见的力量所塑造的时候,这似乎就完全超出了它们的能力。[11] 人类对物质世界中的一些事件的理解,是认为它们受到了人们所看不见事物的影响,例如:重力、电、细菌、加速度等,更不用说所谓的鬼魂、神、咒语和业力了。人们还将这种能力应用在社会中,用无形的力量解释他人外显和可见的行为,如个性特征、意图、常模、法律,等等。

时间是另一种无形的存在,它对人类生活的影响和建构远大于对其他动物的影响。大多数证据表明,动物仅生活在当下,几乎不具备回忆过去的能力(除了拥有由之前的奖励和惩罚经验所塑造的即时反应倾向外),也不具备规划未来的能力。[12] 几乎所有的动物都不能提前 20 分钟思考。一些动物的活动(比如松鼠埋坚果)看起来像是在计划未来,但进一步的研究表明,这些都是人们的幻觉。松鼠埋藏坚果是出于某种当前的内在激励。例如,如果地上的许多坚果突然被清除,它们的计划就会被打乱,它们需要花费几个月时间去寻找更多坚果,以达到与原来相同水平的坚果储量,但它们并没有改变自己的行为。

然而,人类确实能够将过去和未来融入他们现在的行为。这些有影响的事件可能很遥远,甚至超出了他们自己的生命的长度。例如,每年 12 月都会有数百万基督徒庆祝 2000 多年前耶稣的诞生。许多基督徒也会根据教义所预测的人们死后、甚至世界末日将发生的事情,来调整他们自己现在的行为。

动物被困在当下的另一种表现是,它们只能在行动及其结果之间很短的时间内进行学习。因此,如果老鼠做出某种反应后立即受到惩罚,它们很快就能有效地学习;如果延迟 5 秒钟,它们就需要练习更长的时间;如果惩罚延迟 10 秒钟,它们干脆就什么也学不会。[13] 相比之下,人类可以在效果延长很长时间后还能学习。例如,一个人终于学会避免购买科技股票了,但这是他从第一次投资到意识到自己损失了很多钱的 5 年时间里才学会的。这种跨越时间的连接经验的能力大大提高了人类的学习能力，特别是在那些基于时间理解的部分文化中。

事实上，文化本身就是一个看不见的现实。你不能要求得到一箱子文化，就像有形物品可以把握和测量那样。文化存在于人们对意义理解的共识之中。它所产生的行动及其结果可能是可见的，但文化本身却是无形的。然而，它的影响力却是强大的。人们会纳税、会在选举中投票，并且会因为超出他们感知和本不可见的无形事件而去打仗。文化创造的组织也是无形的。例如，经济和法律体系并不以实物的形式存在于肉眼可见的地方。它们是无形的现实，但它们却是可以影响数百万人行动的强大力量。

社会性动物确实有自己的社会组织，但可能不是基于对无形现实的明确理解。雄性领袖可以让其他雄性服从自己的命令，因为他比其他雄性肌肉更多、更强壮。然而，人类却会听从比他们身体弱小得多的人的命令，仅仅因为那个人穿着警察制服，或者因为那个发号施令的小老太太恰好是你的老板。人类可以超越可见的事物，对不可见的合法权威体系做出反应。

简而言之，如果不了解人类心智与无形现实的关系，就无法理解人类的心智。我们不像地球上的任何其他生物，因为据我们到目前为止所了解的知识，这些生物都生活在自己的物理世界中，仅此而已。对无形现实的运用极大地增强了我们控制物质世界和社会世界的能力，而这只有借助于语言和意义的使用才可能实现。

文化的力量及其局限性

本书的主旨是要表达文化深深地内嵌于人类本性之中，但又不是这句话在通常情况下表达的意思。事实上，大多数文化力量的鼓吹者对任何有关人性的断言都深表怀疑。他们认为，不同的文化以如此不同的方式塑造了人类，几乎没有任何关于人性的概括能够跨越文化界限。因此，主张文化重要性的人普遍认为，文化差异是他们一方观点获得支持的最有希望的来源。但我认为这是一个失败的策略。在我看来，这些数据并没有支持这样的激进观点，即文化可以在几乎无限的和不可预测的变化范围去塑造人类。随着这些数据的出现，许多社会科学家开始怀疑文化是否像我们曾经认为的那样重要。但我的观点是，我们一直在错误的地方寻找答案。对文化差异的关注使我们低估了文化的力量和重要性。

我的意思并不是贬低文化差异研究的价值。当我们用坚实可靠的方法证明重

68

要的文化差异存在时（事实也是如此），这些结果往往可以引起人极大的兴趣。我想说的只是，文化这个概念不仅仅包括文化差异，当证据偶尔发现文化差异只是微弱和表面的存在时，我们不应该把它当作是对文化本身的打击。

社会和行为科学（心理学、社会学、经济学、人类学等）试图运用科学方法来理解人类的学科。它们经常被拿来与自然科学（物理、化学、生物等）进行比较，但显然前者不如后者那样成功，因为我们对人的理解落后于我们对物理世界的理解。然而，社会科学发展缓慢是有充分理由的。社会科学家们的任务更加艰巨，他们在这方面的研究时间也没有那么长。（受人尊敬的科学作家贾里德·戴蒙德(Jared Diamond)最近提议要取消传统的"硬"和"软"科学分类。我们通常将物理和化学定义为**硬**科学，而将心理学和经济学等称为**软**科学。相反，他建议，我们应该将科学分为"难"和"易"两类，而物理和化学则属于"易"类，因为与"难"的心理学、经济学和其他社会科学领域所面临的巨大挑战相比，它们的任务相当直接。）无论如何，我们不应对主流观点在相对较短的时间内发生的戏剧性转变感到惊讶。

整个 20 世纪中叶，社会科学倾向于强调社会化和文化力量的观点。我还记得 1972 年我上的第一门心理学课。在那门课上，教授断言，人类特征大多是童年经历的产物，而先天的生理倾向可能很少能解释实际的行为。这些观点在当时没有任何争议。它们是主流观点，是当时大多数专家的看法。

尽管这种信念已经发生了很大的变化，但我们不应该跳到另一个极端，错误地认为人类所有的差异和倾向都是由基因决定的，社会和文化的影响是微不足道或无能为力的。相反，当前的挑战是找到方法来回答这个深刻的问题：文化和社会到底有多大的影响力？在第一章讲述按女孩养育方式长大的男孩布伦达的故事时，我们曾触及这个问题。社会化并不能把布伦达变成为一个正常的女孩，但它无疑改变了他的性别角色。今天许多孩子的父亲参与养育活动的程度要远远超过他们自己的父亲或祖父。同时，曾经照顾病人的妇女都从事护士职业，但现在越来越多的妇女成为了医生，而近期的许多医学院，女性的人数开始超过了男性。我们还可以举出许多其他变化。性别角色不是天生就固定的，也不是百分之百受文化的影响。

这种新的平衡感对社会科学界的许多人来说是一种冲击，尤其是在我们之前已经接受了文化展现出几乎无限变化的观点。但是，让我们来考虑一下自然与文化之间一些最具戏剧性的冲突。

核心家庭是人类生活在任何地方的一个基本社会单位,但有些文化试图废除它。特别是当集体生活受到个人家庭关系的威胁时,便会与传统的家庭生活观念发生冲突。以色列的集体农场最初努力让所有孩子都由所有父母共同抚养,以防止单个的亲子关系变得太有影响力。在更大的范围内,苏联采取了废除核心家庭的政策,它认为核心家庭是资本主义社会中产阶级生活的遗留物,是对妇女的压迫。[14] 核心家庭也被认为是低效的:通过使用一个公共厨房,吃"大锅饭"[15] 来为每个人服务,而不是要求每个妻子都有她自己的厨房并仅为几个人做饭,可以更有效率并能取得更广泛的利益。洗衣服应由公共洗衣店做,缝纫应由公共作坊做等,直到没有任何经济力量可以把丈夫和妻子绑在一起(而妇女被迫扮演仆人的角色)。

另一种摆脱核心家庭的方法是促进年轻人的集体教育和社会化。社会化育儿被视为一个理想的体系,它通过给孩子提供相同的起跑线以促进平等,确保将正确的价值观和态度都灌输给所有年轻人(从而可能提高国家的集体优势),并减少效率低下的情况,还使女性可以平等地承担工作、而不需要和孩子们待在家里。

苏联社会学家弗拉基米尔·沃夫森(Vladimir Vol'fson)在 1929 年曾断言,家庭"最终将会入驻古董博物馆,这样它就可以站在马车、蒸汽机和有线电话旁边,与纺车和青铜斧头为邻"。[16] 苏联在 1918 年颁布的《婚姻、家庭和监护法》(*Code of Marriage, The Family, and Guardianship*)预见到家庭将会消亡(就像中央政府一样),并试图为此做准备。

尽管政府努力实施这些理想主义的计划,但他们还是失败了。人们在许多方面可能是灵活的,但到目前为止,没有一种文化能够说服人们放弃他们的家庭关系。苏联领导人很快就不得不改变政策,恢复核心家庭在社会中的核心地位。同样,以色列的集体农场现在也允许成员以家庭的形式进行生活。

相较之下,20 世纪 60 年代和 70 年代的性革命表明,文化变革可以对许多个人的感情和行为产生根本性的影响,即使这不意味着文化对自然的完全胜利。关于性革命的起因仍在争论中,但一些文化上的变化对此似乎起了作用。首先,避孕药使女性在性交时怀孕的风险大大降低。其次,女性运动,尤其是女性有偿就业的急剧增加,改变了男女之间的基本社会契约——对许多人来说,契约意味着女性将自己的童贞交给丈夫以换取她一生的经济支持。第三,媒体开始展示甚至推广新的生活方式,事实上,休·赫夫纳(Hugh Hefner)就提出,他的杂志《花花公子》是性革命的一个重要原因。无论如何,性革命在短时间内引发了翻天覆地的变化。例如,有多个伴侣的婚前性行为曾经被污名化,并属于统计上的少数派,但在不到 20 年的时间里,它就变成了一种合理的预期行为。[17]

可以肯定的是,性革命并没有兑现其所有承诺。在性方面的一些性别差异仍然存在,或者至少在一段时间的性革命实验之后,这些差异又重新出现了。[18] 女性被"解放",其在性选择上可以像男性一样随便,但不久之后,人们便发现她们并不想那样生活。此外,就像对性的普遍看法一样,态度的改变比实际行为的改变更大。不过,行为也发生了变化,而且变化之快使得我们都无法将其归因于任何物种的生物进化。

我们在性行为和价值观方面观察到的巨大变化表明,文化可以对人们产生重大影响。不过,文化有时也会因不自量力而失败。包括美国在内的许多文化都试图通过法律、社会耻辱、教育和非正式的压力(甚至是对同性恋者的暴力压迫)来根除同性恋,但同性恋在很大程度上仍然存在着。另一个例子是,天主教会为所有神父和修女设立了终身独身的理想,可以合理地假设,这些男人和女人中的大多数都会真诚地履行他们的神圣誓言,从而放弃所有享受性乐趣的生活。然而,调查数据和 20 世纪 90 年代神职人员的一系列性丑闻都证明,许多男性和女性(也许尤其是男性)无法兑现他们的誓言。通过多年对牧师的研究,一位这方面的专家估计,只有 2% 的牧师真正达到了独身的目标(包括不手淫),而另外 8% 的人接近这个目标,[19] 剩下的 90% 的人都违背了他们的誓言。下面列举了一些文化应该真的畅通无阻的情况:存在着一种最高道德权威的理想;强有力的组织和制度结构为该理想提供着支持;公众舆论也赞同该理想;群体中的个体也都拥护这种理想。但人的本性在性行为方面的表现却是不利于独身主义的,无法让所有个体都维持独身。这揭示出,文化的力量是有限的。

酒精和药物的使用也因文化而异,但文化未能达到其所追求的完全的影响。在禁酒令期间,美国宣布所有酒精饮料的制造、销售和运输均为非法,有些人确实戒酒了——但也有许多人没有。尽管禁止饮酒的规定被写进了宪法(宪法是这个国家法律权威的最高基础),但该计划还是失败得很彻底,以至于美国最终不得不废止第 18 条修正案。同样,最近的数据显示,在使用大麻为非法的英格兰等国家,使用大麻的年轻人数量比官方允许使用大麻的荷兰年轻人还要多。因此,文化对酒精和药物使用模式的影响也是有限的。

　　此外，有些人可能认为酒精的作用应该可以完全还原为生理过程，所以如果文化对其有任何影响的话，我们反而应该感到诧异。酒精是一种化学物质，当人们饮用它时，它会被血液吸收，确实会对大脑和身体其他部分产生影响。人们很容易认为，酒精的影响可以用生化术语来解释，而不需要援引文化和社会规范。甚至心理上的影响也可以用这些术语来描述，比如一句古老的俏皮话：“酒精可以溶解超我。”而且，假如文化和社会原因真的可以最终归结为生理和生理过程的话（正如许多社会科学家所相信的那样），那么鉴于我们已经对酒精的生理影响具有了丰富的知识，似乎就应该没有必要诉诸文化的解释。

　　然而，对不同文化中的酗酒现象进行仔细研究后会发现一种不同的情景。麦克安德鲁（MacAndrew）和埃杰顿（Edgerton）的经典跨文化研究成果，《醉酒行为》（*Drunken Comportment*）一书，[20] 揭示了文化间的异同，我们因此不能简单地说醉酒受到、或者没有受到文化的影响。他们指出，一方面，在所有已知的社会和文化中，酒精中毒会使人的体能下降。相较于清醒时，人醉酒时的协调能力更差，口齿不清，也不能熟练地完成任务。在这方面，文化影响的确并不重要。而另一个常见的影响却是，醉酒使人变得健谈和善于交际。

　　另一方面，在不同的文化中，酒精确实会使人产生不同的行为模式。至少在许多社会中，人们在喝醉的时候，许多禁忌仍然会有效。因此，简单地声称酒精会全面降低禁忌行为是错误的。在一些社会中，醉酒的男人变得更有攻击性，更容易打架，但在另一些社会中则不是这样。在一些地方，醉酒男人变得更多情，更倾向于向附近的女性示好，但在另一些地方则没有。在一些文化中，酒精的影响力甚至发生了历史性的改变。麦克安德鲁和埃杰顿说，当酒精第一次被引入大溪地岛时，当地人并不喜欢它，那些尝过它的人报告了负面的、令人生厌的经历，他们随后就拒绝了酒的进口。然而，几年后大溪地人进入了一个非常喜欢喝酒并酗酒的新阶段，他们经常在酒的影响下变得很暴力。然后是第三个阶段，大溪地人此时继续大量饮酒，但几乎不会发生争执，他们在喝醉后变得快乐平和。

　　文化的作用在另一组例子中也很明显。南非的班图人有很长时间的喝酒传统，这些传统通常涉及积极的行为模式，比如唱歌和跳舞。打架和其他问题并不是他们醉酒后的典型行为。但随着现代化破坏了部落的生活模式，人们开始移居到城市。在那里，酒精中毒突然与暴力和流血联系在了一起。文化背景也以类似的

72

方式影响了 Tecospans 人①，一群在墨西哥的原住民：当他们和自己人喝酒时，他们会感到充实平和，甚至到了认为醉酒是族群和兄弟之间心灵感受交融的途径；但是当他们和外人喝酒的时候，他们就会变得很有敌意并喜欢挑衅，最终常以打架告终。

我们该如何理解这些不同的证据线索呢？麦克安德鲁和埃杰顿指出，在世界上任何地方，喝醉了酒"干什么都行"都是不被允许的。[21] 醉酒似乎是一种时间的暂停，是正常规则作用的一种中断，但哪些规则继续有效、哪些规则暂停作用，在不同地方则会出现相当大的差异。即使在诉讼盛行的美国，醉酒也不能逃避所有的责任。在最近的一则新闻报道中，一名男子醉酒后翻过一扇锁着大门的栅栏，然后爬上一座电塔，而后受了伤。[22] 他为此起诉了六个对象，包括酒吧、酒类品商店和电力公司等，但他没能胜诉。

只有把自然和文化结合起来，才能对酒精造成的影响进行解释。酒精是一种物质，它的作用机理遵循生物化学规律，它导致的一些行为后果（比如感觉运动障碍，使醉酒的人变得笨拙）似乎具有普遍性。此外，我们还常会看到对一些规则的放宽，但不同的文化对不同的规则持有不同的态度。

最后一组值得探讨的例子来自广告业。广告是文化影响的一种形式，大量金钱的注入推动了人们不断寻找最强大和最有效的方法来改变人们的行为。广告起到了作用，但其作用有限。一些广告活动以失败告终，比如可口可乐公司在 20 世纪 80 年代做了一个臭名昭著的努力，它想要将其主要产品换成"新可口可乐"以吸引全球大众购买的努力。但它失败了，公司不得不重新推出旧可乐（被称为"经典"而不是"老"），并最终彻底放弃了新口味。一般来说，专业的广告公司对消费者行为上的微小百分比的变化都会感到满足，因为市场份额的轻微增长也可以转化为数百万甚至数十亿美元收入。广告界记录的就是一个真实但有限的成功历史。

关于自然和文化影响的持续辩论中，对立双方也看到了以上这些例子，并得出各自的结论：杯子已经是半满了，或者杯子还是半空的。而我强调的是，杯子里有一半的水。文化可以影响行为，但其影响也只是适中程度的。特别是，人类有些倾

---

① Tecospa 人。威廉姆·麦迪逊（William Madsen）在《圣母之子：今日阿兹特克村落的生活》一书中详细记述了阿兹特克后裔的生活。他们的文化在如今在墨西哥河谷存活——也就是 Tecospa 村。村庄有 800 个土著人，他们仍然说传统的纳瓦特尔语，他们的生活由超自然主义主导，而阿兹特克古老的传统也得到了最大化的传承。而他们的故事也印证了人类学的原则，那就是创新只有是在有用的、可传播的、能够与传统相结合的情况下才会被接受。——译者注

向根深蒂固于人的本性中，因此，对社会压力具有高度的抗压性。另外一些倾向则有更大的可塑性，文化对此可以有很大的影响。

那么，关于个人与更广泛的社会和文化之间的关系，我们能得出什么结论呢？我们可以拒绝那种简单的模式，即社会可以把人塑造成它想要的任何形式，人类不过是外部影响的被动接受者。我们也可以拒绝相反的模式，即人们生来就有既定的模式，必须按照预设的路线生活和行动，从不受文化的影响。

最有可能的是，文化必须与人类本性的基本事实一起发挥作用，因为文化在某种意义上可能会夸大或者扼杀人性。性别差异就是其中的一个例子：男人和女人天生就有不同的倾向，社会可以放大或者缩小这种倾向。然而，社会不太可能成功地从无到有地创造出它们，或者反过来去彻底泯灭它们。男孩比女孩更具攻击性，社会可以鼓励或扼杀这种差异，这可以从身体攻击程度的文化差异中看出。但文化似乎无法扭转这种趋势，从而使大部分女性比男性更具攻击性。尽管有长期以来的媒体运动（自 90 年代起，美国电视上女人打男人相当频繁，并伴随有笑声的配音，而男人打女人则是罕见的，并且以严重不赞同的方式呈现出来），在现实生活中女性和男性相互伤害有差不多相似的频率，[23] 而男性对女性造成的伤害则比女性对男性的伤害更大。

同时，一个人在出生时就具有各种各样的自然倾向，然后就要面对构成现代社会的极为复杂的社会结构。作为个体去改变宏大社会的空间是有限的。相反，人们会找到自己的社会位置，或多或少地接受它的到来。每个人都必须发展出自己对社会如何运作的一些理解，并充分地调整自己来履行某些社会角色。一个人的天然倾向则会影响他如何扮演好这些社会角色。

双重思维

关于人类心智的一个重要事实是，它至少是在两个层面上运作。它有两个大的系统，而其他大多数动物似乎只有一个系统。第二系统的出现被广泛认为是理解人类心智的关键，尽管关于它的起源和含义仍存在着广泛争议。但几乎可以肯定的是，这种双重思维的出现是文化性动物进化过程中重要的、甚至是决定性的一步。

尽管学者们对这两个层面的名称和维度不断进行修订，但这种双重性已得到反复确认。对弗洛伊德来说，存在着**意识**和**无意识**（尽管他有时也提到**前意识**，用来指称那些可能是有意识的、但在当下没有被思考的事物）。20 世纪 70 年代和 80 年代早期的认知心理学家区分了**自动过程**和**控制过程**。[24] 随着这些分类变得越来越复杂，最近的作者们又区分了**反射性**和**反思性**系统，[25] **经验性**和**理性**的思维方式，[26] 或**联想性**和**基于规则**的思维方式。[27] 丹尼尔·卡尼曼（Daniel Kahneman）是当今心理学领域最受尊敬的思想家之一，他曾尝试过用**直觉**和**推理**来命名，但最终还是选择了**系统 1** 和**系统 2** 作为较少争论的名称。[28]

75   "系统 1 和系统 2"的优点是不会引起任何误导，但是它们也引起很多麻烦和很难跟随。关键是，没有任何术语是非常合适的，因为任何有意义的术语（"有意义"，我指的超出了将它们标记为 1 和 2 名称的东西，比如还可以命名为 Fritz 和 Betty）都会带来一些产生问题的成见。认识到这个问题，并坦率地承认这些术语可能会引发或多或少的肯定、否定、甚至嘘声，那就请允许我在这里使用我认为较为接近的术语：**意识**和**自动**。如果你不喜欢这些术语，你可以用你喜欢的其他术语来代替它们。

    重要的不是具体的名字，而是双重性这个事实。人类的大脑有两个主要的加工系统，它们有不同的特性。两者从感官得到相同的输入：两者都"看到"周围发生了什么，但它们对输入信息的处理则有些不同。

    自动系统，也被称为直觉或反射系统，一般要处理即刻发生的许多事情。它以许多小的方式处理事物，例如注意到特征、识别特征并通过与已知事物的联结来建立关键的联系。在一场重要的赛车比赛中，当一辆车驶入维修站时，六名机械师会立即行动起来：给车加油、更换轮胎、检查机油、进行微调，有时还会帮车手擦汗或给车手一杯饮料。这就是一个为自动系统所画的工作图景。其中有许多即刻发生的小事，而且它们互相之间相对独立。一个单一的大任务，比如弄清楚一个书面信息的意思，就可能需要几十个这样的小操作加以完成，如从识别单个的字母到从记忆中找出相关的上下文，等等。

    相比之下，**意识**系统一次只做一件事，但它可以深入处理并遵循多个步骤。它最强大的能力可能是符号逻辑：它可以使用抽象的、基于规则的推理，以一种令人惊叹的方式将一系列想法联系在一起，比如弄清楚这些想法是真的、还是假的，一致的、还是不一致的。自动层面上的一致性察觉仅限于事物之间是否以明显的方式相互匹配上了。而意识层面上的一致性考察则要关注两种想法的逻辑引申是否会出现矛盾，即使原始想法之间没有明显的冲突。

因此,虽然两个系统都使用了意义,但似乎只有意识系统能够充分利用意义和语言的力量。推理能力使它能够不仅仅按照表面的匹配来判断一致性。在一个系列实验中,[29] 实验者在被试面前呈现不同的词来观察他们做出的好或坏的反应。像生病、伤害、丑陋、失败、敌人和愤怒这样的词会**自动**引发消极的反应,而像友好、面包、爱、胜利、外科医生、绿色和随意这样的词则至少会引发温和的积极反应。但是当把两个词组合在一起时又会发生什么呢?自动系统只是简单地把每个单词的价值加起来,而意识系统则会认识到一些好东西的组合也会产生坏的东西。比如,绿色和面包可能都有正向价值,因此,当自动系统看到"绿色面包"时,它会给出双重肯定的投票:好吃!只有意识系统才会认识到绿色面包可能是一个不好的东西。(可以肯定的是,自动体系可以学习,在一两次吃到绿色面包的不好经历后,它可能就知道绿色面包馊了。但本质上这只是形成了一个新的类别,"绿色面包",而不是像意识系统那样将两个单独的东西整合在一起。)一个"随意的外科医生"对自动系统来说似乎很不错,但意识系统则不希望外科医生太过随意。反过来说,要认识到两件坏事可以合并成好事,例如"敌人输了",也需要启动意识系统。[30]

意识系统可以遵循明确的、外部的、抽象的规则,因此,它可以做许多自动系统做不到的事情。自动系统也许能注意到微小的量差,也许还能做一点加减运算,但它不能解决代数问题,也不能进行任何真正有用的数学推理。最近的一项研究就为此提供了一个例子。[31] 主试向被试提出以下问题:艾迪(Eddy)花 1.1 美元买了一个球棒和一个球,球棒比球贵一美元。请问这个球多少钱?大多数人,至少在普林斯顿进行研究时的被试,很快就会得出 5 美分的正确答案。但关键的是,他们中大多数人首先想到的答案是"10 美分",而为了得到正确的答案,他们就不得不克服和抑制这个答案。这表明自动系统先给出了一个答案,意识系统则稍微有些迟缓,但会紧随其后地对它进行纠正,并得到**正确**的答案。至关重要的是,当实验者拦下那些匆忙和分心的被试(比如那些匆匆忙忙穿过校园的人)时,他们的意识系统已经被占据了,只留下自动系统负责应对研究人员和他们提出的数学问题,这时被试更有可能得出结论说买球花了 10 美分。

若公平地对待自动系统,也可以这样说,它对获得正确答案也提供了帮助。其作用可能在于自动系统发出了"警报"信号,提醒人们 10 美分的结论可能是不正确的,或者至少应该对这个答案进行再次检查。这也许是因为从事研究的心理学家很狡猾,所以显而易见的答案或许就是错误的。这样,自动系统可能就发出了一个

76

"警报"信号,然后意识系统就会将其注意转向那个方向。即便如此,它还是需要意识系统的力量来遵循规则并计算出正确的答案。

在本书中,当我们讨论行动时,这类决策过程将会再次成为重要的议题。在有意识地控制行动的意义上,这种决策的延迟执行将会成为"自由意志"的关键。

意识系统的能力是有限的,因此,在许多方面它所能完成的远不如自动系统。你的意识系统一次只能想一件事,[32] 而你的自动系统则可以同时做很多事情。例如,骑自行车可能需要持续的过程来保持平衡:向相反的方向移动双腿以保持运动、用刹车调节速度、观察障碍物和转向等。所有这一切都可能与你的意识回放两天前与室友的争吵情景同时发生。如果需要意识来指导行动时,比如道路被堵塞,骑行者需要计划另一条路线,对与室友争论的沉思就必须被打断,因为意识需要用它有限的能力来计划另一条路线。一旦新路线规划完成,自动系统就能处理推动自行车前行的机械过程了,而意识思维就又能回到几天前应该对室友说什么话的反思上来。

在上面骑行者的例子中,当道路被堵塞时,意识就不得不介入,这并非偶然。意识系统对问题的反应非常特殊。当一切顺利时,自动系统可以处理几乎所有的事情。它有很大的容量和很高的效率,但它不是很灵活。大脑的意识部分正好相反:高度灵活但效率不高。对于处理熟悉的、例行的或习惯性的事情,如吃早餐和上班,自动系统工作得很好;对于不熟悉或具有挑战性的情况,意识系统则被证明更为有用,因为它可以做出计划、进行推理,并以其他方式找出应对未知的明智方法。自动系统会发出一个求救信号,它会发出警报,[33] 以引起意识系统的注意。情绪也是很好的警报:它们会对当前和变化的环境做出反应,并立即被感受到是好的、或是不好的。当事情变得困难或复杂时,意识系统就会接管。

两种系统之间还有其他值得注意的差异。[34] 自动系统运作起来毫不费力,确实很难停止它不停的运转;相比之下,意识系统通常需要努力才能让它持续下去。自动系统是快速的;而意识系统则是缓慢的。在自动系统中,获取答案的过程在很大程度上是感受不到的;而意识系统则具有自我意识,可以有效地追溯其每一个步骤。毫无疑问,进一步的研究将会发现更多的差异。然而,为了理解人类本性,要认识到人类心智同时使用着两种层次系统,这是至关重要的。

双重思维的起源尚不清楚,但我们可以进行推测。让我们假设所有的心理过程都需要一定程度的注意,广义上的注意被定义为能够从环境中获取信息。大脑有一定的注意总量,即它在某一时刻可以吸收多少信息(视觉、声音、文字、感觉和其他等)。正常情况下,全部注意都分散在整个的自动系统中,因此,允许许多不同运作可以同时并行地发生。当一个人走过火车站时,他会同时处理各种刺耳的声音和纷乱的景象,也在处理脚部行走时发出的关于地面倾斜的信息,等等。

关键的是,自然使人类心智能够调集大量的注意(绝不是全部的注意;也许是全部注意的三分之一或四分之一),从而形成一个巨大的处理空间。这就是意识系统。像任何大型系统一样,它又慢又笨重,而且它非常依赖与自动系统快速操作所提供的信息。然而,它确实有能力执行高度复杂的操作,比如遵循规则去构建意义的结构(也包括习得的规则),以便从一个想法转移到另一个想法。因此,逻辑推理和数学计算以及故事的叙事结构等都属于意识的范畴。

诚然,研究人员对这些观点还存有争议。正如我们将在第 4 章看到的,有许多专家认为人类的意识几乎没有任何功能。他们认为意识在很大程度上是与大脑运作方式无关的副产品,它无法对行为施加任何可测量的影响,它表面上的活动实际上是由自动系统执行的。这些专家反对传统的常识性观点,即认为有意识选择和意图对人类行为非常重要的观点。在我看来,他们从一个极端(意识就是一切)走到了另一个极端(意识什么都不是),这显然是错误的。意识不是人类心智的一种一无是处、微不足道的副作用,而是心智的重要成就之一。对自然来说,使人们能够把注意能力融合在一起,从而使人们能够产生意识,这可能是相当困难的事情,需要付出很多的代价。只有在这么做的优势十分明显的情况下,大自然才会这么做。意识做的事情可能比普通人天真假想的程度要少得多,但意识可能完成了一些极其重要的事情。我已经提到过的心智功能包括了逻辑推理、数学计算和故事叙述,仅仅这几个功能就已经带来了很大的优势。

这两种系统并不局限于思维方式,它们也反映了行动的过程。自动行为是由法律、先前经验及其痛苦或愉快的结果、内部程序、习惯和外部刺激所控制的。自动过程简单而不灵活,所以只需要相当少的认知过程。这一特性通常是决定性的,因为自动系统可以指示如何行动或作出反应。相比之下,受控过程则效率非常低,需要大量的加工处理,但它的高度灵活性弥补了它昂贵而繁琐的要求。受控过程可能需要人们停下来思考,但是正是思考的结果,人们可以以一种新颖的、富有创造性的方式,或以一种符合广泛而抽象原则的方式行动——而不是按习惯、常规来行动,或者做出简单而直接的反应。[35]

颇具影响力的社会心理学家约翰·巴格(John A. Bargh)指出了自动反应的四个主要特征。[36] 这些特征并不总在一起出现,所以某些反应是被不同的方式定义为自动反应的。第一个特征是缺乏意识,人们可能会无意识地做出反应,甚至没有意识到自己受到了怎样的影响。前意识影响就是这种过程的一个例子。自动反应的第二个特征是没有意图,受控行为通常是有意的,你决定做某事,然后去做;相反,无意识行为可能是在没有意图的情况下做出的。第三个特征是效率,如前所述,自动行为只需要很少的脑力活动就能完成,而且效率确实是自动加工的一个重要优势。缺乏控制是第四个也是最后一个特征,自动反应不指向特定的结果;相反,它们只是自顾自地进行,不需要人必须做任何事(甚至都不必有能力做任何事)。

受控过程和自动过程之间的关系不仅仅是简单的主仆关系,在这种简单关系中,自动过程执行所有的工作(包括听从意识的指令),除非有意识的受控过程凌驾于它之上。许多过程开始时是受控的,然后变为自动的。这是一种重要的学习方式,称为**自动化**。人们最为熟悉的技能领域就是这样一种学习。在学习一项新技能时,人们通常必须相当有意识地注意自己所做的事情。然后,通过多次重复,这个过程变得更加自动化,最终大部分技能变成了"第二天性"。例如,在学习滑雪或打网球时,初学者必须经常仔细考虑如何移动自己的脚、身体和手,而专家运动员则无须意识到这些情况就能执行同样的动作。由于自动性带来的好处(尤其是效率),专家可以做更多的事情。新手必须投入到思考如何正确握球拍上的那些心理资源,则可被专家用来制定致胜策略、或者仅仅用来享受比赛。

对于这种学习过程是如何进行的,有一个被广泛接受的、简单的、有道理的、但却是错误的解释。这种解释认为,大脑学习如何执行一项新任务,比如骑自行车。一开始,大脑细胞之间的联结是不确定的和尝试性的,但随着继续练习,同样的肌肉指令一遍又一遍地遵循同样的神经路径。脑细胞会逐渐适应这种反复的练习,直到控制骑自行车的脑细胞能够相当轻易地发挥作用。这一理论看起来如此浅显易懂,以至于直到最近都几乎没有人对它提出质疑。然而,对大脑过程的研究表明这种解释是错误的。自动的、过度习得的反应是在大脑的某个部分中执行,但意识监督下的新的学习则发生在大脑的其他部分。[37]

这意味着,意识系统在帮助人们学习或获得一项新技能方面很重要,但意识系统一旦弄明白了,就会把学习交给自动系统去完成。专家大脑与新手大脑真的不是在做同样的事情,前者只有做得更好。新手大脑使用意识系统完成任务,而专家大脑则让自动系统替自己完成工作。

几乎可以肯定的是,意识也打开了学习的新途径。人们不只是必须通过尝试与错误的方式来进行学习。他们可以进行筹划,可以学习整体知识。例如,一些人从未上过打字课,但如果他们经常使用电脑或其他键盘,他们最终也可以发展出相当顺畅而自动的打字能力,但相对于那些上过打字课,系统学过如何快速有效打字的人来说,两者的打字效率绝对大不相同。当人们试图学习一个完整体系而不是做出单一的反应时,使用意识远要比其他学习方式优越得多。

由于意识超控了自动过程的合法运行,因此它也带来了不确定性。[38] 如果你的发球开始出问题了,那么你可能需要再次集中注意关注发球过程的细节。因此,专家有时也必须要有意识地将注意集中在如何抓握球拍或如何投球等细节上。发球出现了问题是因为自动流程发生了变化,它们现在"自动"地做错误的事情了。有意识的刻意练习可以纠正这个错误,重新学习如何正确地发球;一旦完成了这一步,自动系统就又可以再次接手。

一旦我们掌握了一项技能,意识甚至可能会干扰其流畅执行。从本质上讲,这就是人们"在压力下窒息"的情况。压力大的情景意味着我们认为把工作做好格外重要。有意识大脑通过对人正在做的事情给予额外的关注来回应升高的压力,以便监控一切并确保任务被正确地完成。不幸的是,意识不知道如何把每件事都做得恰到好处——自动过程在这方面做得最好。当意识系统占据主导时,意识再次带来不确定性。然而,这一次,不确定性不再是好事,因为它使结果不可靠。当你在温布尔登网球锦标赛发球时,你突然强烈地感觉到整个世界都在注视着你,这时,你开始有意识地注意自己如何握拍和挥拍,而不是像你已经学会的自动过程那样反复而成功地去动作,此时意识系统使你动作变得不可靠起来,发球结果或者落网或者出界。

有意识的受控过程的一个特殊价值是,它们可以向抽象原则和道德信条进行求证。自动反应以某种特定的方式解释情况,并启动标准的反应;意识系统则可以从不同的角度来考虑当下的情况,而参考多种的解释会引入新的方法或解决方案。在这种情况下,有意识的受控行为可能比自动行为更难以预测,至少有时是这样。

人类大脑的奇妙之处在于它同时拥有这两种加工过程。有意识的受控过程提供了极大的灵活性,使人们能够以深思熟虑、创造性的方式处理非常广泛范围的事件和环境。但它们消耗很大，因为它们需要能量和努力。自动加工过程使我们能够有效地处理日常生活中出现的大量任务。如果没有自动过程，意识思维将无可救药地疲于应付。而如果缺乏有意识的和受控的过程，人们就会成为习惯和由环境引发的冲动的奴隶。正如威廉·詹姆斯（William James）所写的那样："我们可以将日常生活的更多细节交给自动化进行毫不费力的管理，这样我们更高层次的思维能力就会被释放出来，以便从事更适当的工作。"物理学家阿尔伯特·爱因斯坦（Albert Einstein）的名字已经成了天才的代名词，他晚年在普林斯顿大学因为每天都穿灰色的运动服而出名。但就像很多事情一样，他对此有一个很好的解释。这些简单的衣服让他从穿什么衣服的选择烦恼中解脱了出来。一衣橱的灰色运动服也许不能让你在迪斯科舞会上大放异彩，但对于一个想要保存自己精神资源的伟大头脑来说，它提供了多种好处：百搭、易于清洁，而且不需要做任何选择。

在概述了心智如何运作的主要基础之后，我们现在来探究它的主要功能。首先，我们来看动机，也就是人的努力和欲望。为了呈现关于人类本性的心理学，有必要先去探索一下人们想要什么，以及他们想怎样得到它们。

3

人需要什么

　一个多云的下午，亨利（Henry）走进邮局，准备给母亲邮寄圣诞节礼物。那是个小邮局，空无一人，只有邮局工作人员杰夫（Jeff）正坐在一个小桌旁，一边望着窗外，一边吃着三明治。亨利进去后把包裹放在桌子上，问杰夫有没有邮票。杰夫抬起头看看他，摇了摇头。显然，他在吃东西的时候并不想被他人干扰。亨利又问了一遍，杰夫干脆不再理他。这时，亨利抓起杰夫的三明治，将它扔到了窗外。然后他朝杰夫头部打了几下。当杰夫扶着椅背站起身的时候，亨利又一拳猛击了他的腹部。"好吧，好吧，我就去拿邮票。"杰夫声音嘶哑，有些喘不过气。他快速站起来，朝存放邮票的文件柜走去。亨利为了让他更快些，又朝杰夫的屁股踢了一脚。杰夫急忙取回了邮票，放到了桌子上。亨利数了一下邮票面值，将钱给了杰夫。他又舔了下邮票背面，把它们贴在了包裹上。然后他说："请把它放到邮箱里面。"杰夫这时有点迟疑，亨利再次抬起手，似乎要打他。杰夫迅速把包裹丢进寄出邮件的邮箱。事情办完后，亨利便离开邮局回去工作了。

　当然，这只是个虚构的故事：人们一般都不必使用拳打脚踢的手段来胁迫办事人员为自己提供服务。但人为什么不这样做呢？多数社会性动物有时是需要依赖一定程度的攻击，或至少是攻击性的威胁，来影响那些不情愿的同类伙伴，去做自己想要他们做的事情。确实，攻击或许已经演变成为一种社交影响策略，它使那些较强壮的生物以满足自己的方式，去对待那些相对较弱的同类。人类也是社会性动物，但在变成为文化动物的过程中，我们会很努力地尝试去遏制使用攻击手段的念头。

　但攻击性几乎不可能就此从人类生命中消失。文化甚至以某种方式加剧了暴力的强度，尤其会提供给人类更为强力、更为高级的工具来实施伤害。其他种类的社会动物很难屠杀自己的同类，这部分原因在于他们没有枪或炮。如果人类除了自己的拳脚之外,不能使用任何形式的武器,那么因谋杀和战争而死亡的人数也会极少。

值得注意的并不是人类有时候会表现出暴力,而是我们多数情况下都并不会表现出暴力。我带着这样一个问题,开始翻阅我早年写的关于暴力的书:为何会存在邪恶?读了一半时,我的问题就不可避免地转为了:为什么比起现实的邪恶来,其实并没有出现更多的邪恶?挑起暴力的原因、煽动、挑衅似乎是无穷无尽的,但令人惊讶的是,人们其实是很少使用暴力互相伤害和杀戮的。

如果人们相信广为流传的关于人类具有攻击本能的理论,他们就会十分惊讶地发现,现代文明生活中的暴力现象很难得一见。因为根据这些理论,人人都有一种自然而生的强烈的内部需求。正如饥饿感会因身体需要食物而循环往复地出现,攻击倾向也会因人们的内部需求而带来伤害或破坏,关于暴力的故事就这样传播开来。弗洛伊德的理论假设指出,文明产生有赖于人类发展出某些内部结构(用他的术语说,即"超我"),以约束或重新引导攻击冲动,这样人们才能够相伴而生,而不再相互杀戮。

我们在本章将探讨人类心智之中有哪些基本需求。一些需求源于自然,前辈动物种群为了提高生存和繁殖概率,就在当时的情况下获得了这些基本需求。获得这些需求之后,关键问题就变为:进化过程是如何改变它们,以便让人类更适于在文化中生存呢?另外一些基本动机则产生于文化,虽然它们通常都是在自然已设定的基础上产生出来的。例如,对金钱的欲望并不直接来源于自然选择,因为在人类进化之前,金钱并不存在于这个星球上,但人们对金钱的欲望或许都根植于对食物、庇护场所、舒适和社会认同等这些东西的自然欲望之上,在文化生活中,所有这些需求都会因你拥有了金钱而更容易得到满足。

人类的欲望可以概括为三类,以对应于三种(物理的、社会的和文化的)环境。当然,这些欲望并非全然割裂的,因为本书的核心就在于论证人类心智是一种被文化重新打造过的动物心理。因此,我们便要探讨那些使动物能够在物理环境中生存的动机,如对食物的欲望、免受疼痛的愿望以及自我保护的冲动等;但我们也必须要了解,这些驱力与动机是如何在文化环境中发生改变的。类似地,即使是那些与社会动物关联的动机,在人类身上也是发生了变化的,以利于人类适应文化生活。还有第三类产生于文化的动机,它们通常都是放大了的自然动机。例如,自尊在大多数文化中都倍受关注,但如果认为"自尊本能"是在进化过程被植入人类天性中的,那么这种说法就很值得怀疑。更令人信服的说法可能是,存在于人类天性深层的两个自然动机——冲动控制和归属需要,为自尊需求的产生提供了基础。

从动物世界承继的欲望

所有生物都必须从物理环境中获取某些东西,以便实现生存和繁衍的目的。动物在多数情况下都不得不采取各种行动(比如觅食),以获取它们所需要的东西,自然为它们输入了各种动机,以促使他们行动起来从而获取所需之物,但两者并不一定是完全匹配的。比如,自然要求物种进行繁殖,因而就让性交愉悦动机驱动动物们去交配,但对于动物(也包括很多人类)本身来说,追求性的愉悦感并不直接与繁殖的需求相关联,某些情况下性交导致的怀孕,可能还会被当成是不受欢迎的副作用。

这里需要强调的是,这些基本的自然欲望或许已经改变了,以使人类能够掌握文化;而且还要强调的是,文化也会反哺这些改变,让这些变化了的动机更容易获利。如第 1 章强调的那样,进化很难无中生有、凭空演变出什么东西来,但它会为了新的目的,去调整或更新已有的结构。

人类对食物的需求是一个无争议的自然驱力,它与文化心智之间也无强关联。而我接下来将从食物需求开始论述,这是因为它能很好地解释如下几个重要的主题,如进化的连续与变化、文化带来的裨益以及双重思维产生的塑形影响。

食物

所有动物都需要食物和水,人类也是如此,但人类对基本营养的需求在工业社会中被塑造成为了对名品菜肴、美味饭菜、爽口冷热饮料的追求。在美国,文化已经将自然塑形到了一种极致,这或许是地球生物历史上从未出现过的现象,即平均而言,富人们的身形比穷人们更瘦。

关键在于,与文化出现之前相比,文化让人们能够吃到更多和更好的食物。我曾在第 2 章开头部分做出过分析,即一顿家庭晚餐背后需要有多少人为之做出贡献。这样一顿晚餐背后是一张由成百上千人组成的广泛互联的人际网络,只有文化能够制造出这个系统并不断对其进行调整。

文化还使得人们发展出了更为精细和复杂的味觉。人类学家的报告指出,某些不发达文化中的人们无法挑选食物,他们为了能在贫穷中生存下来,必须有什么吃什么。在发达的文化中,朋友们相约去餐厅就餐,每个人会点不同的食物,甚至还经常要求对菜单食物做些调整("我能否不要米饭,换个烤土豆?能否使用黄油而不是人造黄油,或者若没有黄油的话,就用酸奶油?")。甚至在家庭晚餐时,每个人都可能会为自己的汉堡要求不同的配菜,如,加番茄酱,不要蛋黄酱;加洋葱、泡菜和一片番茄,等等,可能还有更多的口味差异。

是什么维持着这种无穷无尽的味觉偏好差异?双重思维让人们十分介意对食物的意识经验。仅仅摄取营养是不够的。欧洲人有时对美国人抱有偏见,认为美国人更愿意靠吃几片药片来获得所需营养,因此,无视讲究吃喝的需求,但正是这种刻板偏见实质上从反面指出了,享受一餐美食的意识经验对于人们来说是非常重要的。

吃饭还具有社会与文化的意义。多数人更愿意与他人一起聚餐,因此,吃饭也成为了一个社交的场景。分享食物的符号意义包括了对社交关系的认可、性活动之前的气氛酝酿以及宗教典礼,等等。

疼痛与愉悦

同其他动物一样,人类在身体受到伤害时会感到疼痛,碰到好事情时会感到愉悦。但是这些反应不仅是为了提醒人们刚刚发生了什么,它们肯定有更多的功用。人和动物都具有趋利与避害的动机,并围绕着这两类动机组织自己的行为。与"坏事总比好事更强大"的原则相一致,避免痛苦的动机优先于寻找愉悦的动机,但两者都真实地存在着。

痛苦和愉悦的反应增加了生存和繁殖的可能性。你可能会认为,没有痛苦地活着会更好,但实际上,如果人对痛苦不再敏感,最后的结局可能很惨。比如麻风病人可能会失去手指和脚趾,但他们却误认为造成这些伤残的罪魁祸首是麻风病本身。事实却并非如此,麻风病导致病人身体不再能感知和定位疼痛;而失去疼痛感觉后,人们才无法意识到石头砸在脚上、或者手碰到了一个危险而滚热的煎锅。

在文化性动物的日常生活中,作为躯体感觉的疼痛和愉悦所发挥的作用相对弱化了。情绪在很大程度上取代了它们,人们的日常生活由避免情绪苦恼和寻求积极情绪体验所引导。第 5 章将更全面地展开这一主题。

诚然,文化性动物必要时仍然能感受到疼痛和愉悦。但文化的作用之一就是减少疼痛的数量和强度,现代医药、住宅、牙医以及其他技术的进步,都极大地减轻了我们每一天在生活中感受到的疼痛。

双重思维将愉悦重塑为幸福感和其他的积极情绪体验。毋庸置疑,对于"人想要什么"这个问题,最简单和最为普遍的答案就是获得幸福。有时人们用幸福来形容当下的感觉很好,但对很多人来说,相较于生命总体满意感而言,幸福并非只是一个短时的感觉。术语"主观幸福"被用于描述这种幸福体验状态,它本质上包含了两方面内容:一是人对自己当下处境的主观评估,二是将这一评估与某种标准或理想状态进行比较。一个人的期望值越高,达到或超越这一标准越困难,感觉到幸福的可能性越低,至少理论上就是如此。

主观幸福和生活满意感可能是文化性动物所特有的,它们不像愉悦以及疼痛感那样,几乎在所有动物身上都存在。判断一个人对生活的总体满意感需要对其生活的诸多方面进行有意义的评估,包括对过去、现在和未来进行评估;而且上述评估结果还需要与不同的标准(比如,可能的那些预期)进行比较。如果不是生活在意义和文化之中,幸福感也就相当于此刻感觉良好而已,而不可能包含更多的内容。但文化性动物则不同,他们会将多种不同的体验整合到单一反应之中,并将其与某些标准进行比较。文化的作用就在于,它可以调控这些标准和人们的预期,并且改变人们实现这些预期的可能性。

人们的标准和预期实际上会跟随当前结果上下变化。**适应性水平理论**为理解人类(以及动物)心理提供了重要的启发。它强调,人们总是先对变化做出反应,随后开始适应新的环境。比如,工资增加会让大多数人短时内感觉到幸福,但之后他们便习惯于这个新增加了的工资单,对之便不再有更多的感觉了。有些专家将人们对幸福的追求比喻为"快乐的踏步车",[3] 因为人们每向前踏一步,都会迅速调整一下自己,最终还会在"自我幸福度"评估上停留在原来的位置。在一个为说明该原理的著名研究中,研究者们发现,在伊利诺伊州(Illinois)彩票开奖时中了几十万美元的人,一年后并没有比那些什么奖也没中的人们更具幸福感。[4] 当然,他们在获得那笔钱的最初时刻确实感到兴高采烈,并在之后的一段时间内都处于狂喜的状态之中。但这种感觉很快就消失殆尽,比预想还要快。

"坏事比好事更强大"的原理同样也适用于适应水平理论。对彩票中奖者的研究同时也调查了那些经历过可怕事件(比如因意外事故而受到惊吓)的人。这些受惊的人与控制组相比,他们的幸福感确实有些不同,在某些指标上的幸福感偏低。但这一差异并没有预想得那么大,有证据表明这是因为适应过程在其中发挥了作

87

用。而且,研究结果还显示,积极事件的影响相较消极事件更容易消退。伍迪·艾伦(Woody Allen)在《爱情与死亡》一书中说,"如果上帝真的存在,那么他就是个差等生",指的可能正是这样的结果。若人类心智能够更快地忘掉坏事情,而让好心情萦绕良久的话,那么这个世界就会更加令人愉快。但现实生活中,事实却正好相反。

因此,幸福感取决于一个人现状的变化。提升幸福感的最佳方式是,不断获取小步的改善和不断累积小幅的成功,而不是一下子得到全方位的更好生活。一步到位的成功无疑会带来良好的感受,但它们也会很快消失,而不断向上的小步成功则会给人带来更长久的享受。

如果我们从动机的角度来看,追求幸福会让人们持续地寻求改进生活。这或许有助于解释人类生活何以不断进步,因为它为持续创新和努力奋斗提供了激励因素。去年带给你幸福感的事情(也许是找到一处足够干燥、可以栖身的洞穴,也许是薪金达到了六位数)在今年都会变得不重要了,为了获得更多的幸福感,你不得不去获取更好的成绩。这或许就回答了伍迪·艾伦对上帝所作的抱怨。好事情所带来的愉悦会很快消退的事实,大概就是人类进步的一个主要原因。

现状并不是人们用来衡量自己的生活、并确定自己幸福感的唯一标尺。社会比较是另外一个标尺:人们常将自己与特定的他人或者周围人的平均状态进行比较。杰出的英国心理学家迈克尔·阿盖尔(Michael Argyle)注意到,在金钱和幸福感之间存在着矛盾关系。[5] 虽然如今大多数人比几十年前的人们有更多的钱(平均水平),但社会总体的幸福感水平却并没有提升。人们并没有因得到更多的钱而变得开心幸福,这正是因为这种良好感受会迅速消失。相对他人的富有似乎会带来幸福感,但每个人自己的财富的增长却并不会增加幸福感。阿盖尔总结道:"人们真正想要的,是要比其他人有更多(钱)!"[6] 即便在贫困人群中,比邻居更有钱都会令人感到非常开心,同理,在富有人群中那些最不富裕的人,也会为自己相对的劣势地位而体验到一定程度的不开心。

社会比较也是构成人类动机的一个重要因素。文化性动物会根据社群中其他人的需求设定自己的目标。如果自然将我们设定为,生存仅仅是为了寻求食宿和在一起睡觉的人,那么一旦这些自然需求得到满足之后,人们就不再会有驱力去想方设法让自己的生活变得更好了。但文化性动物需要与自己的社群保持同步,社群标准一年又一年、一个世纪又一个世纪地发生着变化,每个人都要学习掌握当下会使生活变得更好的事情。在上一代人那里是奢侈品的东西(如有线电视或家庭第二辆车),在下一代人那里或许就便成为必需品了。所以,幸福的标准的变化有赖于人类动机的可塑性,而其可塑性又根植于个人与群体保持一致的社会比较之中。这里不变的因素是,文化性动物总想跟上群体同伴的脚步。

大多数动物都希望感到愉悦并且避开疼痛。人类也具有同样的动机,但该动机在作为文化性动物的人类那里又被转型为追求幸福感。幸福取决于意义,故而它需要对现状和期望情境之间的差异进行比对评估(这与疼痛感不同,痛觉只是神经系统的反应,人们并不需要对其意义进行思考)。幸福感出现于意识经验而非瞬间感觉之中。

自我保护：避免伤害和死亡

自我保护包含着一类动机。自我保护动机的地位和重要性仍具有争议性,特别是在现代西方社会,一般人极少可能处于饥荒或其他威胁生命的环境之中。但我们至少可以很放心地假定:当个体生命真的处于危险之中时,自我保护本能会显著影响人的行为。假设你在开车,收音机正在播放着某种与你主要动机(比如性或者人际关系)相关的内容,这时如果另一辆车冲进了你的车道,马上就要狠狠地撞到你的车时,自我保护动机就会超越其他动机而取得优先权,你的心智也会迅速从聆听收音机切换到如何避免致命撞击的行动上。

自我保护动机与文化之间不存在着必然的联系,非文化性动物甚至非群居动物也都有此类动机。自我保护动机在进化的早期就出现了,因其直接关乎动物的生存。那些小心翼翼地最大化生存可能性的生命,较之对伤害和死亡毫无反应的生命,将会有更多的基因遗传下去。但是,文化又的确帮助满足了自我保护动机。实际上,文化的目的之一就是帮助人类个体学会维持生命的手段,从而提高人类个体的生存率。文化按劳动分工将社群组织起来,我一直以来都高度赞誉人类的劳动分工。它使人们能够做出更多的创造、取得更大的成就,也使劳动更有实际效果,也更为高效。对此进行考察的一项关键指标就是人的预期寿命。若干世纪以来,人类的平均寿命增加了两倍多,这在很大程度上要归功于文化,文化给我们提供了更好的食物和住所,帮助我们抵御灾难,给予我们更好的医疗以及其他方面的进步。

那么具体来讲,自我保护动机的目标到底指向什么呢？我们一直强调,当下的

89

致命威胁就是人们需要付出全部努力、不计代价地去保护生命的典型(虽然并非一成不变)情景。落水的女子会拼命地挣扎浮在水面、游向岸边或者船只;在被野兽袭击时,人们会寻机反击或者逃离;饥饿的人会去偷吃食物,等等。这里需要再次强调,对于生活在工业化民主社会中产阶级的人来说,上述自我保护行为或许与他们的日常生活毫无关联,然而,一旦出现令人感到绝望的情境时,所有人一般都会以生存为先。

一些理论家主张,自我保护和人类文明之间可能存在着某种更深层的联系。其中最具雄心的理论是人类学家厄内斯特·贝克尔(Ernest Becker)提出的。他在1973年出版的《死亡否认》一书中指出,人对于自己生死的认知,是人类所独有的特质,常常使人们对死亡充满生存恐惧,这导致人类的很大一部分社会行为都被用来掩盖自己将死亡的事实(他的书名由此而来)。贝克尔的思想被一组社会心理学家继承下来,他们同样主张,自我保护是支撑着所有其他人类动机的"主控动机"。[7]特别地,贝克尔及其追随者坚信,文化本身就是一种对死亡的抵御,因而人们会寻求成为集体事业的积极参与者,并以此方式来减少死亡的威胁,因为集体事业在他们个人死亡之后还会继续下去。人们要在自己的工作中寻找和追求象征性的永生和不朽,以使自己死后仍继续存在。(对此,伍迪·艾伦(Woody Allen)曾做过一番评论,部分原因是他成年后很长时间里都处于惧怕死亡的痛苦之中。他吐槽所谓的象征性永生,"如果能在观众们心里和大脑中永生,这对我来说当然很好,但我宁愿活在自己的公寓里"。)[8]类似地,这些研究者还提出,追求自尊其实也是一种对抗死亡的反应。意识到自己的死亡,还导致人们出现了焦虑这样一个主要(如果不是唯一)的后果。

受贝克尔关于死亡的观点激发,研究者做了一系列实验室研究,以考察当人们的死亡思考(比如,想象死亡后自己肉身很快腐烂的情况)被启动时,他们的思维、感受和行为会发生怎样的变化。这些研究没能发现焦虑情绪的变化,但发现了行为上的一些改变,这正是这些研究工作的价值所在。这些研究的发现主要显示出,死亡思考是一个很强的生存线索,它会改变人们关注事务的优先顺序和视角。特别是,对死亡的思考让人们更强烈地认同自己的文化及其世界观。在对死亡思考一阵子之后,人们会对叛国者和破坏社会价值体系的罪犯做出更严厉的刑狱判罚。[9]

但几乎无法回避的事实是,上述研究结果还不足证明贝克尔的下述理论是正确的,即死亡恐惧以及自我保护是全部人类动机和社会活动的基础动机。这些研究仅表明,死亡恐惧会使人们与自己文化的联结更为紧密,但很难证明人们总是在担心着死亡,或者文化是(甚至最主要是)对抗死亡焦虑的唯一的防御机制。

我认为,事实也不支持这样的推论,即任何动机都有可能成为其他所有动机的主控动机,规避死亡动机当然也不是这样的动机。虽然人们会采取很多行动以延续生命,比如饮食行为,但当他们被其他动机控制时,却仍然会有冒险行为,甚至会牺牲自己的生命。如很多人会为宗教或政治原因,或为金钱、权利和美色,而不惜冒生命危险或者牺牲生命。[10] 特别是,归属需求在很多情况下都会优先于自我保护动机,例如,尽管可能患上皮肤癌,人们还是要去进行日光浴(甚至在罹患一次皮肤癌后,有些人还依旧不改),因为他们相信,深肤色会让自己更具有吸引力。人们甘愿承担严重的风险(比如不戴头盔骑摩托车),就是为了给别人留下好的印象。为了避免造成短暂的尴尬或给伴侣留下不良印象,人们常常在性生活中不使用安全套。近期的研究结果显示,让人们考虑死亡的风险,反而增加了他们进行伴随 HIV 高感染风险的性生活的意愿。[11] 人们通过吸烟讨好同事,做各种存在风险且很麻烦的美容手术,有些人甚至为了追寻时髦的苗条身材,而把自己饿到要死。而且,人们有时候还会自杀,这就很难用自我保护是终极的、全覆盖的动机理论来加以解释了。自我保护只是一种与其他动机竞争的动机,其他动机有时也会胜出。

上述论证不是质疑人们乐生怕死、努力延寿的观点,而只是要指出,自我保护应该被视作人类动机之一,在某些情况下它与其他动机之间还必然存在着竞争。此外,贝克尔关于文化和死亡的观点,正好将两者的关系颠倒了。人们是在自己的文化中知晓死亡的。如果文化不存在,人们是否能够知道自己会死,这还是一个问题呢。文化必定先于此存在。

当然,上述研究发现又的确表明了,思考死亡和永生会改变人们思维的视角以及优先排序。启动死亡思考之后,人们倾向于更为接纳自己文化的世界观,这个结果可能给我们带来一个重要的提示,即生物规律将我们创造成为了一种需要依赖文化而生存的生物。比如,人越接近死亡,就越不再渴望去建立新的友谊,甚至会失去与熟人交往的兴趣,但他们会更强烈地表达出对挚爱亲朋、特别是对家人的依赖和求助。[12] 当人们战胜重大疾病,与死亡擦肩而过时,人们便会对重新安排生活中的事情的优先排序,他们认识到自己在这个世界上来日不多,所以就会放下琐碎思念,而更加关注他们最看重的事情。[13]

从好奇到理解

很多动物会对自己所处的世界表现出好奇,在年幼无知时更是如此。好奇心是对信息的渴望,它有利于生存,可以帮助年轻的生物认识机会和危险。好奇心是一种信息搜寻的本能,它推动生物自己要求去发现某些信息。

信息是构成文化的基础,因而,与独居动物相比,信息搜寻驱力对文化性动物更具重要的意义和关键的适应价值。小猫可能会由好奇心驱动掌握一些周围世界的信息,从而活得更好,但文化的世界蕴涵着更加大量的信息,因此,人类的进化极有可能也受到好奇心动机力量的有力推动。用社会心理学的术语说,这造成了一种不言自明的结果:人们终生都在孜孜不倦地搜寻着信息。

与其他物种相比,人类搜寻信息动机的一个重大跃进,应该和我关于人类心智发展的理论相一致。一方面,我们已经知道,对于自然选择来说,增加或者扩展现有的结构要比建构一个全新结构容易得多。不可否认的是,人们对新的信息的态度常常是开放的,很多人几乎每天都要用部分时间来获取新的信息。(比如,没有任何其他物种办过报纸、开设过科学课堂、口述过历史或享受过"推理小说"娱乐等。)此外,好奇心和动物青春期的关系更具有启迪性,因为人类进化的一个推力,就是在全部生命中尽可能延长儿童与青少年期的各种特质。小猫在长成老猫的过程中可能会失去一部分的好奇心,但人类却会一直到老年都保持着好奇心。再作个补充,老年狗可能再也无法学习新的技能,但老年人却还能学习在网上冲浪。

语言极大地促进了人类的认识,本章后面我们还将回答关于"语言本能"的问题。语言具有纯粹的文化属性,其他动物世界中很少有可类比的特性。人们对语言的痴迷很可能并非是新出现的独立本能,而是一种由探索理解驱力和社会归属驱力组合而成的本能(因为语言交流会帮助人们寻找归属以及探索理解)。到目前为止所论述的关键就在于,人类心智的特点就是毕生都在搜寻和获得信息。人们力求以宏观和微观的视角去理解身边的世界。好奇心当然并非人类所独有,但它对进步的驱动力、它贯穿人一生的持续力,以及其促使人使用抽象原则去形成对世界的理解的作用,却都是我们人类这个物种的特征。

人类对世界的理解远远超出了各种动物所能达到的水平,特别是人能够以抽象的方式形成系统知识。追求对世界进行抽象而深入的理解,这在动物世界中是独一无二的。利用推理找出背后隐藏的原因,并依据所找到的原因去理解各种事件,这的确超出了动物的能力界限,并因而成为人类的特性之一。[14] 或许这不只关乎唯一的动机,更反映了该动机(或许增强了驱动力)与强力的思维工具——人类智能的共同作用。也许,如果好奇的小猫能够做到的话,它也想要以抽象原则和隐藏原因去理解周边世界,然而它们并不具有可以实现这一目标的大脑功能。即便它们具有了这样的脑力,没有语言的帮助,它们也未必能进行抽象的推理(比如:力等于质量乘以加速度)。

一直以来我都认为,理解驱力可能是原始产生的,因为它能更有效地帮助简单生物应对物理世界,而进化则极大地扩大了理解驱力的作用强度和作用范围,从而导致了文化性动物的出现。在文化性动物的进化中,很可能存在一次重大的跳跃,其导致了理解驱力的快速增加。社会互动在某种程度上有赖于互相理解,因此,社群动物至少应该对彼此充满好奇。值得令人感到欣喜的是,理解的动力就因此而稳定地增加着,从最初简单的对物理环境的好奇,发展到对伙伴及其复杂特质和习惯保有更深层而持久的好奇,最后进化为文化性动物所具有的成熟的理解驱动力。

控制

追求控制也深深根植于人类心智之中,值得我们为它在人类动机理论中安置一个突出的位置。人们希望拥有控制力,喜欢获得控制力,拒绝失去控制力;一旦拥有控制力,人们就会感觉良好。这种驱力最终很可能会表现在一组内在倾向性而非单一的驱力之中。也就是说,控制动机各有不同,且相互之间彼此独立;若只满足其中之一是无法同时满足其他的控制动机的。人类共有的动机,比如权威、掌控、金钱、技能、财产、领地、自我效能、自由等,从根本上讲都与控制有关。

理解驱力可能与控制驱力紧密相连。理解能够提高人们对事物的控制能力。甚至好奇心都可被解释为一种形式的控制驱力,因为好奇心驱动人们获取信息,从而进一步帮助人们控制世界。

控制驱力并不只局限于文化性动物,对控制的追求甚至也可能给那些独居物种带来效益。对物理环境中发生事件进行控制,有利于个体的生存与繁殖;反之,缺乏对周边世界的控制,会让个体在生存和繁殖上都变得脆弱甚至遭遇失败。控制驱动的作用可以在甲虫或者其他生物面朝天后挣扎翻过来的行为中观察到,也可在它们筑巢的行为中看到,总之,生物在改变自己以更好适应周边环境的行为中都表现出了控制驱动力。

　　但是,社会化行为无疑增加了因控制而获得的回报,因为个体可以寻求控制他人,并利用他人(或利用社会系统)来大大改善自己的境遇。人类的控制欲多聚焦在社交情景之中:人们期望获得人际权威,对他人施以影响,预测彼此的行为,有意去维持某些关系、改变另一些关系,以及通过其他方式将自己的意志施加于社会环境的管控之上。所有这些都与这样的观点一致,即社会互动实质上也是一种与物理环境打交道的策略。

94　　大多数动物都需要食物。因此,提高食物供给的方法之一,就是加强对物理世界的控制,以便生产出更多的食物;另外一种提高食物供应的方法,是加强对其他生物的控制,特别要强化对人类成员本身的控制,以令他们为自己生产出更多的食物。

　　文化为人类提供了深入控制物理环境和社会环境的大量机会,文化也可以利用人们的控制驱力,即便人类可能并非是专门为文化而发展出控制欲望的。人们或许会说,如果要提及任何事情的话,那正是获得控制的驱力构成了一种重要的力量,它推动人类发展出了文化,而文化又会极大地提高人们对物理和社会环境的控制能力。但是,人类的控制驱力也可能是在人类进化进程中被进一步扩展和加强了的,以便使人们能够更好地以文化的手段实施对环境的控制。

　　如第一章所提及的那样,文化性动物与社会性动物之间存在着的一个关键区别,就是文化允许更多的进步。当某个动物解决了一个问题、或者发明了一个达到目标的更好办法时,这样的进步就会被文化吸收采纳,文化中的其他成员、甚至下几代人都会享受到该发明所带来的益处。因此,文化可以在很大程度上提升人们对物理环境的控制能力。如果动物不寻求和享受控制,那么他们就无法受益于这种控制带来的进步。因此,文化性动物的进化极有可能在某种程度上有赖于控制驱力。

　　控制驱力的最基本形式就是人希望对自己周围环境产生影响,他想要做一些能让环境给出某种可靠反响的事情。研究控制的学者认为,这种动机在人类婴儿以及非人类动物的行为中都很常见。即使环境的响应并没有任何明显的收益,但能引起这种响应本身就是令人感到愉快和刺激的。从我自己的经验来看,"愉悦来自对环境的影响"这一观念,与我几年前养育的一只狗沃伦(Warren)的习惯建立起了联系。(我知道,宠物主人,就像父母一样,对此会产生本能的怀疑,因此,我的故事仅作为举例说明,而不为证明任何事情。)它是一只可爱而温柔的狗,喜欢奔跑,但绝不喜欢打架。我在弗吉尼亚大学工作时,我们家住在乡下,我经常带沃伦去午后慢跑。我们沿着泥土路,经过几个农场和空旷的地方。离我们家大约一英里外,有一个小型的几近衰败的拖车停放园区,在它和马路之间排列着八到十个狗窝,大概是为拖车停放园区居民的宠物提供的。所有那些狗都被拴着一条长链,长链的长度仅允许它们在狗窝附近活动。当然,狗屋之间相距得也足够远,以免狗被链子纠缠在一起。大多数情况下,在弗吉尼亚州午后的酷热中,这些狗都会躲进狗窝的阴凉下小憩。

95

因为我们在乡村深处,所以我放开了沃伦的牵绳。它跑来跑去,并发现了狗窝村。尽管按照标准的狗的领地原则,它们不喜欢任何入侵者(并且可能会憎恨沃伦的自由)。沃伦并没有像平时它所喜好的那样去结交朋友,而是形成了个新的习惯。当沃伦和我沿着弯路走向拖车园区时,它会无声而矫健地迅速飞奔到狗屋村的中心。到那里后,它会猛然发出几声响亮的吠声(这对他而言是反常的)。即刻,所有的狗都醒了,冲出狗窝不停疯狂地狂吠,仿佛它们受到了所有邪恶力量的攻击。但那时,沃伦早已设法跑回我所在的弯道上了,群狗混乱的吠叫声随后便慢慢消失在我们身后。它似乎从中获得了快乐——它一定获得了某种满足感,因为它后来仍会继续这么做。显然这只可能是因为它的行为引起了群狗的喧嚣,它显然没有获得其他任何明确的好处(没有食物、没有战斗、没有领地、没有性趣等)。从对环境产生了明显影响的基本意义上讲,引起噪音的那种爆发也是一种形式的控制,仅此一项响应效果就足以令沃伦满足了。

对于控制欲是天生的还是后天习得的问题,学者们意见不一。我一直认为,建立在自然选择理论上的先天说,是合理的且其可能性确实很大。寻求控制具有极大的适应意义,它有助于生物有机体的生存与繁殖,从这个意义上讲,控制欲便是很有用的。生物学家已充分意识到,各种形式的控制对许多生物意味着生与死,如是否能繁殖成功:"人类及所有其他复杂生物的根本动机,是实现对社群(例如其他人)、生物(例如食物)和物理(例如领地)资源进行某种程度的控制,这些资源维持着生物的生存、支持着生物的繁殖。"[15]

相反,另外一些学者则认为,控制驱力是一种可普遍使用的习得手段,会使生物获得所需要的东西。为了获得食物、安全、温暖、性和归属感,进行控制是起帮助作用的。人们(及其他动物)发现,获得控制并利用控制会带来很多的回报,它能带来他们想要的东西;反之,缺乏控制则常常使人们感到沮丧和失望。进一步的论证说法是，父母和老师会奖励那些逐步学会控制的孩子们，如学会系鞋带或用勺子吃饭等。因此，许多人认为，社会化和学习经验就足以解释人们对控制的广泛需求，而无须假定任何先天性。[16]

96

尽管存在争论，但控制欲究竟是天生的还是习得的问题，其实在生活中并没有那么重要。反对的声音认为，通过经验获得控制驱力的说法，只是表达了众人的普遍经验而已，因为即使人类没有生来具有的控制欲，最终所有人也都会产生对控制的欲望。（因此，如果控制是每个人获得生活中大部分物品的欲望的组成部分，那么若要一个人放弃控制欲，也只有要求他不再去奢望获得任何东西了。）因此，在实际生活中，即便控制欲不是天生的，它也像那些天生而有普遍影响的驱力一样发挥着作用。

如果控制欲在不同文化之间存在较大差异，那么它可能就是习得的。一些专家肯定地对我说，其他的文化、甚至我们社会中的亚文化的人们并不渴望进行控制。他们提到最近的一项研究表明，西方儿童与亚洲儿童之间就存在着差异：西方孩子在自己选择的任务上最努力，而亚洲孩子则在母亲为他们选择的任务上最勤奋。[17]

但是，这些例子是否能令人信服地表明，确有一些人不想控制自己的生活吗？亚洲儿童可能只是形成了一个更为宽泛的代理人的概念，其中就包括了自己家人和权威人物。因而他们不会强烈反对其他一些人而不是自己本人，来为他们自己做出决定。至于东欧人，他们期待着调整自己去适应自由生活，但是，东欧社会仍然处在坚定不移地向赋予个体更大自由的方向转变进程之中。我们可以想象这样一个反例，在某一社会革命中，人们坚定地要求减少个人的自由，虽然历史并没有提供任何此类明确的实例。（然而，讽刺电影制片人路易斯·布努埃尔（Lius Bunuel）在他的电影《自由的幻影》（*The Phantom of Liberty*）中却放大了这一想象的荒谬性。电影中一群暴民一边示威骚动，一边高喊"去他的吧，自由！"）如果我们从上述广泛定义的角度去理解控制欲——包括权力、金钱、所有权、知识、好奇心和自由——所有这些都是人类历史上被广泛而普遍渴望得到的东西，那么只有等到人们确信还有更好的东西（例如天堂的宗教救赎）将会属于他们的时候，他们才会放弃想要控制这些事物的欲望。

通常人们的深层动机可以从他们的休闲活动中推断出来，因为人们只有在自由和闲暇期间里，才有可能根据自己的内心需要做出自己的选择，这时去观察他们的行为选择,就可以有效地确定他们的欲望。(相反,若在工作时进行观察,人们此时的行为大多是被外部要求和管制力量所约束了的。)很多电影都热衷于表现性爱、暴力和人际关系,这反映了人类生活的这些内容似乎具有无底线的吸引力。除去与这些主题关联的影片,大多数影像租赁商店并没有设置控制主题的影片货架。(可以肯定的是,如果将对控制的理解范围扩大,将金钱、权力、领土和财产等也包括进来,那么控制就一定会成为许多电影和小说中经常涉及的主题。)但是,也许看电影并不是满足人们深层控制欲望的最佳方法,因为观看者毕竟还是无法控制影片中事件的进程。

控制欲在其他娱乐形式中也表现明显吗?是的,许多休闲活动似乎都是围绕着控制展开的。技能游戏的吸引力就在于它特别依赖于这样的理念,即让人获得控制感从根本上满足使用者。毕竟,视频游戏一般与现实生活无关,因而它不能为人们的生活带来有用的信息或改变;而且此类游戏的单机属性表明,人们并不是出于寻求陪伴的目的而玩游戏的。而且,我的感觉是,只要能在游戏里不断进步,这类游戏就会让人感兴趣,而使用者一旦完全掌握了游戏,游戏便会失去吸引力。这表明这种娱乐背后特殊吸引力就在于获得控制感。当然,视频游戏并非是基于控制感的唯一娱乐活动。网球、滑雪、国际象棋、台球、纸牌游戏和变戏法等都会在经历长期练习、逐渐掌握技能后,获得控制感的奖励。因此,似乎可以得出合理的结论:满足控制欲是许多休闲活动的一个重要内容。

人们即使在没有实用效果的情况下,也会寻求控制经验,例如玩技巧游戏。这也表明,控制驱力在某种程度上与环境无关,对控制的追求已经不仅仅是对"控制带来收益"的实用性情境所做出的反应了。

罗斯鲍姆、韦斯和斯奈德(Rothbaum,Weisz & Snyder)[18] 在 1982 年的一篇经典论文中,机智地拓展了控制概念,他们将控制区分为主要形式和次要形式的控制。主要形式的控制对应着大家所熟知的传统概念,即更变环境以适应自己的控制;次要形式的控制则相反,是一种以改变自我来适应环境的控制。显然,两者之间的共性就在于通过控制实现自我与世界的和谐,从而获得安全感和满足感。罗斯鲍姆及其同事之所以选择"主要"和"次要"控制名称,是因为他们认为,人们(和其他动物)通常都会首先尝试改变环境,若这一尝试失败,人们才会转而改变自己以适应环境,因此,这个命名便与实际发生情况的顺序相一致起来。然而,研究人员的想法又逐渐改变了,因为许多人在多数情况下会经常直接进行次要形式的控

98   制,只有在调整自我的努力失败时,才将改变环境控制变成为次要的选择。(例如,只有在反复努力接受丈夫的过错,而反复失败后,妻子才诉诸离婚。)罗斯鲍姆和同事们可能还曾认为,主要和次要这两个词汇反映了适应性在价值观上的差异:改变环境要比改变自我更为可取;但是后来他们的这一观点也改变了。因为事实表明,次要形式的控制,一旦出现,对于促进个人的幸福和适应,更有决定意义。[19]

    次要形式控制还可以多种形式表现出来。对于某件事即使无法加以控制,但若能预测(预测性控制)到它的话,那么也会使人鼓励自己、或在以其他方式事先做好准备。解释性控制的概念代表了这样一种观察,即只要是人们觉得自己能够理解的事物,人们就会更能容忍它们,即便这种理解并不能帮助他们避免或预防问题。例如,对慢性疼痛患者的研究已经反复证实,只要医生能够为疼痛患者做出明确的诊断和病理解释,患者就更能忍受那些病痛,哪怕是尚无特效药物和治疗方法。得不到解释的神秘疼痛要比原因已明的疼痛显得痛苦得多。另一种形式则是认同有控制能力的外部力量,无论外部力量指的是强势配偶、强力统治者,还是神或其他超自然力量。尽管有时人们承认自己无法控制环境,但人们只要能将自己与具有必要能力的人关联起来,就可以获得很大的舒适感和满足感。这些次要形式的控制似乎特别适用于文化性动物,因为他们生活在对周边进行有意义的理解和各种人际关系之中。因此,成为文化性动物意味着,能够满足控制欲的方式方法会不断地扩大和扩充。

    确实,学者们当初提出主要和次要这些命名时,可能高估了人们应对物理环境的重要性。在社会化的世界中,次要形式的控制反而可能不得不成为主要的形式。为了与他人很好地相处,改变自己以适应社会的控制,较之期望其他人改变以适合自己控制,要更为有效。用手指简单地计算一下就可以知道:如果十个人生活在一起,那么他们中的大多数将不得不改变自己以适应这个群体;若十个人全部都想将自己的意志强加于人,那么这样的情况将是不可想象的。

    控制到底有多重要?那就来看看当人们无法进行控制时,是否会出现负面结果。对控制的良性结果的研究兴趣,至少可以追溯到布雷迪(Brady)及其同事在1950年代进行的经典"高管猴"研究。[20] 实验中两只猴子并排坐在桌边,每只前面都有一个按钮。其中一个被指定为"高管猴",而其如果未能在5秒时间内按下面前的按钮,两只猴子就会同时遭到不舒服(但无害)的电击。另一只猴子被称为"马仔

99   猴",它可以按自己的意愿按下或者不按下按钮,但它的行动无关紧要,也不会产生

任何后果。两只猴子在桌旁"工作"6个小时后，休息6个小时，然后再继续"工作"，如此日复一日。两只猴子都有很多食物，同时体重保持稳定。经过大约3周时间，马仔猴变得相当无聊，但其他方面尚好。但高管猴通常差不多会在这前后死亡，医学检查显示，溃疡是导致它死亡的原因。

这项研究首次发表时引起了轰动。这个研究结果所具有的最重要的意义在于，只是按按钮这样一个简单的动作就足以导致一只猴子的死亡。电击不是造成死亡或溃疡的原因，因为马仔猴受到的电击次数与高管猴一样多，但却状态良好。实际上，在大多数情况下，两只猴子都不会受到很多电击，因为高管猴会非常有效地执行其任务。研究者之所以对该研究发现着迷，是因为它似乎表明了，高管生活的压力和责任可能会使人的生活紧张到致命的地步。

但且等等。毕竟，高管猴只是对局势进行控制的猴子。那么，布雷迪的发现表明了控制可能对个体健康有害吗？后续的研究又进一步梳理了高管猴研究惊人发现之下的复杂过程。[21] 缺乏积极的反馈和要求进行各种反应的过高标准，才是给高管猴带来紧张压力的主要原因。进行控制本身则是一件有益的事情，随后进行的许多研究都证实，缺乏控制权会带来许多负面的结果，这样的情景是最令人反感的，也是大家会选择逃避的。（马仔猴虽然对受到电击缺乏控制，但因为高管猴表现很好，他实际上几乎没有受到任何电击，所以在上述研究中，缺乏控制并没有产生不良影响。）

缺乏控制的不良影响已在许多研究中得到了证明。身处无法控制的恶劣事件中而得了溃疡，只是各种不良后果中的一种表现。遭遇无法控制事件而出现的习得性无助，则是另一个非常具有破坏性的结果。这种结果模式最早是在动物身上发现的。[22] 比如，将一只狗放在以一个由屏障隔成两部分的笼子中。笼子地板由金属制造，在一束光闪烁之后，弱电流将流过笼子一侧的金属地板。这只狗在遇到电流时，会发出嘶哑的叫声，并在笼子里跑来跑去，最终越过屏障而跑到安全的一侧。经过多次试验后，实验狗就学会了在屏障旁边安静地站立，灯光一开始闪烁，它就会立即越过屏障，从而避免任何疼痛。但是，如果狗先被绑住，在遭受电击时无法逃脱，它就无法学习如何越过屏障跑到安全一侧。当电击开始时，它就只会躺下哀叫。因此，这似乎表明，聪明的动物知道这种情况令它绝望，试图进行控制是徒劳的；然后，它还会将这种糟糕的教训泛化到其他新的情境之中。

著名的心理学家马丁·塞利格曼（Martin Seligman）提出，习得性无助是造成许多人失败背后的重要因素，[23] 失败的例子包括有抑郁、巫术死亡综合征（知道某人向给你下了可致命的咒语后而去自我应验）、自杀和学业失败等。实际上，人们发现，习得性无助的模式在人类与非人类的动物那里并不具有一致性，虽然这一差异的原因可能在于，大学生（研究中最为常见的被试参与者）在参加实验时，通常已经积累了多年的经验，知道他们自己是能够控制环境的。换句话说，他们参加实验时对自己能够进行控制有着强烈的预期。再比如，当你将钱投入自动售货机，而售货机它拒绝吐出一罐苏打水时，你一般也不会因而陷入习得性无助状态。相反，你会做出下面典型的反应，就是更努力地施加控制，再次按下按钮，或者尝试其他按钮，甚至敲打机器。（在美国，每年都会发生若干起因摇晃和推搡售货机而造成的人员被砸死的事件，这些行为愚蠢且会造成自我伤害，但它们并不是习得性无助行为。）

上述这些研究发现的一种解释是，人类从其他动物那里继承了控制欲，但是这种驱力在人类进化过程中发生了变化。进化或许使人类在最初控制失败时，更倾向于寻找替代的途径去施加控制。或者，人类的控制模式既反映了他与其他社会物种相同的控制驱力，同时又结合了人类独有的更为复杂的认知和行为系统。正如人们可以用一种反应替换另一种那样，他们可以快速想出实现同一目标的不同方法，因此，当他们第一反应受到阻碍时，他们就会快速尝试另一反应。无论如何，人类对控制驱力的运用确实带有某些似于人类的特征，特别是，人们面对最初的失败时，会抗拒并变得灰心丧气或者绝望无助。

艾伦·兰格（Ellen Langer）和朱迪思·罗丁（Judith Rodin）的研究以不同的方式表明了控制驱力对人们的健康是有益处的。[24] 他们注意到一种老年人死亡的模式，即生活在价格昂贵、看护条件很好的养老院的老年人，似乎反而比那些生活在看护条件不良的养老院的老人死得更早一些。他们认为问题可能在于，在条件良好的养老院，老人们的所有事都由别人帮助完成，从而被剥夺了对环境的直接控制。在一项实验研究中，实验者给养老院部分居民分配了一些可以控制环境的任务，而告诉其余的人，他们的一切均由养老院工作人员尽力来加以照顾。具体讲，任务组成员要去浇水和照料盆栽植物，而对照组成员房间的植物则由养老院工作人员负责照顾。被引导照顾自己和盆栽植物的老人们，确实变得更加活跃，并产生了更多的幸福和能动的感受。更重要的是，养老院医疗评分记录显示，这些老人在健康方面的指标也更好。最戏剧性的发现是，研究结束后一年半的追踪结果显示，任务组的老人死亡的几率较对照组更小。因此，这一结果表明，进行控制能够为人们带来更好的健康状态和更长的寿命。

甚至连控制幻想都会有益于健康。一些罹患乳腺癌的妇女相信自己可以控制疾病的复发，虽然这一理论并无事实根据，但护士和其他人对这些妇女的评估结果显示，她们的应对和康复情况都优于那些没有产生这种控制幻想的妇女。[25]"紧急按钮效应"实验结果已经证实，相信自己可以找到可能的逃生路径的被试，更能忍受所遇到的各种难题。在这些研究中，被试在完成某项工作时，首先会听到令人焦虑的巨大噪音。通过随机分配，实验者告知其中一半被试，如果他们认为噪音十分困扰，可以按下按钮将其关闭，但是同时又要求他们，除非真的觉得噪音很严重，否则尽量不要按下按钮。最后无一人按下按钮。结果显示，与忍受了相同程度噪音却没有紧急按钮进行控制的被试相比，可以进行控制的被试产生了更少的压力负面表现（如挫折耐受力减少、无法集中精神等）。[26]人们对于自己能够施加控制的虚假信念，在一定程度上可以减轻压力。

"紧急按钮效应"具有广泛的意义。它表明，在压力下造成伤害的不是负面事件本身，而是此事可能会持续并变得更糟的威胁。紧急按钮实际上并没有减少噪音，但是它却消除了威胁。被试可能会想："反正，如果情况变得更糟，我总可以按一下按钮。"十分相似的是，在许多糟糕的生活情境（如疲劳、贫穷、饥饿、性挫折、牙科手术等）之中，同样的动力机制也很可能在发挥着作用。如果人们相信必要时他们能够施加控制，那么他们就可以更好地忍受负面生活事件。

因而，控制更像是一种需求，而不仅是一种需要：缺乏控制驱力的人会遭遇消极的后果。但是，有大量证据表明，人们也需要控制，并会在无法获得控制时感到沮丧或不快乐。特别是，当一个人以前曾拥有控制、而后又失去控制时，往往会产生强烈的抵制和痛苦，有时甚至会出现攻击行为。杰克·布雷姆（Jack Brehm）的**"反抗理论"**提出，人们在维护自己的行动自由方面有广泛而深层的动机。[27]许多研究表明，人们不愿被剥夺各种选择，即使是那些他们原本并没有打算采用的选择。例如，在一个标准的实验范式中，实验者要求被试浏览一组海报，并根据自身的喜好为每张海报评分。实验者其实之前已承诺，被试可以保留其中的一张海报。但在评分完成后，实验者告诉被试说，他们评分排名第三的海报已经没了，并找借口要求被试再次对这些海报进行喜好评分。在这种情况下，被试通常会给了那张自己已经知道无法获得的海报更高的评分。[28]

102

人们对于自己无法进行控制的另一种反应,是树立虚假的、甚至近乎迷信的控制信念。[29] 也就是说,如果不能真的进行控制,人们就会倾向于想象自己可以进行控制。毫无疑问,大量的迷信、魔术甚至宗教行为都是由一种感受所驱动,即人们感到可通过迎合或操纵这些强大而神秘的力量,而控制某些重要事件的结果。例如,少数的神学家相信祈祷者真可以引导神去改变球的轨迹,而大家所熟知的情境是,众多运动员和球迷会在比赛进行中祈求获得神的帮助。

控制有很多不同种类和范围。正如已讲过的,与环境和谐是一个首要目标,改变自我或改变环境是实现这种和谐的重要手段。具体来说,人类的生活是自我内部(包括生物的和心理)的改变以及在环境之中(物理的和社会的)不断变化的过程。然而,变化通常会带来压力,部分原因是它会带来新的问题、威胁和困难。改变生活是为了祈求稳定,许多人类活动似乎都旨在使环境更加稳定。而且,如果不能客观地改变环境以增加其稳定性的话,那么学会预测环境就是个很好的替代方法,因为人们可以预见变化、并为变化做好准备。

如果生物为未来做好了准备,那么其对稳定、可预测环境的祈求就会得到满足。比如,今天已经有食物和干燥的地方睡觉了,下个月又会是怎样的呢? 如果人们可以做些事,使现在所拥有的这些好处还能延续到未来,那么人与环境和谐相处的目标就能更好地得以实现。大多数动物单单通过完成一些固定的序列动作(如筑巢),是无法有效地完成上述目标的。但是,寻求意义的文化性动物就能做到,人们可以思考未来,并作出灵活的、个性化的计划,不断改善行动,这样的行动具有极大的适应性。

让我们简要地梳理一下控制驱力的几种主要形式,特别是文化性动物的控制形式。

金钱

对金钱的渴望是一种人们常见而熟知的控制驱力的形式。几乎没必要堆砌统计数据或研究结果就可以证明,人们喜欢赚得金钱而不喜欢失去金钱。的确,整个社会科学(如经济学)正是建立在人们寻求最大化经济结果的观点之上,经济学家似乎常常都不愿承认,还存在着一些为了追求其他目标而忽略利润、或弃之于不顾的人。

我青年时恰逢 1960 年代和 1970 年代青年逆反和嬉皮运动,那场运动对抗的一个特指对象即物质主义，以及资本家对金钱的追求。我的父母企图向我解释，他们并非仅为富裕这一浅层理由而追求金钱。我母亲曾在多个场合反复告诉我说："金钱带给你自由。"作为一个有理想的穷学生，我当时不愿理解或关注这样的教育，但大多数成年人或许迟早会认识到它的真实性。面对工作、住房、医疗保健、恋人伴侣、汽车、休闲活动和其他许多的实际问题，有钱人要比没钱的人有更多的选择，而且他们很少被那些真心不喜欢的东西、并且还不得不去忍受它们的情况所困扰。

因此，金钱最终常被人们作为一种控制的形式索取。当你没有钱时，就会受到事件的支配，还可能必须听命他人而行动。相反，当你有钱时，就可以得到想要的东西，可以拒绝做自己不喜欢做的事情；可以让别人做你想要做的事；还能够去应付多数的不幸和难题。当然，这些事情并不一定总会发生，关键在于这是一个保你无忧的情形。大众智慧长期以来都在老生常谈地讲，"金钱买不到爱情或幸福"，试图以此来削弱人类对金钱的追求。但事实是，金钱确实提高了人们获得爱情和幸福的机会。许多研究发现，更富有的或薪水更高的人确实比贫穷的人更幸福，尽管影响程度大小取决于其他因素；研究结论还暗示，这种影响主要发生在两个极端人群（换句话说，在中产阶级人群中，收入的差异与幸福仅有微弱的关系；但是非常富有和非常贫穷的人都认为，金钱对幸福具有实质性影响）。[30] 至于爱情，哈哈，金钱当然可以复制出一种（性的）信息，有钱男人会比贫穷男人更容易吸引女人。对女性而言，金钱与爱情吸引力没有直接关系，但研究确实显示，与靠丈夫挣钱相比，如果妇女能够在经济上自给自足，那么她们更愿意选择离婚，从而摆脱无爱的婚姻。

金钱具有典型的文化属性，因此，对金钱的追求是文化性动物特有的一种控制形式。我论证过，金钱是一种影响强大而深入的社会与文化现实的形式，因为它建立在多数人所共同具有的假设、信念和隐含共识之上。金钱是文化存在的一个标志，也是控制驱力的一种文化中介变量。

权力

权力是控制驱力的另一种常见形式。与金钱类似，社会科学、政治科学都在致力于研究权力，这是一个有说服力的标志，表明权力是人类生活的重要基础。权力本质上就是控制他人。研究者大卫·温特（David G. Winter）将其定义为，权力是对他人行为或情感产生预期影响的能力。[31] 有些人将权力作为实现目标的一种手

104

段。例如,假设一旦当选,就可以去实现某些他们非常想要的变革。也有人是为了自己的利益而寻求权力,他们因能改变他人的行为方式而获得直接满足。实际上,高度渴望权力的人的具体目标,就是要影响到他人的生活,而不一定意味着要让他人做事。去影响他人可能出于善意也可出于恶意,比如,对权力有高渴求的人会乐于给贫困家庭捐钱,仅仅因为当他看到这个贫困家庭的生活因此得到改变后就会感到满足。

权力至少以两种方式使个人受益。首先,如同金钱一样,权力能使人得到想要的东西。没有权力时,某些人的欲望也可以得到满足,但如果有其他人挡在前面成为障碍或造成困难,这时权力可以帮助他们解决问题。第二,很多人们想要的东西都涉及他人,权力会让别人更有可能以我们想要的方式对待我们。因此,我们已经看到,性和归属感是人类两个与生俱来的欲望,都有赖于与他人合作。但有权力的男人则更容易获得性。(美国外交官亨利·基辛格(Henry Kissinger)有句名言,权力是"终极壮阳药"。这大概表述了某些个人经验,尽管长相并不非常出众,但他位于权力顶峰时总能找到投怀送抱的性伴侣。)权力动机得分高的年轻男性也报告说,他们的性生活开始得更早一些。[32]

105   同样地,权力也可以增加一个人拥有归属感的机会,降低自己被抛弃的风险。与权力相对较弱的成员相比,权力较高成员对保住自己在团体和组织中的成员资格,会感到更有把握,他们知道自己不可或缺。如果不考虑其他因素,那么有权势的人通常就是那些能够决定谁必须离开以及谁能留下的人。

尽管权力并不是总能达到目的的手段,但在许多情况下,追求权力本身却成为了最终的目的。无论如何,它影响了许多其他的行动。权利动机得分高的年轻人倾向于加入影响力更大的组织,例如报纸等媒体机构。他们愿意在组织中担任正式的、有权力的职务。他们常常被竞争双方争夺胜负的运动(而不是高尔夫、游泳或田径等单人运动)所吸引,而且在运动中更容易骨折(这是剧烈竞争的标志)。他们倾向于炫耀自己,以威胁他人或让人印象深刻。他们喜欢拉帮结伙,特别青睐那些并不寻求权力、不会对自己造成威胁或者竞争的盟友。[33]

权力具有内在的社会属性,但并不必然具有文化属性。对独居生物而言,权力大小没有意义,而社会性动物则通常具有某种形式的权力。由于社会性需要人们相互依存,权力便在这种相互依存造成了一种不平衡:我比你具有更大权力,所以我对你生活的影响要大于你对我生活的影响。存在于许多役畜中的支配等级,就是权力分配的一种形式。

确实,有人可能会说,对权力的追求和动力机制在纯粹的社会物种中达到了顶峰,文化则使权力成为了问题。只有傻子才会否认,有些人总是被驱动着去获得权力,但是这种驱力是我们作为社会动物继承下来的遗留物。文化的某些方面增加了权力的范围和影响的深度,文化也倾向于给权力设限。文化发展成最高级形式的特征是,它对权力的使用不断加强限制和约束。第七章将通过讨论文化是如何改变互动的对这一主题进行更详细的阐述。

财产和领地

占有行为也被认为是一种对控制的追求。动物和人类都表现出领地模式,他们宣称对某些土地(或其他空间)有所有权,并强力地维护其所有权。狗用尿液和一些定向咆哮来标记自己的领地,而人类则用法律文件进行标示,但背后的主题都是相同的:保持对特定区域的控制具有深度吸引力并令人感到安慰。

占有欲除拥有领地之外,还包括了对物质的占有。不同的历史时期,如在某些宗教传统社会或者集权社会中,人们都被劝告不要去过物质奢侈的生活,但是这些理想主义的理想并没能吸引大量想以这种方式生活的人。相反,研究多表明,即使是相当琐碎的物品,一旦人们拥有它们,其价值也会突然提升。这一现象背后存在着所谓"天赋效应",对该效应所做的研究要求被试对某些物品(例如带有某特别设计或徽标的咖啡杯)的价格进行评估,或者说让他们评估自己愿意将为该物品付出多少钱,以便确定下对照基线。另外一些被试(或有是完成了首轮评估的同一组被试)被要求把上述物品作为礼物赠给其他人,同时说出现在他们愿意将其出售的价格是多少。几乎没有例外,当被试拥有该物品时,就会赋予该物品更高的价值。[34]如果您曾经购买过二手家具,您就会知道家具拥有者是如何高抬他们所出售的物品价格的。

自我和身份的概念在当今社会心理学中地位突出,因为人们经常性地被鼓励去发现自己是谁,以及去捍卫自己的好名声不被各种威胁和危险所影响。自我概念的起源通常可追溯到反思意识(即意识从外部世界转向内在),以及在复杂的人际关系中具有一个身份。另一个不那么明显但仍很重要的根源是人们的占有欲。所有权是要指定某个所有者的,如果没有自我或一个身份,人就无法真正拥有任何东西,也就不懂得别人是否尊重"你的"财产和权利了。在动物之中,占有可能是形成"自我"概念的最早出现的阶梯之一。

因此，拥有领地和拥有物品的驱力可能出自于应对自然环境的动机，它们在社会性生物中发展得更为完善和成熟，它们在文化性动物那里则发展成为更为复杂精致的所有权意识。拥有自己的领地或财产具有的社会性意义就在于，通常人们所有权的主张是针对族群其他成员的，因为其他人也可能声言同样的主张。如果你在世界上独自生存，甚至生活在一个无人岛上，那么你就无须主张对空间或物品的所有权。在一群动物或人中主张所有权才有意义，因为所有成员可能都想拥有同样的东西。文化生产了更多东西，也催生了更为细致复杂的所有权制度——实际上，大多数文化都将所有权编码进诸多复杂的规则系统中。房屋或汽车购买便是一个十分依赖法律文件的过程，它巧妙地利用了已有的经济制度，特别是当一个人必须贷款购物时。我们已经讲过，货币制度从根本上讲就是文化现象。

社会性动物的欲望

107　　所有生物都需要从环境获取基本养分。一些动物采取了一种特殊的策略，即社交互动，来获得所需。人类是进化树上社会性动物分支的后代。人类继承了自然选择通过尝试错误而设计产生的心理属性，从而令人际社会互动成为可能。在本节中，我们将讨论人类从其他社群动物那里继承下来的主要动机。

需要先做一个说明。阅读本节时，可以将这些主要动机理解为，在动物从独居生活进化为社群生活的过程中，它们不是突然出现的。这种呈现结果更像是一种启发式的简化素描，而不是对原本可能更为连续的实际过程所进行的详解。例如，攻击驱力可能起源于需要以暴力杀死猎物的独居动物。我之所以这样说，是因为对自己群体成员的攻击与人类活动更相关联，还因为这种群内攻击要比掠食者—猎物之间的攻击所假设的社会关系更为复杂。

归属感

归属需要是人类最基本、最有力的需求之一，也是最具社交属性的需求之一。在那些与环境直接交互而生存的非社会性物种中，与同种群其他成员建立关系的动力相对微不足道，甚至还会带来问题。例如，"归属需求"对于一棵树有什么用？最多是树因离开其他树木而难过，但在现实中，与其他树木保持距离反而可能更好，这样它们就不会遮挡住阳光或抢夺水分了。

　　然而,对于像我们这样有强烈归属感需要的生物,进化则是更为欣赏的。生存和繁殖是自然选择制定的物种成功与否的标准,与他人建立关系对于人类的生存和繁殖都是有用的。群体成员可以共享资源,照顾生病者,驱除捕食者,一起战胜敌人,进行劳动分工以提高效率,以及采用其他很多方式去生存。特别是,如果个体与群体竞争相同的资源,群体一般都更占优势,因此,资源竞争特别支持归属需求。归属感同样能促进繁衍,比如可以使潜在配偶相互接触,特别是能让父母在一起照顾他们的孩子;婴幼儿若有超过一个以上的看护者,则其生存可能性就会大大增加。

　　需求与需要最重要的一个区别在于,两者在得不到满足时出现不良影响的范围不同。据此定义,人们需求性,但他们也需要归属。性是种需求,无法获得性满足可能会让人不舒服,但看起来不会造成任何实际伤害。无性生活而存活是可能的,许多人(例如老年寡妇)已经放弃性生活很多年,似乎没有不良的影响或抱怨。相比之下,几乎没有人能够在不建立任何联系的情况下过上幸福或健康的生活,有大量不断累积的证据表明这种危害的存在。林奇(Lynch)的书《破碎的心》(*The Broken Heart*)早在 1970 年代就总结了大量医疗信息,林奇在书中指出,"美国所有死因中排名前列的死亡率……总是出现在离婚、单身和丧偶者中"。[35] 他发现单身者的致命心脏病发作要多于已婚人士,而且他还注意到其他几种主要疾病(包括癌症和肺结核)以及所有疾病总计,都有类似的效应。即使在统计上控制了已婚者和单身者间可能存在差异的其他变量,例如吸烟、开始治疗的时间和家庭收入等,这种效应仍然显著存在。其他研究也已表明,社交孤立可能会对人的免疫系统产生不利影响。[36] 孤独的人比其他人对所有类型的压力都更敏感脆弱,其机体在修复压力造成损伤方面的能力更差。[37] 这些发现都证实了归属感在满足个体的生物需要方面所具有的力量,因为一个人真正的生存直接受到是否与其他人建立了社会纽带的影响。

　　归属感对心理健康和身体健康都很重要,尽管许多研究发现尚无法确定,心理问题究竟是孤独的原因还是其后果。基于精神病医院入院的记录,一个研究团队得出结论说,离婚者的精神疾病患病率至少比已婚者高出三倍,甚至可能高达二十倍。[38] 他们的综述发现,每篇已发表的研究论文都发现,未婚人群的精神疾病有更高的发病率,且存在着一个一致的模式,即离婚者和分居者患精神病的几率最高,从未结过婚的人居中,而目前已婚者则最低。其他发现还包括,成长过程被父母忽视或被同伴排斥的孩子,其心理疾病的发生率更高。[39] 社会学奠基人之一的涂尔干(Durkheim)[40] 曾在 19 世纪做过这样的记录,即在社会上无依无靠的个体中,自杀的发生率很高,而这种现象在整个 20 世纪仍在重复着。[41] 归属需要确实是有关生死、健康、福利和理智的关键要素。

109

鉴于归属感与身心健康之间存在的联系,幸福感与归属感之间存在相关也就不足为奇了。有社会联结的人会感到幸福,而独居或孤独的人一般都不太幸福。这种关联程度之强令人惊讶。在世界上是拥有良好的人际关系网络,还是孑然一身? 这是一个比任何其他客观指标(如金钱或收入、健康状况、居住地、婚姻状况以及人们认为重要的其他因素)都要强得多的幸福感预测指标。[42] 没有任何特定的人际关系显得更为重要,因此,与谁保持关系影响并不大,关系对象可以是朋友,可以是亲戚、孩子、配偶、队友、同事或其他人,等等。但是,如果你在世界上孤老终身,那你在统计学上获得幸福的机会就非常小。

归属感比其他任何外在条件对幸福感的预测度更强(在美国,这一关系更强),这一事实表明人们对归属的需要异乎寻常地强大。满足归属需要较之满足任何其他需要都更为关键和具有决定性。[43]

实验研究已确证,归属对于身心健康问题发挥着诱因作用,而非反过来,即身心问题的结果造成人们疏离自己朋友和恋人。实验者在实验室研究中探查了人们在被社会排斥,感到孤单、或遭受漠视时,会出现怎样的行为。实验条件下,人们会表现出多种伤害性后果。他们更有可能做出短视、自我欺骗的行为,比如愚蠢地去冒险;完成需要智能的任务时能力降低;表现出更多攻击和反社会行为,更少的亲近社会的行为;以及在建设性地管控自己行为上的效能的减弱。[44]

现在让我们来看看,人们在归属途中究竟渴望得到些什么呢?[45] 如上所述,人们启用归属动机强度和频率差异很大,如同他们利用性、攻击和其他动机时一样。平均而言,似乎大多数人都希望与他人保持四到六个紧密而重要的关系。少于四个朋友的人会感到孤独且可能会罹患社交剥夺症状;而超过六个朋友,人们从中获得的收益会递减,即每增加一个朋友所带来的获益变得很少或没有收益。当然,任何新的关系都可能提供其他朋友不能提供的某些特定益处,比如第七个新的联系人或许愿意为你修理汽车、与你发生性关系、或者教你打网球等。人们很有可能只是因为没有时间或精力,再去追寻超过六个人的亲密的情感联系了。当然,人们依然会表现出很大差异:一些人较之其他人渴望建立更多的社交联系人和人际纽带。

因此,人们所期望的社交圈大小似乎有个天然上限。对这个研究主题十分有 110
用的被试对象通常是大学生群体,因为他们会与许多同龄人接触,而且每天都可能
交往新的朋友。但是,即使是在这样一个十分有利于交往的环境中,每个人社会交
往的绝大多数对象也都是相同的四到六个人。[46] 换句话说,即使人们无须限制自己
的交往,人们也会自发地限制自己社交圈的大小。在这方面,美国大学生也不例
外。在全世界所有已知的社群中,人们大多都围绕一个小的朋友圈子安排自己的
社交生活,而不是或独自生活、或与非常大的群体交往、或经常变换交往的伙伴。[47]

保持四到六人关系的目标描绘出,归属需要根源于社会性动物而不是文化性
动物。人并非生来就自动要去建立越来越多的社会纽带,反而是被驱使生活在小
群体之中,保持少量的亲近关系。

社会性动物归属需要的有限规模(即寻求四到六人的亲近关系)与文化性动物
被认为想要建立更广泛的文化群体联结之间,确实存在着差异。一直以来,心理学
家都倾向于研究亲密关系,而不是去探究建立大型社交联系的更为宽泛而模糊的
欲望。但是确有一些证据表明,有些人(主要是男人)可以通过与公司、大学或运动
队等更广泛的社会和文化实体建立联系,从而满足自己的归属感。

确实,研究人员倾向于关注一对一的关系、而不是更大的关系单元,这令一些
专家认为女性比男性更喜欢社交。[48] 这些专家可能被狭隘理解的归属需要所误导
了。更为精细和准确的理解是,男人和女人这两种性别都有强烈的归属需要,但他
们会关注并寻求在不同领域中获得满足感。具体而言,女性似乎更关注一对一的
狭义亲密关系,而男性往往面向更大的社会群体。[49]

有充分的证据表明社交取向上存在着性别差异,即男性参与更广泛的群体,而
女性则主要享受一对一的亲密关系。首先,攻击行为模式显示,男性的攻击通常指
向更大的社会群体中的其他成员,这反映了对支配权及其他资源的竞争;而女性的
攻击主要针对家庭或亲密群体成员。(女性与男性在家庭暴力上势均力敌;但男人
大部分在面对陌生人或不很熟悉的人更具攻击性。)其次,助人行为的研究也发生
了类似的模式,男人给予陌生人和更大社会群体其他成员的帮助行为显著地多于 111
女性;而女性帮助家庭做的事情(如,育儿、照顾病人和做家务)的数量则等于或超
过男性。第三,男性倾向于认同更大的群体(例如,"我的家庭"或"我的公司");而
女性则更多地以某种特定的个人关系来形容自己。第四,对操场上儿童行为的反

复观察发现,女孩往往结对玩耍,并与玩伴一起玩很长时间;而男孩在人际交往过程的相同时间里,却走马灯似地变换玩伴,尤其随着他们年龄增加,他们更愿意玩合作的群体游戏。[50] 一些实验先让孩子们组成二人组合,然后再引入第三个孩子一起玩耍。男孩比女孩更愿意欢迎一个新玩伴的加入;而女孩则更喜欢继续一对一的游戏,因此,倾向于拒绝接纳新来的玩伴。[51] 第五,孤独感的预测变量因性别而略有区别。一个研究小组对芝加哥居民进行过一个大样本研究,其中一些人独居,另一些人不是。亲密关系的缺乏对男性和女性来说都是孤独感的显著性预测指标。但是,对更大机构(例如公司或大学)身份认同的缺乏,则是男性孤独感的重要预测变量,它与女性毫无关系。[52] 因此,这些都再次表明,男性通过与广泛的团体和机构建立联系,而部分地满足了自己的归属需要;而女性则认为一对一的密切关系对她们来说更为重要。

关键的部分在于(无论人们对性别差异的看法如何),一些人为满足归属需要会超越一对一的人际关系。这或许就是促进人类从社会性动物转变为文化性动物的重要一步。人们之间的联系不仅具有个体的意义,而且具有了更大的集体意义(团队、公司、种族、国籍等)。也许还有其他一些动物,它们不仅在个体间建立联系,也与群体联系在一起,但与群体联系对人类文化则至关重要,这种联系还经常涉及抽象的实体(例如,民族/国家)。这一焦点的转变正是我们在理解人类心智时所强调的那类变化,即自然将我们的原始人祖先已具备的一些东西做了些微调,就使我们更加具有文化属性了。

归属需要听起来很正向积极,但其实归属也有令人不安的一面。如果人们只想与某个人联结,那这个伙伴是否可以替换呢?尽管某些关系可能会带来特定的回报,但总的来说,归属需要似乎确实可以很灵活地接受替代者,人类主要的需求只是以方便的途径与他人建立联系。关系发生变化时人们能够随机应变就说明了这一点。例如,当两个人建立恋爱关系并变得非常亲密时,他们通常会退出其他关系,如减少与其他老朋友相处的时间。[53] 而这种亲密恋爱关系破裂的预示,便是人们开始经常出去寻找新的朋友,[54] 而且大多数人在离婚过程中非常依赖家庭和朋友们给予的社会支持。[55] 人们通常对失恋感到非常沮丧,特别是当他们认为自己永远找不到一个这么好的人的时候,但在大多数情况下,他们很快就会找到其他替代者,因而他们先前失恋的痛苦就会急剧减少。[56] 与同龄人的友谊对于无子女老年人的幸福非常重要,他们在这种交往中度过的时间越多,就会越快乐;而与子女保持定期联系的老年人,对这种友谊的依赖程度则没有那么强烈,他们的幸福感和参与多少这类同龄人的交往是无关的。[57] 因此,为了幸福,老年人要么与孩子关系良好,要么与其同龄人保持友谊。

意识到我们的人际关系是可以替代的,尤其是在我们所爱的人的生命中,这会伤及我们的骄傲,但数据却无情地呈现了这种可替代性。如前所述,离婚增加了人们面临各种各样不良后果的风险,如罹患精神和身体疾病、犯罪、成为罪行受害者(包括谋杀)、车祸和其他事故以及自杀等。[58] 但再婚却大大减少或消除了这些风险。毫无疑问,每个配偶在某些方面都是独特的和特殊的,但若你以统计学家的冷眼看待这些数字时,一个配偶与另一个配偶似乎在许多方面都一样好,除非某段婚姻是不幸福或充满敌意的。

我年轻的时候,杰斐逊飞机的热门歌曲《爱某人》(*Somebody to Love*)使许多人感到奇怪,因为它认为恋人是可以换来换去的。"你不想爱某人吗?"歌词问道,就好像所有人都要这样去做一样。这首歌传递的信息与人们听过的成千上万的其他情歌完全不同,因为其他那些歌几乎总强调要爱一个特别的人,而且总是断言再没有其他人可以令你满意了。大多数爱情歌曲都更接近爱情的感受,因为大多数人的确把亲密伴侣视为专属伴侣,即便不是永远无法替代的。但是数据表明这些歌曲都是错误的,杰斐逊飞机的歌词才可能是正确的。重要的是找到一个人,(几乎)随便什么人,我们都可以去爱。几乎没有人无可替代,恋爱中很少有人明显表现出失去前任情人的痛苦。[59]

归属需要可以细分为两个更为具体的欲望。它们首先是对频繁互动的渴望,其次是有一个不断相互关心和照顾的情境。若人们只有其一、缺少其二时,便经常会肯定自己所拥有的价值,还会对自己所缺乏的表示不满。例如,所谓的异地婚姻(即配偶双方生活在不同的城市)经常会说他们非常珍惜这种关系,但是他们也因缺乏直接面对面的接触而感到痛苦。在海外(或海上)执勤军人的配偶或频繁出差职业的另一半,一般也都会表达出相似的忧愁,既珍惜关系又感叹互动贫乏。[60] 因此,缺乏定期互动的社会纽带,常被评价为只能部分地令人满意。

相反,虽有很多互动、但却没有深度共同兴趣的关系同样令人不满意。大多数人都一致表示,他们更偏爱只有几个亲密的朋友,而不是拥有许多浅尝辄止的朋友,[61] 许多研究发现,抱怨孤独的人在人际交往上所花费的时间与其他人是一样多的。[62] 妓女就属于这类群体,因为她们看似有许多亲密的互动关系,但是其中大多

113

数却都是不可持续、心猿意马的关系。的确,妓女常常说,结识许多有趣的人是她们工作具有吸引力的一面,但她们内心似乎也很愿意建立和保持相互投入的持久关系。她们对频繁接触的客户或其他人有时渴望建立相互关心的关系,但这种依恋会给她们自己带来麻烦甚至灾难。[63] 妓女似乎也更喜欢与客户建立长期的关系,虽然这可能有着多种解释,但它仍然显示出没有真正关系的互动很难令人满意。一位研究人员计算过,妓女可以在妓院工作,为尽可能多的客户提供服务,以便最大程度地提高收入;尽管有这种经济诱因,但许多妓女还是更愿意与客人在妓院外相会,其部分原因就在于,她们这样可以有更多机会与常客建立关系,如彼此可以私下消磨更多时间。[64]

当然,并非所有的互动都会令人满意。敌意的、冲突的互动显然无法满足归属需要,不幸福的婚姻会使人比以往任何时候都更加孤独。自然,互动并不一定非要是积极的或令人愉悦的才能令人满意,许多人在看似中性的互动(例如,做家务或一起看电视)中也会感到舒适。最准确的表述或许是:归属需要中意的是交往频繁、没有负性感受的互动。

性

如果归属需要主要是为了生存,那么性的主要目的就是为了繁殖。当然,这只是描述了性的终极生物学功能,而不是指其直接的动机。许多人进行性交并非为了生育。反之,他们还经常尽力防止出现生育的结果。性是大自然用来确保人们进行繁殖的方式,但在人类这里,性通常是人们获得愉悦和良好感觉、表达爱意,甚至是获得金钱的方式。

可以肯定的是,有些人想要生孩子,并为此目的而进行性生活。但这样的人在任何既定时期都可能是少数。进化的有趣奥秘之一是,为什么这么多人类女性不知道何时排卵。大多数进化(尤其是人类的进化)的显著特征都是,自我认识能力和自觉控制能力在不断地增强。然而,人类女性与其大多数生物亲戚的不同之处在于,她们身上几乎没有任何外在的迹象可以表明女性已做好怀孕的准备了。对这种模式的一种前沿解释是,人类女性在考虑自己的利益或物种的自身利益方面太过精明了。如果女性知道自己会怀孕,就可能会避免性交,人类可能会因此而濒临灭绝。从现代数据可以清楚地看出,许多女性希望进行不会怀孕的性生活,而早期的女性人类很可能已经认识到,在月经周期的排卵日要规避性行为,这是避免怀孕的一种令人接受的方式。但是，如果一个女人无法知道自己在某一时刻是否会怀孕，那么她很可能会冒险进行性行为，从而可能会意外怀孕（经常会如此）。进化可能已经清楚察觉了，那些知道自己何时会怀孕并设法避免性交的女性，便因此将自己的基因从人类基因库中删除掉了，从而最终将繁殖的空间留给了那些并不知晓何时要冒怀孕风险的姐妹们了。

无论如何，很容易理解对性的渴望是人类动机的特征之一。在从社会性动物发展成文化性动物的进化过程中，它大概都不需要进行太多的改进。再者，人类性欲表达有令人炫目的丰富性和多样性，这显示人类的性驱力至少对所有可能的文化影响是开放的，而这种文化影响在其他物种的性生活中从未见到过。其他物种动物都没有如此丰富的性生活，比如色情作品、电话性爱、色情打屁股、脱衣舞表演、变装、色情挠痒、恋鞋癖、振动器、绑带假阳具，以及许多吸引人类的其他变式。

作家们喜欢谈论，性是多么自然之事，这从某种意义上说是正确的，但性又是被文化高度熏陶过的。性的文化转型过程至少经历了两个步骤。首先性在人类那里饱含着意义感，这种意义感改变了人的体验，同时也开辟了新的可能性。人们可以通过做爱来表达对彼此的爱意。他们可能会卷入自愿的性虐活动，在其中精心扮演服从他人权威的性游戏角色。有些人将性视作征服的象征，借此他们可以向别人自我吹嘘。对恋物癖患者来说，无生命的物体也可以带入象征性的性力量。在某些情况下，这些意义感对于个人唤起自己的性能力便成为不可或缺的了。

性被文化浸染的第二个方面涉及文化和社会试图控制人们的性行为。许多文化试图限制性欲，防止人们渴望或至少禁止进行某些行为，如同性恋活动。许多宗教都宣扬，某些形式的性行为是罪过。许多人会因意义感而有性禁忌。例如，一项常见的思维实验让你想象自己被蒙住双眼，一位异性成员正在对您进行性行为。然后再让你想象，那个主动者是你的同性成员。即便您在这两种情况下的身体感觉可能是完全相同的，但大多数人会觉得其中一种比另一种更有吸引力和令人兴奋。这种区别的意义超出了思维实验的范畴。实际上，有些男人喜欢打扮成女人，并与其他男人进行性行为，但由于性禁忌和恐惧，如果伴侣识破他们并非他们装扮成的那个女人，异装癖者就有遭受攻击的风险。

因此，性行为受到躯体和文化两种因果关系的影响。性受到身体因素（例如身体健康和荷尔蒙）的影响，同时也被意义感所塑造，如性会被爱情和承诺的象征信号所增强。文化因果关系对性的影响反映了性动机的可塑性。

性爱的可塑性不是平均分布的，在两性之间似乎存在着巨大差异。女性的性爱可塑性远超男性。[65] 大多数男性发现，他们从青春期到老年期，性欲望都保持着相同的模式，只是性欲强度随年龄增长逐渐削弱。文化影响对男性性欲望的影响也相对较小。相反，因社会和文化的影响，女性的性行为更容易改变。例如，受过高等教育的男性性行为与受教育程度较低的男性性行为之间没有太大的区别，但是受过高等教育的女性性行为与未受过教育的女性性行为则有很大不同，受教育多的女性较之受教育少的女性，更倾向于进行除传统性行为之外的多种其他类别的性活动。[66] 关键点就是，诸如教育和宗教等文化因素对女性的性影响要远大于对男性的影响。女性的性驱力对这些影响具有特定的接纳性。

性爱的可塑性的性别差异有重要的影响后果。不同文化环境下女性的性行为差异巨大，其纵贯不同历史时期所发生的变化也更多。1960 年代和 1970 年代发生的性革命，给女性性行为带来了较之男性更大的变化。尽管男性个体间存在着差异，但在不同时间和文化条线下，男性性欲的总体模式还是十分相似的。如果一种文化需要对性行为进行改变，那么通过改变女性而非男性则更容易实现这一目标。同时，在个体内部，文化要素和原因对性产生的作用在女性中要大于男性。女性性行为的更大可塑性会引发这样的问题，诸如"这意味着什么？"，这当然对女性（而不是男性）的性反应会产生更大的影响。

是什么导致了可塑性？答案尚不清楚，但最可能的猜想是，这与动机强度有关。与较温和的驱动相比，任何形式的强驱力都不易受到文明和文化的转化力量的影响。女人的性欲比男人的性欲更温和吗？这个问题由于某种原因，已经变得充满了政治意义，客观的科学探究常常在面对政治议题时退居次要的地位。但最终我们还是要搁置对"平等"和"优越性"的关注，因为它们与可塑性问题的关联似乎不大，而着眼于研究证据。这方面已有非常多的证据表明：在我们 2001 年对已发表研究的调查中，没有任何研究结果表明女性比男性对性有更多的渴望。相反，几乎每个研究中的每项指标都指出，男性具有更强的性动机。男人比女人想到性的频率更高，性兴奋的频率更高，在生活和关系的每个阶段都更渴望性，需要更多的性伴侣，享受更多不同的性行为，对自己及其伴侣的生殖器有更积极的态度，无性生活会令他们更难过，愿意花更多的时间、精力、金钱以及其他资源进行性行为，更频繁主动挑起性行为，也更少拒绝性行为，对性伴侣可接受标准大为降低，更经常进行手淫，评价自己性欲很强，并通过所有途径显示自己对性的强烈兴趣。[67]

　　要明确的是,不应将性欲与其他概念相混淆。比如,考虑到男性的不应期和其他局限,女性比男性拥有更多的性爱能力。另外,性欲与性享受也是不同的,关于男女双方何者更能享受性生活的问题,现在几乎还没有可参考的信息。性驱力只是用于描述某人渴求性行为的频率与强度。

　　因此,男人比女人更渴望性,而女人相对温和的性欲,可能会为其欲望接受社会和文化力量的塑造和影响留出了更多的机会和空间。做为平行的例子,我们再来看看生养和抚育孩子的欲望。大多数专家都认为,女性的这种欲望要比男性的更强一些,这样,较低的欲望就使男性自己有了更大的可塑性,因而父亲的角色就要比母亲角色更容易受到文化的影响。毫无疑问,多种证据都表明,父子关系在不同文化、不同历史时期及对社会影响的反应模式上,都表现出了很大的变异性,相对而言,母子之间的纽带则更具有恒定性和不变性。[68] 所以,男性的养育欲望更温和,其可塑性也就更大些。

　　从一种重要意义上讲,性对躯体和文化都做出了因果式反应,但男女的输入变量有所不同。对于男性而言,性行为似乎更受身体原因的影响,包括激素水平和基因传递。而对女性而言,文化原因则更为突出,如文化的影响和个体意义感。因此,女性的性行为较之男性具有大得多的历史和文化变异性。与男人相比,女性对性的自我认识也更加困难,因为女性的性行为就像一个移动的靶子,而男性的性行为则是一个相对固定且显而易见的对象。男女的性生活都基于自然天性,同时受到文化的化育塑造。

　　所有文化都有关于性行为的规则,反映出无约束的性行为会引致各种社会问题的事实,如意外怀孕和生育计划外的后代、嫉妒和暴力、性传染病以及性虐待等。考虑到女性具有更大的性爱可塑性,社会可通过努力引导女性来更好地管控性行为。再者,男性较强的性驱力意味着,要约束男人的行为,更为直接有效的方式是强调某些问题性行为模式导致的后果。在美国,因性犯罪而被捕的人绝大多数是男性,[69] 可能在其他大多数社会中也是如此。即使这些规则主要由男性立法者制定,并主要由男性警察执行,但这些规则似乎还是主要用来限制男性的性行为。由于男性性行为的强度更大、更加不灵活且造成了更多问题,因而它便成了多数法律针对的目标。

　　文化上的法律管控并不是文化对性的唯一影响。需要记住,文化是对人类有益而非有害的。文化确实从多方面提升了性生活。文化为人类提供了许多寻找性

117

118

伴侣的新机会，如婚恋服务、报纸分类广告以及互联网性伴侣搜索网页等。

同时，文化还带来了技术创新，以降低性行为的风险（如安全套）或增加性乐趣（如振动器）。避孕药使千千万万的夫妻能享受性生活而不必面对意外的怀孕。事实上，人们很难列举出任何一项单一的技术创新，能够比避孕药对普通健康人的福祉做出过更大的贡献。抗生素使人们能够从许多性传染病中康复。基于此原因，现代情侣应是以往各个历史时代浪荡者们的嫉妒对象。

文化对性施加的限制，在总体上甚至改善了性生活，虽然人们有时要为短暂的性娱乐付出高昂代价。文化对性行为的限制最大程度地减少了其副作用，尤其是性传染病的流行和不曾想生养的孩子。与强调女性的性爱可塑性相一致，文化也尽力去压抑女性的性行为。一些女权主义者谴责这种压抑倾向，认为这是对女性的不公和压迫。但是，与女性是受害者的观点相反，有证据更倾向于表明，抑制女性的性行为主要还是由女性实施并加以维护的，她们一起合作限制彼此的性行为，因为这样做总体上会给女性带来显著的经济利益，[70] 我们将在第 7 章中再来讲这一模式。

现在让我们回顾一下性欲的目的。听到人们说想要做爱，没有人会为此感到惊讶，但是要准确地明白人们想要的到底是什么，却并不那么容易。对性的内在渴望一般是指渴望获得性行为所带来的欢愉。这种愉悦可以通过刺激生殖器而获得。人们渴望这种刺激的愉悦，也渴望（尽管不是绝对地）因此而达到性高潮。但是，有些性欲并不都会指向性高潮，甚至不是生殖器刺激，而只是渴望看到一个赤裸的人。例如，许多男人喜欢在剧院观看裸女电影或表演，尽管这样的场合下他们没有机会受到生殖器刺激（至少没有被捕风险）的机会。有些男人甚至不顾一切地偷窥女人的裙底，以求一瞥她的内裤。也就是说，性驱力会促使人们去做或者享受没有生殖器刺激的事情。得到性满足甚至不一定要伴有性高潮，因为有些人（尤其是女性）有时甚至可以在没有性高潮的情况下，对性行为也表示高度满意。

有些动机（例如饥饿）似乎从体内自然而生，不需任何外部刺激推动，而其他一些动机（例如攻击性）则似乎主要是由外部环境引起的。这两种模式在性驱力中都有表现。有关下面的问题的争议是毫无意义的，即人们看到和听到的东西或者会刺激或者会减少他们的性欲。在世界各地，每天都有人试图诱使他人与自己发生性关系，为此，他们经常依靠感官刺激，例如穿着诱人的衣服或打扮妖娆，说某些特殊语言以及播放某些音乐等。甚至气味也可发挥主要作用：人们使用香水和古龙水来吸引他人。他们担心，如果没有充分掩盖或伪装自己身体发出的各种气味，就会熄灭潜在情人的性趣。气味对性反应的影响，决定了一种普遍存在却令人费解的性行为模式，即人们倾向主要与自己种族的成员进行交配，即便他们相信种族平等，并有大把机会结识各种不同种族的人。同样，发誓要维持终生坚贞的人们，一般都会尽量让自己周围的相伴者看起来更像是一些平淡无奇、穿着邋遢和发型散乱的同性伙伴，这也再次反映出一种认识，即你在周围所看到的东西会影响你自己的性反应水平。

然而，外在刺激的真实性并没有抵消"性是一种先天模式"的观点。正如我们所说的，新的动机理论将动机表述为，当某些外部情景出现时人们将以特定方式进行反应的准备状态。关于性的很多情况都非常适用于此种理论。如果你在恰当情况下遇到恰当的人，你内在准备好的反应就会破茧而出，并点燃你的性欲。这种准备状态会一直伴随着你，因而，性唤起就是一个内在和外在因素相互作用的产物。另一方面，外部刺激源也不总是必需的。性欲可以从人体内部被激发出来。例如，在没有外部刺激信号的情况下，自发的性想法和性幻想也常常会发生。

性是一种需要，而不是需求。人可以没有性而生存。有些人一生都没有任何性行为，尽管这种人很少见。然而，更常见的是有些人会在相当长的一段时间内没有性行为。特别是女性，她们似乎能够忍受许多个月甚至数年的性节制，包括没有手淫，没有出现任何明显的困扰或伤害迹象。[71] 尽管这种情况可能发生，但男人极少会杜绝性行为。更常见的是，男人通常会保持某种程度的性活动，如在没有其他发泄机会时退而进行手淫。因此，金赛（Kinsey）[72] 观察到，有些女性在两次性关系之间可能会度过数月时间，期间不会再进行任何形式的性活动，她们也并不认为这会是一个问题。而当一个男人失去性伴侣时，他可能会通过手淫或其他替代物（例如妓女）来保持相对稳定的性高潮次数。若真的要在没有任何性活动的情况下生活，男人通常会认为这是个巨大挑战，超出了他们的能力范围。例如，基督教教堂像许多宗教一样，都将完全没有性活动作为一种人追求精神的理想生活方式而予以褒扬。随着这一理想被广泛接受，许多基督徒对实现这一理想都失去了信心，并开始采取绝望的措施。如一些著名的教会领袖，例如奥利金（Origen）（在公元三世纪），便走向极端，进行自我阉割，希望没了性器官能够使自己停止性渴望。[73] 最终，教会甚至认为有必要颁布一项法令，禁止男人阉割自己。被剥夺了这种公认极端而危险的选择后，基督教神职人员觉得完全禁欲几乎是一个无法实现的理想，因此,他们不得不允许自己接受程度不同的道德妥协。[74] 禁欲成功上的性别差异可能只是又一个例证,证明了男人比女人具有更强性欲这一普遍模式。

性欲的目标通常非常明确。惯常的渴望模式是指向一个异性的年轻成人。在这方面,女人要比男人挑剔得多。女性常常会问诸如"想让你成为一夜情侣的人,必须具备的最低智商是多少?"这表明女性的标准比男性要高得多。[75] 这部分也反映出男性寻找性伴侣的难度更大,男性常常是乞求者,他们难以承担选择者的角色。曾有两个实验要求参与研究的一组年轻男女被试,主动去接近某个有相当吸引力的异性陌生人,并请求当晚与他们做爱。两个实验的结果均显示了巨大的性别不对称性。要求与男性做爱的女性被试中大约有四分之三人都得到了肯定的答复。但男性被试向陌生女性提出了完全相同要求却毫无结果,即在这两个分开进行的研究中,没有任何一个男性被试能够从任何一个女人那里得到一个"愿意"的回答。[76]

攻击性

社会科学家长期以来一直在争论,攻击性究竟是一种先天、本能的倾向,还是一种完全习得的行为模式?两派表达的观点都很强烈。弗洛伊德最初认为,攻击是由性欲挫败引发的,但是在经历了第一次世界大战后,他开始怀疑,这么多的杀戮和恐怖暴力是否都能用性挫败解释。因此,他后来断言,性和攻击是人类心智的双重驱力。后来又有专家通过不同的方法,如康拉德·洛伦兹(Konrad Lorenz)通过对动物进行观察,也得出了类似的结论。[77] 而同时,其他的理论家则对上述结论提出了尖锐的反对意见,并以阿尔伯特·班杜拉(Albert Bandura)等人的研究为例指出,儿童是通过观察和模仿他人而习得了攻击性。从这个角度来看,攻击是种习得行为,而非基于任何先天倾向的行为。

更仔细的推敲显示,辩论双方都忽略了这样一个要点,或者至少都忽略了对方的观点,即攻击行为可习得的事实,并不能排除其具有天然倾向的可能,因为天性会令有些人比其他人更容易习得某些东西。事实上,每个社会中的年轻男性总是最具攻击性的成员,这一现象的普遍性表明,某些天然倾向可能构成了习得的基础。男孩比女孩显得更为粗鲁野蛮,年轻人比社会其他成员会有更多的犯罪行为,如更多的斗殴和杀人、更多的破坏财物等行为。若人类学家真能发现这样一些大型文化群体,其中大量暴力犯罪是由流窜的中年女性团伙实施的,那么我们就不得不放弃关于攻击源于先天倾向的大多数假设。但是,事实就是事实。[78]

在学生时代,我在德国海德堡大学留学了一年。但是由于抵达时间很晚,也不了解德国的制度,我发现自己没有宿舍房间,也无法在大学附近找到任何我负担得起的住处。所以,最后我住到了一个远郊小山丘的高处,它位于环绕着海德堡城市和大学的河谷地带。记得有一个下午,我坐在桌前,读着弗洛伊德的理论,然后抬头看着窗外临近小区域的景致。当时在德国,商店会将物品运送到私人住宅。隔壁的一家人显然订购了一箱苏打水,送货人员正将其放在行车道边上。起初我没有注意,但随后我确实看到邻居的一个2岁大的孩子,正在独自探索着周边世界。因为是冬天,他裹得严严实实,视线范围内没有见到任何成年人。鉴于我的住所位置偏僻,我猜想,他的父母知道他很安全,就让他独自出去玩了。好吧,他倒是很安全,但那箱苏打水却不安全了。当孩子发现该箱子时,似乎对它很感兴趣,显然,他不知道箱子里是什么以及它为什么放在那里。

经过一番尝试,他知道可以从箱子顶部板条敞口地方取出一个大的玻璃瓶。他需要用双手拿着瓶子,然后把它弄到行车道边,一处与一堆石头有大约2英尺高度落差的地方。他小心地把瓶子放下然后推下去。结果玻璃瓶碎了,苏打汽水四处飞溅,嘶嘶流淌,直到消失在土地上。我仍能记得当时的情景,他站在那儿凝视了一会儿,然后他跳回板条箱那里,又取出了另一个瓶子,重复上一次的体验。显然,他很享受打烂瓶子的壮观景象,结果越来越多的瓶子被以同样的方式毁坏了,直到他对此失去兴趣,并安静地继续搜索其他新奇的事物。

在接下来的几年中,每当我讲授弗洛伊德关于先天性攻击理论时,那天的画面总会在我眼前重现。他的理论认为,人类生来就被编码具有了对暴力和攻击性活动的欲望。砸东西或造成他人痛苦会给人们带来愉悦和满足感。数十年来,这一理论引发了双方持续而激烈的辩论。争辩者要么号称攻击是性挫败的结果,要么说所有攻击活动都是从社会习得而来的。但我想到,上述那个2岁小男孩显然还太年轻,不可能遭受过如此强烈的性挫折,说他有其他挫折感或许还有点可信,但他看起来好像并没有任何经历挫败或不安的迹象。社会也没教他去破坏父母新买来的饮料瓶(如果社会教导了他什么事情的话,也只会教他不要做这么费钱的特技表演)。他似乎只是从砸碎瓶子中获得了愉悦。

当然,小男孩看起来很愉悦的样了,远不能证明人们天生就有砸东西的冲动。他可能只是出于好奇,也可能是碎玻璃使他想起了电视上看过的东西,或者他看到过一个醉酒的叔叔扔下玻璃杯,周边的人都笑了。不过,对我而言,它仍然是一个说明攻击性形成方式的例证。这种方式的本质是人们内心渴望攻击,必须找到某种方式来满足这一欲望。砸碎东西是愉悦感的一种直接来源。

关于攻击本能的多数理论都或多或少地遵循着相同的模型,可在弗洛伊德后期思想中得到某种支持。他认为,攻击性是一种先天的欲望或需求,它必须以某种方式得到满足。人们可以通过下面种种方式满足这种本能欲望,例如破坏物品、伤害他人、自杀或受虐;或者采取较为温和的方式,如建立某种良知,每当做了违反良知的事情时,自己就会感到内疚。但是,人们总归必须以某种方式去满足攻击欲望。至少这是个标准理论。

根据该理论,攻击驱力是如何工作的呢? 它在内部积聚,并要以某种方式释放出来。如果人没有找到发泄攻击性的出口,那么驱力会变得越来越强,这就像饥饿的人会随时间而变得越来越饿,直到找到吃的东西为止。驱力的源头位于心智之内,外部世界只是起到了发泄出口的作用。

但是这种攻击驱力理论显得不再合理。人们好像并不需要不断地去填满这无穷无尽的攻击欲壑。尤其是,被称作"宣泄"的情绪满足(通常都说"发泄"你的愤怒)——可导致放纵性的攻击行为,似乎并没有像弗洛伊德认为的那样运作。弗洛伊德说,人们从作出攻击(甚至目睹攻击)而获得情绪满足感;由于这种满足,而后再作出攻击的可能性就会减少。但大量的证据与此矛盾。在人们做出攻击行为后,甚至会在一段时间内变得更有攻击性。两位专家综述了有关研究后得出结论认为,宣泄的想法是错误的,应予以丢弃。[79] 最近的研究表明,即便是在那些相信宣泄论的人那里,宣泄也并不扮演关键作用了。[80]

宣泄理论的破灭是个重大消息。如果人们有攻击需求,那么当这种需求得到满足时,他们应该比该需求没有满足的人攻击性更小。这是宣泄整个理论观点的关键之处,即攻击需求是否被满足了。与饥饿驱力做一个对比:人体对食物的需求确实是随时间而增加的,但是当人们吃饱喝足后,饥饿感就降低了,如果给他们提供更多食物,他们至少在一段时间内也不太可能再吃了。同理,满足攻击需求应该会使人在一段时间内的攻击可能性降低。但事实却并非如此。更一般地讲,人们似乎不会因抑制自己的暴力活动而受到什么不良影响,因此,很难断定人们天生就具有实施攻击行为的需求。

因此,攻击性可能是基于先天的倾向,但它并不像饥饿驱力那样从驱力内部冒升出来。与其将某种动机视为不断积累、并要得到某种满足的需求，还不如考虑另一个不同的模型。假设某些先天动机只是某些被预编码的倾向，它在某些情况出现时会使我们以某种方式做出反应。除非（或直到）出现这些情况，否则人们就不会有以某种方式去行动的意愿。至于攻击性，这意味着人们被先天编程为在特定条件下会出现打斗的冲动。关键的区别在于，尽管具有这样的先天攻击倾向，但理论上讲，一个人可能一生都不会表现出攻击行为，却也可能会得到完全的满足。例如，如果你总是能得到想要的一切，那么你可能从不会觉察到自己的攻击冲动。人一辈子都没有攻击行为，这是绝对没问题的。这与弗洛伊德等人提出的标准版"本能"观点完全不同，他们认为，一个人必须定期发泄一下攻击冲动，才能保持理智。

这并不意味着攻击是一种挫折后的习得性反应。它也很可能是一种天生而自然的反应。但是，它无疑是一种非常特殊的反应，只有在被触动时才会出现；若没有任何触发因素，则不会产生攻击的需求。这与弗洛伊德的攻击属天性的观点截然不同。

换句话说，攻击性不是一种需求。人们并非一定要进行攻击活动。攻击性可能是一种先天的反应倾向，因此，当某种刺激因素出现时，人们就会做出攻击反应，但只要不出现这类情况，攻击就是不需要的。

还记得那个邻居家的小捣蛋鬼把瓶子滚下去砸岩石的事情吧。对，攻击带来的快感可能是很自然的。但是，如果那箱瓶子不是恰好被那天送过去，他会一样高兴地做其他事情，不带任何攻击性。并不存在什么内在累积的欲望造成的压力，非得通过砸碎瓶子来加以满足；或者，如果瓶子不在那儿，欲望就必须以其他方式发泄出来，比如去打自己的妹妹。只是在他看到瓶子，并发现扔瓶子很好玩的时候，砸瓶子的欲望才出现了。他的愉悦感可能根本不是来自攻击行为，或许是出自控制欲：砸瓶子产生愉悦感就源于它使人感到能够对环境施加影响作用。

饥饿是一种需求，而不是一种需要，这就是为什么它提供了一种如此弱的动机模式。实际上，它可能既是需求，又是一种需要，因为人们显然想要比生存需求更多的食物。其他一些需求也有同样的模式，例如归属和控制需求。是的，它们是一旦被剥夺很长时间、人们会因此而遭受病痛后果的需求，但人们在这些方面所需要的也比实际需求更多、更频繁。然而，从任何意义上讲，攻击都不是一种需求，因为人们在没有任何攻击行为的生活中，也可以过得充实、快乐和健康。如果性是一种需求，那么没有性活动的人应该表现出某些病态的后果，如某种疾病。但是研究尚未发现存在任何疾病是可以通过手淫或性交而加以预防的。

如果我们将攻击理解为一种先天的反应倾向，那么它对动物（特别是对文化性动物）的生存和繁殖有何贡献呢？攻击性作为一种形式的社会影响时，它似乎才具有最大的价值。一个攻击性的生物可以强迫同伴去做它想做的事情。实际上强迫有两种形式。一种是基于具体情况而定：我需要一顿晚餐，所以我攻击你并强迫你请我吃晚餐。另一种是根据社会阶层间的协议。许多社会性动物都会形成一个种群秩序，高社会地位的动物（尤其是雄性）较低级动物更容易获得生存所需的食物以及繁殖所需的性伴侣。攻击性是提高社会地位并由此获得累加优势的主要手段。

但是，当人类从社会性动物转变为文化性动物时，发生了一件奇怪的事情：攻击行为的收益减少了，当然它并没有消失。在世界各地，每天都有人使用武力或武力威胁与他人发生纠纷。尽管文化更加偏好那些使用非攻击性手段（如通过受教育、发明新产品或提供优质服务）的人，他们得以在社会等级制度中爬升，但攻击性并没有从世界上完全消失。实际上，当大多数社会从好战部落转变成为文明体系时，斗士往往都成为了统治者。在某些情况下，牧师也能获得政治权力，但战场军事领袖几乎总会成为政治领袖。军事与政治权力的分离是近期才出现的、仍未完成的发展：许多国家的公民政府仍然面临着实际或潜在的军事接管威胁。

攻击在文化社会中持续可用，或许就在于它的持续性。攻击性与社会性生物而非文化性动物最为适配，文化努力使社会在没有攻击的形式下运作。在纯粹的社会性生物（例如群）狼中，攻击是解决争端和划分群体等级的一种有效、甚至标准的手段。但攻击在文化社会中远没有那么有效，也更少被人们所接受。从这个意义上讲，人类的进攻性是我们作为社会生物进化历史所传递下来的余留物。

攻击性对文化来说是个问题（甚至有害），原因很多。其中最重要可能的是如下事实，即文化通常在大规模、复杂和综合的尺度上组织人们的行为和互动。要协调许多不同的人完成各种任务。文化系统大大提高了工作效率，使社会所生产东西的质量和数量都得到了提高。但是暴力会破坏该系统，通常会毁坏其基础。例如，大多数文化都在金钱的基础上谈判如何交换商品和服务。但是如果人们使用武力互相掠取钱财，那么金钱的激励价值就会降低。如果别人终会将其夺走，为什么还要努力工作积累财富呢？而且，如果有人被暴力杀害，那么文化系统就必须找人替代他们，这既费钱又费时，而且会导致系统效率的降低。

从时间视角来看,另一个原因亦可说明攻击性更适合社会性动物而非文化性动物。在我为本书收集有关邪恶与暴力的材料时,令我感到震惊的是,各个领域的学者们都得出了相同的结论:暴力意味着人们在追求个人的目标时,往往会获得短期成功,但长期而言则会失败。从恐怖主义和暗杀、政府镇压到武装抢劫甚至虐待配偶,诉诸暴力可能带来快速的胜利,但从长远来看,暴力肇事者都会失败。恐怖分子可能会杀死他们不喜欢的领导人,但从长远来看,他们将难以得到想要的政府或体制。殴打妻子可能会赢得当前的争论,但从长远来看,施虐者并不能得到他想要的那种关系。武装抢劫犯可以快速、有时轻松地获得大量现金,但其中鲜有人能以富裕、舒适的方式终老。相反,罪犯生涯通常都是这样度过的:漫长的刑期,加上没有朋友、没有家庭、也没有钱的老年生活(如果一个人能活足够长时间)。

短期收效而长期消耗的模式,从理论上讲,是文化特别要阻止发生的事情之一。斑马和猿猴等社会性动物生活在当下,[81] 而文化及生活于其中的公民则要为改善未来的目的而规划当下。文化在某种程度上通过为未来做准备而改善生活,从而减少危机。

因此,攻击性动机也许在进化到社会性阶段便达到了顶峰,而它在文化性动物中的保存却成为了问题。在实践中,文化发展进程对攻击性施加了越来越多的约束。所有已知的文化社会至少都有禁止其成员相互残杀的道德规则。[82] 随着社会从道德规则向法治演进,这些禁令变得更加具体和复杂,有时要规定在清楚而特殊的情况才允许杀人,比如警察在遇到明显危险时进行自卫,或(有时,例如直到最近在德克萨斯州)一个男人发现其妻子与另一个男人发生性关系。有时,在符合一套明确定义的标准和程序后,各州可以保留处决罪犯的权利。

杀戮不是文化约束的唯一目标。人们还被禁止殴打他人,特别是被禁止以体罚的方式惩戒儿童。虽然言语攻击的规则较少,但有时人们也可以在认为别人对自己说过或写过污蔑的言语时,起诉诋毁者以获取金钱补偿。故意破坏财物也受到法律和舆论的约束,因此,现代公民甚至对许多无生命的对象都不能采取攻击毁坏行为。

至于其他动机,我已经指出,文化在实现它们的满足感方面所做出的改善和提升。攻击动机则有所不同的,如果文化能够完全消除攻击性(除捍卫社群的战争外),那么大多数文化可能会更加顺畅和有效地运作。攻击性本能似乎不太可能在文化性动物的进化中得到增强、扩展或再造。它仍然是我们作为社会性生物进化的遗留物,当人们退行到更像社会性动物而非文化性动物时(例如,当他们只顾眼前利益与别人发生冲突或争执时),他们仍然有时会以攻击性手段达到目标。但攻击性动机与文化生活之间最重要的关联,仍然是文化对攻击动机的抑制和弱化。

自然赋予我们攻击性冲动,但它也赋予我们克制自己、并学习(通过社会化)文化规则的能力,使我们知道何时以及如何进行攻击,同时知道何时应该约束自我的攻击行为。人们有很多愤怒与暴力的冲动,但其中大多数都被内在的心理约束所遏制。因此,出现攻击行为的最直接原因通常是这些人们内部的控制机制出现了障碍,从而使冲动爆发出来成为暴力行径。一些损害自我控制能力的因素,如酗酒、强烈的情绪、漠视未来和个人责任感降低等,都更可能催生攻击行为。

自我控制是文化性动物最核心的重要发展之一,我们将在第 6 章中更详细地展开讨论。与本章内容关联的关键点在于,人类进化可能很少或根本没有改善攻击动机,但却在很大程度上增强了人们克服和限制这些动机的个人能力。

有一种观点认为,攻击在某种程度上是社会化的产物,文化教会男孩,有时也教会女孩,要具有攻击性,如果没有这番教化,就不会有攻击性。但这是一种美好却不能令人信服的幻想。真有人会认为使年轻人变得更暴力,美国文化就会赢得更多吗?

理查德·特伦布雷(Richard Tremblay)近期的研究表明,学习的主要影响效果是抑制攻击性。[83] 特伦布雷的数据得出了一个令人吃惊的结论,即具有最大攻击倾向的年龄其实出现在儿童早期,可能是两三岁(不同的测量方法会得到稍有差异的峰值)而不是通常认为的青春期。新闻报道中 2 岁儿童暴力活动少于年轻人的唯一原因是,他们非常弱小,通常也不被允许夜间独自在街上闲逛,所以他们的伤害性较小。特伦布雷通过对日托幼儿进行观察发现,作为幼儿特质的痕迹之一,令人震惊的是,25%的 2 岁儿童在社交互动中包含着一定程度的身体攻击。即使是最狂野的十几岁男孩或顽固的罪犯群体中,该比例也都远低于此。这意味着,幼儿们开始时会存有大量攻击性冲动,在社会化代理人(父母、老师和其他人)的影响下,他们逐渐学会克制自己。换句话说,攻击由自然天性驱动而又受到文化的制约。

有次特伦布雷在发表了研究演讲后与我共进晚餐,他向我做了一番具有说服力和生动的分析。他认为应该放弃社会教出攻击的旧观念,相反,应该提出儿童天生会表现攻击性,但社会则试图教会他们进行克制。他说,这不只发生在攻击性上。比如走路,孩子们不需要父母教他们走路,而若假设父母不操心并加以关注的话,孩子们就可能终其一生都四肢着地走路,则是根本错误的。不,孩子渴望获得行走的能力,而父母的角色主要是教会孩子克制,例如不要奔向街道,不要在障碍物附近或者在楼梯上跑,更不要拿着剪刀跑。天性说"走",文化则说"停":特伦布雷认为,这绝不是攻击性独有的怪异之处,而是一个普遍的模式。

因此,成长和社会化是获得越来越多克制自己攻击性的能力的过程之一。面对人类的天性暴力倾向,文化知道自己作用有限,而且还会遇到许多问题。文化更多地是利用了自然天赋的能力来控制和约束人类自己。正如我们将在第 7 章中看到的,文化对攻击性的最大程度的影响,也就是限制和约束攻击性。

养育、传承、帮助

另有一类动机使人们想要帮助他人。毫无疑问,许多人确实从帮助他人和照顾年幼体弱者中获得了一定的满足感。我们以这一迹象来推断人们喜欢某事物,即他们将这些活动作为工作之外的选择。尽管很少有游戏或电影改编自助人行为,但诸如园艺和养宠物等消磨时间的活动的确表明,人们似乎乐于发挥自己的作用来照顾小生物和帮助它们成长。

我选择将养育、传承和帮助作为一组单独动机来看待,但它们似乎确实与归属感需求有很多共同点。希望把人类动机保持最低数量的思想家,可能会将它们与归属感混为一谈。究竟是将这些视为归属感需要的延伸,还是彼此有差异的独立动机,其实并不那么重要。重要的是要认识到,它们在人性中的突出地位。

最常见和广泛的帮助模式都涉及照顾年幼者,这种模式都特别出现在不同物种之中。人类婴儿本质上是无助而无能的,如果没有多方面的照料,他们是没办法活到成年的。但是,照料行为不是出自这种实际、理性的理论论述,而是由一系列先天预设的机制引发的,后者使成年人想要照顾孩子,尤其是他们自己的孩子,并因此而生出满足感或愉悦感。甚至似乎存在着某些生物学机制,如对婴儿哭声的生理反应,促使成年人想为孩子做些什么(而不仅仅是让他们闭嘴完事)。

的确,有些物种似乎对它们的幼崽无动于衷,而某些成年动物(尤其是雄性)甚至会杀死或吃掉其后代。但是,大多数社会物种确实都表现出某些照顾新生儿的模式。这种基本而广泛的动机可能在人类心理形成过程中又经历了某些扩充发展,因此,人类的帮助远比其他动物更广泛和更具延展性。

129

确实,即使是照顾婴儿的冲动也具有某些人类独有的特征。例如,某人会表现出抚养别人的孩子的愿意。大多数生物学和进化论思想家都强调,传承自己基因的竞争使得动物一般不愿照顾与它们没有生物学关系的年幼者。在少数物种中,个体会帮助抚养侄女和侄子,但仍然没有能像我们人类物种这般渴望收养孩子。与此相反,生物学思想家强调,大多数动物都保持着不懈的警惕,以免被骗去养育非自己生育的后代。特别是,雄性会格外小心地防止其雌性配偶与其他雄性有染受孕,这样,雄性就不会将自己的资源最终用于养育其他雄性的后代。有时候,雄性会主动去杀死其他雄性的后代。例如,当一头雄狮找到一个雌性伴侣时,他将试图杀死她为前任伴侣生出的幼崽。这个推断是合理的:如果自然界已将你编程为传递自己基因的动物,那么你只会投入资源和精力照顾那些与自己有共同基因的年幼者。做其他任何事情都是浪费。

但是,在我们人类中,情况则是大大不同的。许多现代公民愿意花一些钱收养一个婴儿,甚至是其他种族的婴儿。即使平均来说,继父母所付出的爱和支持与亲生父母仍有差距,但仍有一部分人愿意努力地扮演好继父、继母的角色。事实上,许多成年人愿意,甚至很乐意献出相当多的时间、精力、金钱和其他有限资源来照顾非亲生孩子。而且,如果考虑更大的范围,例如将血亲父母以外成年人支持学校或日托服务的投票和缴税意愿包括在内,或者甚至囊括人们捐款和承诺帮助其他大洲儿童国际组织的意愿的话,那么,人类养育非亲生孩子的动机是相当广泛存在着的。可以肯定的是,性占有和对自己后代的偏爱几乎没有从人类的心理中消失,而且有充分的迹象表明,人们喜爱自己后代的深度和稳定性,要远超过对他人后代的喜爱。但无论如何也不可否认的是,人类还是具有一种照顾他人后代的深刻而广泛的意愿。

为何如此?一个简单的答案是,这反映了文化性动物的更大可塑性。养育幼年动物的动机在灵长类中也许比其他较少文化性的物种具有更多灵活性,因此,可以再将助他行为引导到非亲生后代孩子身上。

对于"为什么"这个问题或许还有一个次重要的答案。文化性动物想要传递下去的自我概念是一种文化创造,正是在这一重要意义上,人们可以在那些带着他人基因的后代身上复制自己。通过收养一个孩子,你可以传递自己的价值观,教他什么是重要的,让孩子了解自己觉得好的、会给生命有所回报的事物,等等。这正是收养行为看起来最为关键的部分:虽然生物身份特征不是遗传的组成部分,但你的文化身份特征还是可以传承到下一代的。我们认同自己的文化身份,就像我们看中自己的遗传构成一样,也许文化身份更重要,因此,将其传承下去也很有吸引力。甚至成为弱势儿童的"大哥哥"或"大姐姐",成为他们的引导人,也是一种文化复制的方式:你在向这些儿童展示,如果他们接纳了你的价值观和生活方式,他们也可以变得像你自己一样。

养育自己非亲生子女的意愿甚至渴望,反映了我们人类物种的一个重要改变,也对我们变成文化性动物做出了贡献。它涵养了人们之间超越血缘关系的纽带,从而帮助文化永久续存。的确,由于文化的复杂性和变化,文化性动物较之社会性动物肯定要在更长的时间内去完成更多的学习。如果母亲是照顾并教诲你所有事的唯一看护者,那么你就不可能成为一个能力合格的社会成员。最有可能的是,你要从数十个人(如果没有数百人)那里学会社会生活的关键技能和信息。

养育子女之外的一种重要帮助形式是,帮助年轻人开始自己人生的工作。弗洛伊德理论的修正者埃里克·埃里克森(Erik Erikson)提出了传承这一概念,它是指帮助下一代成为他们自己的动机。[84] 他认为,这种驱动力是在成年人实现了自己的雄心和奋斗之后产生的。例如,在职业生涯中,年轻人寻求获得成功和对自我的认可。随着岁月的流逝,上述目标已经部分完成,中年人可能就会开始指导年轻人了。

传承动机可能是对基本的养育驱力的一种改良。如果是这样,那么它似乎特别适合于文化性生物。文化的标志之一是社会化过程要花费较长的时间,因此,文化社会成员在进入成年前,需要他人帮助以便充分学习好自己的角色。在年龄较长、业已定型的成年人中激发帮助年轻人起步的冲动,这与大多数其他物种都非常不同,但对于现代文化中的许多年轻人来说,从年长者那里获得帮助肯定很有价值。年长者也会发现在同一领域中指导年轻人,能使自己感到满足;没有太多迹象表明其他非文化物种也存在这样的满足感。要么是自然改变了我们,使我们多了这样一种形式的满足感;要么(更有可能)它表明养育过程已经被文化化了。无论是哪种情况,它都表现出了文化性动物的特殊性和适应性。

将我们自己与其他物种进行比较,证实了教育和训导对于文化性动物的重要性。尽管其他灵长类动物有时也会互相模仿、并从彼此那里了解世界,但绝少有刻意的教学。迈克尔·托马塞罗(Michael Tomasello)注意到了其他灵长类动物在这方面的局限性。[85] 例如,母猿可能会把木头翻过来,吃掉下面的虫子,而后黑猩猩宝

131

宝也这样做了。但他并不是真的从母亲那里学会了操作过程,他只不过是学会了在木头下面可以找到虫子。托马塞罗和他的同事们通过一系列巧妙的实验证明了这一点。在这些研究中,他们展示给人类和黑猩猩幼儿某种获取物品的无效方法。人类幼童不断重复这一无效的程序,因为他们确实在复制程序模型所做过的事情,但是黑猩猩则迅速放弃了这个方法,而采用了可以获得相同结果的更简单方法。

确实,有关黑猩猩的研究中一个重大且令人失望结果是,尽管人们可以教个别的黑猩猩打手语,但黑猩猩之间似乎并没有互相教学的概念,所以它们不能用手语交流。[86] 相反,当聋哑儿童首次接触手语时,他们能迅速学会,同时可以对其进行改进并用它进行交流。[87] 更进一步说,虽然黑猩猩向人类学习了少许东西,但它们都似乎没有教给其他黑猩猩。教养动机在非文化物种中似乎是缺失的。

在人类物种中,助人是另一种常见的模式。社会心理学的两个派系曾激烈辩论过,帮助是否最终还是自私的问题。罗伯特·恰尔蒂尼(Robert Cialdini)和他的同事们已经表明,帮助会使人们感觉更好,[88] 实际上,当帮助不能让他们感觉更好时,人们的帮助行为就会减少。例如,在一项巧妙的研究中,研究者表明,忧郁的人如果认为自己的情绪可以改善,那么他们就会提供帮助;但是如果他们认为因药物的副作用,他们无力改善自己当前的情绪,那么他们提供帮助的可能性就较小。另一方面,丹尼尔·巴特森(Daniel Batson)和他的团队的研究表明,即便在没有个人获益的情况下,人们有时仍会提供帮助,尤其是当他们感到被帮助者与自己有某种相似之处时。[89]

上述争论一直在进行,双方都提供着源源不断的研究发现。但我认为,这种陷入循环争论的模式通常表明其基本问题本身就是错误的。辩论的重点在于人们是否为了令自己感觉更好而去提供帮助。对我而言,一个关键的事实是,帮助确实会使人们感觉更好,这是人性的积极方面。我们在心理上是这样被构建起来的,为他人提供帮助会使我们自己感到满意和愉悦。提供帮助的渴望深深根植于心智之中,也许是天生预设好的动机模式的一个标志。换句话说,人类的心智被设计为使人们想要互相帮助,这种互助方式似乎超越了非文化物种存在的情况。

几乎所有作者都认为,女性在孩子的养育行为方面要强于男性。确实,对亲人的养育通常在女性中更强,她们不仅要照顾婴幼儿,还要照顾年迈的父母、生病的家庭成员,等等。关于这一点的共识可能令研究人员懒得去进行费事的检验,实际上,许多关于父母照料或养育的研究仅包括了母亲而没有父亲。有证据表明,年幼男孩和女孩对照顾婴儿的兴趣大致相同,但在年龄较大的孩子中,女孩则表现出更多的兴趣。例如,一项研究得出结论说,直到 4 岁,儿童对婴儿做出的反应都没有性别差异,儿童更喜欢与自己同性别的幼小儿童。[90] 从 4 到 6 岁,他们对婴儿的兴趣仍然没有性别差异,尽管男孩和女孩对女婴的反应开始好于对男婴的反应。大约从 7 岁开始直至终生,女性对婴幼儿的应答都多于男性。尽管这可以被解释为是女性更擅长养育之道,但这些研究人员表示,男孩只是将其养育冲动指向了更宽泛的目标,例如动物。而且,女孩和妇女为婴儿提供直接照料,而男孩和男人则是会提供保护、保持警惕和给予帮助等。[91]

为什么女孩和妇女会对照顾婴儿表现出更大的兴趣? 有几个"显而易见"的答案,比如,生物学认为,女性是生来就被设计成这样的;或者男人被女人推到了一边;或者男人被社会化成不能从事女人的活动;又或者社会迫使妇女去做养育的事情。在许多物种(尤其是一夫一妻制的哺乳动物)那里,当女性能够在没有男性帮助的情况下抚养婴儿时,她们就会去这样做,且只有在育儿任务超出女性独自完成的能力时,她们才会接受男性帮助。[92] 后一种情况常出现在人类身上,因为经济因素变得很重要。在女性离家外出工作赚钱的文化中,父亲也会为孩子提供一些直接的照料,而在妇女主要居家照顾孩子的文化中,父亲对养育的参与就少得多。[93]

133

育儿方面存在的某些性别差异符合有关父子不确定性的进化理论。女人可以肯定地知道,从她身体生出来的孩子都是她自己的,但是男人却不能如此确定。亲子身份不确定性的问题反映在长期以来各种关于此事的笑话里,比如下面这个笑话说:有个女子临死前把丈夫叫到床边,说要向他坦白一件可怕的事:"你知道我们有十个孩子,除了金发碧眼的苏西,其他所有孩子都是黑发和黑眼睛。"女人这样说道。这个男人立刻得出一个令人伤心的结论:"你是在告诉我,苏西不是我的孩子吗?""不,不。"那个女人说,"苏西是你的孩子。但其他九个……"

养育孩子的跨文化差异似乎也符合这种模式。在接受性滥交的文化中,男性因此有充分的理由怀疑妻子所生孩子的父亲的身份,男子通常最终会把精力花在自己姐妹的子女上(后者肯定与男子有血缘关系,也就是基因关联),而非妻子的子女身上。例如,在纳瓦霍人中,一位兄弟会供养其姐妹的孩子,并且成为他们的主要监护人。相反,如果文化中通奸相对罕见,父亲们会更有信心相信自己的妻子只会生出属于他们的孩子,因而会把照顾和供养的精力投向自己的孩子。[94]

其他帮助行为的模式也符合这样的观点,即生物编码决定了人们以何种方式做出帮助行为,但文化会与这些生物冲动共同发挥作用,并在一定程度上将其重新定向。自然选择会偏爱那些帮助具有亲缘关系(尤其是年幼者)的人,所有物种的绝大多数帮助行为的对象都是亲属。在人类中,帮助行为的范围有时会更大,极端情况下会出现美国人捐款帮助非洲的疟疾受害者,或帮助其他与援助者不相识、没有关系、从未谋面的远方的受助者。在某些族群中,你对陌生人的帮助,可能因为存在着生物学中介变量机制,因而在互惠运作准则之上,你就会被选中:因为你帮助了某人,最终该人可能通过帮助你来回报你的善意,这就可能增加了你生存或繁殖的机会。但是,人类慈善事业的帮助对象通常并不处于能够回馈助人者的地位,因此,在这种情况下,自然驱力显然已经被文化加以转化了。

帮助亲戚的模式表明,帮助行为与归属需求有关。这似乎可以通过非亲属间的帮助行为得到进一步证实,因为人们最愿意给那些与自己有某种关系的人提供帮助。在实验研究中,被试的多数帮助都指向了那些他们认为与自己相似的人[95]或者属于同一群体的人。[96] 实际上,归属感有益于回报的这一观念,部分地表达于对帮助行为的预设之中。如果群体成员不互相帮助,那么归属于该群体的优势将大大减少,归属需要也就不可能会进化得如此强大和普遍了。

帮助和养育源于与生俱来的驱力,但它们似乎只是反应倾向而非需求。大量研究表明,成年人会向寻求帮助或需要帮助的人提供帮助,但这些发现都没有表明帮助者有任何动力或需求去提供帮助,如果后者是真的,那么人们就会在受助者没有出现时主动去寻找另一个受助者。同样,成年人(尤其是女性)在对婴儿的哭声做出反应时,可能会伴随荷尔蒙激增和想要照顾孩子的感受,但这种反应仍旧不过是对特定情况的反应,并非一种独立的需求。

与考察攻击欲望和归属需求一样,对帮助的关键理论检验就在于,一个人是否可以在不帮助他人的情况下依然过上幸福而充实的生活,假设这个人从未遇到过有人需要帮助的情况。证据清楚地表明,人们确实需要归属,而且确实不需要攻击,但是有关帮助行为的证据却不那么清晰。目前没有迹象表明,人们只要遇不到需要帮助的人,就会因不能给予帮助而遭受伤害甚至感到困扰。

当然,养育孩子方面的证据也有些模糊。有人可能会论证说,人们确有一种照顾孩子的驱动力,甚至在孩子出生之前就有。确实,许多人会去生孩子,一个主要原因很可能就是他们希望照顾孩子。有些人为此花费了巨额费用,冒很大风险,经历很多不便(例如服用生育药、进行手术以增加生育能力),或者收养孩子等。

但反方的论辩会指出这样一个事实,即自然似乎更多地依赖动物的性欲而不是生殖意愿来确保繁衍,因为人们对性的需要远远超出对生养孩子的需要。现代世界上的大多数性交都要采取避孕预防措施,以确保不会孕育孩子。而且,由于节育技术和态度的变化,人们不育的可能性更是大大增加了,因此,自愿不生子女的现象稳定增加。即使有人生养孩子,孩子的数量也比祖先生养得少很多。所有这些都表明,生养孩子的内在动力相当薄弱。长期以来的传统观念坚持认为,女性没当过母亲,其生命就不完满,但是我们有理由怀疑,这种常识性主张更多是出于社会需要而强加于女性的意识形态策略,而不是源于女性先天具有的任何真正内在所得出的普遍规律。[97] 总体而言,没有子女的女性较之成为母亲的女性更加幸福,[98] 这强烈反驳了女性必须生育子女方得圆满的观点。

简而言之,似乎可以肯定地得到结论:人们生育孩子后,就会需要照顾孩子;但不那么肯定的是,在孩子还没有出生前、没有刺激出养育的渴望时,人们是否(如有,在多大程度上)就已经渴望获得照看孩子的体验。女性在直接养育婴儿和儿童方面的意愿要超过男性,但在向社群其他成员提供帮助方面,男性则超过了女性。但是,无论男女,他们都更偏向帮助亲戚而不是帮助陌生人,且他们同样会更多地帮助与自己相似的人而非有差异的人。传承也许是最具文化意义的帮助形式,它促使中年人或年长者充当年轻人的导师,让年轻人追随自己的步伐或者拥有与自己相同的特点。所有这些模式都表明,帮助动机与人们的归属需求相关联。

文化创造的动机

自然将人类编程为需要某些事物的动物,但可以肯定地说,人类的需要已被普遍地文化化了。在某种程度上,这包括了文化对人类基本需要的引导和重塑。例如,所有已知社会都会对性行为施加某种控制,并通过引导性欲的方式而达到控制的目的。但是,除了引导和重塑途径之外,文化还必须创造出一些新的动机模式。所有文化和社会都为人们提供了某些种类的奖励,特别是那些被文化赋予意义的奖励。

这里的中心问题涉及对个体自身利益的冲击。天性使每个生物自私,但只有人类有时会抛弃自私的愿望和冲动,为所有人也就是为集体谋求最佳利益,只有这样,文化才能发挥最大的作用。为此,文化便把改变人们动机形式作为一种有效的策略,使人们所需要的是有益于文化系统的,并使人们需要做那些对文化最为有利的事情,这样文化就会蓬勃发展。

文化不能无中生有地创造出动机,因此,文化必须对人类天性中的原材料进行加工。因此,文化动机一般都基于生物性和社会性动机,通过将它们进行组合和改良,文化可以使人们渴望获得文化所提供的奖励,从而以此方式组织管理人们的行为。

金钱是这一过程中的一个很好的案例。自然选择不可能给人们灌注这样的欲望,让他们热切渴望得到那又扁又圆的金属片或者矩形的彩色纸片。但人们确实需要钱,他们会花费生命中很大一部分时间和精力去努力赚钱。然而,对金钱的欲望并不是凭空出现的。文化使金钱成为满足人们对食物、住所和其他生活福利的基本驱力的重要手段。财富可以使一个人对潜在配偶充满吸引力,因为金钱代表了吸引女性的男性地位和资源,也是一种让女人更愿意下嫁的彩礼形式。金钱让人获得了控制世界的方法。

如此考虑的话,文化的动机都是基于自然、先天和社会性的动机而产生的。但是,这并不意味着它们之间没有区别,我们仍能大致根据人的最终需要,区分出自然动机和文化动机。语言和意义是文化活动的重要印记,因此,可以将它们用作定位文化影响的粗略标准。想要获得具有某种意义形式的事物,可以用来作为文化动机的合理定义。至少动物没有将它们的需要建立在意义和语言的基础之上,因此,意义需要是人类独居的动机。例如,一个坚定的还原主义者也许会认为,某些动物的行为模式反映出了它们的内疚、美德和自尊,但是这样的解释颇具争议,人类与动物的内疚之间的实质差异远远大于两者在性、攻击、归属和控制欲望方面的差异,而人类在后面几种欲望上所追求的最终满足,可能与其他动物的追求实质上是相似的。

文化如何塑造人们的需要

动机的文化控制一直是一个棘手且争议不断的问题。毫无疑问,社会影响可以在一定程度上塑造人们的需要——毕竟,数十亿美元的广告业正是基于如下的前提:精心设计的信息可以刺激和改变人类的欲望。当然,人们学会了需要一些东西,例如好书、连裤袜和笔记本电脑等。这些东西无疑在自然界中是找不到的,只在一定情境的历史条件下才能找到。

再有,各种文化和社会化进程在力图控制人类动机方面也会经常遭遇失败。

许多政府(特别是专制政府)发现,如果他们能够指示人民需要某些东西而不需要其他东西,那么他们的任务就会容易得多。尽管同性恋受到严厉且经常是残酷的社会谴责,但它仍然存在着,这显示出了文化能够取得的成功毕竟是有限的。

我们有很好的理由认为文化动机通常建立在自然动机之上。扩展和精修基本的、先天的人类需要比抵制它们容易得多。即便是对笔记本电脑这类看似超文化创造的需求,也可以与自然动机联系在一起:因为它提高了人们组织和存储信息以及与他人交流的能力;许多笔记本电脑拥有者都用它们来访问在线色情内容。因此,他们的这些欲望都源于对控制、归属和性的基本驱力。对那些违背了自然动机目标的提倡是难以成功的。现在世界上大多数政府都承认,安全套的广泛使用可以减少艾滋病毒/艾滋病的传播,但是人们认为其减少了性的愉悦感,安全套也因此成为了滞销品。2002 年,肯尼亚总统丹尼尔·阿·莫伊(Daniel arap Moi)曾呼吁该国所有公民放弃性生活两年,以制止艾滋病的蔓延。尽管他的计划肯定有助于社会控制这种疾病,但该计划成功的机会很小,因为它与人们的性动机背道而驰。莫伊很快就辞职了,而他的全民禁欲计划也被遗忘了。

大自然也许为人类逐步灌入了高度可塑性(包括了动机的可塑性),使人类为文化做好了准备。因此,人们能够将最初的欲望塑造并转化为全新的形式,从而在此意义上获得新的动机。人类善于获取外在动机,这些动机甚至似乎也可被转化为内在动机。因此,金钱是典型的外在动因,人们需要钱是因为用它能够买到自己想要买到的东西,但是人们也可以为了钱而需要钱。一个守财奴看不到钱能做什么,他更偏好攒钱而从不花钱。

本质上,文化利用人类需要的可塑性来促使人们去做文化所需的事情。文化利用意义感来做到这一点。通过将某些活动定义为有价值的活动——使用名誉、金钱和其他奖励使这些价值观具有实质载体,从而使人们受到激励去做那些对文化有益的事情。比起那些鼓励无知、懒惰和挥霍无度的文化,一个注重教育、发明和慈善的文化将会更为成功。

138

语言和谈话

文化是从意义中建构起来的,因此,它依赖于语言。语言本能对文化性动物来说是一个强大的助力。语言是作为文化标志的人际交流和信息共享的最佳介质。语言使人们能够进行系统的逻辑推理和计算,而如果没有语言,意识将失去其大部分的价值。语言使人们能够形成对过去和未来以及其他地方的心理表征,从而让人们的心灵变得自由,摆脱了此时此地的限制。的确,语言是自然设计文化性动物时的一项关键要求。一个文化社会的成员必须能够使用语言。使用语言这一部复杂的发声装置,可以发出精确定制的声音,此外还需要一个大脑,用于处理语法和词汇,并有学习和使用语言的动机。

显然,人们学习和使用语言的动机似乎非常强。语言使用是在所有人类文化及其所有具备最基本能力的成员中,都能发现的普遍特征。甚至那些从未与更广泛的世界或现代文化接触过的文化社会也都有自己的语言。儿童学习语言并不需要他人要求。父母很少觉得需要强迫孩子以应有的方式学会说话,但让儿童学习教会礼节(排队等候、次序轮流、餐桌礼仪)时,常常要面对他们不高兴的抵抗。儿童积极参与学习语言反映在其过度规范化的说话模式上,他们的表现显然与其他说话者和父母、老师教授的方式背道而驰。比如,孩子最初会学习说 threw,并把它作为 throw 的过去时,但是在掌握了在单词后面加上-ed 构成过去时的规则之后,孩子就进入了一个把 throwed 说成为过去时态的阶段。这里令研究人员印象深刻的是,孩子最初做的是正确的,学习后却改成了错误的,可以肯定这其中的改变不是从别人那里学到的(因为其他人不会说"throwed"),因此,这表明孩子会使用学会的规则去覆盖他从模仿中学到的东西。当我自己的女儿经历这个阶段时,我们试图温和地纠正她,劝说她使用不规则的动词形式,但她坚决拒绝了这些建议,并宣称"我的说法听起来更美"。

尽管语言很明显是习得的,但正如它的普遍性所显示的那样,学习语言的动力可能是与生俱来的。[99] 有些作者甚至谈到存在着一种语言本能,暗示人们天生就有说话和交流的驱力。[100]

但是语言本能的假设合理吗? 在讨论自然可以达到的极限时,我们看到了连续性的重要作用:进化可以较容易地改变结构,如增加、减少或者重构它们,但它不能轻易地创建出全新的结构。其他一些物种也会进行交流,但是它们似乎都没有创造出人类这样得到纯熟使用的语言。因此,最有可能的是,所谓的语言本能实际上是若干更为基本的驱力通力合作的结果。这些驱力中就包括了好奇心,即人们对获取信息的欲望,因为语言极大地提高了人们获取信息和理解世界的能力。驱力中也包括了归属需求,因为语言极大地提高了人们形成和维持人际关系的能力。

罗宾·邓巴(Robin Dunbar)[101]强调了语言与归属需求之间的关系,他提出人们发展语言恰恰是为了扩大他们的社交圈。猿类通过互相理毛来保持亲近关系,它们经常花一两个小时互摘虱虫,这是一种礼貌的沟通方式,主要用于表达彼此的爱心和彼此在一起的愿望。但是,正如邓巴所指出的那样,这种沟通效率不高:一天只有固定的二十四个小时,如果要花费一个小时通过帮助一个同伴摘虱虫来表达亲近,同时还必须吃饭、睡觉,还要完成一些其他的事情,那么你能够拥有亲密伙伴的数量就将受到严重的限制。相反,人类可以通过谈论自己及自己的经历,来实现并与他人保持亲密关系,这当然要快得多了。此外,一个人可以同时与多个人交谈,而理毛发无可避免地只能一对一进行,因此,人就可以一次与多个伙伴建立纽带关系。虽然我们不认为这是语言的主要或者主导功能,但从人类物种作为语言使用者进化的意义上讲,它或许是一个重要的功能,是一种将人类联结起来的良方。

邓巴确实在他的论文里用惊人的妙语说过,八卦闲聊是语言进化发展的目的。他指出,人类说的话很多都是闲聊,通过闲聊可以告诉他人自己的故事。对邓巴而言,这就是社交联系的目的。然而在我看来,八卦闲聊对文化性动物所具有的重要价值,超越了仅仅维持社交联系的意义。[102]八卦通常包含这样的内容,如他人行为是如何违反社会规范的,是如何给他们自身带来麻烦或灾难的,或者是如何带来超乎预期的积极结果等。因此,八卦为人们提供了极为宝贵的学习机会。文化性动物生活的世界充满其生物学编码不足以应付的事件和情境,因此,人们总会遇到难以决策、不知所措的时刻。八卦告诉文化性动物,其他人在这种异常和关键时刻是如何行动的——他们如何选择及其结果如何等。我认为,邓巴所说八卦是语言进化背后的驱动力之一可能是正确的,生物规律促使人类将八卦当成为一种获取有关行动结果有用信息的方式。

控制需求是另一种先天的动机,对所谓的语言本能也有所贡献。语言以多种方式给予控制需求帮助巨大。一方面,语言使人们能够编码和分享他们的知识。显然,如果没有语言,世界上所有的科学经典知识将难以积累下来。另一方面,人们使用语言交流获取他们的需要。我女儿很想学会说话,是因为那样做的话,她就可以通过交流获取自己想要的东西(说话远比咕哝或哭泣更有效),但她似乎更为惊讶地发现,当她能够告诉妈妈自己想要什么的时候,她的需要也并不是总能得到满足。这时她开始相信,要是自己能把需求表达得更加明确,妈妈就能满足所有的

140

要求,使用语言便是一个完美的解决方案,从而能不再使自己感到失望或沮丧。孩子们热切而积极地使用语言来获得控制权,这在那些自发学说话的孩子们的身上可以见到,他们背诵周围物品的名称,叙述自己的动作(这有助于将自己的行为置于有意识的语言控制之下),以及数月之后提出一大堆"为什么?"的问题。[103]

人类的进化是否包括了对交流和理解的强烈要求? 这个问题很难回答,因为这里有一个混淆。就是说,人类当然远比任何其他已知物种都能更好地进行交流和理解,但这并不完全表明我们有更强的动机去做这些事情。大自然赋予了我们大大增强了的语言和理解能力,因此,我们在这些语言和理解方面所取得的巨大成就,可能是由于能力的提高,而不是使用动机的增强。但是有个看似合理的猜测,即大自然将我们创造为文化性动物,不仅让我们具有说话和学习的能力,还让我们具有说话和学习的需要。

在黑猩猩和人类聋哑人之间作比较具有揭示意义。黑猩猩和人类都有学习手语的能力,黑猩猩和聋哑人也都难以掌握语言,但两者在掌握语言的欲望上却存在着显著差异。聋哑人对于掌握手语有着明显的动力,他们学得很快并会彼此共享;但对黑猩猩来说,手语似乎仍然是一种特殊事物。当人类向它们的学习施压时,它们才能学习使用手语,但它们对教授其他黑猩猩手语好像并不感兴趣,即使遇到另一只会手语的黑猩猩,它们之间也很少会使用它。[104] 这种差异表明,人类比其他动物有更大的动力去掌握和使用语言。

因此,将语言归类为一种文化创造的动机,是因为语言仅与文化并存,文化的存在是学习语言动机的前提。语言是进入文化的必要入场券,因此,它对于人类的生存和繁殖是不可或缺的。一个不会说语言或听不懂语言的人注定处于人类生存的边缘,他在找到生育配偶、甚至获得生存必需品方面,都会受到极严重的限制。如果说文化是我们这个物种为生存和繁衍而发展出来的主要策略,那么语言在其中的作用至关重要。

自尊

在动物(尤其是社会性动物)之中可以发现某种程度的自我,但文化社会的生活要求人们具有更多的自我。每个人都要有一个身份,标示出自己在人际关系的社会矩阵中的位置。文化社会还会向个体提供各种有意义的选项,而自我必须做出选择,这意味着自我必须具有精心建构的价值和优先级结构,以及对自身及其能力的了解。[105]

例如,失败会使个人面临是放弃、还是重试的两难境地,自尊此时会变成做决定的重要指南。[106]自我的延展以及同时变得更为重要的自尊,就因此成为文化性动物建构中的关键步骤。

自尊是一种对自我的评价,包括了对自我状态良好程度的思考和感受。它与公众的尊敬之间存在差异,后者指他人对你的感受。但在现实中,自我评价和他人评价深刻地交织在一起,以至于这种区分没有太大的意义。在本书中我将交替使用两者。自尊作为一种动机,其关键点在于,人们寻求并渴望在自己和他人心目中都得到对自己的积极评价。

自尊是一种前瞻式的载体,文化可以通过它来影响人们的行为。为了此目的,文化必须要能为自尊的建立设定一些准则。如果人们想对自己感觉良好,那么他们就必须做文化所看重的事情。

人们渴望获得对自我赞许的意见,这是社会心理学中最具一致性和最为广泛接受的预设之一。人们参与各种各样范围广泛的活动,以便维持这些自我赞美的看法。他们会选择性地记住自己的成功,而忘记或淡化自己的失败;他们将自己的失败归咎于他人,同时将自己的成功全部(甚至过头地)归功于自己;他们寻求出人头地的机会,同时避免有失去尊严风险的情形。[107]他们对他人是否在注视自己非常敏感,并且谨慎地管理自己在公众中的行为,以便给人留下良好印象并赢得尊重。[108]一旦受到批评或侮辱,他们经常会抨击损害其良好名誉的人。[109]

在1980年代,美国人"发现"自尊是通向成功生活的钥匙。加利福尼亚州的一个州委员会率先探路,尝试通过提高自尊来解决加利福尼亚州的社会问题。在各个地方,学校都制定了提高儿童自尊心的计划。奖杯和奖项数激增,在很多情况下,这反而导致参与者开始担心,没有拿到奖杯会降低人的自尊心。因而一些体育节目不再保留比赛计分,这样就不会有任何官方宣布的输家了。

关于自尊的大量研究信息可以概括为两个简洁的结论:一个有利于自尊,而另一个则不然。后一个更具贬义的结论是,自尊心高不会带来更多好处。加利福尼亚州的专家一起开会,对与自尊关联的各种个人和社会问题(例如成瘾、犯罪、学业失败和青少年怀孕)进行了总结。他们提出了一个非常令人沮丧的观点:自尊充其量与大多数这些问题之间存在着弱相关。在许多情况下,自尊是结果,而不是原因。因此,如果你是一名吸毒成瘾、怀孕、辍学且没有工作的少女,那么你的低自尊很可能是你看到自己生活一团糟的结果,而不是低自尊造成了你的这些问题。旨在提高学生自尊心的学校计划,的确成功地提高了学生自尊心,但自尊的提升并没有提高学生的学校成绩或改善他们的行为。对已发表研究结果所做的更新综述也得出了同样令人感到泄气的结论:提高自尊心并没真正带来很多明显的益处。[110]

然而,另一方面的结论则是,对自己感觉良好的愿望(自尊动机)的影响广泛而强大。人们所做的很多事情都与保持对自己赞许和给他人留下良好印象有关,它们又与自我印象密切相关。人们有许多提升和保持自尊的策略,并且经常使用它们。因此,他们接受成功后的赞誉,拒绝失败后的责难。他们常将自己与所特意选择出来的目标或者竞争对手进行比较,以使自己满意。他们向他人表达自己的方式,就是尽可能让人聚焦于那些对自己最有利的事实上,有时他们会忽略那些他们认为自己做得不够好的事实。他们对自己具有的特性评价很好,对自己没有的特性则评价很低,依此类推,甚至连弗洛伊德的防御机制(他最流行的观念之一)似乎也更多地指向维持良好的自我形象,而不是管控性与攻击行为。[111]

然而,这两个结论便引出了一个悖论。人们为什么会那么在乎那些几乎不会带来好处的东西呢?毕竟,心智的各种功能都旨在帮助人们生存和繁荣,自然的进化和文化的演进都不应该预设某种强烈的驱力,让人们去获取根本无用的东西。如果自尊有任何好处,那就是小小提升了人们的主动性(例如乐于批评群体,或失败后再试),以及在较大程度上提升了人们自我良好的感觉(自尊心高的通常比自尊心低的人更幸福)。但这两个结果都不太能在改善生存或繁殖中产生任何明显的结果,那么为什么自然或文化还会促使人们如此积极地维护和提高自尊呢?

人们可能会将问题的答案指向情绪。获得自尊几乎总会带来愉悦的情绪,而丧失自尊通常会带来痛苦和沮丧。但是这个答案很难令人满意,因为它会立刻引发一个问题,即如果自尊不重要,为什么情绪系统要对自尊作出如此强烈的反应?

最令人满意的答案是由马克·莱瑞(Mark Leary)及其同事们提供的,[112] 他们认为自尊本身很可能没有用,但它可以作为对某种相当重要东西的内在量度,在他们的分析中这种东西就是归属需求。正如我们已经看到的那样,归属需求在健康与幸福以及提高生存与繁殖等最基本生物成功几率方面,可以为个人带来强大的优势。莱瑞等人将自尊与汽车的油量表进行了比较,油表本身对汽车的成功运行几乎没有任何帮助,但它确实向操作员反馈了至关重要的信息,即油箱中燃料量。驾驶员的动作就好像油量表很重要似的,比如要查看油量表使表针远离表盘上可怕的 E 点(油料快用完了),这很像人们行动时要照顾自尊,就像它真的很重要一样。

归属需求的重要性决定了人必须维系人际关系。情绪可以为重要人际关系的变化状态提供每日、甚至随时的反馈。自尊则关注长期的人际关系,即要使自己成为他人都愿意亲近的那类人过程中还有哪些挑战。为了使自己对群体和潜在伙伴具有吸引力,至关重要的是要具有一些吸引人的特质,例如友善的魅力,或身体吸引力,或一些有用的技能或知识,以及对某些规则和义务的尊重。自尊的衡量标准主要包括人如何自我评估的问题,评估是在以下几个维度上进行的,即受欢迎度、吸引力、能力和道德。

自尊的社会测量理论强调了自尊动机对文化控制行为的作用。文化要引导人们去做有益于集体的事。将对自尊的渴望套用到对集体有利的事情上(例如帮助他人,做好工作和成为好公民等),将有助于激励人们做出这些行为。如果自尊动机与追求被他人充分的尊重绑定在一起,那么它就很容易让人们以对集体有利并受其集体重视的方式去行为。内在的自尊测量就能帮助人们了解,自我在哪些方面能够、以及在哪些方面不能够吸引他人。理论上,它应帮助人们有效地管理自己的社交生活。实践中,人们常倾向于将注意力集中于仪表而不是内在,因而会导致自欺欺人的结果。例如,没有真本事,你也能容易地找到方法,说服自己是有能力的。夸大自己的能力会令人感到安慰,因为你开始相信自己的高能力一定会帮助自己,比如找到朋友或者找到工作。显然,对自己严重的夸张和幻想最终很容易被事实证明为假。因此,人们不能随心所欲地说服自己在所有方面都很出色。实际上人们也不是这样做的。他们不会做出这种极端的歪曲,但会以无处不在、程度较小的幻想让自己感到满足。例如,大多数学生申请大学时都要参加一种教育评估(SAT,类似于一种智力测验),研究人员会询问他们自己 SAT 考试的分数。这些分数对自我评估学生的智力很重要。尤其是在重点学校,新生们通常都会紧张地互相询问分数,以此来确定他们在班级竞争中所处的相对位置。SAT 考试共有 3 项分数,每项分数的范围从 200 到 800。当研究人员根据大学注册商保存的官方记录,很费事地核对学生的自我报告分数时,通常会发现学生都将分数夸大了一些(例如,总分高出 50 分)。虽然这些学生的报告并不精确和严格,但他们也不会过分地夸大自己的得分。史普遍来看,似乎许多人在生活中都会夸大自己的成功,但也只是稍添油加醋。[113]

145 　　保持自我感觉良好的动机可以分为两个部分，即避免失去自尊（自我防御）和希望获得自尊（自我提升）。偶尔，这两部分会互相对抗，例如，当一个人决定是否接受一个可能为自己带来荣耀或者屈辱的有风险而公开的挑战时。有足够的证据表明，自尊心已经很高的人倾向于强调要获得更多的自尊，而自尊心较低或中等的人则会优先考虑不失去任何自尊心。[114] 上述因素使低自尊的人更加谨慎，因为对他们而言，风险被看作是自尊损失的威胁，而对于高自尊的人，同样的风险则会被看成机会。

　　近年来，许多研究人员已将注意力从自尊本身转移开，转而强调一种被称为"自恋"的相关构念。自恋一词来自年轻人爱上自己在水中倒影的希腊神话，因此，自恋的涵义是过度或不适当的自爱。自恋可以被认为是高自尊的一个子类别，尤其是指那些对自己赞许有加、甚至夸大其词，并在维持这种自我观点方面有很强动力的人。许多高自尊的人也会如此，但高自尊还包括了一类与自己自在相处而不自恋的人。因此，自恋与简单的自尊概念不同，它强调了如下两件事，即夸大的自我关注和建立高度积极自我形象的动机。自恋的性别差异比自尊的要大一些，这再次表明其主要差异来自于，男人比女人更关注社会的支配地位，并且更容易夸大自我评价。

　　自恋让我们再次回到关于动机的问题：人们到底想要什么？自尊动机通常被理解为想对自己感觉良好的愿望，尽管它与被他人赞许的愿望也紧密交织。两者是相互关联的，因为被他人喜欢和尊重通常是喜欢和尊重自己的前提。很少有人在缺乏别人认可的情况下，还能够保持对自己高度赞许的想法，广受他人欢迎很有可能被证明是低自尊的"治愈方法"。从人们将自尊与公众尊重区别对待的程度看，后者似乎更为重要。自恋者压倒一切的动机似乎是渴望获得他人的社会认可。[115] 也就是说，他们花费了大量时间和精力寻找能使人钦佩自己的方法。在被别人喜欢与被人钦佩之间，似乎没有太大的区别。就是说，自恋者对被别人喜欢的兴趣并不比其他人更多或者更少。然而，对他们来说被他人钦佩则更为重要。他们

146 通常似乎并不过分在乎向自己证明什么（可能是因为他们已经认为自己拥有良好品质），但是他们对于向他人展示自己的优点却很感兴趣。例如，当有机会去解决困难任务并弄清自己有多出色时，自恋者会有不同的表现：在周边没有人观看的情况下，他们只会付出最小的努力，这表明他们并不真正在乎对自己展现自己的能力；而如果周边有其他人在观看，那么他们就会竭尽全力让自己发光。[116]

尊严的欲望是否具有普遍性的问题备受争议。一群作者最近争辩说,日本人没有表现出对自己感觉良好的渴望。[117] 其他人对此表示异议,认为日本人确实想要感觉自己不错,但是在他们身上,这个动机的表达方式是不同的,因而很难让西方人理解。具体而言,日本人将其自尊建立在成为一个群体的好成员之上,如行为端正的孩子或者忠实的员工。[118] 另一种观点认为,日本人公开谈论自己时的言辞可能显得谦卑和自我贬抑,但在私下里、甚至在无意识中,他们仍然在努力保持对自己的正面看法。[119]

我的观点是,自尊建立在归属需求和控制需求两个基本动机之上,虽然这两种动机在所有文化中都可见到,但是人们对自尊的特殊关注以及这种关注的表现形式,则可能会有巨大的跨文化差异。即使日本人是一个例外,我们也可以大胆地假设,多数文化中的大多数人都希望别人对他们自己有好感,不希望他人对自己有不好的看法。

对尊严的渴望可以被社会有效地用来影响人们的行为方式。在所有文化中都存在着声誉机制,一般而言,声望被用来表彰和奖励那些从事了对文化最有助益工作的人。[120] 人们成年累月地工作,就是希望获得同伴的尊重及对自己感觉良好的相应的权利。将声望和尊敬与特定的活动或成就联系起来,文化就可以引导很多人朝这些方向上努力工作了。在为生存而挣扎的小社群中,因能带来大量食物(狩猎)或击败最危险的敌人(战斗)绝对可以给一个人带来声望。同样,随着社会对人口增长的需求起起伏伏,作为母亲的声望也可能或升或降;随着人们在娱乐活动上可以花销的时间和金钱的变化,艺人们的声望也会有起有落。

内疚、道德和美德

道德是人类生活中的一个重要领域,它在很大程度上取决于文化背景。人们想要避免感到内疚,如他们不想让朋友和邻居指责自己不道德。成为一个好人或至少不成为一个道德败坏的人的动机,会在诸多方面指导人们的行动。人们可能会付出巨大成本、不辞辛苦地去兑现诺言。他们会约束自己别拿走他人的财产。他们可能会放弃一个诱人的婚外性遇的机会。他们会在想打人的时候,控制愤怒情绪并阻止自己做出袭击或伤害某人的行为。因此,即使那些深层的天性动机也可能被遏制住,只是因为人具有做个好人和举止得当的欲求。

所有文化都有道德,尽管道德规则不同,却仍有许多广泛的相似之处。共性很

147

大的规则被认为是普遍或接近普遍的道德规则,包括禁止谋杀、限制性行为(通常指共性乱伦,无论定义如何)和互惠的规范。[121] 无论文化背景如何,几乎没有人会觉得"十诫"有令人有震撼的陌生感,尽管在其他文化中见不到以同样方式专门敬拜犹太教——基督教神,并遵守安息日的诫命。即便你花大把时间四处寻找,恐怕也很难找到这样一个人,一个听到某个社会不允许人们偷窃、谋杀、撒谎和不尊重父母就会惊讶不已的人。

道德可以被理解为是让人们能生活在一起的规则体系。因此,道德规则可能更深地植根于群体生活的要求和挑战之中,而不是源于大脑的结构或个体的动机系统。人们如果要相邻而居,最好得有一些共同的理解,例如尊重个人财产、禁止谋杀和暴力(除了某些非常特殊和公认许可的情况)、讲究公平和公正、提倡合适的性伴侣和性交场合、平衡家庭成员之间特殊的权利与义务等。

因此,从某种意义上说,与道德最为紧密相关的内在动机就是归属需求。人们想要生活在一起,集体生活便要求人们遵循一些规则、并克制自己的某些冲动和行为倾向。道德并非直接源自对归属的需求,它代表了为长期满足归属需求而不得不做出的某种妥协。而且,道德要发挥好作用,还要与人们寻求自我感觉良好体验和避免不良感受的需求连接起来,因为道德教育使人们在做错事时会体验到内疚或羞耻等负性情绪。

内疚被公认为既是一种单纯的感受,又是一种高度人际交流的情绪。它源自人们之间的关系及其情感基础,如同理心(即理解他人)和分离焦虑(即恐惧失去与他人的联系)。相同的违法行为会因本人与受害者的关系而带来不同程度的内疚:对母亲撒谎要比对销售员撒谎更令你感到内疚。在多项关于感到内疚和引导内疚感的研究中,最常见的内疚原因是忽视自己的朋友、家人或恋人。简而言之,内疚是一种当你伤害、忽视你所关心的人时会感受到的情感。[122]

因此,内疚可被理解为使人们共同生活在一起的系统的重要组成部分。它以几种重要方式来加强和维持系统内良好的人际关系。首先,它减少了人际交往中的违规行为。为了避免感到内疚,人们会注意自己的行为,避免采取伤害他人的行为。其次,与前一点相关的是,它驱使人们去修复因自己过错或无所作为而损害了的人际关系。内疚让人们认罪、道歉以及弥补,并保证不再犯。如果没有别的因素,仅仅感到内疚(至少受害方认为你感到内疚)这个简单事实,就可以帮助修复人际关系,因为在许多情况下,犯错造成的损失较少表现为物质上或实际的损害,而更多地表现为对彼此关系的漠视。因此,如果你意外地很晚回到家里,而你的伴侣早已为你做好了饭,但现在饭已经放凉了,那么这时造成的伤害与冷了的土豆关系不大,而是与你没有早些给家里打个贴心电话告知信息有关。如果你确实感到内疚的话,未来你是可以用行动来有效抵消这个信息。感到内疚表明你在乎某人。第三,内疚有助于减少人际关系中的权力不平等。强势一方不需用内疚来达到目的,因为权力使他们可以直接影响他人;但是那些弱势一方却可以通过表达如果不这样自己将多么受伤,从而让强势一方按自己的要求去做。因为强者会因伤害弱者而感到内疚,所以强者可能会做弱者想要他做的事情。

所以总体上,内疚是社会称许、无私行为的重要原因。罪恶感在我们的社会中并不受待见,因为人们不想感到内疚,但是广泛缺乏内疚感对于社会和谐来说将是灾难性的。你当然不会想有一位没有内疚感的爱人、老板或室友相伴。但这样的人的确存在,他们被称为冷血变态者;尽管他们最初的表现很有魅力,但他们经常伤害周围的人。据估计,归咎于这类人的犯罪、背叛和暴力行为的数量,远高于他们在人口总数中的比例。[123] 因而,各种驱动人们避免感到内疚的现象构成了社会和文化的重要基础。

群体生活问题的症结在于,个体的自我利益可能经常与群体和谐相冲突。一个人可能会垂涎他人的珠宝、食物、房屋或性伴侣。依个人利益行事将引致他去获取自己想要的东西,但是有谁愿意生活在一个自己珍贵财产总被他人窃取的群体中呢?允许一个人拿走另一个人的东西,这并不是一个简单的交换,因为在一个群体中,一个人的收益就是另一个人的损失,因此,从群体角度讲,它对整个群体来说是中性的。但它降低了群体和谐生活的可能性,因而也损害了群体本身,在这个意义上,群体中的每个人都是输家。

正如我已讨论的,大自然使每个人天生就自私自利,而文化有时必须要求人们为了群体和谐的利益而牺牲他们自己的短期利益。与他人一同生活,你必须自觉地克制自己拿走他人的财产或偷走他人的性伴侣的欲望,除非这样做符合某种标准和公认的规则。同样,社会还会期望你纳税或送孩子冒生命危险去参加战斗等。至少,在群体中有很多事情你都不得不按序排队等候。

道德因而是文化引导个人超越其天性自私或个人利益冲动的重要工具。因此,道德作为一种限制个人自身利益以支持群体的力量形态,至少以强化人们之间出现相互尊重、非暴力和分享的模式,从而使群体得以保持完整。认为道德主要是对自身利益加以限制的观点，只是说明了道德观的消极一面：道德系统中还有更多的规则，而不仅仅只有不该做什么和该做什么的规则。例如，《十诫》中的大多数条款都规定了"汝不应"做的事情，例如杀人、偷窃、撒谎和奸淫。某些条款甚至都未使用"不要"的词句来表达诫命，例如孝敬父母和保持安息日的神圣的禁令，也隐含了不应该做的事情（例如，不要在父母年老时遗弃父母，不要在安息日工作）。

文化确立了关于是非的规则。但是，除非人们有遵守规则的某种动机，否则规则就没有用。文化必须有办法使人们希望遵守这些规则并做正确的事。有两种主要解决方案，它们反映了社会发展的不同阶段。第一个阶段依赖于归属需求以及人们想要与他人建立稳定和长期关系的相关动机。这些动机与关系之间是由羞愧和内疚作为中介：如果人们做了一些使其所关心的人感到受伤、冒犯、疏远或失望的事情时，他们就会深深地感到内疚。

内疚作为动机的主要限制是，这种力量取决于社会纽带的强度。内疚会让人们做些可增强或维持与他人关系的事情，因此，关系越薄弱，引起的内疚感就越小。[124] 如果你收到电话留言要你回电，而你忘记了，你会感到内疚吗？如果留言来自亲人（例如母亲或孩子），大多数人都会感到很内疚，其程度要高于没有回电话给一个熟人；而如果忘记回电话给一个陌生人，则人们的内疚感就会更少。

随着文化变得越来越细致和复杂，社交生活中与陌生人的互动比例开始变得越来越高，这样内疚感就丧失了部分力量，当人们并不期待会再见到对方时，也就没有太多的动力去认真对待彼此。这就是为什么随着社会的成熟，法治逐渐取代内疚和道德成为促使人们端正行为的主要动力。因此，法律代表了文化使人们做正确事情的第二个阶段：抽象的规则是由包括立法机关、警察、法院和监狱在内的整套系统来制定和执行的。在人口稳定的小城镇里，个人的口头承诺和握手都可以有效地达成财务协议，因为违背其承诺的人将在此后很多年内被人们认为是不值得信任的，而且他也可能因欺骗了他一生中不得不经常打交道的社区成员而感到很内疚。但在更现代的社会中，金融交易常常是在可能不再往来的陌生人之间进行的，因此，为了使人们信任协议，交易的确认通常会以某种被证明具有法律约束力的方式进行，例如签订合同等。[125]

从道德到法律的过渡并不彻底，因为人们仍会继续生活在小规模、稳定的社会群体中，内疚感和道德在这样的群体中仍然发挥着强大影响。大多数现代家庭都有家规，但他们不会雇用警察来强制执行家规（如，逮捕宵禁后回家的孩子）。家庭成员间通常都有稳定而持久的关系,他们相互关心,这样的情境足以使内疚感在多数情况下成为有效的动机。[126]

抑制自私的冲动需要进行自我控制。自我控制被定义为改变和凌驾个人内在反应及其他心理状态或过程的能力。因此,自我控制潜藏于人类大多数美德背后,而大多数恶行背后则是自我控制的失败。例如,基督教神学的七宗罪主要说的是放纵私欲,而不是以对他人有利的方式克制私欲:贪食、贪婪、欲望、嫉妒、懒惰、骄傲或虚荣和愤怒。[127] 因此,道德行为需要自我控制的能力以及为了做正确的事而控制自己的动机。

151

第 6 章将详细介绍自我控制。

成功:财富与名望

成功也是一种文化构念,通常包括获得文化所重视的物质和符号奖励。成功与否取决于人在社会中是否有效地发挥了个人作用。不能激励人们为获得成功而遵循其规则的文化很可能就会消亡,因为如果社会成员无法有效地扮演各种社会角色,那么社会就将崩溃。但是,通过把有效扮演社会角色包含进成功的定义之中,并将这种成功观念与人的基本内在动机(例如社会认可和控制需求)联系起来,文化就可以鼓励人们有效地发挥自己的作用。

人们为追求成功所做的努力很有可能远多于为追求幸福所做的努力。(我们前面已经介绍过,寻求幸福的动机是一种文化精心重塑了的对感觉良好的基本欲望。)当然,对成功和幸福两者的追求相互交织在一起,人们常想象着成功所带来的幸福。对许多男人来说,所谓的中年危机出现的原因之一是,他们长期以来都抱着某种神话般的信念,即如果能够实现自己的职业目标,他们此后将会过上幸福的生活。[128] 这种信念使许多男人在工业化的社会加班加点地打拼十多年甚至更多年(通常是在三十多岁时)。很多男人当然并没达成目标,但幸运的少数人则实现了自己的愿望,但后者却也遭遇了残酷反讽,因为所有其他的问题和苦难还依然存在着。即使一个男人最终获得了他梦寐以求的升迁或奖励,并因此而感到幸福,但这种感觉很快就会消失。因此,他最终的感觉还是与以前一模一样,而不是像他所希望和期望的那样变得更加幸福。当然,出于理解人类动机的目的,相关的观点依旧是,在整个十年的加班中,他的努力更直接地指向了成功的目标,而不是指向了幸福的目标。

现代工业化生活对成功的理解主要有两种形式,即金钱和社会认可。显然它们对应着控制需求和归属需求,几乎可以肯定地说,这两种形式是这些基本欲望的文化阐释的翻版。富有和成名是当今成功的缩影,但对财富和赞誉的追求并非现代西方世界所独有。也许在过去的时代,只有少数特权阶精英才能得到真正的名望,而现代世界则宣扬任何人至少在原则上都可以成名。[129] 荣誉的核心也从名望转变成了名人,[130] 也就是说,现代个体更希望自己各方面都出人头地,而不是像过去那样因特殊成就而出名。

这些变化只是将基于归属需求的感名追求戏剧化了,每个人都希望被作为一个整体被他人接受、钦佩和热爱,而不是只因做了某件事而获得殊荣。里奥·布劳迪(Leo Braudy)通过对名望的历史和神话进行的调查而得出结论说,成名之所以具有吸引力,是因为它维持着得到社会广泛而持久认可的承诺(虽然常常是虚假的)。[131] 出名意味着被他人永远爱着。他指出,实际上,名望转瞬即逝令人痛苦,以至于布劳迪写完该书时,又不得不回过头来修改他最初部分中使用的例子,因为这些例子中许多名人(例如女演员花拉科茜(Farrah Fawcett))那时已经被人淡忘到没人提及了。

研究人员乔纳森·弗里德曼(Jonathan Freedman)对美国和加拿大的样本进行了一系列大规模调查,并得出了如下结论:"大多数人想要的并不是权力,也不是影响力,而是名望,尤其是与独特魅力相关的名望。"[132] 对魅力名声的重视表明,某种类型的理想化自我是令人向往的。这意味着名望可以提高一个人的自尊,如证明自己是一个有价值的人。但是,如前所述,自尊动机本身与归属需要密切相关。无论如何,这组动机对文化性动物而言似乎是理想的:希望通过利用自己(你的社会身份)以及取得的符合文化价值观的成就,从而获得社会其他成员的钦佩和敬重。这种模式会将个体与其文化紧密地联系起来。

追求名望在某些方面具有讽刺意味,因为实际的名望既会消耗成本又会带来收益。我常常听到新晋名人抱怨遇到了不曾预料到的问题,这都成了一种司空见惯的现象。害羞的年轻音乐家乔治·哈里森(George Harrison)作为甲壳虫乐队的一员享誉国际,但他抱怨尖叫的歌迷对自己的骚扰,他希望在自己生活中尽可能避免这种情况:"我再也不想要那些了。"他还抱怨名声所带给他的羁绊,说他不喜欢"一次次环游世界,唱相同的十首曲子"。[133] 名人们会发现,他们再也不能像过去默默无闻时那样去购物中心购物或在附近的餐馆用餐了,因为人们很快会认出他们,并让他们成为众人关注的焦点（例如要求他们签名或只是想聊聊），这样的情形很快就会变得过分和令人不悦。此外，当他们星光陨落时，他们大多数人又不太可能回归到以前无名时的那种喜悦和满足的状态。无论哪种方式，在社会认同的辐射圈内，似乎总存在着刺激的最优边际：太多或太少都令人烦恼。

出于多种原因，金钱欲可能是比名望追求影响更为广泛的动机。首先，在可以兑换各种商品和服务的广泛范围内，钱有更直接的用处（而名气的实用性有限）；其次，许多行业和职业能够带给人们出名的机会很少或根本没有（例如，便利店的优秀助理经理不会获得任何国家奖项），但它们都提供工资；第三，金钱比名声更容易被客观衡量，因此，人们可以与各种标准或竞争对手做精确的对比，从而看到自己的进步。

在现代文化中，金钱主要由工作获得。罗伯特·贝拉（Robert Bellah）及其同事们把工作态度分为三大类：做事、内心召唤和职业生涯。[134] 在他们的定义中，只有做事态度主要为金钱所驱动。相比之下，内心召唤是由个人使命和自我表达动机所驱动，而职业生涯则指向（希望得到）成就和社会认可的人生上升轨迹。但金钱往往会侵扰内心召唤和职业生涯。运动员、艺术家和医生可能会认为，他们的工作是表达自我、发挥潜力并做自己喜欢事情的一种手段（更不用说是迈向成名和认可的道路），但他们也会对自己收入多少十分敏感。同样，以职业生涯为导向的人或许会获得一系列的晋升或鼓励，但除非这些晋升和鼓励都伴随着薪水的增加，否则他们也很可能会感到失望。

人与人的差异肯定存在，有些人对金钱或名望的渴求度要远高于其他人。其他的差异还包括：性别差异，男性似乎比女性更倾向于追求金钱和名望。例如，对物质主义者的研究证实，男人比女人更注重金钱，在选择工作时，女人往往强调内在满足感和社会关系，而男人则更注重获得最高薪水。[135] 很可能是这种差异导致了被很多人抱怨的男女薪水的巨大差距。在可预见的未来，平均来讲，男人赚的钱可能依然比女人多，因为男人更专一地追求金钱。为了说明这一点，你可以问你朋友一个问题："你是否愿意从事一项困难和压力巨大（如，人际冲突、很少享受愉悦或满足感）但薪水很高的工作？"男性比女性会更愿意选择这项工作。

男人对成功的追求也可能至少可以部分地归因于性欲，因为许多男人有理由充分相信，名声和财富会使他们对女人更具吸引力。迈克尔·福克斯（Michael J. Fox）是位矮个子的年轻人，在他迅速蹿升为一名主流电视和电影明星后，他评论说,那些以前在白天从未与他见过面的女孩,现在却会在晚上把他带回家里。他说,有些人偶尔会问他,女人只因为他是名人而想和他发生性关系,这是否令他困扰。"我对此的回答是,'啊……不!'"[136]

对物质资源的追求可能有进化的基础,但是金钱本身就是一种文化的创造。金钱可归为内在天成的动机,但又超越了它们。正如我们在第一章中所看到的,金钱是社会现实的最明显例子之一。人们可以变得如此渴望金钱的事实,正说明了它是被文化化动机的一个强有力标志。

155

所谓的公地困境是金钱动机的另一个有力实例。获得和维持财富的动机鼓励人们照看好自己的财产。维持和保养需要人们做出贡献,例如做给汽车打蜡或修剪树篱等不很愉快的劳作。公有财产会让人觉得不归任何人所有,因此,个体并不愿意为此奉献。"公地困境"的这个说法可回溯到畜牧时代,当时很多人都在公用放牧区放养了大批牲畜。牧草在畜群啃食后会重新生长出来,但前提是要给它们留够重新生长的时间。个体牧民能有效地管理放牧地,以确保不过度放牧,但是当所有人都共同拥有和共享放牧地时,过度放牧的问题就会变得频繁和严重得多。大量的实验研究都支持相同的结论:个体能非常有效地管理可再生资源,但是团体却会因不断消耗而损毁可再生资源。[138]

有意义的生活

人们希望拥有有意义的生活。尽管两者有重叠,但意义感并不等于幸福感。具体来说,人的生活可能有意义但却不快乐,但是认为自己生活毫无意义的人通常都是不快乐的。换句话说,意义是幸福的必要不充分条件。例如,恐怖分子和革命者可能都过着自认为有意义的生活,但他们不是典型的幸福之人。相对而言,在一项研究中,受访的家庭主妇在总结自己生活缺乏意义时说:"当我终于意识到'它就是这样的',这将成为我的生活状态时,我感到非常震惊。"[139]像这位主妇一样的人,也不是快乐的人。现状就是这样,这种观点还不够将人们引向快乐的生活。

意义感是文化用以影响人们如何行为的另一个社会现实。尽管一种文化不能轻易地与个人的主观体验完全相抵触,但它可以鼓励人们生活得有些意义,意义多少根据人们的行为对文化所重视的事物作出的贡献大小而定。

在以前的一本书中,我调查了有关人们如何在生活中寻求意义的证据并总结道,可以辨别出四种不同的意义需求。[140]它们可以用来确定人们在追求一个有意义的生命（如组织自己的生活以期获得令人满意的意义）时，他们具体需要的是些什么。

首先，几乎所有的生命意义都有目的，就是说，过去和当下的活动要从可能的未来情境之中提取意义。人们对当下状态很难有一个完整和本质的理解，但若是站在某种预期未来状态的背景之中，则会对当下有更好的理解。缺乏目标或对目标缺乏一般认识的人，往往会迷失方向和感到失望，他们在大多数情况下会用某种东西填充未来，这些东西正是他们所希望的或者努力工作的目的。追求满足的概念也可成为目的，如精神上获得启蒙或救赎，或者只是获得爱情或幸福。这就需要进行复杂的意义思维，即必须参照未来解释当下，这是大多数非文化性动物都无法做到的。

其次，人们需要一种效能感。显然，这会唤起控制，但它指向的是主观感知。有控制的幻觉和其他形式的次要控制似乎就足够了。但是人们似乎还被驱使着以这样一种方式来理解自己的生命，要让自己觉得能够在某方面有所作为。毕竟，仅有目标和目的、但没有效能也很难让人过上有意义的生活，因为当一个人无法向着目标取得进步时，就会感到很无助。

第三，需要一些放置价值和理由的基础。所有的文化都有对与错的概念，好与坏是儿童最初学习的概念之一。[141] 有些文化，包括现代西方文化，在价值领域存在着许多问题。这些问题不像一些人所宣称的那样，是由于人们缺乏价值观，而是因为存在着多种相互竞争的价值观。这一多重性消解了人们将某种价值观视为牢固而客观生活现象的共识基础，[142] 迫使个人必须在众多价值观中寻找一种途径。无论如何，对价值观的需求含有两个部分：一个是判断好与坏的可靠依据，另一个是在好与坏的框架下将自己和自己的行动判定为好的办法。也就是说，如果你拥有一套坚定的价值观，但这套价值观一直在谴责你，认为你所做的每一件事都是邪恶和错误的，那么你将依然无法过上一种令人满意的有意义的生活。甚至那些杀手、奴隶主、专业施酷刑者和其他伤害制造者，也都在努力寻找某种方式，试图将自己视为本质上的好人。

最后，人们似乎被驱动着去寻找某种方式，去理解赋予他们自我价值感的生命。实际上，这通常导致人们相信自己要优于他人。尽管追求自我价值可能是对生命意义探索的一个属性，但它也是更为宽泛的自尊动机（见上文）问题的组成部分。

意义的层次大致上与时间跨度相关,因此,较高的(也称为"更深的")意义关联着较长的时间范围。人类的寿命已从大约 30 年逐渐增加到了大约 80 年。因此,为了从背景中抽取更高的意义,就必须考虑那些至少跨越了一个世纪、最好是若干世纪的事物。

157 　　同样,鉴于追求目标是生命的核心,未来可能比过去更重要。一个国家、一场政治运动、科学的进步、艺术以及相类似的宏大背景,都是生活意义的有效来源,因为它们都比个体生命更宏大、更持久,并且所有这些都带给人一种希望,人的生命及其活动创造的结果会在自己生命走到尽头后仍延续下去。许多人从家人那里获得生命意义,尤其是从他们的孩子(可能比自己活得更久)身上;某些情况下,例如祭拜祖先,人们还特别强调他们与前辈祖先的联系。

　　关注如此长的时间跨度,甚至超过了一个人的预期寿命,这几乎肯定是文化性动物所独有的。厄内斯特·贝克尔(Ernest Becker)有些夸张地指出,文化本身旨在从心理上保护我们免受自己对死亡的焦虑,但他的观点中有着合理的洞察。当人们想以生活有意义来安慰自己时,便会寻找一个超越自身的情境,这通常就需要某些延伸到过去和未来(出生前及死亡后)的事物。文化垄断着如此广泛背景下的事物,因为它使人们能以超越自己生命的视野进行思考。文化提供了大多数的意义载体,例如国籍、政治运动、宗教、科学、艺术、家庭血统的传宗接代等,它们都跨越了很长的时间范围。

　　长期以来,宗教一直是生活获得意义的特别强有力和受欢迎的源泉。当然,它也具有最绵长的时间范围——永恒,以此为尺度来衡量,人便可至少宣告最高可能层次的意义了。现代宗教为价值观提供了丰富的基础,详解了人类实现圆满(救赎)的概念,从这个意义上讲,宗教可以满足四个意义需求中的两个。

　　无疑,宗教的一部分吸引力长期以来根植于控制需求。在科学世界观占据主导地位之前,自然界中的许多事件都被归因于超自然力量的运作,因此,宗教提供了一种理解它们的方式(这就是一种控制)。一些学者特别指出,宗教团体被不断地诱使去提供更为直接的控制自己生活的机会。如仪式、祈祷和其他宗教干预等都被告知是能够影响神(或其他超自然力量)的,让神给予所需的、合意的生活事件。[143] 若这些承诺无法可靠地实现,那么神父或萨满祭司自称能够治愈疾病或终结干旱破坏的承诺,就处于失信的风险之中,但若他们拒绝作出这些承诺,那么绝望的信众则可能会转而追随其敌对的教派或圣人。

尽管宗教无法通过在日常事务中获得神的干预，而给人们带来所期望的特定结果，但它们至少可以通过次要控制来帮助满足控制需求。认同更高权威是一种次要控制的主要形式，没有比宗教中的上帝更高的权威了。理解事件是次要控制的另一种重要形式，宗教通常会给人们提供一种理解各种事件的相当宽泛的手段。信徒便能够将其他无法解释的事件接受为"上帝的旨意"，就可能会对这种控制解释感到满意。控制幻觉可能也是一个强大的因素。患病孩子的病情好转时，确实经常足以使他们的父母感到满意，觉得自己的祈祷已经得到回应。

确实，获得意义和理解的可能性也许是宗教吸引力中最为重要的部分。宗教对于那些遭受到超出他们直接控制的不幸后果的人们最具有吸引力。疾病、事故、战争、危险和其他事件会将人们带向宗教，而宗教以理解的方式，有时还以表面的方式处理、安慰遭难的人们。我自己对宗教研究得出了一个初步的结论，现代工业化社会中的人们对宗教参与的减少，主要是现代社会生活质量提高的结果。[144] 简单来说，我们过得太好以至于失去了寻求宗教解释所带来安慰的渴望。但是，当现代人也要面对各种严重的不幸事件，如家人患有危及生命的疾病时，他们常常会再次求助于宗教信仰。

控制不是宗教可以满足的唯一基本需求。归属需求也是宗教魅力的重要组成部分。有关教会成员资格的研究表明，人们加入和离开教会的主要依据是社群，而不是教义。例如，在我长大的社区中，人们会十分在意什么样的人去了哪个教堂，但竞争教派之间的教义差异却相当模糊。同样，对邪教的研究表明，加入他们群体的人主要是那些无法获得社会归属和正在寻找朋友的人，在邪教中结识到朋友的人往往会留下来，而那些没有交到朋友的人则会很快离开。[145] 确实，在招募新成员时，邪教通常都强调与人结交或加入热情友好社团的机会，而不是强调他们自己的教义和信仰。

最后，宗教也可满足人们自我保护的本能需求。米尔恰·伊利亚德（Mircea Eliade）所写的权威宗教思想史断言，对死后生活的信念是最古老的宗教思想之一，可追溯到史前时期。[146] 关于来世的观念已经发展了许多世纪，认为来世定会是种愉悦、幸福的生活（与不快乐的鬼魂生活相对立）的观念，在宗教开始推崇救赎概念之后迅速发展。基督教长期以来一直宣扬存在着两个（有时三个）来世地点，一个是非常快乐的，另一个是痛苦悲惨的。对于这两个来世地点，人们自然地逐渐转向偏爱更好的那个：在过去几个世纪中，人们对地狱的信仰陡然跌落，[147] 直到现在已经很少有人真的相信他们死后会下地狱。因此,宗教开始让人们逃离自己的生死观,而且宣扬死亡并非人们想象的那样,死后生命还会以让人愉悦的方式延续。现代宗教还会承诺,人们死后得到延续的将不仅是他们的生命,而且还包括他们的归属。对大多数人来说,在天堂的生活就是他们与家人和他们在地球上所爱的其他人一起尽享永恒。传教士比利·葛培理(Billy Graham)曾说,他被问到的最常见和最困难的问题之一就是,人们是否会在天堂里与家养宠物团聚。[148] 这个问题背后的动机不是狗是否具有不灭灵魂的抽象神学问题,而是主人与其宠物之间的归属关系,人们很难想象在没有心爱的宠物狗的情况下怎能快乐地享受永恒。

需要法则

在详细考察了各种特殊动机之后,我们现在开始更一般性地思考人们的需要。所有动物都需要某些东西,但是人类动机却有着某些差异性特征,反映了我们作为文化性动物的进化。即使我们与其他动物想要同样的东西,但是我们需要它们的方式或许还是不同的。

动机与双相思维

人与其他动物之间最大的差异之一是他的双重心智,尤其是,人具有意识系统。人类和其他动物都有自动反应系统。但是,只有人类具有独特的意识过程,如逻辑推理、叙事和数学计算等。那么,意识与动机有什么关系呢?

人类的动机与其他动物的动机有不同的性质。人和动物的自动反应系统决定了他们如何对特定的环境或刺激做出反应,但是意识系统则为人带来了突出的、强烈的主观体验。因此,人类动机转而以创造和避免各种意识状态为核心了。

比如性欲。当条件合适时,荷尔蒙和刺激会促使动物进行性行为。但是意识使人类能够在做爱时对性经验进行品味,在没有性行为时也能够快乐地回想它的感受,或者还能够想象渴望这种性经验。他们会想方设法增强性快感,这就是为什么人类要通过试验各种性姿势和辅助器具,来丰富自己的性生活。性的生物学目的是生育孩子,而生孩子是可以由极少或无需意识参与的生理反射来完成的。但这对人类来说简直是一种羞耻和浪费,因为对性的意识体验已成为性欲的根本。一个人在性交时睡着了,这会被人们当成笑话讲,但假若动物懂得语言,恐怕也不会理解这个笑话中的笑点,因为它们在睡觉时仍然可实现生育的目标,但对人类来说,在性生活中睡着意味着就失去了人所渴望的那种意识体验。

同样,在许多其他物种中也发现了归属需求,但在人类这里,意识体验通常是归属需求得到满足所必须的。爱情尤其如此,它是一种意识的状态。大多数现代人都相信,即使生活中其他一切都非常顺利,没有经历爱情的人生便缺失了人生完满的一个重要元素。

甚至食物和饮料都能昭示意识体验如何重新聚焦了人类的动机。表面上,在维持常规生计需要方面,人类与其他物种相似。但是更仔细地研究就看到,人们在意的不仅是获取足够的食物让身体活着,而是更想要获得吃喝美食的意识体验。如果你喝了一瓶价值500美元的葡萄酒,却因为全神贯注看电视比赛而没能注意到酒的价值,那你可能就会因错失品尝佳酿的珍贵体验而感到失落。但从生物学角度讲,这一抱怨和不满是没有理由的,因为你饮用了相同品质的饮料,也得到了相同的身体效果。

娱乐也表现出了各种动机,因为娱乐活动显示了人们会做些什么事情,此时他们并没有什么实用的或外部的需求让他们按某种方式行动。我曾用娱乐的例子来说明某些基本动机到底是什么。娱乐还凸显了意识体验的核心重要性。一部电影所包含的信息可以被概括为一段3分钟内可读完的文字,但是大多数人还是更愿意去看电影而不是去读文字摘要。控制渴望是有用的,因为它促使人们以能给自己带来实际帮助的方式去掌控环境。打台球或网球并没有什么实用效果,但是人们却喜欢这些活动,这是因为它们为人们带来了可以掌控事物的意识体验;即使将这些小球打来打去没有任何实际作用,人也可以不用球杆或球拍打球,而用其他方式更快、更有效地移动这些小球。

欲望是需要之源

动机理论会常常聚焦于一个简单的满足循环。你想要某个东西,得到它后,你就会有一段时间不再想要它了,直到这个循环再次开始。有时这被人们描述为一种压力模型:压力聚集起来,然后在到达满意的程度时被释放出来,导致一段时间里内部驱力减小,直到压力再次开始聚集。尽管这种观点有一定道理,但它并不完全符合人们的实际行为。一方面,很多欲望确实会在人们找到某种方式加以满足后减弱。这便是饥饿的简单模型:当你的身体不能进食时,饥饿感会越来越强,但是当你吃上一顿饭后,饥饿就消失了。另一方面,也有些看似矛盾的模式,朝相反的方向起作用。你得到的满足越多,你想要的就越多。相反,如果你不去满足该欲望,它反而会在某种程度上减弱。一些专家认为,即使进食也有这种情况。例如,颇有影响力的饮食营养师泰斗罗伯特·阿特金斯(Robert Atkins)博士宣称,人体对碳水化合物有种生理反应,当人们摄入更多碳水化合物时,人们对碳水化合物的食欲也会增加。[149] 他认为那些遵循低碳水化合物食谱的人,对碳水化合物的渴望则会逐渐减少。一些素食主义者也非正式地对肉食发表过相同的看法:禁肉一段时间后,他们就不再渴望吃肉了;而经常吃肉的人则对肉类的需要越来越多。更多的相似证据来自于厌食症治疗中所遇到的普遍挑战:忍饥挨饿的人会逐渐厌恶进食,因而很难引导他们恢复进食。[150] 如果饥饿仅按照简单压力模型方式运作,那么被剥夺食物的人们对食物的欲望应该变得更为强烈才是。

这些自相矛盾的模式尚未得到深入研究,因而也就没能被很好地理解。一种可能的猜测是,人类比其他动物具有更强的能力,这种能力使人能将跨越不同时间段的事物相互连接起来。正如我们前面所看到的,只有在行为发生后几秒钟内得到奖励,动物的某种反应才能被强化,但是人们可以将时间间隔更长的事物联系起来。因此,如果一个人最终得到了她想要的东西,那么这种想要某物的主观状态就会得到有效强化,这种猜测看起来很合理。如果你花了一个小时等待一个甜甜圈,那么当你得到它时,吃的快感就是对你的甜甜圈所需要的一种强化剂,因此,你很快就会再次感到那种需要。相反,如果你每天都想吃甜甜圈,但从来吃不到,这时这种渴望可能就会减少并消失。用术语讲,这是一种"需要反应"的消退现象。

无论如何,还有许多模式似乎都符合这一矛盾模式,即更高的满意度反而会导致更多的需要。有人报告说,在可以发生很多性行为的阶段,人们的性欲会变得更加频繁和强烈;而在性行为缺失的时期,性欲似乎反而变得微不足道起来。攻击性似乎对某些人来说是由习惯养成的,但没有参与过任何攻击活动的人并不会因此而失去它。电子游戏是人造的文化产品,有些玩家越玩就越陷入其中;而另外有些人长时间不玩电子游戏后,便再也想不起来玩了。甚至归属需求也表现出一些矛盾模式,至少在特定的依恋关系方面。在一起度过很长时间的人会建立牢固的依恋关系,甚至根本不愿分开;但某人一旦从你生活中消失,你对他的想念就会越来越少。

成瘾可能是矛盾满足效应的最明显表现形式。成瘾的标志之一是沉迷者越来越想要成瘾物质,似乎满足了的成瘾渴望只会导致比以往有更多的欲望。相反,理论上讲,严格的戒断应该可以减少渴望。在第六个月保持戒绝清醒通常要比在第一个或第二个月更容易。尽管人们通常将成瘾与毒品和酒精联系起来,但一些社会科学家还关注到其他行为的成瘾性并提出,多数人类动机都表现了相似的模式。斯坦顿·皮尔(Stanton Peele)和阿奇·布若德斯基(Archie Brodsky)在他们的《爱与迷恋》(*Love and Addiction*)一书中首先提出了这一论点,[151] 他们指出,恋爱中的人行为举止很像成瘾者——渴望与所爱的在一起人,一旦分离就表现出"戒断症状",不断寻求亲密关系中新的"高峰",等等。

因此,宗教禁欲主义或许真是建立在有效的心理学基础之上。世界各地的宗教鼓励人们放弃世俗享乐,以让他们顺利获得救赎。放纵欲望带来的可能是更强烈的欲望,而不是平静与满足,因此,克制放纵可能是消除欲望的最为可靠的途径。虽然在基督教神职人员(尤其是男性神职人员)中,禁欲主义理想没能普遍实现,许多证据表明,绝大部分牧师最终还是会实施手淫行为甚至与人性交。[152] 但这依然印证了,牧师受到性困扰的程度可能比那些有更全面性生活的普通男人要少得多。因此,上述牧师的例子并不一定与矛盾满足模式相悖,它仅说明禁欲成功充其量也只是部分的成功。欲望并没有完全消失,但欲望确实减弱了。性欲可能比其他众多欲望更难消除。

如果满足的获得确实诱导出了更多的需要,那么许多问题就需要重新加以思考了。色情制品是一个无害的发泄出口,甚至是一种重要的性爱形式,那它是否可以用来替代其他的性活动? 或者它只是用来挑逗起所有形式的性欲? 围绕着它的政策和道德是很有问题的。例如,许多人(包括我自己)现在找到了一种通向道德制高点的捷径,要公开反对任何的儿童色情制品,因为它们使儿童面临被伤害的风险。但未来很快就会有虚拟(即完全由计算机生成)的色情产品,不需要任何真人参与其中,因此,可以制作出没有儿童参与的儿童色情产品。但这种做法应该被允许吗? 一些言论自由的拥护者当然会说这是应该允许的,因为没人会因该产品而受到伤害。但是,如果儿童色情制品刺激了一些人与儿童进行性接触的欲望,那么这类虚拟色情制品造成的间接危害就可能会很严重。

内部和外部欲望

人类的欲望可以分为两大宽泛的类别:内在欲望(动机)和外在欲望(动机)。内在动机是指为自己的目的需要什么。相反,外在动机是指将需要作为实现其他

163

目的的手段。这个区分是由艾德·德西(Ed Deci)于 1971 年提出的,并随后引发了很多研究。[153] 德西很谨慎地提出了上述区分,以便使他发现的矛盾实验结果能够讲得通。在研究中,他让被试大学生执行几项任务,并因此给他们一些回报。然后他暗中地观察他们在无人看管时是否仍会继续执行这些任务(任务是做当时流行的拼图游戏)。那些因执行任务而获得金钱报酬的学生,似乎对业余时间做这些任务不感兴趣;而那些因此只受到口头表扬奖励的学生,他们的兴趣却并没有下降。德西提出,这是因为口头表扬强化了学生对任务的内在兴趣,而现金奖励却破坏了他们的内在兴趣。

可塑性是文化性动物的标志之一,动机的可塑性有几种形式。其中之一是对外部动机的易感性。人们可以学会渴望某种东西,但不是为了得到某种东西本身,而是因为这种东西会导致或带来什么。动物可通过经典条件反射学习有限的几种动机。在铃响声与食物一起出现足够多的次数之后,巴甫洛夫的狗听到铃声就会流口水,但这并不能表示狗已经变得渴望铃声。人类具有形成复杂的关联链和预见遥远结果的能力,这使我们有可能受到许多无法满足内在需求的事情的激励,因为我们可以预期它们会(甚至只是可能会)为我们带来确实想要的东西。

164 　　外在动机对人类很重要,但它在其他物种中却并不突出,也可以说它的完整形式属人类所独有。外在动机通常依赖于意义,因此,需要一个复杂的思维系统。你必须认识到一项活动会导致某些事物的出现,从而为了获得某事物可能带来的奖励,你会不断反复进行该活动。只有人类才完全有能力在心理上表征因果链条。

文化在很大程度上依赖于外在动机,因为文化需要各种各样覆盖广阔领域的行动,这些行动并不能直接满足生理需求,或许行动的每一步都无法带来良好感受。想一想枯燥的工作,选举中的投票、修剪树枝、遵守速度限制和回收垃圾等,所有这些文化活动都需要外在动机。人类比其他物种对外部动机具有更广泛的接纳程度,这种接纳性在我们进化成为文化性动物的过程中十分重要。一个文化生命必须能够受到外在的激励。如果人们只能做那些带给他们即刻、内在满足的事情,那么我们这个复杂的社会就无法良好地运转。

从这个意义上说,能被外在激励的能力是人类本质中重要而鲜明的特征。这可能反映出进化选择人类之后出现的一种特殊适应性,从而使我们成为了今天的我们。更可能的是,外在动机依赖于其他适应性(智力和意义),并构成了动机文化化的一个关键方面。文化教会我们不谋求事情本身,而是谋求事情之外的收获,让我们会因此而去做事情、甚至会期待事情。

此外，当内在动机和外在动机同时出现时，人们对外在动机会更为敏感，以至于外在动机可能优先于内在动机。你若付钱让人们去做他们本来喜欢做的事情，他们可能就会失去内在享受，而开始仅为赚钱而去做事了。这就是德西实验金钱奖励所带来的效应。德西指出，金钱的外在奖励使完成拼图这项任务看起来更像是一项工作，从而削弱了学生被试们乐于完成这项任务的意义感，而口头表扬则以某种方式强化了他们完成任务时所产生的有趣和令人满意的感觉。

实际上，外在动机的一个关键因素是奖励必须提前告之。如果奖励以惊喜的方式出现，如赞美那样，那么该奖励就不会减损人们的内在享受。[154] 对奖励的预期似乎会让从事活动的体验发生改变：标准的说法就是，"将玩耍变成了工作"。但是，当完成任务后再惊喜地得到同样的奖励，人们的内在动机就不会受到影响。这些发现表明了意义的影响，说明了为什么外在动机效果可能是我们这个物种要特别强调的。人必须找到某个未来的外部工作目标，才能够解释自己现在正在做的事情。

职业运动员就是这样的一群人，对他们来说，大笔外部奖励破坏了他们最初热爱和享受的运动。篮球明星运动员伊塞亚·托马斯（Isiah Thomas）曾感叹，尽管他的薪水高达数百万美元，并获得了无数奖项，但他还是失去了打篮球的乐趣。他承认，在业余时间里，他会绕着底特律开车到当地的公园，然后坐在车里，艳羡地看着孩子们恣意地打篮球。"我希望我能再次回到那里"，他带着怀旧感伤地回忆起"篮球完全无价"的时光，那时他可以玩几个小时，只是为了享受篮球的乐趣。[155] 雷吉·杰克逊（Reggie Jackson）是一位当时（1970 年代）年薪为 975 000 美元的棒球运动员，他也表达了同样的感慨，虽然没有那么伤感。当被问及为什么要打比赛时，他承认自己喜欢钱，但对比赛的热爱也很重要。他表示即使他只赚 15 万美元，他也会继续比赛。尽管每年 15 万美元的薪水对他来说几乎是九牛一毛，但对大多数人来说，那还是一笔不菲的薪水，因此，他愿意为这样一笔钱工作，也并不能证明他对比赛的内在热爱。

因此，要了解人们为什么会从事某种活动，必须要理解让他们去做这事的两种截然不同的动机。内在动机使人享受纯粹的愉悦，或为活动所带来的满足感而去完成任务；外在动机使人出于从事某项活动的报酬而去做事情。社会无法轻易改变人们的内在动机，这表明内在欲望往往深植于人性之中；相反，社会可以赋予或

165

者收回人们向往的各种各样的外部动机,例如金钱、威望、名声、监禁以及社会认可或谴责等。

这里有一个重要的临界情况,此时的奖励往往携带了有关个人能力的某种信息。当奖励认定你擅长于做某事时,似乎便会滋养出你的满意感和继续做下去的内在动机。[156] 正如控制动机那一节所述,人们喜欢做擅长的事情,他们享受和追求那些自己特别能胜任的事物,因此,当外在奖励含有能力信息时,它就支持了内在动机。外在动机有无能力信息的差别大致在于,前者是拿钱做事(如有保证的薪水或工资),而后者则是因做得好而拿钱(如奖金)。显然,文化也接受这样的做法:让文化性动物喜欢为符号奖励而做事,要特别指出,奖励是给予那些为符合文化价值观做事做得特别好的人的。

无论如何,人类对外部动机的易感性远高于其他物种,这对于在文化中生活可能是一种有益的适应。人类渴望许多不同的事物,包括许多无法直接让人产生愉悦感或满足感的事物。这种可塑性使文化具有了塑造个体行为的更大力量。

结论:它们如何融为一体

弗洛伊德的理论指出了动机的两个基础根源,它们相互对立,并在其冲突和随后的转变之中,为指导人类行动提供了所有的具体愿望和目标。但与此理论相反的是,近期的发现并没有找到太多理由使人相信,人类各种动机在任何形式的宏大体系中都融为了一体或共同发生着作用。反对弗洛伊德的意见则认为,欲望处于无政府状态,各种需要和欲望一个个都潜伏在心智之中,彼此或多或少地都在独立运作。如果这种观点成立,那么较之人类都需要互相连接的这一观点,它看起来就更具说服力。

但是,这些需要实际上并不能完全独立地运作。人只有一个大脑、一双手臂和两条腿,因而,如果这些部位都参与了寻求食物的活动,那它们就无法再去参与寻求满足归属的需求的活动。有时,对性快感的欲望会与自我保护的欲望发生冲突。这时人们就必须在继续追求爱情和保持自尊之间做出选择。

简而言之,人们必须要使用一些办法,给他们的动机排出优先顺序,以便在不同的动机同时大声要求获得满足时,可以先选择出其中的一个。针对这一问题最有影响力的解决方案是亚伯拉罕·马斯洛(Abraham Maslow)提出的需求层次理论。[157] 马斯洛将人类的需求和需要划分为五种,并且提出,人们在满足了较低层需求之前,不会继续向上去满足更高层的需求。

根据马斯洛的模型,最底层的需求是他动机层次中具有最优先性的需求,涉及身体对机体生存的需求,比如食物和水。再往上一个层次是安全需求,包括远离危险感觉安全的渴望。因此,如果两种需求都十分迫切,人就可能会为了食物而冒安全风险。如上述两层的需求都得到了满足,下一个优先考虑的便是归属需求和爱的需求。之后,是对自尊的需求以及渴望自我实现的最高(因此最难以被满足)需求。自我实现是指人类个体充分展现了自己的全部潜能,如进行创造性工作。

到目前为止,人们普遍认为马斯洛的动机层次模型太过简单,尽管它有一定的合理性。[158] 人们可以举出很多反例,比如"快饿死的艺术家",表明人们有时会追求更高的需求,即使较低层的需求并未得到完全满足。类似地,大量证据表明,在纳粹集中营里,囚犯尽管长期营养不足,且生活在时刻可能出现的致命危险之中,但他们却依然经常互相帮助和照顾。这些行为模式表明,社交动机可能与生理需求一样基本且影响巨大,而马斯洛的论点则相反,他认为社交需求只有在其他需求得到满足之后才会出现。甚至将更为简单的观点,即人的需求(needs,定义为生存所必需的动机)优先于人的需要(wants,所有其他的欲求),当作为一般性原则也是不成立的。人会以死亡为赌注选择财富,也会以婚姻为赌注选择浪荡,尽管归属需求和生存需求比金钱或性欲等需要更重要。

一些研究人员试图主要通过调查问卷的形式,对马斯洛的理论进行各种检验。研究结果反复表明,需求的层次结构并不成立。[159] 追踪研究也没有证明,人们会先满足下一层的需求,然后再去满足更上一层的需求。至多可以说,动机的确存在某些层次,但这些层级与马斯洛的模型在名称和顺序排列上也并不完全相同。

那我们就回到了欲望的无政府状态了吗?几乎是的。马斯洛的失误可能在于,他想提出一个适用于所有人的层次结构。他如果提出每个人都有自己的动机层次,不同人的各种动机排序并不一样,这样的观点或许可能会更妥当一些。一个渴望性猎奇的男人会面临足够大的风险,他可能因此而失去工作、名誉、婚姻甚至生命,而另外对性的需求不那么迫切的人就一定会避免这样的风险。为追求创造性的高远理想,一位艺术家愿意牺牲物质上的舒适感,例如金钱、食物和舒适的寓所;而也有人可能在历经一番艰辛后已经"身无分文"了,因此,便决定等赚了足够的钱,未来过上舒适的生活后,再去在周末做些艺术品创作。有些人会牺牲自己快速发展的职业前景,花时间养育孩子;而另一些人则会放弃生孩子,以致力于自己

167

的工作。在所有这些决策中,人们都将一种动机置于优先于另一动机的地位,正如马斯洛所说,但不是每个人都会做出相同的决定。

在马斯洛之后,出现了一种不同的性格研究方法,它依据人们各种动机的强弱来对人进行分类。有些人迫切渴望得到和使用权力,而另一些人则对权力无动于衷。同样,有些人寻求成就、自尊、归属、亲密关系等,而这些动机在其他人那里则较弱。本书不会为个体性格差异花费太多的篇幅,但是我们必须认可这些差异的重要性。就目前写作而言,它们为下面的问题提供了看似最佳的答案,即不同的动机是如何共存于同一心智之中的?有些动机确实要优先于其他动机,但是确切的模式会因人而异,取决于每个人对每种不同需求所产生的感受的强烈程度。

一个人的内部动机也可能不断地发生着变化。也就是说,同一个人在某些时候可能比其他时候更渴望成就、性或安全感。某些欲望在得到满足后可能会暂时消退,但其他某些欲望频繁满足后,则可能导致该欲望变得更加强烈和频繁,以致在很长一段时间内形成了成瘾模式。因此,每个人的动机层次应该被看作是动态而非静态的模式。

4

人如何思考

思考和交流对文化而言至关重要。文化建立在共同理解的基础之上，而共同理解不仅需要思考（为了理解），也需要交流（为了分享）。文化源于语言，部分是因为语言是思考和交流的有力媒介。在前一章中，我们从"人们需要什么，需求什么"这一角度来考虑动机，发现人类的动机与自然界中其他动物的动机没有根本的差别。但是，人类的思考则完全不同。

尽管如此，动机仍然是一切的前提，思考和情感都服务于动机。只有当人们对那些有助于自身生存和繁衍的东西心存渴望时，才能生存下去。但仅仅心存渴望还不够，人类还需要能够采取行动来满足自己的渴望，实现目标。人类的大脑是人追寻自己动机的一个非常好的工具；思考和感受的极致作用，就在于帮助人们实现自己内心渴求的目标。

史蒂芬·平克（Steven Pinker）[1] 很好地阐述了为什么思考服务于动机。在一些关于死亡题材的电影中，计算机变得比人类更聪明，并最终统治了世界。对此，平克提出，在现实世界中，计算机已经在很多方面比人类思考得更快、更准确，但它们并没有表现出统治世界的倾向。他问道，为什么计算机不想统治世界呢？因为计算机没有动机。它们想要什么？更多的软盘吗？不管计算机的思考过程多么完美，离开动机，它就只是一个工具。尽管思考和感受是有效完成工作的必备因素，然而成为一个能够独立、自主、自我启动的主体则始于动机。计算机没有自己的动机，它只是一种工具，等着人来使用。

世界（尤其是文化世界）很复杂，充满了各种信息，但能用的信息只占小部分，并且使用这些信息需要进行一定程度的理解和解释。只有小部分信息可以被处理。人类人脑需要从大量混乱的感官印象中提取出少数的关键事实。因此，大脑需要整理信息，筛除无关或无用的部分，简化信息（比如得出常态模式和普遍原则），存储有用的和重要的信息，然后在需要时提取出来。

以前，年轻人通过学习逻辑和哲学来学习如何思考。人们在学习这些学科时，需要花费相当大的努力训练批判性思考，建立论点与结论之间的联系，但这不是本章的重点。本章关注人们实际上是如何思考的，而不是他们应该或如何完美地思考。实际思考与逻辑学家严谨、受过训练的推理过程相似，但只是部分相似。实际思考包含很多捷径、单纯朴素的猜测、先入为主的结论、盲点、经验法则和其他曲解等。最初，心理学家们渴望证明人们的思考方式中包含了各种错误、偏见和谬误。这些学者很成功地证明了它们的存在，以至于其中一些人开始想弄清楚，既然人们的思考中存在着这些缺陷，那么人们又是如何度过一生，而且还要做各种各样的事情的呢？[2]

可供人们思考和理解的问题范围非常广泛，但人们的大多数思考多聚焦于其中的一小部分问题。人们对自身的思考超过了对其他任何问题的思考。这些思考的内容很丰富，比如，人们形成彼此间的印象、推断某人所作所为背后的原因、分析人际关系中的问题、讲述其他人的事、批评或赞美、说些八卦、消费与人有关的小说和影片以及其他更多的活动，它们都体现出了思考是人类心智用来探索和沟通人际关系的一个主要工具。人们有时确实还会将思考用于解决生活中其他技术或事物问题。比如，家里的马桶坏了，你想自己修理而不想找水管工，或者你尝试给一台新的录像机设置程序，或者你在一个陌生的城市里寻找方向等。但是，普通人日常思考中的大部分内容仍然都与他人有关。在第一章，我们提到了罗宾·邓巴（Robin Dunbar）提出的社会大脑假说。[3] 根据该理论，人类大脑进化得越来越聪明，其最重要的理由是为了使人能参与到社会群体和人际关系之中。当前，人类认知的现代研究用不同的数据证实了这个结论，即大多数人类的思考针对的都是社会与文化生活。

因此，人们主要用他们聪明的大脑去思考他人，包括他们之间互动背后存在着的大背景。这也印证了人类思考主要用于参与文化和社会活动这一观点。

人为什么要思考？

正如我已说过的，人类心智及其大脑活动是为动机服务的仆人：它们可以帮助主人们弄清楚自己想要什么。但思考究竟是如何做到这一点的呢？思考的具体目标和目的是什么？"思考是为了理解世界"这个答案过于宽泛和简单。尽管准确理解世界上所发生各种事情背后的模式和原则,是一个人们渴望得到且有用的目标,但是对真相充分和准确的理解,并不总是人们坚定不移追求的目标。寻找真相只是人们思考的原因之一,且不总是主要的原因。一个不容忽略的事实是,尽管纪实类书籍能够给人们提供更多信息,但其却不如虚构的小说销量好。如果人们仅仅是想要得到真相,就不会买这么多小说来读了。

与其简单地认为人类的思考是为了寻求真相,不如提出四个相互竞争的目的,而寻求真相只是其中之一。有些时候,人们确实是努力地想要正确认识世界,寻求真相。然而,在另一些时候,人们更喜欢一个特定的结论,而不是正确的结论。这种区别大致相当于把普通人看作一位业余律师,同时还是一位业余科学家。科学家试图找到正确的结论,而不管这个结论是什么。这至少是关于科学家的普遍认识。相反,律师的工作是为特定的结论提供最佳的例证。如果他们不这样做,就无法为客户服务。如果一名律师在出庭时表示:"在检查了所有证据后,我的结论是我的当事人有罪,根据法律,他应该被判长期监禁。"那么这名律师很快就会被踢出律师行业。虽然人们通常并不像律师承认的那样,自己只是想要为一个先入为主的结论寻找一个好的例证,但他们往往确实会试图证实自己所偏爱的结论。例如,人们会毫不犹豫地接受并相信那些可以证实自己偏爱结论的证据,而对那些否定自己偏爱结论的证据则要进行仔细地检查和批判。[4]

172

速度是思考的第三个目的。[5] 有时思考的最重要目标是在截止期限之前做出决定,无论什么决定都可以。例如,你去音像店租个电影时,通过仔细考虑店里的每一部电影、阅读影评、询问那些与自己品味相似的人的想法等方式,你就能够做出最好的选择。但这样做,你就无法及时在当天晚上(甚至不能在一周内)看完一部电影。你的目标不是去寻找绝对最佳电影,而是在 10 到 15 分钟内选出一个不错的电影。

思考的第四个目的是避免太辛苦或考虑太多。思考需要精力和努力。说得好听点,人类天生就想努力节省资源(不那么好听的说法是,人们心理上很懒惰)。不管哪种说法,目前都有充分的证据表明,人们会走捷径或通过其他一些方法节省精力。

这四个思考的目的塑造了大多数人的思考过程。很明显,这四个目的彼此不相容,所以它们会相互竞争以获得优先权。环境会促使其中一个占据优势。例如,人们只在需要自己付出很多、并且要对自己的决定负责时,才会花很多的时间去仔细和彻底地思考。[7]相反,如果人们没有足够的时间做决定,就会简化对多种选择和替代方案的考虑,而倾向于坚持最初的直觉、刻板印象和其他根深蒂固的态度,不再全面搜索有用信息。[8]

虽然这四个目标描述了人们的日常思考,但除了理解世界这一目标之外,它们都没有完全回答"思考的目的是什么"这一问题;而且我们已注意到,理解世界这一目标也无法解答关于实际思考的问题。科学家们认为思考是为了理解世界,但他们试图理解世界是出于职业需要,所以他们可能偏离了思考的日常目的。正如前面提到的,邓巴提出思考的进化目的是促进人们之间的互动。[9]他认为八卦可能是言语的主要目的之一:通过八卦,人们能够分享关于他人的信息,包括他人的缺点、过错和怪癖等。这可能有助于解释前面提到的看似矛盾的现象,即人们更喜欢阅读虚构的小说而非纪实类书籍。小说几乎都是关于人的故事,因此,构成了一种复杂的伪八卦。人们在阅读纪实类书籍时,也会更偏爱关于人的事情,比如传记、历史和心理学。这些模式也印证了人类大脑主要被用于处理关于人的信息这一观点。

自然让人类能够在复杂的社会和文化环境中学会如何妥协生存。为了做到这一点,人们努力学习什么地方会有陷阱、灾难或机会,还必须学会与人建立和保持社会关系,如联盟和家庭。为了成功做到这些,人们必须学会依据不同情境选择最佳的行动方式,但这是自然无法预先想到的,因此,人类也就不具有先天预设的应对方案,而只能不断地学习。在最坏的情况下,人们会通过自己的尝试与错误去学习。这种学习历程苦乐参半,是一种获得宝贵经验的方式。但是从他人错误(偶尔的成功)的经验中学习,则是更为温和且愉快的学习,关键还在于,后一种学习更加有效率且有效果。八卦是人们关于他人的谈话。在八卦中,人们倾向于关注其他人如何做了一些不同寻常的事情,特别是一些可能会带来不光彩后果的事情。相对于从自己的灾难经历中汲取教训,从别人那些不光彩的经历中汲取有用的教训显然更好、更令人满意。这使得八卦成为了宝贵的信息,甚至几乎具有了生物学上的珍贵意义。[10]

思考的文化差异

心理学最近热衷于研究大脑,这促使人们认为思考过程反映了大脑的固有结构,这意味着人类思考有着共同而普遍的模式。毕竟,在所有文化中,大脑的构成方式几乎都是一样的。相反,文化相对主义者早就断言,不同文化会导致人们形成完全不同的思考方式。在他们看来,他们有明确的证据表明,绝大多数思考都利用了语言和意义,因而不同文化便具有了不同的语言和意义系统。毫无疑问,语言是后天习得的,所以不同文化能够在很大程度上塑造不同的思考方式。再者,语言学习本身就很普遍,这使得很多人提出语言学习有一个天生的基础。[11] 而且,正如我们所看到的,抛开表面现象,不同语言之间的相似性大于它们之间的差异性,大多数语言都使用了相同的语法结构和相同的概念集。即使大脑天生就有特定的思考模式,为了适应它在参与文化活动时学习到的所有东西,它也必须重新调整自己。阅读(识字)就是一个有力的例子。[12] 自然选择不可能专门为阅读而设置人类的大脑,因为其他物种不需要阅读,而人类阅读也没有出现很长的时间,以至允许自然选择有时间去塑造阅读的大脑。大脑能够阅读只是一个幸运的意外。当人们学习阅读时,他们的大脑会以广泛的方式进行适应,从而囊括看文字、理解和存储信息所需要的各种的过程和步骤。阅读是文化参与活动,大脑必须足够灵活可变,以便让文化性动物能够进行阅读。

174

　　在各种文化中,人们大多数的日常实际思考在本质上是相同的,不过,文化差异仍然存在。研究者们近期在谨慎地开展研究工作,试图在思考模式上确立一些有限的、具体的文化差异。从某种意义上说,文化相对性的摩天大楼已经被拆除了,目前,研究人员正试图在它原来的位置上建造一些坚固的小平房。这一研究项目并没有那么雄心勃勃,但更有可能成功。

　　尽管如此,人们也需要记住,文化差异仅仅是文化重要性的一小部分。事实上,文化所具有的适应重要性恰好存在于不同文化的相似性之中。所有文化下,思考的广泛相似性都来自这样一个事实,即所有的语言都运行在相同的概念体系之上,而且大多数文化都必须解决相同的基本问题。然而,有时候并不存在着一个大家都能认可一致的最佳解决方案;相反,不同文化选择了一些不同的解决方案。性道德就是一个很好的例子:不存在一个管理一大群人的性生活的完美的系统,因此,不同社会在一个连续体不同的点上找到了不同的解决方案,从完全自由放纵、到宽容理解、再到严厉约束。然而,这些不同的解决方案并不意味着每种文化都是独特的;相反,可供选择的方法有好多种(例如,总体上的性自由或者严格约束),不同文化所选择的方案只是落在一个连续体的不同位置上。

　　因此,即使存在文化差异,重要的也不是每种文化的独特性。相反,文化差异意味着许多不同的文化落在一个连续体的不同位置上、甚至是落在二分体的两端。与理解人性关联最为紧密的是文化之间的相似性（即使一个群体与其他群体存在不同），而不是某一文化的独特性。

到目前为止，思考的文化差异的证据主要出自于对东方（亚洲）思考方式和西方（欧洲和北美）思考方式进行的研究。两者之间关键性差异在于，亚洲人采用整体式思考，关注事物之间的联系；西方人则采用分析式思考，关注孤立存在的特定实体。[13] 但这种差异只是侧重点不同，而不是被相互不理解的巨大鸿沟分隔开的完全不兼容的两种存在。差异始于人们不同的关注点，并逐步扩大为人们的不同理解和解释。

175

根据理查德·尼斯贝特（Richard Nisbett）及其同事的研究结果，[14] 思考方式的差异可能起源于社会组织的不同。西方文明深受古希腊人的影响，他们（古希腊人）发展了早期的民主、自由和个性的观念；相反，亚洲社会受到中国古代文明的影响，强调群体信仰。例如，所有人和所有社会角色都存在于一个相互依赖、互惠的社会责任结构之中，行动和决策来自集体努力，而不是个人。不同的社会组织孕育了不同的思考方式。如果说现代中国人和欧洲人的思考方式之间存在着本质区别，那就太过于极端了。这两种不同的思考方式只是侧重点不同，各有优势，也容易出现不同的错误和偏见。没有一种思考方式具有压倒性优势，就像一般性的权衡模式预期的那样，每种思考方式有自己的优点，也有自己的不足。我们来看看其中一些主要的差异。

认知过程始于注意，即人们所注意到的对象。在注意过程中，"东方人……看到的是整体，西方人看到的是局部"。[15] 东方人难以脱离背景去理解某件事或某个人，而西方人则更容易错误地认为个体完全自主，不受其背景的影响。东方人更容易注意到事物的共变，在某种意义上，他们能更快地觉察到同时发生的两件事。

东方人在知觉和理解他人行为时，不会像西方人那样低估情境因素的影响。也就是说，西方人倾向于根据人的内在因素，即特质、目标、意图和感受来解释其行为，将个人看作为一个独立的单元，而情境的影响往往被忽略。而东方人则低估这些个人内在因素，强调情境因素的影响。亚洲人倾向于认为因果关系非常复杂，不会轻易地排除掉可能的原因。尼斯贝特和他的同事们描述了这样一些研究。在这些研究中，他们给美国被试和韩国被试分别看一个包含一系列事实的侦探故事。研究人员要求被试指出哪些事实与解开谜团无关。被韩国人排除的无关事实远少于所需要的事实。在其他研究中,研究者先引导亚洲被试确信一些信息,之后再给他们呈现一些与已经确信信息相冲突的新信息,结果被试们并没有表现得很惊讶,这可能是因为他们在一开始并没有很快得出明确的结论。相对西方人,亚洲人在面对完全矛盾的信息时,也没有表现出很不安或惊讶。西方人有后见之明(即事情发生后总觉得自己事先的判断很准确)倾向,即是说,他们认为自己始终都知道一些事情,而亚洲人的这种倾向更是特别强烈。

我们将会看到,思考的一个重要任务是将混乱的信息组织好。组织信息的方式有很多种。亚洲人在组织信息时更注重联系和相似性,而西方人更倾向于制定规则和原则,从而形成抽象的类别。例如,"笔记本"应该和"铅笔"放一起,还是应该与"杂志"放一起呢? 亚洲人会选择铅笔,因为二者存在联系(用铅笔在笔记本上书写);美国人则选择杂志,因为二者都符合书面材料的范畴。

这两种倾向也产生了解决冲突和争端的不同方法。西方的个人主义方法将冲突理解为两个对立实体之间的冲突,并试图在正义和价值观这样抽象原则的基础上确定哪一个是正确的。相反,东方的方法是将明显对立的实体视为整体的一部分,并试图找到一条"折中路线",即通过寻找双方的优点来避免冲突。美国的人均律师人数远多于亚洲,这就不会令人感到奇怪了。根据尼斯贝特等人的叙述,亚洲人更喜欢根据每个事件本身的具体情况,通过协商和谈判来解决每一个冲突,而美国人则倾向于寻找其他判决所确立的一般原则和判例来解决冲突。此外,当东西方相遇时,一个持续的冲突来源是,西方人认为合同一旦达成就不可更改,而东方人则认为随着环境的变化,合同可以不断修改。例如,如果我们双方签订了一个合同,你将以一定的价格为我建座房子。但后来你的人工成本和材料成本增加了,我(作为一个美国人)预期合约价格将保持不变,额外增加的成本是你的问题,但你(如果你是一个亚洲人)则可能会认为需要根据实际的情况来调整价格。

人们普遍地认为,日本制造业能够高效地生产高品质的产品,但缺乏创造性。然而,这种品质与创造性分离的看法也可能令人误解,因为有一些证据表明,创造性的概念也依赖于文化。西方人把创造性理解为开发一种全新的东西,因此,彻底的创新是创造性工作的本质。相比之下,亚洲人认为对已经存在的东西做些小改进也能体现创造性。[16] 因此,不难发现,激进的、开创性的创新往往起源于西方,但它们会在东方得到改进和完善。

因此,这方面的研究明确了关于思考的一系列文化差异。这些文化差异表现出一致的主题(整体性与分析性)。虽然这些差异只是一个连续体上的不同侧重点,而不是完全不同或相反的思想形式,但这些差异毕竟足够大、也足够一致地存在着,因此,必须受到认真的对待。不过,我们也不能夸大差异。例如,在关于"笔记本"是与"铅笔"还是与"杂志"归为一组的研究中,西方人和东方人对这两种分组方式都很理解,只是表现出偏爱这种或者那种分组方式而已。

177　　　今天,绝大多数文化心理学家都把重点放在比较东西方文化上,因为这两种文化间存在最可靠的差异,而其他文化间的差异可能要小得多,除非是那些少数规模小、相距遥远的群体。中国人和美国人的思考方式不同,但不应期待德国人和奥地利人之间,甚至加拿大人和西班牙人之间在思考方式上也存在着类似的差异。而且,本节所强调的差异多存在于二分体两端之间单维的连续变化点上,因此,没有简单明确的方法去区分第三种文化系列(如非洲文化或澳大利亚土著文化),在它们与东、西方文化之间找出有意义的差异来。与其说所有人类思考都依赖于其自身的文化背景,所以在全球范围内可以找到数十种(乃至数百种)截然不同的思考方式,还不如说只存在着两种主要的思考方式,它们强调着不同的事物。

思考概述

人们可以获得大量的信息。根据自己的需求,人们会选择其中一部分进行加工处理,并存储一些信息以备将来之用。对信息进行有意识的思考很重要,但是大量的信息处理也会发生在意识之外。心智似乎在两个层面(有意识层面和无意识、自动的层面)上运作,两套系统遵循着不同运作原则,各有各的优势。人们的智商水平各不相同,而智商似乎是系统整体效用的最佳描述指标。也就是说,聪明人比不那么聪明的人能够更快、更准确地完成一整套思考操作。当然,这些差异也是相对的:与大多数其他物种相比,最不聪明的人也仍然非常聪明。

心智的第一个任务是对大量可用信息进行整理,从中选择要集中注意的内容。多种因素影响着注意的过程,这包括个人的期望和动机以及环境中的各种模式。然后人们会对这些信息进行分类和简化。为了有效地分类和简化,人们通常需要利用已有的知识,所以记忆会参与到新信息的加工处理过程中,先验知识会使当前的信息处理过程更加丰富。你对某件事知道得越多,就能越充分地(同时也更有效地)处理每一条新信息。价值判断、因果推论和其他解释可能有助于新信息的分类过程;解释后的新信息会被存储在记忆中。

人们可以完全依赖存储在记忆中的信息进行推理，也可以将新信息和记忆中的信息合并在一起，再进行推理。推理由意识过程（例如遵守推理规则）组成，意识过程又由大量无意识的加工过程所支撑。例如，评估一个行为是否合乎道德可能是一个有意识的过程，但是进行分类和记忆搜索的大部分过程可能都是无意识的，甚至道德判断也可能受到无意识因素的误导。

信息容易受到多种偏见和歪曲的影响。人们想知道真相，但对于"真相到底是什么"又持有自己强烈的偏见，从而会有意或无意地歪曲新信息，使其符合他们自己的偏见、期望和偏好。在自我认知和其他与个人需要和需求高度相关的问题上，人们的偏见尤其显著。此外，由于心智倾向于走捷径来简化任务，而这些捷径（尽管大多数时候是准确的）增加了出错的风险，这也可能会导致错误。

大多数复杂的思考依赖于语言和意义。各种思考并不是在人类大脑内部创造出来的，相反，它们常常涉及整个文化社区所共享的概念系统，而这些基本的概念系统在不同的语言和文化间只有细微的变异。比如，推理受到逻辑规则的约束，这些规则不是由个体大脑所发明的，而是像客观事实一样被群体发现和学习的。在学习如何思考时，个体大脑发展出了一种能力，使个体能够利用社区群体都在使用的系统。

智力

与其他物种相比，人类似乎很脆弱。人类没有锋利的牙齿或爪子可以把敌人撕成碎片，也没有毛皮或坚韧的外皮，只有相当娇嫩的皮肤，来保护重要的内脏免遭割伤和刺伤。人类跑不过老虎和短吻鳄，爬树也比不过猴子和熊。尽管有这些不足，但是人类仍旧主宰了地球。那些可以满足人类需求的动物，如牛和狗，以一种被人类认可方式进入人类的世界；那些会威胁到人类生存的动物，如老虎和熊，则被人类关进动物园或赶到偏远的地方。只有昆虫跟得上人类的步伐，但也几次被人类打败过。在改造自然环境方面，人类的成就无与伦比。

人类主宰地球靠的并不是强壮的身体或锋利的爪子，而是最强大的生物武器：文化。通过分享信息和知识，互相交流，继承前人的智慧，集体协作，人类相对快速地超越了所有其他物种。

文化需要许多东西支持，其中就有智力。人类的两个巨大优势，即问题解决和社交，都需要智力的参与。尽管当下流行观点是，每个物种都有适合自己的位置，

178

179

物种间智力的比较毫无意义，但是一些思想家仍然愿意强调如下明显的事实：与其他已知物种相比，人类能够进行更复杂、抽象、聪明的思考。[17]

但智力究竟是什么呢？尽管专家们对智力的定义尚未达成一致，但已经确定了一些共同的主题。智力指的是心智能力，它使人们能够快速准确地处理信息，学习并记忆信息。它也提高了人们的问题解决能力，有利于人们识别模式和因果事件（谁依赖于谁）。智力催生了抽象思考，不同于大多数其他动物，人类因此得以摆脱此时此地的束缚，能够计划、想象、分析，能以其他方式处理彼时彼地的信息。这使得人们能够积累大量的知识，并在需要的时候提取和使用。

智力的价值不仅仅体现在人类与其他物种的竞争上，在社会和文化生活中，特别是在人与人的竞争中，智力也会带来优势。聪明人在许多明显的方面做得更好些，比如在学校取得好成绩；但在一些不太明显的方面，聪明人也做得更好，比如避免犯罪和保持健康。在被研究过的几乎所有职业种类内，包括门房和服务员等，聪明人都比不聪明的人表现得更为成功。[诚然，作为出色的橄榄球四分卫和后来的电视评论员、也是橄榄球界的聪明人的乔·泰斯曼（Joe Theisman），曾公开质疑智力与橄榄球的关系。他说："在橄榄球界，没有人能被称为天才。天才是爱因斯坦那样的人。"]这些差异模式证实了智力是最好的万能心理工具这一观点（也许能与之匹敌的只有自我控制能力）：智力水平高的人最终会比智力水平低的人生活得更好。

与其他主要的心理特征相比，智力测量更准确、更可靠。人们在 20 世纪初期就开发了智力测试，并在整个 20 世纪对其不断改进。虽然有时候，人们会批评这些智力测试对某些群体不公平（因为没有准确测量他们的智力），并且使这种不公平的现状合理化，[18] 但开发智力测验的初衷却是为了给弱势群体创造机会，减弱上层阶级的优势。在这场运动中起带头作用的两个机构是学校和军队。传统上，这两个机构都把最好的职位留给富有的上层阶级。事实上，在欧洲历史上的连续几百年里，陆军和海军的所有军官都出身贵族，有时候军官的位置需要用钱买（因此穷人被排除在外）。类似地，来自富裕家庭的学生才能进入最好的学院和大学，因为他们付得起学费。智力（IQ）测试的目的是帮助学校识别出那些出身中下阶层、并且可能会从教育中获益的学生，或者帮助军队识别出那些足够聪明、可以在其他方面发挥作用的新兵，避免他们被无谓牺牲掉。

智力是一种单一实体，还是许多互不相关的独立能力的总和？常识指向后者。

我们都知道,有一些人可能在高等数学方面很有天赋,但到了杂货店周围就迷路;或者一些人能对一些模糊的问题提出有见地的理论,却记不住别人的名字;再或者某个人拥有丰富的词汇量,却算不清楚账单。美国入学标准化考试被用于评估一个人是否足够聪明,能否在大学里取得成功。这个测试结果会给出三种不同的分数,即语言、数学和分析推理测试分数,这三个分别给出的分数意味着人有着互不相关的独立能力。

然而,研究数据一直在反对不同能力互不相关这种常识。生于1863年的英国心理学家查尔斯·斯皮尔曼(Charles Spearman)被公认为是下述发现的功臣。他注意到所有的智力测试都相关联——换句话说,一个人往往在所有测试中得分都很高,或者得分都很低。他提出,所有不同的智力和测试背后都存在着一个共同的因素,他称之为一般智力或 g。的确,特殊能力中也有一些变化独立于 g,但 g 总是会浮现出来。在斯皮尔曼生活的时代,当时的统计方法与现在的统计方法相比还相当原始,他能够注意到这种相关性是非常了不起的。事实上,他的 g 理论促进了新的统计方法的发展,这些方法可以用来发现许多不同测试背后的单个因素。

无论如何,最重要的结论是,智力主要是一个单一的、首要的因素。[19] 所有的心智能力在某种程度上都相互关联。这种联系并不能消除这样一种印象,即有些人在某些事情或某些领域中特别聪明。但这些其实都是总体智力特征之中显示出的小变化,比如上面例子中提到的数学天才,只要他花点时间琢磨一下,肯定也能找到杂货店的位置,而且可能要比一般购物者找到得更快些。

一些专家试图通过增加一些能力来扩展智力的概念。雷蒙德·卡特尔(Raymond Cattell)区分了流体智力和晶体智力,[20] 用以解释为什么一些科学家在四五十岁时才做出他们职业生涯最好的工作,尽管他们的智力在青年时期已达到顶峰,到四五十岁时候已经衰退多年了。流体智力指的是理解新材料和解决不熟悉问题的能力(因此与 g 最接近);晶体智力则由一个人已经学过的东西组成,包括处理特定类型问题的技能和知识。流体智力确实在青年期达到顶峰,但晶体智力则可以在此后的几十年里持续提升。

IQ 测试不能衡量创造力,这就导致了一些权威人士,比如罗伯特·斯滕伯格(Robert Sternberg)[21] 提出创造性智力这一概念,它包括提出新想法和处理新奇、不熟悉的情况。斯滕伯格还提出了实践智力,它包括有效应对日常问题和社交世界的能力。他举了一个的例子以说明实践智力。一个人热爱自己的工作,但讨厌自己的老板,这些相互矛盾的想法让他感觉很糟糕。这时有猎头问他想不想换工作,他觉得非常为难。但他想到了一个好点子:把老板的名字告诉猎头。不久之后,老板就被另一家公司挖走了。这样,这个人既保住了自己的工作,同时又摆脱了那个令他讨厌的老板。

教师和初为父母的人认为他们能提高孩子的智力。但迄今为止,几乎没有证据表明有任何方法能有效提高智力。我女儿出生时,我很想知道我能做些什么来让她变得更聪明。她是需要听莫扎特的奏鸣曲,听外语的录音带,看"芝麻街"的电视节目,还是需要使用有教育意义浴缸玩具呢?我向几位专门研究智力的同事请教如何才能充分提升女儿的智力。他们都以几乎相同的方式回应我:先同情地看我一眼,然后犹豫、微笑或做个鬼脸,再说一些类似"尽量别让她摔伤头"之类的话。这个建议并没有多大用处,因为我的养育计划里已经包括了尽量避免孩子头部受伤或脑损伤。

但我的同事们只是按照研究结果给我建议。没有明确的证据表明孩子抚育过程中的特定的做法能够长期提高智力,除了很多模棱两可的发现。例如,父母家里的书越多,孩子长大后就越聪明。也许书能提高孩子们的智力。然而,更有可能的是,聪明的父母买了更多的书,而不太聪明的父母没有读那么多书(或根本不读书)。然后,聪明的父母把聪明的基因传给下一代,孩子就更聪明。这些书是指这个家庭智慧传承的表现,而不是原因。[22]

一些项目,比如早期教育计划,已经被证明可以显著提高智力,甚至可以将 IQ 测试的分数提高 15 分(统计上达到一个标准差)。但不幸的是,只有当孩子待在早教班时,这样的提升效果才存在。也就是说,参加早教班的孩子确实比其他同龄的孩子智商高,但早教班结束一两年后,他们的智力与其他孩子就没有区别了。这就是所谓的淡出效应。一般来说,以特定方式对待孩子可以在短期内提高孩子的智力,但不能长久保持。同样地,在智力上,那些被收养的孩子与他们的养父母倾向于有很小的相似度,然而,一旦他们搬离了养父母家,这种微弱的相似会变得更小,甚至消失。[23]

有大量的数据支持基因遗传对智力的影响,尽管很多人可能不希望看到这样的结果。据目前的估计,遗传可以解释智力得分上 40%—80% 的变异。[24] 被收养的孩子的智力得分总是与他们亲生父母更相似,而不是与养父母相似。分开抚养的同卵双胞胎比在同一个家庭中抚养的异卵双胞胎或兄弟姐妹在智力上更相似(但一起长大的同卵双胞胎更相似）。[25] 假设某个研究人员能证明，父母做一些特别的事情能提升孩子的智力，并且这个提升能永久存在，那他一定能因此收获声望和财富，但到目前为止还没有人能够证明这一点。

尽管对于父母来说，在提高孩子智力方面并没有什么有效的做法，但有一些做法却会显著降低孩子的智力。[26] 虐待、性骚扰或饥饿等都可能导致孩子智商降低。环境的消极影响大于积极影响。这也反映了心理学的普遍规则，即消极因素比积极因素的作用更大。[27] 但幸运的是，只有极少数极其糟糕的父母才会有这种破坏性的做法，普通或良好的抚育所达到的效果能让孩子的智力水平达到基因允许的上限。

什么使得智力成为了一种有用的工具？显然，智力可以帮助人们解决问题，获得某些重要问题的正确答案。它也能让人们识别出周围环境中的模式，从而发现重要的趋势和发展前景并发现普遍原则。即使是在相当简单的心智任务上，聪明人的反应也比其他人更快。[28] 这也表明，心智作为一个整合系统，要全部动员起来一起工作才能彰显效果，因此，聪明人能够比其他人更好地协调各种心理任务和心理操作。[29]

183

智力是一个万能工具吗？

前面的内容表明，智力可以有效提高人们在完成各种任务和工作时的表现。在被研究过的各行各业，聪明人都比不那么聪明的人表现更好。人们应用智力可以解决各种各样的问题。这表明，智力是一种很好的万能工具。然而，也有一些证据表明，智力的进化目的并不是成为一个万能工具；事实上，进化一般不会推动多用途机制的发展，而是针对特定的问题进化出特定的机制。因此，智力可能是为了解决某些特定问题而进化出来的，这些特定问题对文化性动物来说非常重要。[30]

进化心理学家勒达·科斯米德斯（Leda Cosmides）和约翰·图比（John Tooby）为此提供了一些重要证据。[31] 他们提出，大脑中负责思考的结构是专门为处理社会互动问题而进化出来的，而社会互动是个体参与文化的必备条件。陌生人之间的互动体系要求人们扮演好自己的角色，贡献自己的力量；但有机体天生的自私可能会诱使一些人试图利用群体获得好处，自己却不做足够的贡献。因此，根据科斯米德斯和图比的研究，高级的社会大脑（文化大脑）很可能就是用来特别监视这些作弊者的。

他们在研究中使用了一个经典的推理问题,即沃森选择任务。[32]这个任务要求受试者通过核查 P、非 P、Q 和非 Q 的情况,去检验"如果 P,那么 Q"这个逻辑规则是否被违反了。在一个形象的例子中,逻辑规则是"如果有人喝啤酒,那么他或她必须至少 18 岁",受试者要说明下列情况中哪些需要加以核查:喝啤酒的人、喝汽水的人、一个 25 岁的人和一个 16 岁的人(这里,P 指的是喝啤酒,Q 指的是至少 18 岁)。该问题更抽象的一个版本是,"如果一张卡片的任何一面有一个 D,那么另一面就有一个 3"。每一张卡片的一面有一个字母,另一面有一个数字。参与者看到四张卡片,分别写着 D、R、3 和 7。

184

逻辑上正确的答案是 D 和 7。两张中的任何一个卡片都可以被翻转来,检查一下是否出现了违反规则的 D-7 配对,就像未成年人饮酒问题的例子一样,要得到正确答案就要去检查人是否在喝啤酒以及人是否只有 16 岁。许多研究人员都用过沃森选择任务,通常大多数被试都会做错,特别是当任务是以抽象的形式呈现出来时。然而,当科斯米德斯和图比在研究中加入未成年人饮酒这个形象的例子时,突然间许多被试都答对了。对此现象的一种可能解释是,被试对喝酒例子中的问题更为熟悉;另一种可能的解释是,相对于做抽象推理问题,大脑能更有效地发现违反群体规则和寻求非法利益的人。为了区分出这两种可能的解释,科斯米德斯和图比也检验了这个任务的各种其他版本,比如使用涉及食物和饮料的问题例子。学生被试对这些问题应该都很熟悉,因为他们每天都需要吃喝。

这些研究都支持了思考特别适合于发现作弊者这一结论。在最令人惊讶一个研究里,科斯米德斯和图比比较了两个相似、但 P 和 Q 位置相反的推理问题。一个问题的规则是"如果你得到了好处,那么你需要付出代价",而另一个问题的规则是"如果你付出了代价,那么你会得到好处"。实验被试的任务是通过核查下列四种情况中的任意一种:得到好处的人,没有得到好处的人,付出代价的人和没有付出代价的人,审查是否有人违反了规则。上述两种规则审查得出的正确答案不尽相同,但被试在进行审查时,都会寻找到那些可能获得了好处、但没有付出代价的人。

这些研究及其他类似研究的结果得出了一个重要的结论,即大脑在使用推理解决各种各样的问题时,即使问题具有详细的逻辑结构,它也并不都做得那么有效。[33]相反,人类的推理似乎是为了解决特定类型问题而准备的,特别是关于违反了社会互动基本规则的那些问题。换句话说,人类的心智似乎天生就不是为了找出逻辑谬误,而是要找出骗子。这十分肯定了如下的观点:人类心智的进化是为了让人们更好地参与到基于社会互动的文化体系之中。

意义和语言

前面的内容阐述了智力的好处,但如果不是为了意义和语言,智力所能做的也不会有那么多。意义和语言极大地提高了人类理解事件、控制世界和追求目标的能力。当然,意义和语言亦是构成文化的基本要素,所有人类文化都基于语言和意义。因此,心智内在过程(如此处讲到的智力)的价值与文化社会的生活密切相关。

185

我们前面曾讨论过,大多数语言都利用着差不多相同的由概念和观念构成的概念集。在大多数情况下,每种语言都能够表达出同样的观念。因而,这个意义集一直存在在那里,等待那些足够聪明的生物来利用它。人类智力的一大优势是它足够聪明,从而能够触及到这个观念共存之集。与此同时,植根于能可靠发出各种各样声音声带的人类语言能力也表明,人类的自然设置使人类能够进行有意义的交流。

意义和语言体现了文化的力量,展示了文化在自然之上所添加的东西。它们还揭示了当前流行观点的错误,即人类的思考都可以还原为大脑的活动。像史蒂芬·平克(Steven Pinker)这样支持神经科学的人就喜欢宣扬这样的观点,即人类的思考只不过是脑细胞的放电活动。人在思考时,脑细胞的确会放电,但"仅此而已"的论断正是这些还原论者的错误之处。思考不仅仅是脑细胞的活动。人类的思考通常会使用语言和意义,二者都是并不存在于大脑之中的社会现实。

借用认知心理学最喜欢的比喻——计算机,可以更好地理解上述这种区别。从 20 世纪 70 年代(也许更早)开始,一种流行的观点便是将大脑比喻成计算机。计算机对信息进行各种加工,包括存储、删除、识别、分析、比较、组合等。计算机内部的电活动类似于脑细胞的放电(也是一种电),尽管两者并不是以相同的方式启动的。

文化,连同它的意义和语言,就像互联网一样。如果说人类思考存在于大脑中,或者只不过是脑细胞的电活动,那就等于说互联网存储在计算机里,或者说互联网只不过是计算机的电活动而已。但事实却完全不是这样。联网的计算机和没联网的计算机有很多区别,即使它们的品牌和型号完全相同。两台完全相同的计算机能够完成相同的操作,但是联网的那一台用途更为广泛,可以完成更多的工作。在联网计算机内部发生的事情——类似大脑中产生的思考——比没联网的计算机要丰富得多,也复杂得多。同样地,较之与文化毫无联系的大脑,与文化相连接的大脑则能产生更多、更好的想法。

186　　　　大脑中的细胞就像计算机的电路一样,可以表征意义。也就是说,它们可以用一种特殊的模式表达意义。意义本身既不是物质实体,也不包含在大脑或计算机里。大脑通过人类参与文化,但没有文化,大脑只能完成有限的事情。大脑利用从文化共享空间中获得的意义——一种非物理现实,构成了人类思想。这正是大脑的功能。

　　　　意义和语言至少能给思考带来三个重要的好处。由于这些好处,大多数人都用文字思考(而不是利用图片或其他媒介进行思考),即使存在着少数利用图像进行的思考,其背后也有语言的作用。

　　　　用语言思考的第一个好处是,人便能从此时此地中解放出来。借助语言和意义,人们可以思考未来发生的事情、远方的亲人或者过去做出的承诺等。老鼠或昆虫基本上都活在当下,它们只能基于自己的视觉、听觉和味觉做出反应。语言还使人们能够从他人的视角观察当下,看到一些隐藏的事实或者想象没有发生的事情。这种能力对于人们摆脱束缚十分有益。例如,没有语言的动物无法懂得,应该保留今年的一些收成,以用于明年的播种,它们只要饿了就会吃掉玉米种子。虽然它们在短时间内会因此感觉良好,但明年就没有东西可种了,也就不会有任何收成。尽管许多物种都以植物为食,但人类是唯一从事农业生产的物种,这种情况绝非偶然。

　　　　这种超越当下的能力极大地扩展了人们控制世界的能力。人类不会像狗或松鼠那样被眼前的世界所束缚,而只是会把当前的状况看成一种可能。人们会将当前状况与理想或标准状态进行比较,也会考虑用其他系统来替代当前的系统。

　　　　用语言思考获得的第二个好处是可以根据意义的固有结构处理信息。人们应用抽象推理、逻辑、数值计算、统计建模和其他形式的信息处理加工,能够得出那些仅使用图像思考的人们无法得出的结论。通过使用代数和三角函数,人们可以建造一个更好、更可靠、更耐用的桥梁或大坝。如果不能使用这些思考工具,人类的建筑就会和海狸建造的东西差不多,通常会在一次暴雨中被冲走。即使在个人决策中,人们也可以运用理性分析、道德原则和其他形式的思考,这些思考超越了问题本身和个人意愿。

187

　　　　语言思考带来的第三个好处是社会交流。如第二章所述,人们可以与他人讨论信息,因此,可以共享、汇集、核查和积累知识。虽然没有人能完全掌握与现代飞机工作原理相关的全部知识,但人类仍然可以造出很好的飞机——因为不同的人了解飞机的不同部分,他们可以一起合作造出一架飞机。人们在一起讨论错误并提出不同的见解时,错误就可能被纠正。人们学习新知识,记录下来,再传递给下一代,这样每一代人都不必重新解决所有相同的问题。相反,每一代人都能继承上一代人留下的东西,并增加更多的知识。相对于其他物种,这种知识的积累是人类的显著优势。无论一个人多聪明、多努力,如果一切都要从头开始,那他就无法走远。

人类智力显然是与意义和语言一起协同工作的。使用语言的能力(即使采用词汇量大小这个简单的衡量指标)是区分高智商人群和低智商人群的一个标志。语言运用需要一个相当复杂、聪明的大脑。从这个意义上说,大脑是语言的先决条件。另一方面,一旦大脑的发展水平可以满足语言运用的要求,语言反过来也会显著提升大脑的能力。就这个意义讲,语言是大脑发挥自身潜力的先决条件。

语言并不是人类独有的。某些其他物种也表现出一定程度的交流能力,一些非人类动物甚至能学会少量的人类语言。这表明大脑的语言能力并非全或无。因而,如果看到狗学会了一些词汇或者黑猩猩掌握了手语,我们也不必感到太惊讶。狗可以学会相当数量的单个词的命令,但它们通常不能整合想法,所以它们的思考仍然是粗糙和具体的。黑猩猩可以学习更复杂的语言,甚至是最基本的语法(目前对这个问题还存在着争议),但它们并不会使用这种语言互相交流,或者用其来解决抽象问题。人类思考的非凡能力不仅在于拥有文字和符号,更在于能够将这些文字和符号进行各种不同的组合,从而构建出极为丰富的思想。

意义的本质是联结。意义将事物联结在一起。"花"这个概念将各种各样的植物联结在了一起。句子和段落这些更复杂的意义单位将不同的概念和观念联结在一起。意义的自然比喻就好像是一张蜘蛛网,它联结起各种事物,而这些事物又依次联结起更多的事物。

188

意义的另一面是区分。"花"的概念不仅将所有花联系在一起,还将花与世界上的其他事物区分开来,比如山、树、熊、蔬菜或垒球比赛等。

因此,最简单的思考形式涉及基本的功能:区分或联结。即使大脑很小、智力有限的动物也能学会一些关联,这些关联本质上就含有一种联结和一种区分。巴甫洛夫(Pavlov)早期著名的实验表明,狗(虽然远不及人聪明,但也并不是愚蠢的动物)能够学会一些简单的关联。如果一只狗在喂食时间总听到铃声,那么当铃声响起时,即使没有食物,它也会很快开始流口水,因为它已经把铃声和食物联系在一起了。犬类的思考只能完成这些简单的联想,但人类的思考则可以达到相当复杂的地步。

人类的语言学习是个令人惊叹的过程,虽然人们习惯于认为它是理所当然的。米勒(Miller)和吉尔(Gildea)在一篇著名的文章里描述了一个婴儿,他一开始学说话就取得了十分显著的进步,这比人学会第二或第三语言更令人惊讶,因为人在学习更多语言时已经掌握了一种语言,这时新的词汇就可以依照原来语言进行翻译或解释。词汇量本身就已经非常惊人了。即使我们把每组单词(例如,write, writing, written, writ, written, writing, writer)都算作一个单词,那么美国高中生的平均阅读词汇量约为 4 万个,再加上人名、地名和习惯用语,这一数字将增加一倍,达到 8 万个。在 16 年里学习 8 万个单词意味着,一个成长中的孩子每年要学习 5000 个单词,或者平均每天学习 13 个新单词,就这样日复一日、年复一年学习着。但这还不是最让人惊讶的地方,米勒和吉尔指出,大多数语言学专家一致认为,人类掌握语法的速度较之词汇学习的速度要更加令人啧啧称奇。

语言的基础是使用声音或者其他本无意义的表达去将事物加以符号化。因此,它是从联结开始的:一种声音联结某一实体。一块由细柱子支撑的木头平面在英语中被称为 table(桌子),在德语中被称为 tisch,在西班牙语中被称为 mesa。声音是一种任意的主观符号,但桌子却是真实的,类似声音与桌子之间的符号联结便成为了语言的基础。

不仅仅是单个符号,而是多个符号的组合,才真正促使人类思考得以发挥其潜力。当你想要一张桌子的时候,并不仅会简单说出"桌子"这个词,你还可以买一张定制的、橡木搁板支架的 L 型桌子,把它恰好放在家里某个特定角落,用于特定的用途。

其他一些动物也会时不时地将一两个符号组合在一起。但是,组合符号的真正力量依赖于语言,而语言只存在于心智共同体之中。不管你有多聪明,只有当你成长于一个拥有共同语言的社区时,你才能掌握语言。正是因为置身于推动智力使用意义和语言的文化之中,人类的思考潜力才开始得以实现。要实现这一点,人们必须要能够认识到,他们彼此之间非常相似,因此,相互间才可以共享心智活动和意义。这就引出了下一个关键议题。

融入群体

将人类看作为文化性动物,就意味着自然将人类设置为一种需要融入群体的动物。成为文化性动物的前提是,人们要意识到属于某个群体,群体成员与他们自己一样都拥有相同的心智,彼此间能够共享观念。这一点至关重要,可能就是人类功能的独特之处。

人们(特别是心理学家)常常对那些人类小孩被狼抚养长大或者在很长时间没有与人接触而生存下来的故事产生极大的兴趣。[36] 当这些孩子最终与人类接触时,他们通常都无法成长为正常的人。一些研究人员由此得出结论说,童年时期的经历对人的正常社会化至关重要,一旦这些关键发展时期错过了,人们很可能无法再学会社会化。另一些人则得出结论说,一个人可以在不与他人接触的情况下生存和长大起来。不幸的是,这些孤立的案例很难被解释。尤其是,这些孩子最开始很可能被发现是自闭症儿童,这才导致了他们被家人抛弃,因而解释了为什么他们可以在没有与人接触的环境中生存,以及为什么他们难以适应将他们从野生状态"解救"出来的人类社会的生活。对于大多数正常的人类儿童而言,不与人接触是难以忍受的,即使是几个小时也不行,更不用说几年了。

萨特(Jean-Paul Sartre)在《存在与虚无》(*Being and Nothingness*)一书中有一段著名的文字,暗指"目光"(the look)是人类意识和自我意识的决定性原因。[37] 他所说的"目光"指的是这样的体验:一个人正看着另一个人,同时知道这个人也正在看着自己。当两个人的目光相遇时,每个人都会立刻而直接地意识到,他们心智之间存在着某种联结。一旦你发现另一个人正在直视着你、意识到你时,你又怎能不意识到你自己呢?

迈克尔·托马塞洛(Michael Tomasello)和他的同事进行了一项有趣的研究,证实了共同注意的重要性。[38] 事实上,托马塞洛认为,人类与其他灵长类动物有许多共同的心理过程,本章后续的内容将描述其中的许多原则,如分类、寻找模式、简化等,这些并非人类独有的。但他的结论是,知道自己是某个群体的一部分,该群体由许多具有相似心智的个体所组成,这才是人类所独有的特征。

想象一下母亲与婴儿之间的互动。在许多物种中,母亲和婴儿互相注意对方,并且设法沟通婴儿需求什么以及母亲如何满足婴儿。在这一点上,人类也是如此。但托马塞洛认为,人类的独特之处在于,母亲和婴儿会向彼此发出信号,表明环境

190

中还存在着其他一些他们可以一起感知的事物。"看!"这是人类母亲最早对婴儿说的词汇之一,也是婴儿最早与母亲交流的词汇之一。把某人的注意力吸引到明亮的光线、漂亮的颜色或奇特的花朵上,这在人类看来似乎并没什么了不起,但几乎任何其他物种都做不到这一点。(我试过让我的狗去看某样东西,但通常情况下,再多的指点、打手势或喊叫也不能让一只狗去看你想让它看的地方。窗外的兔子正肆无忌惮地蹦蹦跳跳时,它们只是傻傻地盯着我。)托马塞洛强调说,事实上,人类婴儿在九个月大的时候经常会不由自主地转过头去看妈妈在看什么,而不需要别人的指示或引导。要做到这一点以证明他们显然明白,妈妈正在看什么东西,而他们可以通过看向同一个方向去看相同的东西。[39]

尽管共同注意非常重要,但人类婴儿与其他人共享的能力不仅于此。一个相关的能力是对意图的识别。因为你知道其他人也和你一样具有心智和内在的心理状态,你很快就会学会给他们的行为添加上一些意图,就像你自己的行为是由意图组织起来的一样。你选择一个目标,然后采取行动来实现这个目标;当你意识到其他人和你相似后,你就会认为他们的行为是有意而为之的。

神经科学近期的发现表明,人类大脑有一种天生的能力和倾向,能够从他人的行为中解读出意图。[40]一名瑞典研究人员设计了一种方法,他将灯泡安装在一个人的关节上,然后拍摄下这个人在黑暗房间里来回走动的过程。[41]当其他人观看这个视频时,他们看到的只是一些移动的光点,但他们能迅速并且毫不费力地辨认出这些光点运动是人的有意图的运动。即使是三个月大的人类婴儿也能分辨出哪一个是"人"的运动光点,哪一个是相同数目光点的随机运动。其他研究表明,大脑似乎能够利用自己的运动经验,从他人的动作中推断出意图。综上所述,这些研究表明,大脑对他人运动的感知方式促使人们去推断他人的意图。[42]

还有的研究也证实,人类大脑似乎天生就能感知意图。[43]在这些实验中,18个月大的人类婴儿看着一个人(或者看着一个机械装置)在尝试去做、但却没能完成各种动作,比如把什么东西拉开。观察到他人动作失败的婴儿会自己去模仿这个动作而且还能成功;而那些观看机械装置动作的婴儿却并不会动手去模仿机械的动作或改进它的行为。因此,即使是年龄很小的婴儿,对完全一样的动作的理解也会有所不同,这取决于行动是由人做出的、还是由其他东西做出的。用托马塞洛的话说,我们比其他任何生物都更"认同自己的物种"。[44]

认同自己的物种对交流而言虽然并非绝对重要的,但是没有认同的交流较之有认同在内的交流,两者之间差别显著。动物可能会吠叫或唧唧喳喳地发出警告,提醒家人有食物或者有捕食者。这些模式之所以能够持续,只是因为它们增加了伴侣继续留在自己身边的机会。认同自己的物种就意味着承认同伴的内在心理状态与自己的相似。黑猩猩和其他聪明的动物通常无法通过这些测试。[45] 例如,他们不能区分无知的同伴和了解一些关键事实的同伴。在一些研究中,黑猩猩为了得到奖励,它必须选择另一个黑猩猩同伴。选择者观察到一个黑猩猩看到了食物的隐藏地点,而另一个黑猩猩没有看到。显然,选择者应该选第一个黑猩猩,因为它知道食物的位置。但是,黑猩猩似乎是在同伴中随机进行了选择,却毫不理会这个关键事实,即同伴中只有一个知道食物的隐藏地点。

更重要的是,黑猩猩似乎不能有意识地分享一些有用的信息。它们没有认识到沟通行为是为了分享一些有用的信息。那些学会了与人合作完成一项艰巨的任务(如拉两个绳子来移动一个重箱子)的黑猩猩似乎并不明白,新来的黑猩猩并不知道如何完成这项任务,它们也不能教授新来的黑猩猩如何去完成任务。[46] 有意识的教学有助于文化的传播,也有助于解释为什么人类能够发展文化,并从文化中获得好处,而那些缺乏有意识教学的动物则不能。

简而言之,人类认识到其他人也像自己一样是有意识的行动者。这些能力使人类能够将自己看作是群体的一部分。群体的基础是相互之间达成共识——这就是意义和文化的本质。一旦人们认识到他人与自己相似,他们就能互相交流、互相学习、互相取悦、影响他人、与第三方进行讨论、分享信息、发起合作以及采取许多其他构成文化的行动。

模式和一致性

智力的一个重要功能是识别世界上的各种模式。可将发现模式的过程描述为一种从混乱到有序的转变方式。其重要意义在于,心智对一堆杂乱的感觉信息进行了组织。模式的本质是将事物联结起来,所以心智的先天倾向就在于去建立联结。这显然是心智的一种有益而具有适应性的工作方式。在周围世界中,发现模式可以提高人们对未来的预测能力,这个能力本身就很重要;而在协助人类对世界施加控制时,这个能力尤其重要。如果人们看不到模式,那就会一直对所有的事情都感到惊讶。发现模式不仅有助于人类与自然环境打交道,更有助于人们处理极其复杂的社会和文化环境。因此,文化性动物天生就是模式发现者(尽管其他一些

192

动物也擅长这一点)。

如果心智本质上是一个发现模式的工具,那么它应该也可能会过度发挥这一作用。更准确地说,心智应该具有一种倾向,去辨别出那些并不存在的模式,并高估这些模式的稳定性和可靠性。目前许多这样的倾向已经被证实。

这种看到并不存在的模式的偏差会使人们认为,自己可以在实际随机发生的事件中找到了有序的模式。人们倾向于给随机事件强加秩序,他们对于随机序列应该是什么样子存在着某些(错误的)先入为主的看法。例如,抛一枚硬币时,"正面、反面、正面、反面、反面、正面"序列与"正面、正面、正面、反面、反面、反面"序列出现的概率相同,但人们总会认为后一种结果不是随机的,并试图赋予其特殊的意义。[47]

运动员中普遍存在着的"连续得分"和"得分大跌"的信念,就是对随机序列错误解释的一个例子。连续得分是指运动员前后连续的努力相互关联,因此,在连胜期间,他比其他时候都更有可能成功赢得比赛。运动员、观众、教练和体育节目主持人都保持着连续得分信念。但仔细的统计分析表明,这些信念毫无依据。[48]人们持有这种想法,只是因为他们将这样一种并不存在的模式,强加给了某个运动员围绕自身平均水平而表现出的随机波动的成绩。如果一枚硬币被抛几百次,迟早可能会出现连续 5 个正面的情况。这是偶然发生的,但看上去很像是连续得分的情况。

另一个看到不存在模式的例子是虚假相关。人们会无缘无故地相信两件事之间有联系。这种错觉产生的原因是人们相信两个事物是同类,或者仅仅由于两个事物一起显出来从而吸引了人们的注意。例如,临床心理学家长期使用一种叫做"画人"测试来评估精神疾病。这个测试中的一个标准是,患妄想症的人会画出大眼睛的人物。大量的研究已经推翻了这种刻板印象,但许多临床医生仍然相信这一点。研究人员开始关注这种在否定证据面前依然坚守该信念的现象。他们找来一些精神病人的画,画中人物有些眼睛很大,有些很小。然后他们给每幅画贴上精神病的诊断标签。通过这种方式,研究人员就建立了一个材料库,以控制大眼睛与妄想症之间的联系,即他们可以有效地检查大眼睛图画的作者是否会被诊断为妄想症。即使事实表明图画与妄想症标签之间没有任何联系,临床医生们还是会认为,这些材料证实了妄想症患者会画出大眼睛。事实上,在一项研究中,研究人员还发现大眼睛与妄想症标签之间存在着反向关系。所以如果仔细进行考察,人们就会发现,妄想症患者与其他人比较下并不太可能画出大眼睛。但阅读了这些研究材料的临床医生仍然认为,妄想症患者更有可能画出大眼睛人物。[49] 总之,期望会让人们认为,他们看到了现实中不存在的关系和模式。

人类这种寻找根本不存在的联系和模式的倾向,正是构成迷信和魔法思维的基础。很久以来,许多人都相信女巫是通过魔法的联结来施咒的。要对某人施咒,女巫就需要下面两种物品中的一种:一种是看起来像被施咒者的东西,比如一张照片或一个在某方面像该人的巫毒娃娃;另一种魔法物品是与被施咒者身体接触过的东西,比如剪下来的头发或衣服碎片等。施咒的原则似乎是联结被浸染了某种力量:相像物品或身体接触物品似乎仍旧与本人保持着联结。这些科学上毫无根据的信念已经存在了几个世纪,并为无数的迷信提供了基础。

虽然这类想法看上去有些过时和离奇,但是保罗·罗津(Paul Rozin)和他的同事们已经证明,这些形式的魔法思维仍然存在,并且强大到足以改变受过教育的现代人的行为。[50] 为了证明这种魔法思维的"感染"模式,实验者先让人们喝一杯苹果汁,然后,实验者将一只已经消过毒的死蟑螂放到果汁中,然后又把它拿出来,让果汁看起来像在刚才的状态。但是没有人愿意再喝一口,即使实验者用干净的新杯子倒上新的苹果汁,大多数人也不愿意喝。与蟑螂的短暂联结破坏了人们对苹果汁的整个概念。在其他研究中,人们拒绝穿一件据说是阿道夫·希特勒(Adolf Hitler)穿过的毛衣,即使被告知这件毛衣是干净的,不会对穿衣者产生任何真正的负面影响。

研究人员还用几种巧妙的方法证明了类似的原则。一种方法是让被试带上一张所爱之人的一次性照片。研究人员将这张照片放在靶心后,要求被试向它投掷飞镖。向母亲或男友的照片扔飞镖当然不会对他们本人造成任何实际的伤害,但无论如何,人们还是不会动手的,而且他们用飞镖击中目标的成绩较之对照组被试要低,对照组的投镖的靶心没有放任何照片。也就是说,人们投标的行为好像是,击中破坏了照片就会有魔力去伤害他们所爱的人。

上述内容表明人们会找出并不存在的模式。另一种相关的倾向是人们会夸大真实存在的模式。大致来说,"有时候是真的"会被转化为"通常是真的",甚至"总是真的"。更确切地说,人们会把弱相关误认为是强相关。例如,在判断他人的行为时,人们往往会高估他人个性特征的一致性。人们倾向于把自己的行为解释为是对当下情况的反应,而把别人的行为归因于其内在特质和意图。[51] 因此,人们倾向于高估周围人行为中存在的模式。

刻板印象是人们在社会环境中发现模式的又一个重要实例。尽管人们普遍认为刻板印象是不道德的,但却无法阻止刻板印象的形成和使用。对不同群体形成总体印象是一种简化社会环境和管理巨量信息的方式,即使这种方式会产生错误,甚至违背了美国人的理想——即要根据一个人自身特质去评判和对待他,但人们可能依然会继续利用刻板印象。

即使在完全没有客观证据、仅仅存在着某些凸显特性的情况下,刻板印象也会发挥作用。大卫·汉密尔顿(David Hamilton)和他的同事们多次证明,如果一些虚构、人为的群体引人注意,那么研究被试就会对它们形成刻板印象。[52] 例如,假设一个少数民族的犯罪率(或者,在他们的研究中采用的交通事故率)和多数民族群体完全一样,这就没有任何理由认为少数群体更为暴力或犯罪率更高。但是由于罪犯很少见,所以显得他们很突出。因此,少数民族成员的犯罪行为就很难被忽视,这就导致即使没有任何有效的依据,人们也会对少数民族形成某种刻板印象。

更为普遍的情况是,刻板印象确实有一些事实基础,但人们可能会夸大它的范围并过度加以泛化。"女性不善于学数学"这一刻板印象已经存在了几十年。客观证据证实,在解决数学问题方面,女性的能力略逊于男性,但差别并不大。杰奎琳·埃克尔斯·帕森斯(Jacquelien Eccles Parsons)描述了国家媒体是如何报道一项关于高中生数学能力分数的大型调查结果的。[53] 该调查显示,男孩的数学能力分数高于女孩,但性别只能解释3%的差异。然而,媒体却无视性别的微弱影响,它们对调查结果的报道方式似乎是在建议女孩们不要再尝试与数字打交道了。同样地,《高等教育编年史》中的一个报道也提出男教授和女教授存在的所谓成果发表的差距。在杂志的封面图上,一名男子站在一堆出版物后面,而他的女同事则站在另一堆出版物后面,男子面前出版物的高度是女子面前出版物高度的 16 倍,这意味着男性的成果是女性的 16 倍。实际上,女教授的成果通常可达到男同事的 60%到 80%,这种差别远远小于人们的刻板印象。[54] 这些例子说明了一种普遍的模式:刻板印象将一种微小但真实的趋势,转变成了一种存在着巨大而根本性差异的印象。

期望

心理学家柯蒂斯·哈丁(Curtis Hardin)讲述了他从洛杉矶的家到华盛顿州斯

波坎市参加会议的经历。他晚上到达斯波坎市,乘出租车去酒店。在路上,他让出租车司机推荐几家好餐馆。司机给他介绍了一些,然后补充说,该地区非常安全,他可以放心地在晚上外出遛弯。哈丁向司机说,他从洛杉矶来,完全能照顾好自己。登记入住后,哈丁在酒店附近的公园里散步。一个大个子男人从黑暗中走出来,对他说:"把你所有的钱都给我,否则我就把你打晕。"哈丁非常慌乱,他让那人重复再说一遍,那个人重复了他的要求和威胁。哈丁随后表示反对说:"但出租车司机说这里很安全。"那个抢劫犯沉默了一会儿,然后说:"嗯,那可能是对的。好吧,我不会把你打晕,但你能给我点钱吗?"哈丁给了他 3 美元,他们便各自离开了。

因此,即使是人与人之间的初次互动也会受到预期的影响。因为司机的话,哈丁认定外出散步是安全的。他遇到了一个有威胁的陌生人,这违背了他的期望,他感到非常震惊,甚至不知道该怎么办。尽管他早些时候曾认为大城市很复杂,但由于出租车司机向他保证了这里很安全,他因此试图与抢劫犯争辩。他的这种表现如此荒谬,让抢劫者也觉得意外。抢劫犯感到惊讶,不知所措,以至于收回了他的威胁,只是要求得到一点儿钱。

预期是思考的最基本单元之一。许多动物研究人员认为,非人类的动物也会形成预期。每次灯亮时,老鼠都会得到食物;而一旦灯亮了却没有食物时,老鼠就会表现出沮丧。如果这种关于动物心理的观点是正确的,那么预期就是少数几种不依赖语言的思考形式之一。

预期完成着思考的一些主要目的,其中就包括在环境中寻找模式,以便为混乱建立起秩序。通常预期是将已经组织起来模式进行外推的过程。例如,在儿童杂志中,模式识别的练习题是让儿童预期接下来会看到什么,比如"葡萄、葡萄、苹果、苹果、葡萄、葡萄、苹果、空白"这样一个系列,正确的答案设定为儿童要用苹果来填补空白。儿童要想成功完成该填空任务,他就必须先识别出模式,再进行外推,并做出下一个项目将是苹果的预期。

思考的另一个目的是简化世界,使其易于控制和理解。预期在这方面也有帮助。人们的预期就像一个圆孔,实际经验像是一个钉子,它和圆孔可能适合、也可能不适合。如果钉子是圆形或接近圆形,你可以直接把它塞入孔中,而不需要进一步思考。然而,如果实际经验是一个方形钉子,那它与预期之间的不一致就会凸显出来。

实际经验与预期之间的不一致会导致两种情况出现,即同化和对比。就像近

197

乎圆形的钉子都被当作是完全圆的一样,预期会使人们夸大现实,以使它与自己先入为主的看法相吻合。如果你认为别人对你怀有敌意,你就会认为他的行为比实际情况更有敌意。这就是所谓的同化。当然,只有当现实与你的预期相当接近时,同化才会起作用。而当你预料对方会对你有敌意,但对方的行为明显是友好和慷慨的,那么这时就会产生一种对比效应,你甚至会夸大主观预期和实际所见之间的差异。换句话说,预期可以使人们对事件的反应两极化,使他们走向两个极端:或者夸大相似性,或者夸大差异性。

预期被证实和被否定时会是完全不同的情况。当事实符合你的预期时,你可以毫不犹豫地继续走下去;但当事实与你的预期相矛盾时,你就要想一想你现有的模式或原则或许是错误的。因此,预期被事实否定时会引发更多的思考。这种趋势在研究中已经得到了很好的证实:相对于那些证实了自己预期的事件,人们对于那些否定了自己预期的事件则会花费大量的时间和精力进行分析。[56] 最可能的是,违反预期就像发出了一个重要的警报,会让意识系统行动起来。如果事件进展与预期基本一致,则是自动系统平稳地发挥作用。

预期也会影响情绪。如果事情出乎意料,人们的情绪反应会更加强烈。情绪也常常会刺激意识加工过程,所以情绪的出现也发出了另一个信号,违背预期要激活意识系统。2001 年发生在纽约世贸中心的恐怖爆炸事件后,人们出现的强烈情绪反应就是一个极端的例子。在这个事件中,两架被劫持的飞机先后分别撞上了世贸中心的双子塔。在第一起撞击事故发生后,新闻媒体把镜头聚焦在双子塔上,结果让数百万人目睹了第二起事故。当时我们住在加州,已经睡下了,直到事情发生后才听到消息。我们在电视上一遍又一遍地播放撞击画面,但当时我们已经知道将发生什么,情绪反应也因此减弱了。但是,我们的同事看到了第二次撞击事故的现场直播。由于他们事先并没有想到会发生这样的事,所以他们当时的情绪反应大得令人难以想象。他们说自己被一股势不可挡的痛苦浪潮袭击,一些人开始呕吐,另一些人难以抑制地哭泣起来。

另一个不那么极端的例子可以在体育比赛的观众中见到。多年来,超级碗比赛一直是网络电视历史上收视率最高的节目之一,但它们却从未被重播过——尽管网络电视重播着很多不太吸引人的节目,因为人们不太喜欢看已经知道结果的先前的赛事。社会科学家甚至曾经做出过相反的预测,他们说人们更喜欢看重播赛事,因为这样他们就可以避免因为自己喜欢的球队输了比赛而感到失望。但事实显然并不是这样,悬念所带来的激动人心的体验是人们享受直播体育赛事的重要因素。[57]

预期会塑造人们学习和记忆的方式。在听某人说话时,你的心智会自动预测这个人接下来会说什么,这些预测会让你更容易理解这个人的说话内容。人们知道什么样的信息是与上下文相关联的,一旦他们理解了上下文,就能知道下一步会遇到什么。人们学习符合上下文的信息,其效果要远好于学习脱离了上下文单独呈现的信息;但是,当信息因与上下文不一致而直接违背了预期时,人们的学习效果要比学习没有上下文的同样信息更差。[58] 因此,尽管预期会促进学习和记忆,但有时候它也会干扰学习和记忆。

实际上,人们对于违背预期所造成的后果一直存在着争议。一些专家声称违反预期会阻碍学习,而另一些专家则认为违反预期反而会促进学习。人们通过将违反预期的方式分为两种不同情况和造成两种不同的后果,从而解决了上述争论。首先,有些事情的发生绝对不在预期的范围之内,似乎与预期本身毫无关系。这种预期违背往往就会被遗忘掉,这可能是因为心智不知道该如何处理这类信息。第二,有些事情的发生可能与预期完全相反。这样的情景就会引起人们的关注并被记住,尽管人们也会对此进行思考以尝试解决这种矛盾。[59] 例如,假设你对亚裔美国人的刻板印象是,他们开车技术很差但在数学方面很有天赋。但如果你遇到一个亚裔美国人,他是一名出色的司机,但是数学很差,你就需要花点时间去思考、并尝试调和该事实与你刻板印象之间的矛盾。结果是,你可能会很好地记住这个人的特征;即便如此,你也许会想出某些特别的理由来坚持你的刻板印象。相反,如果你发现这个亚裔美国人非常熟悉各种鸟的名字,但不擅长调酒,那么你对这个人就不会有什么深刻的印象。因为这些事实与你已有的刻板印象并不矛盾,而且两者之间绝对没有关系,因此就容易被人们遗忘。

"自我实现预言"无疑是预期效应的一个最著名、最流行的表达。比如,在人们互动过程中发生的一些事情,如一个人的期望,会导致另一个人的实际行为发生变化,但他人的改变则完全发生在感知者的头脑中。[60] 这里的关键是,你期望看到什么,你就会看到什么。在某种程度上,这些都是同化效应。

其他一些过程也会受到预期效应的影响。预期会塑造信息搜索方式,它使人们总是很容易忽略掉那些与预期不符的信息。伟大的生物学家查尔斯·达尔文(Charles Darwin)有一个习惯可以说明这种模式。每当他发现一些与他的理论不

199

一致的事情时,就会立刻把它记下来。他非常清楚,科学家们倾向于关注那些可以证实自己理论的事实,因而可能会忽视或忘记掉那些与理论不符的证据。他试图避免犯这样的错误。

　　人们有选择地寻找符合自己预期证据的倾向,被称为"确认偏见"。约翰·达利(John Darley)和佩吉特·格罗斯(Paget Gross)的一项著名研究表明,这种偏见会维持人的刻板印象。[61] 在他们的研究中,要求学生被试观看关于一名年轻女孩的录像,并形成对她学习能力的印象。一半被试被告知这名女孩出生于富裕家庭,上的是名校,父母受过良好教育;另一半学生则被告知这名女孩来自贫困家庭,上的是不入流的学校,父母教育水平相对较低。通常情况下,考虑到出身背景更好的女孩所享有的优越条件,人们会期望她的能力更强。但是这两组学生并没有做出女孩出身背景会影响她的能力和表现的预期。然后,让两组学生被试继续观看这名女孩参加口试测验的录像。她在测验的某些部分做得很好,但在其他部分则表现不太好。两组被试看到的录像完全相同,所以在某种意义上,他们应该对女孩的能力形成相同的印象。然而,讽刺的是,这些学生对女孩的印象这时却出现了差异——尽管他们都观看了同样的录像。学生们似乎通过观看录像在"检验"自己的预期,确认偏见倾向使他们确信各自(相反)预测得到了验证。那些知道女孩来自富裕家庭的学生被试,会把注意力集中在她表现出色的部分,并得出结论说她还是很聪明的;而同时,那些认为她来自弱势家庭的学生,则把注意力集中在她表现不佳的部分,认为关于她并不很聪明的预期得到了证实。

200 　　确认偏见正是预期帮助人们简化世界的另外一个例子。虽然确认偏见会导致错误的结论,但大多数情况下它还是有效的。无论如何,预期有助于人们整理混乱的信息,从而将注意力放在少数关键和相关的事情上。

筛选和排序

　　人类大部分思考的目的都是剔除信息,并整理剩余信息,使其容易管理。从感官输入的信息可能会非常混乱,特别是考虑到人们在文化和社会中可以获得巨量的信息。重要的是,人们需要在所有的感官印象和信息中,找到与个人需求最相关的那些少量的信息,并将其组织成可用的知识储备。人们可以通过预期过滤掉部分无关信息,并将注意力集中到那些与预期明显不一致的信息上。学习和记忆的过程便是以不断删除信息为标志的。人们的注意只会聚焦到周围世界的局部上,被注意到的信息也只有小部分被加工处理并存储到记忆中,而且被存储起来的信息也只有部分可以被提取出来。

信息的遗忘并不是完全随机发生的。可以肯定的是,有些你后来希望应该被记住的信息丢失了。比如,你是否记得这样的情景:你曾参加过一次历史考试,当时你是多么希望自己能记所有学过的名字和日期呀,但你却怎么也想不起来,因而无法回答问题。不过,一般来说,心智具有一个细致的分类机制(同样严重地依赖于预期),其功能就在于帮助寻找重要的信息,丢弃其他信息。类似地,人们基于自身的经验和知识会形成普遍的信念、假设和想法,因而,他们知道如何扮演一个特定的角色、在大多数情况下应该如何表现,等等。刻板印象和偏见也可以被看作是人们对世界的信念。这些各种形式的知识使人们能够快速发现问题或搜索相关而有用的信息。

认知服务于动机的观点势必会导致如下被广泛接受的假设,即人们的需要和需求会影响他们的心理活动。例如,在长途汽车旅行中,许多人都会注意到,饥饿的乘客会觉得高速公路上介绍前面路段餐馆的标志和广告牌十分显眼:对食物的内在渴望微妙地将他们的注意转到了吃饭的机会上。与自我的相关性是影响人们心理活动的一个重要因素。人们会对与自我相关的事情更为关注,思考更多,记忆也更好。[62] 研究发现,相对其他词或者声音,人们在听到自己名字时更容易醒来(即使说话者的声音很轻),这表明即使是在睡觉的时候,心智对与自己相关的信息也格外警觉。

一个进行信息分类的固有基础似乎是下面的这一原则,即坏信息比好信息更为强烈。人们注意到的坏事比好事更多。例如,在一群人中,人们会更快地发现一张生气的面孔而不是一张笑脸。[63] 相对那些已经实现的目标、表达积极情绪的人、成功的赌注和成功的表现,人们会花更多的时间去思考未达成的目标、表达消极情绪的人、失败的赌注以及失败的表现。[64] 人们对别人的不良行为印象深刻,而对他们的良好行为则不太记得。[65] 唯一的例外似乎是,人们需要保持对自己的积极看法,因此,内在防御过程就会帮助他们忽略和忘记自己的失败和错误,尤其是经过一段相当长的时间之后。

整理信息不仅仅是决定哪些信息无关从而可以被丢弃这样简单。人们需要把那些被保留的信息组织起来,以便现在可以使用,或者以一种便于将来提取和使用的方式储存起来。为了达到这个目的,人们需要对事物和事件进行分类。如果人们通过给计算机编程来对信息进行分类,就要遵循一种逻辑的方法:选择可以定义类别的标准。对于每个新出现的东西都可以根据该标准进行检查。如果它符合标准,那么就属于分类;如果它不符合任何一个标准,那么它就会被排除在分类之外。

但这显然不是人们实际使用的分类方式。相反,人们分类要看新事例是否像他们对分类形成的心理表象。心理表象可能是一个被称为原型的理想分类,也可能只是一个非常熟悉的例子。[66] 但这也是为什么人对某些例子的分类更快、更为确定,但对其他例子的分类则不是如此,而计算机永远是以同样的速度、同样的确信度来对所有事例进行分类。某种大型植物是树吗? 蝙蝠是鸟吗? 根据明确的定义计算机就可以做出判断,但大多数人则是将它们与自己对树或鸟的心理表象进行比较,判断它们之间的相似程度,比如,与知更鸟相比,企鹅在人看来似乎不那么像鸟。

信息分类是一个持续不断进行的加工过程。这是伴随新信息输入而首先发生的事情之一。几乎在眼睛和耳朵(或鼻子、或味蕾)得到任何一点信息的同时,就立刻会对其进行分类。几乎所有的心理加工过程都是从分类的信息开始的。[67] 人们很多的分类过程不需要有意识的思考和努力,相反,信息一出现,心智就自动将新信息归类到特定类别之中;任何信息只要进入到意识,那么它们就已经被归到了含有多个类别系统的某个确定的类别之中了。你不需要问自己那是什么,就能认出一个朋友的脸、一部电话或一朵花。即使在你的意识尚不能确定的情况下,某些分类其实已经完成了。例如,如果一个人对你微笑,很明显他是友好的,尽管你不能马上想起他的名字,但你仍然能成功地做出如下的分类:这是一张脸,男性,成年人,等等。你只是不确定你认识的人中谁是这张脸的主人;你几乎不大可能去思考这是一张人脸吗? 还是一个龙虾、一段旋律、一只鞋子或者盖茨堡战役?

有些类别是大脑与生俱来的,尽管这种情况不多。例如,有研究表明,某些啮齿动物天生就知道如何识别鸟类天敌的影子。[68] 视觉系统天生就具有识别某些视觉特性的能力,某些脑细胞负责识别水平线,其他负责识别垂直线,等等。[69] 人类婴儿可能有一种天生的识别某些面部表情的能力,比如一个充满爱意微笑的脸、或者一个生气皱眉的脸。[70] 当然,大多数类别还是需要后天学习的,成长过程中的一个主要任务就是发展出一套有效的信息分类系统。人们一生都在学习新的类别。毫无疑问,人们获得的每个新角色都会带来新的信息分类方式,所以想要掌握某种角色,就需要学习一种新的思考方式——从必需的基本类别开始。例如,一位新手爸爸给自己所有物品分类的依据,就是要看它是否会导致孩子窒息。

人们也会对人进行分类。世界上最为普遍的刻板印象都基于高度可见的标记,这并非偶然。通常情况下,即使离得比较远,你也能一眼看出一个人的种族和性别,并会自然地根据这个标准来对他人进行分类,即使这种做法在道德或政治上并不合适。类似地,其他的一些明显的特征,如外形缺陷、残疾或肥胖等也很容易被用来对他人进行分类。

肥胖是个特别有趣的问题,因为它在大多数社会中都含有负面意义,但在某些时候和某些地方,它则是财富和繁荣的象征。我的一位朋友在亚洲工作了几年后回到纽约家中。几个月后,他遇到了另一位刚从亚洲回来的朋友。这位朋友笑着对他说:"嘿,艾德,你看上去胖了。"当他看到艾德脸上震惊的表情时,他解释道:"我指的是亚洲人所说的胖。"在他们曾经工作过的远东地区,那里的人有着关于长期饥荒和营养不良的历史记忆,这意味着只有富人才能长胖。但在富裕的美国,肥胖并不是社会经济地位的标志。事实上,有些人认为,美国是世界历史上第一个将体重与社会经济地位进行负关联的国家。不管怎样,体重是很明显的特征,人们需要刻意避免用它来给别人分类。在现代美国,肥胖被严重污名化了,甚至会蔓延到同伴身上。一项研究曾发现,如果体重正常的男性求职者身旁陪伴着一位肥胖女性,他们得到的评价会很负面,而若陪伴者是一位体重正常的女性,就不会出现这样的情况。[71]

思考简化

人类大脑用于处理世界上大量信息的资源十分有限。而且,如果人们只需要处理物理环境的信息,也许还能够处理所有重要的事情。但是,社会和文化环境使信息的数量成倍增长,以至于即使是一个伟大的天才也不可能处理所有的信息。如前一节所述,人们筛除无关信息的部分理由就在于他们必须将信息减少到一个可控的数量。大脑已经进化出了几种处理信息过载的方法。

一个方法是尽可能地节省心理的资源。苏珊·菲斯克(Susan Fiske)和谢莉·泰勒(Shelley Taylor)使用认知吝啬鬼一词来描述这种倾向。[72] 正如守财奴不愿花他的金子一样,在社会之中进行思考的人也不愿花费心智、精力、心思和注意。许多模式(尽管不是全部)都符合这种观点。人们尤其会利用捷径和简化策略,使自已能够快速、轻松地得到答案。一旦人们形成了某种印象或信念，就很难再改变。一个著名的研究证实了这一点。在这个研究中，克雷格·安德森（Craig Anderson）和他的同事们让被试阅读描写冒险的或者谨慎的消防员的故事，然后思考冒险的人或者谨慎的人中谁能够成为优秀消防员以及理由。[73] 当被试完成上述任务后，研究人员告诉他们这些故事都是虚构的，然后再问他们哪一种人更适合当消防员，是冒险的人还是谨慎的人？这时被试已经知道那些支持自己观点的证据是假的，因此应该重新思考这个问题，但他们却没有。即使证据已经被推翻，那些经过思考认为冒险的人能成为优秀消防员的被试仍然相信同样的结论；相反，那些认为谨慎的人能成为优秀消防员的被试则同样继续坚持自己认为正确的观点。其他研究也重复了这些结果，证实人们一般不愿意改变自己的信念。

另一方面，也有很多研究的结果与"只要可能，人们就会避免思考"的观点正好相反。人们在许多事情上会试图敷衍了事，但在某些问题上他们却愿意投入大量的思考。在一些极端的情况下，有些人甚至痴迷于某些问题，对特定事件或问题冥思苦想。[埃德加·华伦斯（Edgar Wallance）曾经把知识分子定义为是那些发现某些东西比女人更为有趣的人。]比如，他们可能会反复回忆一个尴尬或不幸的事件，或者无休止地分析昨天的大比赛。填字游戏这么流行，它也表明人们并不是简单地逃避做非必要的思考。

"鉴别分类"可能是比"吝啬"更好地一个比喻。"鉴别分类"这个词来自军事医学术语：考虑到时间、医务人员以及药品在战场上都十分有限，并不是所有的伤员都能得到有效治疗，所以军医们就发明了一种给患者快速分类的方式：紧急治疗组（伤员得不到及时治疗可能会死），等待组（伤员的伤势不太严重）和放弃治疗组（伤员伤势太重，难以治疗）。同样地，人们的动机和环境决定了哪些问题值得思考，甚至值得长时间思考；哪些问题不值得花费精力去思考。

简化

人类的思考通常也倾向于简单的、甚至过分简化的理解形式。物理环境已经很复杂了，[75] 而社会和文化环境更是极其复杂，因此，即使是对最聪明和精力最充沛的人而言，想要对周围环境有充分了解，也需要付出很大的努力。因此，人们常常偏爱简单的思考方式这一点就不足为奇了。

最简单、最基本的思考方式是区分两种事物，就像"是"或"否"。人们对简单的偏爱导致了这种二分思考方式的普遍存在。也就是说,人们对世界许多方面的思考方式都援引了这样简单的分类:好与坏、我们或他们、我的错或不是我的错。通常,潜在的现实是连续变化的,但人们还是会用二分法去思考。例如,某人可能非常生气、有点生气、稍微生气或者一点也不生气。事实上,愤怒的程度可以用百分制来衡量。然而,人们仍然会把愤怒一分为二:"你生气了或者没有生气吗?"某人对某些事件需要承担的责任基本上也是一个程度的问题,因为所有的事件都有多种起因,但人们仍然会采用二分法划分责任,即你需要对此负责或者完全不需要对此负责。

205

好与坏是一个非常强大并且普遍的二分法。它可以用于评价某个人,也可用于评价个体的某些行为。它甚至可以用于评价环境中那些看似中性、不活跃的方面。例如,节食者倾向于把所有的食物分成好的和坏的。这种做法有时候并不理智。[76] 对于节食者来说,沙拉是好的,乳酪汉堡是坏的,尽管加了沙拉酱的沙拉可能比乳酪汉堡含有更多的脂肪和卡路里。

部分的简化过程也会参与到决策过程中。决策通常都采用二分法。我们该不该买这件东西? 我该不该抓住这个工作机会? 我要不要嫁给这个人? 我们能不能相信他们? 她要不要动手术? 通常,这些决策需要整合若干渠道的信息,所有这些信息又都可能以连续体上点的形式出现。例如,是否与某人结婚的决定可能取决于这个人的魅力水平、值得信任的程度、富有的程度、与人相容的程度等——在所有这些方面都将考虑对象与许多其他潜在配偶相对照。当然还需要考虑自己的诉求:世界上最炙手可热的潜在配偶会被很多人追求,因此,她不太可能选择你。潜在配偶的吸引力与你被其接受的机会也可以被看作是连续的:潜在配偶的吸引力增加,你被其接受的可能性就会下降。你或许有可能会吸引到理想的潜在配偶,但对你而言,为了那一线希望而放弃一个眼前的大好机会可能是愚蠢的,因为与站在你面前的人在一起,你或许会感觉更加幸福。最终,所有这些信息都必须转化为简单的是或否的决定。

简化思考也是相当有效的,因此,有时进行太复杂的思考似乎并不值得。费斯克(Fisk)和泰勒(Taylor)以下面的例子说明了这个原理,他们让被试假设某种狗(比如小猎犬)在自己的思想中是很危险的,很容易咬人。[77] 也许曾有一只小猎犬咬过你,给你留下了坏印象。这个信念是否正确是可以进行评估的。比如,你收集大样本的小猎犬的相关数据,观察它们咬人的频率。当然,仅有这个样本本身还不能证明它们是否比其他狗更危险，所以你需要另一个对照样本，如不是小猎犬的狗，也观察它们，记录它们咬人的频率。然后你再比较小猎犬和非小猎犬的咬人频率。通过这个过程，尤其是如果你仔细而系统地收集观察数据，并使用统计分析来评估差异，你就可以得到一个相当可靠的答案，知道小猎犬是否比其他狗更危险。但这种评估过程需要花费大量的时间和精力。更简单、更安全的办法就是避开小猎犬。即使你的信念客观上讲是错误的——小猎犬并不比其他狗更容易咬人，避开狗的简单做法也不会使你有多少损失。

当然，有时候简单的结论肯定还是恰当的。近年来，英国一直在讨论是否要禁止猎狐。猎狐是一种传统的活动，在这种活动中，一群全副武装的贵族骑着马，带着一群狗，穿过乡间追捕一只狐狸。英国内政大臣杰克·斯特劳（Jack Straw）委托伯恩斯勋爵（Lord Burns）对这一现象进行了研究。这位杰出的伯恩斯总结了有关猎狐的证据，其中就包括了"狐狸要么被猎人打死，要么被一群狗撕成碎片"的通常结果。然后他以一种令人难忘的英式轻描淡写的方式给出了研究结果：猎狐行动"严重损害了狐狸的福祉"。[78]

或然性构成了人类思考中的一个重要盲点，因此它也是简单化思考的一个主要焦点。现实（尤其是社会现实）本质上具有或然性，但人类思考倾向于将其简单地分为黑白两类。人类思考中的许多主要错误和谬误都可以被理解为是因为人们未能弄清楚概率是如何工作的，其中最简单、最为人所熟知的是"赌徒谬论"。每个人都知道，抛硬币时，正面和反面都可能会出现，随时间延长，正面和反面出现的概率相等。然而，有些人错误地扩大了这一原则。他们认为如果上一次硬币正面朝上，那么这次就更有可能是反面朝上。但这个结论是错误的：这次出现正面和反面的概率依然相等，不管上次的结果是什么，即使连续四次出现正面，下次出现反面的概率仍然只有50%。（如果非要说有什么不妥，你或许应该得出这样的结论：连续四次出现正面表明硬币出了问题，或者抛硬币的人有可疑之处，因此，下次出现正面的可能性更大。）类似地，如果一个棒球运动员的击球率是0.25，这意味着他通常每四次击球会击中一次，他已经有三四次击球未中，很多观众会认为他在下一次很可能会击中。他们会说："他肯定能击中。"但这种预测毫无依据，只是反映出人们没有真正理解概率如何在现实世界中发挥作用。

另一个类似的错误是基础比率谬误。这种错误的基础不是缺乏对信息的认识，而是没有利用信息。[79] 这个错误的标准课堂演示是这样的：迈克尔身材苗条，戴着眼镜,喜欢听莫扎特的音乐。你觉得他是一名卡车司机还是一名常春藤大学的古典文学教授?几乎每个人都猜测他是一位教授,因为他听起来很像人们对教授的刻板印象(苗条、戴眼镜、听古典音乐)。然而,他们忽略了两种职业之间基础比率之间的巨大差异。世界上的卡车司机有成千上万,甚至上百万人,但是常春藤大学里男性古典文学教授的人数则很少。毕竟,常春藤联盟中只有八所大学;这些学校的古典文学系又很小或者根本不存在;而且还有一些教师是女性。不管迈克尔喜不喜欢莫扎特,他是卡车司机的可能性更大。但是人们通常都不会使用基础比率信息,除非他们实在没有其他信息可以参考,或者他们受过统计学训练。训练会带来好处,例如,医学专业的学生逐渐学会应用基础比率来诊断症状。头痛可能是由一种病毒或一种脑部肿瘤导致的症状,但病毒比脑部肿瘤更为常见,因此,医生们通常都会先暂时假设,任何头痛都不太可能是由脑部肿瘤引起的。

　　回归谬误是人们对概率理解不够的另一种体现。统计的普遍原则是,极端情况之后通常会出现不那么极端的情况。在一场比赛中表现出色的运动员或球队不太可能在下次比赛中依旧表现得这么好。这或许可以解释,为什么长期以来人们一直认为,运动员的照片出现在《体育画报》的封面上可能会给他们带来厄运:因为封面照片通常是在运动员们有了出色表现后发布的,而从统计数据上看,接下来的几场比赛,他们的表现注定不会让人印象深刻。相反,如果杂志的封面图片刊登的是一周内表现最糟糕的运动员的图片,那么这些封面图片就可能会给他们带来好运,而不是厄运,因为一个糟糕后果之后很可能出现一些不那么糟糕的结果。

　　那些天才父母的孩子们很可能不像父母那样聪明。在经历了破纪录的低温天气或高温天气之后,接下来的一周的气温很可能不会那么极端。这些事实源自于数字的本质,但人们不理解统计学基础,而是倾向于提出特殊的因果解释。在干旱时期,如果你每天都跳舞求雨,早晚都会下雨,而这时你可能会错误地认为你求雨成功了。(幻觉在这种情况下会特别明显:如果你每天跳求雨舞,每次都对动作做一些小改动,但是一直没下雨,但终于有一天下雨了,你就会想,我终于成功了!)医学和心理治疗都在回归均值的过程中发展着。当你感觉不好的时候,在接下来几天你很可能就会感觉好一些;而如果这时你去看医生,你可能会认为这是医生对你进行治疗的结果。(医生很可能会愿意接受你的感激之情!)

　　回归谬误会欺骗人们(以及教师和政府),让他们认为严厉的惩罚是最有效的管理方式。奖励和惩罚的目的都是为了改善行为。但即使奖励和惩罚在现实中有同等效果,它们却并不被人认为是等同的。标准的做法似乎应该是孩子表现好的时候给予奖励,表现不好的时候给予惩罚;最好的行为表现带来最大的奖励,最坏的行为表现带来最重的惩罚。然而,回归均值会使这个做法朝向不同的方向发展。孩子在最好的行为之后可能会表现不那么好,而孩子最差的行为之后可能会表现较好。这种模式会使奖励显得无效。毕竟从父母的角度来看,孩子做得好,他们奖励孩子,但之后,孩子的行为表现非但没有进一步改善,反而变得更糟了。最终,父母会认为奖励的效果并不好。相比之下,由于均值回归,惩罚似乎更有效:孩子捣蛋,父母惩罚孩子,之后孩子的行为变得好起来。家长们会由此得出这样的结论:惩罚使孩子进步。但实际上这只是回归平均值的效果。严格控制的随机序列实验研究结果表明,教师和其他人都会错误地得出结论:惩罚比奖励更有效。[80]

理解原因

他为什么这么说?为什么我不能解决这个问题?她为什么会死?人类大量的思考都致力于追溯原因。事实上,许多事件是各种原因和过程交织在一起的结果。事件会受到各种环境条件的影响,甚至包括像天气这样的边际条件(例如,若气温上升到 200 度时,所有人类行为都会停止)。生物学因素(如激素和基因)可能会影响结果。社会因素也在起作用,并且实际上,一个特定行为的潜在意义和社会含义可能构成了非常复杂的原因。人格与情境因素相互作用,所以在相同的情境下,一个人的反应方式可能是这样,而另一个人则会有不同的反应。

虽然理解因果关系对人们应对物理环境有帮助,但简单的联想和条件作用过程可能也够用了。因此,如果你吃了某种植物的紫色叶子后生病了,你以后就可以避开这些叶子,而不需要真正了解吃这个叶子所涉及的生化过程。类似地,如果你被一只毛茸茸的、棕色的巨大动物咆哮着追回山洞里,你也不需要做大量的因果调查就能直接汲取教训。

然而,社会现实导致人们对原因的理解变得相当复杂。为了生活在文化社会中,个人不仅需要理解物理的因果关系,还需要理解社会的因果关系,包括对意图和意义的分析。因此,人类能比其他物种更熟练(并不是更准确)地理解彼此所作所为的原因。例如,一个人行为背后的动机可能是利用税收漏洞,或者是在诉讼中保持貌似合理的推诿,或者是在自己并不认同某些信仰的时候,努力尊重他人的宗教信仰。这些动机确实会影响行为,但它们只出现在复杂的文化社会中,而且没有证据表明任何其他物种需要辨别和推断这样的动机。

近期的研究表明,人类独具这样的能力,能够利用看不到的因果力量来思考和理解现实。[81] 黑猩猩在理解和学习周围世界的可见属性方面表现得非常好(与人类相似),但它们似乎并不明白,可以根据无法观察到的因果力量来理解可见世界的模式。儿童在 3 岁时似乎对重力、力、质量等有了一个初步的理解,但黑猩猩做不到这一点。[82] 因此,黑猩猩也许能够制造和使用工具——这是文化性动物开始掌握世界的重要一步,但它们并不能真正理解与工具的特性和功能有关的原理。

如果一个人希望自己有能力参与人类文化,那就必须能从社会原因的角度思考问题。有证据表明,儿童在很小的时候就开始理解社会原因。在 5 岁之前,大多数孩子都会经历一个问"为什么"的阶段。大人告诉他们一些什么事情之后,他们会无休止地追问为什么。当然,孩子可能是享受"为什么"这个问题带来的控制感:他们发现,这个句子可以促使大人做出新奇而有趣的反应。(如果说"跳"这个词可以让成年人每次都跳,有些孩子可能会更喜欢说"跳"而不是"为什么"。)但是,"为什么"还会引出因果关系信息。儿童在生命早期就认识到这是一种重要的知识。这种趋势的另一个极端认识就如康德(Kant)在《纯粹理性批判》(*Critique of Pure Reason*)中所说的,因果关系是人类思想中最重要、最基本、最普遍的范畴之一。[83]

不用说,人类的思考并不总维持在复杂水平之上,人们会以更为简单的方式思考原因。在归因理论的粗略框架指导下,心理学家们能够描述出人们如何从社会行为原因中得出结论的主要轮廓。人们从行为原因中得出的大部分结论可以用三个维度加以描述。首先,原因是内在的还是外在的。在解释他人行为时,人们倾向于关注这个人的内在特质;但在解释自己的行为时,则会强调外部情境的影响。[84] 一个暴力行为的目击者很可能认为犯罪者是一个邪恶的人,但犯罪者本人很可能说"我只是在服从命令"或"我只是对别人的行为做出反应"。

第二维度描述的是指原因是稳定的还是不稳定的。[85] 成功可以归因于稳定的高能力,或者归因于不稳定的高努力;这两个原因都是行动者的内部因素,但是对于行动者下一次的表现,它们的含义是不同的。外部因素也可以是稳定的(任务很容易)或者不稳定的(纯属运气)。

最后一个维度描述原因是具体的还是整体的。例如,乔治对待苏菲的态度总是很傲慢。这可能仅仅是因为他瞧不起苏菲,或者是因为他瞧不起保加利亚人,或者是因为他瞧不起女性,甚至是因为他瞧不起任何一个人。显然,这些理由对别人而言会产生巨大不同的影响，别人期待乔治将如何对待自己时，就要依其理由先看看自己是保加利亚人、是女性，还是一个普通人。

任何一个对原因作出的解释通常都可以用这三个维度来衡量。专栏作家乔治·威尔（George Will）曾建议用 1747 年被砍头的冒险家亚历山大·布莱克威尔（Alexander Blackwell）的名字来命名一座文明奖杯。[86] 在这个事件里，布莱克威尔被行刑时，跪在了行刑台的一个错误位置，因此头有些偏离了断头台。刽子手指出这个问题，布莱克威尔抱歉地说他是第一次被砍头。布莱克威尔的解释是一种内部的（他指责自己，因此道歉）、具体的（这次行刑时犯的一次错误）且不稳定的（这是他第一次，也是最后一次被执行死刑）。

人们对原因的思考大多是合理的、合乎逻辑的和理性的。他们遵循合理的规则：先因后果，大的原因导致大的后果，原因与结果有一定的联系，等等。共变是一个因素：如果不论表面原因是否存在，都有相同的结果发生了，那么一定还有其他因素在起作用。如果一个人的行为和其他人一样，那就不需要将这个人的人格看作是其行为的原因。但是如果这个人与其他人的行为相反，那么这个人就要对自己的行为负责了。类似地，如果你优势巨大，因此获得成功，这或许不能说明什么；但是，如果是克服了巨大障碍之后取得的成就，那可以证明一个人有很强的能力和坚定的决心。相对那些无法预料的行为后果，人们需要对自己可预见的行为后果承担更多的责任。[87]

然而，一些不太理性的因素也会影响人们对原因的推断。其中一个是凸显性，即某物很明显或者很引人注意。人们倾向于把因果责任归因于最凸显（明显）的因素。[88] 例如，媒体对毒品问题的报道和国家对这个问题的警觉会引起人们对毒品的注意，所以如果某个人出现了各种疯狂、危险或非理性的行为，那就会被人们认为是毒品所致。例如，假设大麻对于人们汽车驾驶能力没有影响。因为正常情况下也会有一些交通事故发生，在一些事故中，驾驶员食用过大麻，因此，食用大麻的司机是会发生事故的。人们就会倾向于将这些事故的发生原因归咎于吸食大麻，因为这是一个十分凸显的因素，即使（就像我们所假设的）大麻实际上在这些事故中都没有产生任何作用。

在人们为自己的生活所作的结论中，存在着更多的偏差来源。"自我"倾向于以多种方式扭曲人们的思考。自我异常突出且很重要，人们要很努力地保持一个良好的自我形象，使自己不必因为问题和失败受到指责。一种根深蒂固的模式是，人们把成功归功于自己,却否认自己应为失败负责。[89] 这就是所谓的自利偏差。具有讽刺意义的是,这种有点不公平和扭曲的下结论方式却主要出现在健康的、适应性强的、自尊心强的人群中。抑郁的人和低自尊的人(这两类人有很大的重叠)在接受赞扬和责备时反而表现得更为平衡。[90]

这种自利偏差可能会导致有历史意义的、甚至致命的后果。其中一个例子是,由罗伯特·法尔肯·斯科特(Robert Falcon Scott)带领的英国登山队和由罗尔德·阿蒙森(Roald Amundsen)带领的挪威登山队相互竞争,争做抵达南极点的第一人。[91] 当年(1911 年)人们对极地探险的最佳技术知之甚少,比如,极地探险依靠狗、还是依靠马?斯科特对依靠狗来探险持怀疑态度。在最初的探险测试中,狗表现不佳,这似乎证实了他的怀疑。然而,如果人们能正确地对待这些狗,它们其实更适合这次探险。[记录者罗兰·亨特福特(Roland Huntford)解释说,狗和驾驶者之间讲究平等的关系,一只狗不是一匹马,它是伙伴,而不是驮兽。][92] 在探险活动中,英国人根本不理解如何友善地与狗相处。斯科特并不承认他们自己不知道如何对待狗——这意味着他不是把失败责任归因于自己,而是把责任归咎于狗。从那以后,他坚持认为狗是无用的动物,他拒绝依靠它们完成最终的南极之旅。甚至当其他经验丰富的极地探险家,如罗伯特·皮尔里(Robert Peary),试图说服斯科特使用狗的时候,他也不听劝。在他看来,他以前的不幸不可能是自己的错,错误肯定都在狗身上。不管别人怎么说,他仍然坚持认为狗不好。

212

相反,阿蒙森努力学习了关于狗的所有知识。他试验了不同品种的狗,并和最了解狗的爱斯基摩人相处了很长一段时间,学会了如何驾驭狗。他学会了协调使用雪橇和狗,并教会了欧洲人如何像爱斯基摩人那样驯养狗。当他出发去南极时,他有 52 条雪橇犬。他知道英国人也会去南极,不论谁先到达南极,他都会赢得相当大的声誉。他的雪橇犬和队员们决心要好好表现一番。

斯科特率领的探险队主要依靠矮脚马。一开始他们也带了几只狗。不出所料,斯科特拒绝承认这几只狗的表现越来越好。它们在雪地里欢快地奔跑,而矮脚马则在雪地里艰难跋涉,在雪堆里蜷成一团。一些矮脚马死了,剩下的也需要处死。但斯科特仍然坚持认为这几只狗没用,并把它们送了回去。

英国人为斯科特的自利偏差付出了沉重的代价,尤其是他拒绝把初期与狗相处时出现的问题归咎于自己的尤能。挪威人率先到达了南极点(当时英国探险队离他们还有将近 400 英里远)。事实上,狗是在随这两个人之后第三个站在南极点的动物。然后,精力充沛的雪橇犬拉着他们返程,迅速回到了船上。挪威队按时到达,这意味着他们的物资能维持下去,他们有足够的食物。尽管在极点附近他们挨了几天饿,但是在返回的路上,他们即时到达了食物补给点。阿蒙森回到船上时,发现自己甚至比原计划提前了 10 天。并且,多亏这些雪橇犬,他的体重比出发时还增加了几磅。

英国人比挪威人晚了 34 天才到达南极点,因此,输掉了这场重要的比赛。他们长时间靠自己拖运食物,虽然他们所带的饮食与挪威人大致相似,但这些食物不足以满足人类拖运食物需要的大量热量。在最后的路途中,斯科特看到了挪威国旗和挪威探险队留下的标记,他感到很厌恶,因为这些标记不断在证明着他输掉了比赛。在返回途中,英国探险队慢慢耗尽了食物和燃料,探险队员相继死去。在一次暴风雪中,一个队员故意走到帐篷外面,间接地自杀了。他对同伴(根据斯科特的记录)说:"我去外面待一会儿。"[93] 包括斯科特自己在内的最后三个人,在距离安全地点 130 英里的地方死于寒冷和饥饿。具有讽刺意味的是,这些在劫难逃的人最后还绝望地期望着,那几条被他们送回去的狗可以带着补给品跑回来救他们,但斯科特最后的一些笔记仍然把失败归咎于狗。最后,他在帐篷里等待死亡的时候写了封长长的信。正如他所期望的,别人找到了这封信。他在信中声称自己没有犯错,而是将灾难归因于恶劣天气、坏运气和其他外部因素;他将自己描述为一位鞠躬尽瘁的英勇烈士。尽管历史学家们对他的贡献和他最后的声明有不同的看法,但毫无疑问,挪威人和他们的狗比斯科特的队伍更快、更成功地完成了这一壮举。

总之,人们是在一种提升或保护自尊的动机下去得出结论的。自我的凸显(显著)性是自我能够影响思考的另一种方式。人们会意识到自己、尤其是自己的行为,并可能会因此高估自己的作用。例如,在我的一个朋友住所的楼上,有 5 个人同住一个公寓。她一个一个地问他们每个人为整个公寓倒垃圾的频率。一个人说他几乎没有做过,可能有 10%;另一个人说他做了一半;另外三个人都认为自己做了 90%。将所有人扔垃圾的频率加起来,答案应该是 100%,但他们报告结果之和却是 330%!

实验室和实地调查研究提供了更为系统的证据,证明了这些偏差的存在。例如,丈夫和妻子都相对高估了自己为家庭和家务做出的贡献,而研究团队的成员则相对高估了他们对实验室工作的贡献。有几个可能的因素导致了这种高估模式,但最明显的因素是,人们能更好地记住自己行为而不是伴侣的行为,所以,这种对自己行为的更好记忆往往会导致他们夸大对自己行为效果的估计。

还有一些迹象表明,人们更喜欢单因素的解释,而且会选一个自己喜欢的解释。实际上,社会因果关系是一个由多种因素组成的错综复杂的网络,但人们倾向于选择其中一个因素来进行解释。一个很好的例子是将各种社会问题归罪于毒品(如前文所述);毒品是一个简单的解释,所以一旦涉及毒品,其就会被认为是原因。这种谬误的一个更明显的例子是,一对年轻夫妇深陷赌博,但他们却拒绝承认。他们解释道:"赌博不是问题的根源,我们俩都喜欢赌博。我们的问题是欠下的 10 万美元债务。"[95]

自我知识和自我欺骗

大多数动物没有复杂精致的自我概念,也没有明显地求助于自我欺骗的方法,却都过得还不错。然而,文化性动物则需要一个远为复杂、更有能力的自我。文化自我承载着一些象征信息,这些信息与个体如何融入社会网络及如何达到文化标准有关。自我还需要做出选择,这些选择承载着复杂的意义、价值判断和将来可能的后果。因此,文化自我本身就是大量思考、信仰和偏差的一个聚焦点,以至于人们有时会为了符合自己要求的信念而歪曲关于自我的信息。

因此,大量的思考(以及思考中相当一部分的偏差和扭曲)都与自我有关。在大多数人的思考过程中,占有突出而特殊的地位的就是他们自己,这一点儿都不奇怪。人们发现在思考自己的时候,很难做到公正和不偏不倚。

"自我概念"一词在 20 世纪 70 年代开始流行,用来指人们对自己的看法。但现在大多数专家认为这个词具有误导性。自我概念意味着一种统一的、整合起来的理解。相反,把自我知识看作是信念、特定记忆、希望和其他信息的集合,这反倒是更为恰当的。我们可以将自我知识想象成一个巨大的图书馆,里面没有足够多的工作人员以及足够多的书架,所以只有一些书能够以一种有系统、有组织的方式被存放起来,但另外一些书则被随意地堆放在地板上,或被放在书架上的错误地方。自我知识中的某些部分与其他部分完全无关,而且大量相互矛盾的信息存储在不同的地方;任何时候都只有少量的信息被用到,这部分的信息往往更一致、更连贯。例如,大多数人可以回想起他们表现得友好和外向的时候,也可以回想起他们害羞和内向的时候,但这些矛盾的记忆通常不会同时出现。

正如我们看到的,自我感觉良好的欲望与获得他人尊重的渴求重叠在一起,构成了人类动机的重要组成部分。为了满足这些欲望,人们的思考过程会出现偏差,这就不奇怪了。事实上,关于自我欺骗观念的起源可以追溯到弗洛伊德的心理学理论,甚至更久远的文化历史。许多历史学家认为,基督教历史上的加尔文主义(Calvinist)和清教运动使人们更深刻地认识了自我欺骗。宿命论的教义意味着(至少在大众的理解中)一个人的永恒命运从他出生的那一刻就注定了。加尔文(Calvin)补充说,通过观察一个人可以判断他最终是上天堂还是下地狱。因此,许多清教徒花了大量时间观察自己的思想、感情和行为,以寻找蛛丝马迹来证明自己的高尚或堕落。他们这样做的时候,开始意识到他们希望自己是被选中的(注定去天堂)。因此,他们努力为自己找理由,相信自己是高尚的。自我知识再也无法恢复它以前曾享受过的那种充满自信的确定感了。[97]

自我欺骗这个概念由西格蒙德·弗洛伊德(Sigmund Freud)和他女儿安娜(Anna)提出。安娜认为人们依靠各种各样的防御机制来保护自己,避免受到那些无法接受的关于自我真相的伤害。特别是,弗洛伊德和安娜都认为,人们利用这些防御机制来掩盖自己的性冲动和攻击冲动。最近的证据表明,人们实际上是用这些防御机制和其他机制来捍卫自尊。这两种观点(掩盖自己的性冲动和攻击冲动,以及维护自尊)实际上差别并不大。弗洛伊德于维多利亚时代开始他的职业生涯,并发展出了许多主要见解。在那个时代,性和攻击是禁忌,所以人们为了维护自尊(和公众的尊重),很可能会隐藏这些想法。如今,人们不再像以前那么害怕自己的性冲动和攻击冲动——如果说和以前有什么区别的话,那就是人们今天感觉到,性欲缺乏要比性欲存在更可能威胁到自尊。但是人们保持良好自我形象的需要却依旧像以前一样强烈,所以人们继续着自我欺骗。[98]

自我欺骗的方法

人们通过多种有偏差的信息处理方式来提升自我,其中的一种方式是把成功归因于自己,同时拒绝把失败归咎于自己。另一种方式是对那些让自己看起来很糟糕的反馈十分挑剔,而对于那些让自己看起来很好的反馈则不持异议。例如,研究被试接受一项性格测试后,被随机分配到两个小组:一组人收到对自己性格的积极反馈,另一组收到对自己性格的消极反馈。较之收到消极反馈的那一组被试,得到积极反馈的被试倾向于认为该测试更有效。[99]另一种表现是,人们很少花时间去琢磨别人对自己的批评，但却会沉浸在表扬之中，并探究其含义。[100] 这样做的结果是，好消息会比坏消息更彻底、更有效地储存在记忆中。总体上，人们的确对成功记忆得更好，而对失败记忆得更差。[101]

对他人行为的解释也可以用来提升自我。人们忽视自己对冲突的责任，更多地将冲突归咎于他人的行为。[102] 战争开始时，战争双方通常都会声称是对方挑起争端，而自己只是对这种挑衅行为作出了合理的反应。小孩子之间的打架和争吵也表现出同样的模式。自利偏差也会影响积极、适宜的行为。弗兰斯·德瓦尔（Frans de Waal）讲述了一个女人的故事。这个女人说她后院的松鼠深爱着她，它们每天都来看她，直接从她手里拿走食物。[103] 她说自己被这种爱感动了，她每年实际花费超过 1000 美元为松鼠买食物。当采访者小心翼翼地问她，这种慷慨的喂养方式是否导致了松鼠的频繁来访，她说没有，它们来看她是因为爱她。在她看来，这含蓄地证明了她是一个多么美好和可爱的人。

记忆也会因人们带有偏差的搜索方式而受到歪曲。如前所述，人们对自己行为的记忆通常包含大量松散、有时甚至相互矛盾的信息。因此，在搜索信息时，人们可以采用特定的搜索方式，从而得出自己喜欢的结论。一组研究人员告诉普林斯顿大学一群雄心勃勃的学生，人格可以预测人生的成功。然后，研究人员根据悄悄抛掷硬币的结果告诉每一个学生，成功的关键是内向特质，或者是外向特质。最后，他们要求学生回忆自己过去的行为。每个学生都想到了预示着成功的正确记忆。换句话说，如果他们被告知内向导致成功，他们回忆出的自己过去的行为通常都是内向的；而那些被告知外向导致成功的学生，回忆出的则多是自己以前的外向行为。[104]

人们的许多特质不是客观的品质，而是与他人比较的结果。只有与他人比较之后，才能确定一个人在半小时内游完一英里或心算的准确率达到 90%，是不是足够好。此外，并不是每个人都可以被作为比较对象。毕竟，如果一个人想知道自己半小时内游完一英里的速度够不够快时，她不会拿自己和奥运会游泳队作比较，特别是她还是一名有工作、有家庭且从未学过滚动转身的中年女性。因此，人们对自己的评价取决于他们所选择的比较对象。[105] 人们经常会仔细选择比较的对象，这样就能超过这些对象，从而使自我感觉良好，即使是表现不佳的群体也会通过这种方式而获得较高自尊。例如，女性和少数族裔成员的收入往往会低于白人男性，他们只好与自己群体内的人相比较，以保持高自尊。[106]

216

通过向下比较来提升自己优越感的做法还存在着另外一个重要变式。人们会调整别人和自己相似程度的印象。他们通过两种相反的途径达到这个目的,具体采用哪一种途径则取决于自尊的影响。一方面,拥有正确的观点是个好事情,而正确与否的一个标志就是与其他人达成一致。因此,人们往往会高估别人对自己的赞同程度。(产生这种倾向有些是由于人们与志趣相投的朋友交往,但有些原因纯粹是歪曲感知。)另一方面,拥有些独特的本领也很好,因为掌握一些很少人甚至没有人能会的本领,会为自己带来声望。因此,人们往往会夸大自身能力的独特性。此外,这两种倾向——夸大他人与自己观点的相似性,以及夸大自己能力的独特性——在自尊心强的人身上表现得更为明显,这表明这些倾向是自我中心驱动的。[107]

这些做法和其他一些提升自尊的方式并不符合自我欺骗最严格的定义——即一个人既知道又不知道同一个事实(类似于人际欺骗),[108] 但它们确实达到了同样的目的,使人们自视良好,而不去理会那些真实、客观的冷冰冰的事实。最终,处于平均水平的一般人也都会认为自己实际高于平均水平。[109] 一些研究人员将这种倾向称为乌比冈湖效应。乌比冈湖效应源自加里森·凯勒(Garrison Keillor)所描述的一个虚构小镇,小镇上"所有孩子的智商都高于平均水平"。

雪莱·泰勒(Shelley Taylor)和乔纳森·布朗(Jonathon Brown)在一篇有影响力的文章中对这些模式的维度进行了评价。[110] 他们得出结论说,人们有三种愉快的、自我炫耀的广泛歪曲模式,他们称这三种模式为"积极错觉"。首先,人们会高估自己的能力和其他优秀品质;其次,人们会高估自己对事件的控制程度;第三,人们还会高估好的事发生在自己身上和坏的事不发生在自己身上的可能性。这些因素加在一起,就形成了一种明显的带有自信和乐观色彩的感受,让人无法抗拒。

有一个迹象表明,这些积极错觉能够给人带来好处:在快乐、健康、适应性强的人身上,这些错觉表现得最为明显,而抑郁的人则以一种更准确、更平衡的方式看待世界。长期以来,心理学家一直假定,准确地看待现实是最有益、最具适应性的心理状态,一些研究者投入了大量精力,试图理解抑郁的人是如何对各种事件形成了一种消极的、悲观的歪曲看法。但许多研究结果表明,抑郁的人对世界的看法并不歪曲,他们对世界的看法相当准确(事实上,这可能正是导致他们抑郁的部分原因)。相反,快乐、健康的人才会歪曲,只不过他们是朝着相反(乐观和自我炫耀)的方向进行歪曲。[111]

高估自己会有什么潜在风险呢？毕竟，过分自信和好高骛远导致了历史上的许多伟人垮台。拿破仑（Napoleon）和希特勒（Hitler）入侵俄罗斯就是过度自信的典型例子。这两个人都取得了许多显著的成功，并逐渐相信他们几乎可以完成任何事情。但他们前后入侵俄罗斯的后果都是以他们自己、他们率领的军队和国家彻底陷入灾难而告终。

218

人们可以通过几种方式来避免高估自己带来的问题。一种方式是将乐观、自我炫耀的错觉限制在一定的范围内，这样它们就不会太过极端；[112] 另一种方式是，在不得不做出决定的情况下，人们似乎能够关闭自己歪曲的看法，因而在短时间内他们会变得清醒和现实起来。但在做出决定之后，他们又可能重回自信心膨胀的状态，这种膨胀的自信甚至有助于他们去实施已经做出的决定。[113]

尽可能提升自尊并不是指导自我认识的唯一原则。自我认识有三种不同的方式，人们在不同的情况下会偏好不同的方式。第一种方式是获得关于自我的准确信息，比如通过执行那些能够提供有效反馈信息的任务。[114] 第二种方式是千方百计地去验证关于自我的信念，不管它是好还是坏。[115] 这一策略帮助人们对自己保持一种稳定一致的看法，还有助于人们把世界理解为一个稳定的、合理的、可预测的地方。最后一种方式是自我感觉良好的欲望。有证据表明，总的来说，上述三种方式中最重要的是人们获得良好感觉的欲望，其次是能够保持一致的欲望，而获得准确、有价值反馈的欲望则排在第三位。[116] 对不同的人而言，这三种动机在不同的情况下的相对强度有所不同。例如，一些人渴望了解关于自己的真相，无论这个过程有多痛苦；而另一些人则喜欢尽可能长时间地坚持自己的错觉。自我偏好不是人们唯一的考虑：他们当然喜欢听到有利于自己的、积极的或者可以自我炫耀的事情，但他们也更可能相信那些能够证实他们自己想法的事情。[117]

许多偏差和歪曲不仅会扰乱自我认识，也会影响人际关系。人们试图让自己相信，他们拥有牢固和良好的人际关系。事实上，在一项研究中，[118] 研究人员要求学生被试预测他们目前的恋爱关系会如何发展，同时也让他们的父母和室友做同样的预测。几个月后，研究人员核查哪些预测成真了，结果他们发现室友们的预测是最准确的。父母缺少足够的信息去做出准确预测，而学生被试自己也因"情人眼里出西施"的偏见难以做出准确预测。人们倾向于高估自己当前所处关系的质量、强度和持久性。室友们因不受这些偏差的影响，所以能够更有效地做出预判。

219

自我知识的来源

人们的自我认识从何而来？根据符号互动论，人们主要通过他人的反馈来了解自己。但事实并非如此简单。人们对自己的看法实际上与朋友和家人对他们的看法并不一致。[119] 相反，人们的自我概念与其所相信的他人对自己的看法却非常接近。差异就存在于你所相信的他人对你的看法与他人实际上对你的看法之间。这个差异通常有两个来源：首先，别人并不总是告诉你真相，尤其是你的缺点和不足。第二，当别人给你提供明确的反馈时，你（如果你像大多数人一样）往往不愿意倾听。这就会导致输入信息被歪曲，特别是当这些信息不那么令人愉快，或与你自己的信念相矛盾时。[120]

内省也是自我认识的一个来源。心理学关于内省的观点发生过几次巨大的变化。在早期，内省几乎是心理学数据的主要来源；之后，弗洛伊德提出质疑，认为人们自省的内容只是冰山一角；再后来研究人员认为自省方法在某些情况下适用，另一些情况下并不适用。如果你想要知道某人为什么做了某事，或者某人在想什么，直接询问他不是更合理的方法吗？如今，大多数研究人员认为，直接询问法对很多研究问题是一种很好的信息获取方式，当然同时也需要牢记，一方面人们可能并不知道答案，另一方面即使知道真相，他们可能也不会全部说出来。

20 世纪 70 年代，内省再次遭到抨击。理查德·尼斯贝特（Richard Nisbett）和蒂莫西·威尔逊（Timothy Wilson）指出，人们并不总是知道他们自己在想些什么，而且更常见的是，他们不知道自己不知道。[121] 因此，当你问一个人他为什么要说这样的话时，他可能会给你一个真诚的错误的回答。一系列的实验证实，人们并不总是能意识到自己如何思考。例如，在一个实验中，被试需要在四款尼龙长筒袜中选择一种。事实上，所有的袜子都很相似，但最后大多数被试都选择了最后一种。（实验者改变了不同款式长筒袜呈现的顺序，所以不同被试所看到的最后款式都是不同的。这样实验就可以得到结论，顾客选择的长筒袜只是因为它被排在了第四位。）但是被试并没有意识到他们只是选择了最后一款。相反，他们解释说，袜子的颜色、质地或质量影响了他们的选择。实验者试着询问被试者，他们选择长筒袜的原因是否因它第四个出现？毕竟这是真正的原因。但是被试们看着实验者，好像他在问一个愚蠢的问题。[122]

另一个实验更有力地证明了这一点。在这个研究中，研究人员向年轻男性被试展示了一系列汽车广告,并询问他们会买哪辆车。这些汽车在许多维度上都存在着差异,比如广告中描述的有关风格、安全性、油耗等信息。有一个广告中出现了一位有魅力的女性的照片,她穿着一件黑色毛衣和黑色蕾丝内裤,面带笑容站在一辆车旁边,手里拿着一个长矛(研究人员认为,在某种无意识的层面上,长矛可能是一种弗洛伊德式的阴茎象征)。研究人员制作了不同版本的广告,所以每辆车都会与这位女性的照片一起呈现。

年轻男性通常会喜欢广告中那个穿着内裤、拿着长矛的女性,他们会倾向于选择与她一起呈现的任何一辆车。但是当研究人询问他们选择这辆车的理由时,他们却从不会说是因为那个半裸的女战士。相反,他们会说自己是基于车的优点做出的选择。如果与这位女模特一起呈现的汽车广告强调低油耗,他们就会说油耗很重要;如果女模特旁边的汽车有着最高的安全记录,那么他们就会说安全是他们最为关心的。

这些研究发现意味着,人们并不知道自己为什么会形成这样的结论和偏好。内省是心智有意识部分的一种活动,它不知道其功能有多少是由处于意识之外的自动系统完成的。当被询问时,人们会给出逻辑上有意义的答案,但更多是基于自己关于人应当有所偏爱的信念,而不是真的进入心智内部去观察、并描述他们在那里所看到的。人们似乎应该根据颜色、款式或质量来选择购买哪种尼龙丝袜,而不是选择最后看到的那一种。他们不会意识到自己的实际决策过程会因丝袜呈现的顺序而产生偏差。当要求他们解释自己的选择时,他们就会依赖于某种人们如何做出如此选择的一般理论。

内省并非完全不适用。人们确实知道自己心智的内容,也就是说,他们知道自己的想法是什么、自己的态度是什么、自己的情绪是什么。内省作为了解一个人当前思考内容的一种方式十分有效。但是人们却不知道自己是如何得到这些内容的。对"你现在感受如何?"这样一个问题的回答很可能是准确的,但在面对"你为什么会有这种感受?"这样的问题时,虽然人们的态度很真诚,但人们的回答却可能会变得不那么可靠了。

221

结论:自我知识与文化性动物

正如我们所看到的,人类通常对于自我大多都持有复杂精密的概念和理论,这些概念和理论有一定程度的现实基础,但也存在着系统偏差。自我知识中准确的部分不难得到解释。毕竟，准确的自我知识对于文化成员来说十分有用。一个人应该知道自己能做什么，这样才能准确地知道自己在社会中可以扮演什么样的角色。如果一个人缺乏必要的技术或能力，那就不必尝试让自己成为脑外科医生、电工，甚至成为父母。如果某人知道自己的优点和缺点，就可以准确地推断出哪些人会对自己感兴趣，这样即便只是寻找朋友和伴侣也会更容易些。

但自我认识中的那些歪曲部分则很难解释。系统性高估自己的优点似乎会给人们带来头脑发热的风险，从而使人陷入失败的困境。但歪曲具有的某些可能益处或许可以抵消失败的风险。首先，自信可以帮助人们在很多情况下表现得更好。[124] 至少它能促使人们尝试新事物，抓住更多机会。第二，自信让人感觉良好。认为自己有能力、有吸引力、讨人喜欢等想法会让人自我感觉良好，而这些良好的感觉似乎并不依赖人们对自己的有利判断是否可靠。换句话说，骄傲自负同样能给人们带来愉悦感，这与人们得到准确但同样是自我有利的评价（除偶然会出现不一致的风险）时的愉悦感是一样的。普遍来说，在不同的生活领域，甚至在不同的文化背景下，自尊都与幸福感紧密地联结在一起。

但是为什么认知歪曲会让人感觉良好呢？答案可能在于，人们有获得社会的认可的动机，因此，自然让人们一旦被他人接受就会感觉良好。自然赋予人类这种情绪反应模式的目的，大概就是让人们为了获得社会认可而继续努力。但是人类自己找到了一条感觉良好的捷径：不用去努力让自己成为一个优秀的人从而得到别人的认可，而是仅仅让自己确信自己很优秀就够了，这样就可以轻松地假设别人一定也会认可自己。这像喝了咖啡后，你就好像实际上补充了足够的能量来从事工作了；或者像调整了汽车上的里程表，使它看起来更新、更值钱一样。人们的日常行为就是围绕着追求积极情绪、回避消极情绪而组织起来的，所以如果能够毫不费力地获得这些积极情绪，人们就会走捷径。自我欺骗和膨胀的自尊都属于走捷径。因此，我们可以看到，双重心智引导着文化性动物不断追求意识经验，自我欺骗或许就是这一过程中的副产品之一。

那无意识又是怎样的？

前面的内容表明，人们并不了解自己的心智。无意识的心智也是弗洛伊德思想的一个中心主题。弗洛伊德和他的追随者们将失败归咎于无意识。他们认为无意识构成了人的心智的大部分，其中充满着强大且有影响力的内容，而这些内容却是有意识的心智不愿意承认的。

如果你向一位当代心理学研究者询问有关无意识的问题，你很可能会得到一个含糊不清的回答，而且他脸上还会闪现出不自在的痕迹。如果你向一位当代自由主义基督教神学家询问关于童贞女生子（又称为圣灵感孕）或来世的问题，你很可能也会得到类似含糊不清的回答。这并不意味着这些想法已经被证明是错误的，只不过是它们代表着一些过时的思考方式，因而让那些生活在现代的专家们回答这些问题，会让他们感到很尴尬。弗洛伊德将一些现象归因为无意识是正确的。大量的心理活动确实是在意识之外进行的。但是，认为庞大无意识的作用就是为了禁锢人们的邪恶想法（而且这些想法可能计划逃出禁锢去做些坏事）的观点，现在已经站不住脚了。哲学家让-保罗·萨特（Jean-Paul Sartre）是这一观点的早期拥护者，然而人们现在已经不再赞同他了。[125]

根据这种观点，自我欺骗是无意识的一个表面目的。如果人发现自己有一些自己无法接受的特质或想法，就可能会将它们隐藏到无意识中去。但是，正如我们已经看到的，自我欺骗并不是这样简单地把想法隐藏到内心深处；相反，自我欺骗可以通过歪曲地解释、选择性地寻找证据和其他技巧来实现。假设有这样一个人，他把成功都归于自己，把失败责任都推给他人。但他自我责备的想法并没有从意识心智部分转移到无意识心智部分，从而在那里准备妥当地潜伏着，等待机会再突然返回到意识中，让他自己被焦虑或内疚淹没。相反，自我责备的想法被认为是一种可能的解释，但随即又被当做是错误想法（是对事件进行歪曲解释所导致的结果）而被拒绝加以接受。自我责备的想法在意识中的位置，大致与回答"3加5等于多少？"这个问题时，作为可能答案之一的"10"所处的位置相同——也就是说，它作为答案可能被考虑过，但后来被发现是错误的回答，于是又被抛弃了。"10"这个答案并不处于无意识中，等待着时机以便随时回到意识之中，从而造成算术上的混乱。它只是被排除掉了。同样地，当一个人设法让自己满足于相信失败是别人的错误造成的时候，因某个失败而导致自责的可能性就会被抛弃和排除。

另一个例子也发人深省。研究者让学生被试猜一系列字谜，每个字谜包含五个词。这些学生需要用其中的四个词造出一个句子（这样就抛弃了第五个词）。例如，五个词分别是，"他、它、藏、找到、立即"。这个字谜的答案是划掉"藏"并生成一个句子"他立即找到它"。在实验中，一半学生看到的字谜词语列表中，有一些词与人们对老年人刻板印象有关，如佛罗里达、灰色、小心、明智、健忘、老、皱纹和填字

223

游戏。"慢"这个词并不在其中。另一半学生看到的词表与刻板印象和年龄无关。在所有人完成谜语任务之后,实验者说研究结束了,你们可以离开了。然后,实验者暗中观察并记录每一个人在走廊上走到电梯间的过程和时间。结果显示:那些完成字谜列表中含有与老年人刻板印象相关词的学生,确实比其他人走得更慢些。当研究者第一次观察到这个结果时,负责这个实验的教授拒绝相信,并坚持使用一个新的学生样本来重复一遍整个的实验。然后第二次的结果也几乎完全一样。这并不是一个孤立的发现:在另一些使用其他想法和行为的研究中也发现了类似的结果。[127]

简而言之,这就是无意识——或者,用现在的术语来说,就是意识之外的自动加工处理系统。将某些词嵌入到字谜游戏中。人们完成字谜任务时,被嵌入的这些词就会自动而巧妙地激活其他想法,而这些被激活的想法反过来又会导致人们的行为出现可测量变化(在上面这个例子中,测量的是走路的速度)。在上面提到的研究中,没有人意识到字谜里的词与人们对老年人的刻板印象有任何关系——然而,这种刻板印象在人们没有意识到的情况下被激活了。没有人相信这些词语能影响自己的行为,但实验结果确实证明了它的影响。这一发现令人印象深刻,因为没有一个词与"慢"或"走得慢"存在明确的联结。(最接近的词是"小心的"和"谨慎的",但慢慢走向电梯并不等同于典型的小心谨慎的做法。)所有重要的事情都发生在意识之外。自动系统捕捉到足够的线索,从而激活了刻板印象,然后又转到刻板印象中的另一个没有被提及的部分(缓慢行走),最终改变了学生们的行走速度,所有这些都没有意识认知的参与。

224 我们将在第 6 章再次回到意识过程和无意识过程如何影响行为这一问题上。现在讲到的关键点是,大量的心理活动都发生在意识之外,有时候这些心理活动如此广泛且有效,以至于在人们完全没有意识到的情况下,某些外部世界的线索已经仔细加工处理了并导致了行为的改变。这并不是弗洛伊德心理学中闻名于世的无意识,但它真实存在着,也很重要。社会心理学家蒂莫西·威尔逊(Timothy Wilson)为它提出了一个新的术语:适应性无意识。[128]

此外,有意识的思考和有意识的控制并不是一回事。人们可能会以为,意识心智和思考是在他们自己控制之下的,但是如果他们真的努力尝试去控制时,就会很容易见识到相反的情景。其中的差异在正念冥想中最为明显。冥想练习通常包括集中精神,专注于特定的刺激,如一个词(简单语音)、一个问题、一个图像或自己的呼吸。把注意力集中在自己的呼吸上似乎是世界上最简单的事情,尤其当你的想法能够被你有意识地加以控制时。然而,几乎每一个刚开始练习冥想的人都发现其实这个任务极其困难,如果不是完全不可做到的话。即使冥想者使用一些技巧,比如数自己的呼吸(通常是数 10 次,然后再重新开始计数),他们也很快就会发现大脑里充满了其他想法,并经常会忘记呼吸的次数。人类心智的内部独白通常都不是一个意识指引的思考过程,虽然我们经常误以为是这样的。

记忆

记忆是人类本性中一个强有力的方面,它对人的成功和成就至关重要。没有记忆就没有所谓的知识,信息基本上也毫无用处,也不会有学习。人类大脑的智力将会受到损害,文化也不可能存在。

人类的记忆容量巨大,许多专家认为它实际上是无限的。托马斯·兰道尔(Thomas Landauer)试图估算普通人实际能记住多少信息。[129] 他使用了几种完全不同的方法,得出了几个答案,都是 10 亿比特左右。更准确地说,一个 35 岁左右的成年人记忆中的信息大约有 15 亿比特,如果考虑有大约 5 亿比特的记忆会丢失,[130] 那么大约还会剩下 10 亿比特。实际上,人们在日常活动中可能只会用到少部分的信息(也许是 5 亿)。可以肯定的是,人类记忆的最大容量几乎肯定比这要大得多,因为兰道尔仅仅估计了人们的记忆中实际上有多少信息。

巨大的记忆容量也是表明人类是文化性动物的另一个指标。如果人们只需要解决物理世界中的问题,就不需要这么大的记忆容量。物理世界没有那么复杂多变,特别是在一个人像大多数人一样,一生都只生活在同一个地方的情况下。但是社会世界和文化产生了巨量信息。即使只是去了解群体成员,包括他们之间的关系、名声、目标和个性等,都需要巨大的存储空间。如果再加上人们去获得文化知识的可能性,那么对记忆的需求就会进一步增加。总之,如果一个人只需要记住自己已经在生活中解决过的问题,那就不需要那么大的记忆容量。但是作为一个文化成员,还需要学会其他文化成员解决所有问题的方案,甚至要学会祖先前辈们解决问题的方案。因此,人类大脑过剩的能力或许正显示出,心理是为文化而进化的。

既然人类的记忆容量这么大,那么为什么记忆常常还表现得很差? 有几个因素会导致记忆变差。为了能方便地从记忆中提取信息,信息必须以一种方便提取

225

的方式加以存储。信息一天到晚源源不断地涌进大脑,但其中只有一部分能被储存起来,而有效地储存这些信息就更加困难了。记忆研究人员区分出了长时记忆和工作记忆,前者包括人们长时间记忆的信息,后者包括人们对刚才所说内容的即时记忆及从长期储存中提取的信息。心智在工作记忆中对信息进行处理和解释,将信息互相联结起来,并将它们与记忆中存储的其他观念和材料联系起来。进入长时记忆的是经过加工的信息,而不是进入心智的原始信息。信息的这种区别解释了为什么记忆可能会出现错误,为什么人们会以不同的方式记住同一个事件:因为人们记住的是他们对事件的解释,而不是事件本身。难怪已婚夫妇有时会对之前谈话的确切内容产生分歧,甚至争论:双方记住的都是他们对谈话的理解,包括他们自己想要说什么以及他们对对方意思的推断,而不是他们之前实际上的所说和所做。

精心组织这个词被用来描述信息被加工处理、被加以解释并准备被存储到长期记忆的过程中所发生的事情。人们对信息的精心组织包括,将自己所见所闻与其他信息联系起来,推断这些见闻背后的原因,并判断其好坏等。信息被组织得越详尽,它在记忆中就存储得越好,因此,它在将来也越可能被有效地提取出来。

226　　　因此,记忆就像一个巨大的网络。人们普遍认为记忆是一个图书馆或文件系统,里面排列着大量信息,但是这些象征图像忽略了信息之间相互联结这一关键事实。记忆中的内容通过一连串的联结相互联系在一起。随着年龄增长,人们能想起一长串的回忆内容,而这些内容在其他人看来只是松散关联着。这些联想长串可以帮助人们找回记忆。

记忆网络能够以多种方式运作,包括让一个人感到快乐或不快乐。一些人有一种极端表现,他们被称为抑制者。即使发生了不好的事情,他们似乎也很快乐,无忧无虑。这些人能够记住不好的事情,但他们不愉快的记忆在很大程度上独立存在,所以很少有事情可以让他们联想到不愉快的感受。相反,抑郁症患者的记忆似乎由一连串的负性事件构成。许多不好的想法和经历都联系在一起,所以任何消极想法都会引发另一个消极体验。[133] 即使当这些人停止去想一件不好的事情时,下一个出现在脑海中的想法往往还是一件不愉快的事情(即使与前者看起来毫无关联),这导致他们的整体情绪持续低落。

大多数人无法记住自己童年早期的事情。弗洛伊德认为这是压抑的结果,并提出了一个著名的观点:孩子5岁左右的恋母情结具有创伤性,以至于他们不得不将所有的想法和记忆都丢入无意识之中。正如我们所看到的,把有意识想法驱逐到一种心理牢笼的这一观点不再被认为是有效的。现在的大多数专家都认为,人们对早期经历的健忘与压抑关系不大,更多的是与儿童粗糙的精细加工和编码状态有关。因为孩子们还没有建立起大量的知识储备,不能轻易地根据原有经验解释新经验,所以他们不会利用大量方便以后查找的联结和标签来存储信息。

精细组织的一个重要意义在于,一个人记住的越多,他能学会的就越多,从长远来看,他也将记忆的更多。这个结论看起来可能有些矛盾,尤其是用图书馆来描述记忆时,就意味着一旦所有的书架都装满了,人们无法学到任何新的东西了,除非你忘记其中的一些东西。然而,正如我们所看到的,大脑信息存储的能力几乎是无限的,它的主要局限在于如何有效地存储信息,以便未来能够找到和提取信息。一旦你知道了很多,那么任何新学到的东西就可以联结到这个知识库的方方面面,因而也会被更好地记住。

当我在 2001 年写这部分内容时,隔壁房间的电视里正在播放巴里·邦兹(Barry Bonds)今年打出了第 69 个本垒打。多年以后你还会记得这件事吗?答案可能取决于你拥有多少相关背景信息。如果你从来没有打过或看过棒球,这句话对你来说可能毫无意义,或者最多只是一个模糊的统计数字。然而,如果你对棒球很了解,这个特殊的事件就可以被嵌入到多个背景信息之中,比如邦兹对本垒打纪录的不懈追求(这个记录是 70 次,邦兹在之后的比赛中打破了这个记录)、他们对赢得了比赛的事实、纽约巨人队征战季后赛的一段征程、媒体如何对待邦兹以及邦兹如何对待媒体、以往赛季中的其他的全垒打球员,等等。你的记忆中拥有的相关知识越多,就越能扩大你学习和记忆的能力。

记忆通常是在信息片段的基础上对过去进行重建。记忆是"它一定是这样子的"、而不是"它就是这样子"的王国。重建过去当然会受到偏见和歪曲的影响。考虑到动机的作用——也就是说,当人们想要记住某个特定的事情或以特定的方式记住什么事情时,记忆中就很容易冒出简单的错误,因而需要谨慎地对待记忆的内容。

关键是,人们对自己记忆准确性的信心也不可靠。辩护律师问证人:"你能肯定他就是那天晚上你在桥上看到的那个人吗?"陪审团专心地听着这名证人描述自己有多么肯定。但多个研究重复地发现,证人对自己证词的信心与其记忆的准确性之间并没有关系。那些说"我不确定,但我觉得他可能就是那个人"的目击者与说"我绝对确定"的目击者一样，都不太可能有准确的记忆。

记忆肯定容易出错。丹尼尔·沙克特（Daniel Schacter）在他的《记忆七宗罪》一书中按编年史方式记录了记忆出错的各种方式。[134] 七宗罪列表给记忆错误提供了一个有用的分类。首先，记忆会消退。人们会忘记他们曾经知道的事情。第二，人们有时在关键时刻没有集中注意，所以信息从一开始就没有被正确地存储（编码）到记忆中。这种错误的另一个版本是，信息被恰当地储存在记忆之中了，但人们在关键时刻却不能成功提取并使用这些信息。人们或许知道自己需要知道什么，但就是无法提取出信息，你就是想不起来了。第三，信息可能已在记忆中，人们也能搜索到它，但仍然无法将其提取出来，因为有什么东西阻止了它。"话到嘴边"就是这种现象的一个例子，你感觉你是知道某人的名字的，差不多就要想起来了，但又完全想不出来。

第四个问题被称为错误归因，它会导致危险和恶性的后果。某个人想起一些事情，但这些记忆却与错误的人、错误的地点或错误的事件关联起来。沙克特用一个著名的事件说明了这个错误：心理学家戴维·汤姆森（David Thomson）突然被一个他不认识的女人指控强奸。汤姆森本人就是一位记忆专家，他曾对公开讲演记忆的不可靠性。该受害者指认他时十分有信心。但汤姆森最终被无罪释放，因为他有充分的不在场证明：强奸发生时他正在接受采访。但受害者确实认出了他，这两者之间存在着某种联结。受害者在观看汤姆森的电视采访节目时遭到了袭击，她的记忆把汤姆森的脸和强奸犯的脸搞混了。她的记忆在很多方面都是正确的，包括认出汤姆森，知道自己被强奸了，但她犯了一个可怕的错误，即把强奸责任归咎于汤姆森。

第五个罪过是记忆很容易受到暗示的影响，因此，人们可能会"记住"从未发生过的事情。针对先前事件的诱导式或误导式提问（尤其是误导式提问），可以改变人们对事件的记忆方式。目击证人的叙述可能严重失真，特别是当他们已经多次叙述过同一事件时。记忆会纳入虚假信息并将其存储下来，而当人们下一次回忆起这个事件时，虚假信息也会随之出现。在催眠状态下，人特别容易受暗示。被催眠后，人们对从未发生的事件也会有生动的、令人信服的记忆。一些人报告的转世后对前生的记忆以及童年在邪恶仪式中出现的受虐待经历，或者被绑架到飞碟上的记忆，也都属于这种情况。所谓的恢复的记忆往往是（通常是无意识）编造的，而不是记忆实际的恢复。

第六宗罪实际上是一个集合体，是指多种偏差因素造成的记忆歪曲。沙克特列举了可以塑造和改变记忆的各种偏差来源。人们对一致性和变化的信念会改变记忆，所以他们会认为过去或多或少与现在存在着相似性。人们的自利偏差也会歪曲过去，用于支持自己所偏爱的观点，比如忘记掉自己以前愚蠢或恶意的行为，或重新将它们定义为是合理的、善意的行为。人们现有的认识也会以一种后见之明的方式改变过去。比如有人会说"我对此一直很了解"，尽管片刻之前她说的完全是另一回事，这表明她根本就不了解当前的情况。如一项对已婚夫妇进行了5年跟踪的调查研究显示，[135] 那些仍然在一起的夫妇每一年都会报告说，他们彼此的爱、对彼此的承诺以及对这段关系的满意度比上一年都增加了。然而，与上一年的实际评分相比，他们对近一年关系的当前评分并没有什么变化。这些夫妇想要相信他们的爱情一年比一年更为牢固，因而他们的记忆也配合着去支持这一信念，尽管这是没有事实依据的。

229

最后一个错误与第一个和第二个错误正相反。有时候，人们难以遗忘那些他们不再需要的记忆。人们往往无法忘记不愉快或造成创伤的记忆。沙克特用唐尼·摩尔（Donnie Moore）的事件来说明这个问题。摩尔是一名替补投手，他投出了棒球赛历史上最令人感到遗憾的投球之一，对此他一直耿耿于怀。季后赛最后一场比赛的结果将决定哪支球队可以晋级总冠军赛。摩尔为加州天使队（California Angels）投球。这支球队从未进入过总冠军赛，但在最后一场决定性的比赛中处于领先地位，而对方红袜队（Red Sox）只剩一线机会（两人出局，两个好球，一人在垒）。摩尔本来可以带着天使队取得胜利，但是他却没有打出本垒打，结果红袜队取胜并进入了总冠军赛。摩尔无法忘记那个灾难性的时刻。他的事业从此一落千丈，之后不到3年，他开枪打死了妻子并自杀。

记忆错误是不平衡的，事实上，记忆错误存在着严重的不平衡。记住从未发生过的事情是一种极其不寻常的错误；更常见的情况是忘记确实发生过的事情。人们在记忆受到偏差和动机的歪曲时，容易出现选择性遗忘。犯罪行为受害者提供的叙述往往会遗漏一些能够帮助罪犯减轻罪责的核心因素，比如罪犯当时心烦意乱，特别是受害者一开始做了一些事情激怒了罪犯等。与此同时，罪犯往往会遗漏对自己行为所造成的一些负面后果的记忆，比如对受害者所造成的持久伤害等。[136]

除了遗忘一些信息，记忆的另一种偏差方式是以极端好或者极端不好的方式再现过去。假设莎莉拒绝了约瑟夫的爱，伤了他的心，再假设他并没有立即放弃

（这很常见）。他对这段经历的描述很可能是他不断在努力，试图赢得她的芳心，并不会觉得被拒绝是件大事。然而，莎莉的叙述则可能会把约瑟夫的坚持行为升级到病态跟踪的程度。尽管他们都一致地认为，他的确在不断努力追求，但他们各自对于约瑟夫坚持的极端程度、非理性程度和持续时间的回忆却存在着差异。

偏差的一个普遍原因是人们为了让自我感觉良好会歪曲自己的记忆。记忆就是以这种方式为自尊服务的。到目前为止，我们所看到的歪曲——对犯罪行为轻描淡写以及夸耀过去的成功等——都符合这一观点。对自恋群体的研究为自尊影响如何记忆提供了进一步的证据。自恋群体具有最强烈的美化自己的动机。在一项表面上考察男女约会的研究中，研究者招募了一些年轻男性与一位迷人的女性聊天。[138] 实际上，这个研究中并没有迷人的女性，这些年轻被试只是与事先录好的声音互动，每个人听到的声音内容完全是一样的。研究人员还要求这些年轻男性报告自己的约会史，如女朋友和性伴侣的数量等。两周之后，每个人都再次被邀请听一段录音，其内容是这位女性对所有与她交谈过的男性的评价。实际上这个评价也是虚构的；每个人听到的都是同一份录音。通过随机分配，一半的男性听到的是这位女性非常喜欢他们，而另一半男性听到的声音说，她对他们的印象很不好，不想再见他们了。之后，研究人员告诉每个参与者，他先前填写的约会问卷不见了，要求他再次填写。当然，先前的问卷实际上并没有丢失——研究人员只是想看看人们的自尊在受到打击之后，他们的记忆发生了什么变化。

这些年轻男性记忆的各种变化取决于他们的自恋程度。那些自恋水平较低，并听说那位女性不喜欢自己且拒绝再次会面的男性，在问卷分数上显得更为低调。他们对自己在先前约会中受欢迎程度的评估分数出现了微弱的下降变化。换句话说，与他们在第一次问卷中的分数相比，在被拒绝后，他们现在回想起来自己似乎在其他女性中也并不那么受欢迎。相比之下，自恋男性的反应是夸大回忆报告。当他们听说这位女性不喜欢自己并拒绝见面时，会在问卷的回答中增加与自己约会的女朋友和性伴侣的数量。他们似乎是在说"也许这个女人不喜欢我，但很多人喜欢我。所以那是她的问题，而不是我的问题"。[139]

为了符合人们对自己和生活的先验理论，记忆也会歪曲自己。如果人们相信自己是始终如一的，那么他们就会歪曲记忆使自己看起来前后不矛盾。他们倾向于否认自己已经变了，即便确实发生了变化。人们还会巧妙地回溯过去歪曲他们以前的信念，使之与现在的信念一致起来。例如，假设你开始时同意公共海滩应该禁酒,而后有人以公民自由(或其他什么)的名义说服你,使你又同意公共海滩应该允许饮酒。那么这时你极有可能不认为自己曾经反对过公共海滩饮酒。

人们通常愿意相信他们自己是行为一致的人,但有时也愿意做出些改变——如果是这样,他们也会修改记忆来支持自己改变了的印象。一项著名的研究调查了学生对大学开设学习技巧课程的体会。[140] 许多大学都提供这种课程以帮助学生更好地学习。大多数客观证据表明,这些课程的效果微乎其微。然而,参加这些课程的学生对课程的评价却相当积极,他们相信自己从中学到了很多东西。显然,如果一个学生还是不能有效地学习或取得更好的成绩,这一信念就很难成立了。那么他们又如何维持这样的想法呢?那就来改变对自己学习成绩的印象吧,好像过去的学习成绩是很糟糕的。尽管这个学生在参加学习技巧课程之前的成绩处于平均水平,上完该课之后的成绩也处于平均水平,但是他会想,我之前真是很差劲,所以现在达到平均水平是一个很大进步呀。

研究者在针对女性月经周期的研究中发现,记忆会朝着两个不同的方向歪曲。[141] 研究者首先询问这些女性自己的月经期通常有多糟糕。然后他们要求这些女性写日记,记录下自己在一个月经周期内的抽筋和其他不适情况。再之后,研究人员要求这些女性(在不查阅日记的情况下)回忆那一个月经周期情况有多糟糕。那些最开始时认为自己月经期糟糕的女性,她们对记录月经期的回忆要比她们日记记录的实际情况更为糟糕;相反,那些认为月经期不存在什么问题的女性,她们回忆的月经期的糟糕程度则不及她们在日记中实际记录的情况。简而言之,人们对自己和自己的生活有一个先验理论,为了符合这个理论,记忆因而经常会出现歪曲。[142]

推理

比利9岁的时候,花了一个星期的时间探望自己的叔叔和婶婶。叔叔婶婶允许他在半野外的社区里自由地跑来跑去。有一天晚上,比利的叔叔婶婶又允许他在海滩点燃篝火。他收集了大量浮木。有的浮木太长了,于是他在工具房里找来一把旧斧头劈砍浮木。没过多久,斧子就卡在一块旧木头上。他使劲地拉拽斧子,斧子在木头上卡顿一下后,突然松了出来,斧子尾部撞到了他的额头,使他头部流了血。当他的婶婶给他包扎额头时,他认真地说自己从这个经历吸取了教训:"从今以后,我应该只使用电动工具。"你可能已经猜到了,他的婶婶可并没有从这件事

231

中得出这样的结论,因此也没有把电动链锯交给他。这个事例说明了归纳推理所具有的危险性质:从完全相同的事实中,不同的人可以推论出完全不同的结论。

研究者对推理做了一些零零星星的研究。我将在第 6 章阐述最为重要的问题,即人是否是理性的。非理性在人类行为中出现的次数和它在思考中出现的次数不相上下,甚至更多。人们理性地决定了自己应该做什么,但他们之后实际上可能并不会真的那样去做。

逻辑推理的两种主要形式分别是归纳推理和演绎推理。归纳推理容易出错,不可靠。演绎推理相当严格,如果做得正确,总会得出正确的结论,尽管人们有时会犯一些标准错误。归纳推理需要从少数事实甚至单个事实进行归纳。类比推理是归纳的一种重要形式。从少量已知推论出未知的概括推理也属于归纳推理。例如,大多数人都对性别差异有些认识,但很少有人对所有男人和所有女人做过系统的调查。归纳推理通常比演绎推理具有更大的出错风险。人们关于男女差异的概括推理绝非正确无误的。但人们依然会在观察到自己男性和女性朋友之间的一些差异后,就毅然地得出女性是怎样的、男性又与她们有何不同的泛泛结论。

尽管归纳法有逻辑缺陷和出错风险,但它仍很常见。这可能反映了人类寻求模式和秩序的基本倾向,这也正是人类智力的主要功能之一。以性别差异为例,有些人可能希望人们不应该概括化男女之间的差异,因为这等同于刻板印象,会给个体带来不公平的压力,让他们去迎合这种先入为主的观念,但这也很难让人们停止将男女差异进行概括推理。寻找配偶是生命中的重要活动之一(事实上,它对繁衍后代至关重要,这样做,物种才能生存下去),它取决于男人和女人协商后达成某种相互理解。当男人和女人互相寻找对方的时候,他们需要知道如何对待彼此,以及彼此应该有什么期望。当一段恋爱关系失败时,人们希望从错误中吸取教训,这样他们下一段的恋爱关系可能会更成功。为了达到这个目标,对异性进行概括是一个有吸引力的策略。与其希望人们停止将性别差异普遍化,还不如希望人们能够学会做出更准确的概括,并且学会欣赏男性或女性的多样性。

归纳推理广泛基于类别。在生命早期就出现了这种模式,表明这是人类心智的一种自然倾向。在一项研究中,研究者给 2 岁的孩子看各种类别和信息,比如黑猫可以在黑暗中看到东西。然后实验者给他们看了两张图片,一张是黑色的臭鼬,另一张是白色的猫,并问他们哪个动物能在黑暗中看见东西。孩子们倾向于选择臭鼬,因为它看起来像黑猫。在另一种条件下,实验者称黑猫和白猫为猫,称臭鼬为臭鼬。这就产生了这样的效果：应该把两只猫放在同一个类别，而把臭鼬放到另一个类别。当问这些孩子，臭鼬或者白猫谁能在黑暗中看见东西时，他们选择了白猫。[143] 即使是 2 岁的孩子也会根据类别做出归纳概括，他们的答案显然取决于他们分类动物时是根据了动物的名字还是动物的颜色。

233

归纳推理反复遇到的问题是概括可以到多大的范围。假设你的男朋友甩了你，爱上了另一个女人。基本上，你可能会得出这样的结论：这是一个小概率事件。但考虑到人们往往会犯以偏概全的错误，你大概不会只得出这样的结论。但你会以偏概全到什么程度呢？也许只是这个男人总是善变。如果他来自印第安纳州，你或许会概括说来自印第安纳州的男人善变，或者来自中西部的男人，或者是运动员（如果该男人打篮球的话）；也许所有的白人或非宗教人士都善变；也许是所有的男人都善变；或者所有的人都是善变的，而无论其性别、是否打篮球、是否出生在印第安纳州，等等。问题在于，没有一种简单的方法能够帮助人们确定从一个事件中可以做出什么程度的归纳。

人们采用了几种策略以解决这个问题。[144] 一种是谨慎地进行归纳，并随着新证据的出现而更新归纳。（例如，你可以看看你室友的男朋友是否也善变，他是中西部人，但不是运动员。）人们还可以判断个别案例在几个类别中的典型程度。假设你的男朋友在饮食偏好和说话方式上与其他中西部人不同，但似乎与你认识的其他运动员很相似。你因此便可从他的反复无常中归纳出是运动员善变、而不是中西部人善变的结论。个别案例与特定类别的相似程度往往是一个重要的指导原则。

演绎推理需要有严格的逻辑规则，如果演绎过程得当，结论就完全正确（不像归纳，它总是带有一定程度的不确定性）。正如几千年前苏格拉底（Socrates）教导他的学生那样，如果我们确定所有的希腊人都是人，我们也知道苏格拉底是希腊人，那么我们就可以毫无疑问地推断苏格拉底也是人。人们通常都能很好地运用这种特殊的论证形式（假言推理）。人们自然而然地会使用和理解这种推理形式，而不需要别人教。人们也能很快抓住传递性论证：如果乔治跑得比汤姆快，汤姆跑得比比尔快，那么乔治跑得要比比尔快。[145] 事实上，有证据表明，即使鸽子也能以一种简单、原始的方式遵循传递逻辑。[146]

然而，其他形式的演绎就比较难理解。假设人们从同样的人前提开始，即所有希腊人都是人，同时也规定苏格拉底不是人（在这种情况下，苏格拉底是一条狗的

名字)。因此,推论就是苏格拉底也不是希腊人。尽管这一论点像假言推理一样在
逻辑上无懈可击,但人们并不那么容易理解或使用它。[147] 这可能再次反映出这样
一个基本观点,即心智的进化目的不是要成为一个万能的推理工具,而是为了解决
某些特定和重要的问题(正如前面提到的识别谎言和社会交换等问题)。

去年,我和一些朋友讨论新年计划。我们有几个人已经做了一些计划,但其中
一个朋友还没怎么考虑过这件事。当我们要他构想一下自己的新年计划时,他说
今年打算相信自己读到的一切。大家都笑了:毕竟,像他这样的教授应该会擅长
批判性思考以及对所有断言进行怀疑的分析。试图相信自己所读到的一切的想法
实在荒谬。然而,一些专家得出结论,你不可能不让自己相信你读到的每件事——
至少一开始是这样。按照这种观点,人类心智收到新信息时,相信它是与理解它的
过程混搭在一起的。而不相信它从而拒绝它则是后来才发生的另一个过程。其重
要意义在于,如果人们处于分心、被打断或压力之下,就更容易上当受骗。

这场争论至少可以追溯到几个世纪以前。法国哲学家笛卡尔(Rene
Descartes)提出,心智收到某种主张或断言时会做两件事:先去理解它,然后再判
断其真伪。与此相反,荷兰哲学家本尼迪克特·斯宾诺莎(Benedict Spinoza)则提
出,理解和判断为真在本质上是相同的行动。后面的行动——将其作为不真实的
陈述加以拒绝——可能会发生,也可能不会发生。后来的几代哲学家都选边而站,
没有明确的赢家。

丹尼尔·吉尔伯特(Daniel Gilbert)把这个问题作为一个心理学问题提了出
来。[148] 到 20 世纪 90 年代,计算机已经被用来比喻人类心智加工处理信息的过程。
计算机的信息处理过程显然遵循着笛卡尔的两步原理:它们先接受信息并将其保
存下来,而无须花费力气去检验信息的真伪。然而,吉尔伯特总结说,人类心智在
这方面与计算机并不相似,人类会先相信它,之后或许再去怀疑、或者不怀疑它。

各种各样的证据都支持上述结论:理解即是相信,而怀疑和拒绝则是一种分
离的、可能出现的状态。人们假设幼儿正处于学习思考的阶段,如果笛卡尔是正确
的,即真伪判断在同一个步骤完成,那么幼儿应该在同一个发展阶段就学会判断真
伪。但事实并非如此:孩子们特别容易上当受骗,他们倾向于相信所听到的一切。
怀疑是后来才逐渐发展起来的。换句话说,儿童的发展表明,相信和怀疑并不是对
称的——相反,相信与理解同时出现,而怀疑是后来才发展出现的。

实验室研究证明,那些被分散注意力的人同样很容易上当受骗。即使被试需

要同时执行另一项任务(比如在屏幕上找到数字 5,或在心里重复一个电话号码),他们也能够处理信息、并随后加以使用,但他们不能成功地拒绝虚假信息。同样地,许多研究表明,人们处在分心或压力条件下,会更容易被说服(尤其是当这些论点不合逻辑或站不住脚的时候),因为这时他们会不加批判地相信自己听到的一切。[149]

在极端情况下,如果人们因注意力分散、睡眠不足或身体不适等因素而丧失批判性思考的能力时,就会更容易被洗脑。[150] 假设,如果人们第一步先进行理解,然后第二步再作出真假判断,那么洗脑在下述情景中就不会那么容易实施了:疲惫和分心的人或许开始时能够理解信息,但此时他们还无法判断它的正误与真伪,因此,他们就不会被说服(或被洗脑)了。然而,事实却并非如此。那些精疲力竭、心烦意乱的人一旦理解了别人告诉他们的信息,就会很快地相信这些信息。他们在进入怀疑和拒绝的第二步之前就相信了它们。因此,他们最终会不加批判地相信这些信息。

当人们的价值观发生冲突时,推理将会面临特别的挑战。对个人和整个社会来说,这是一个长期存在的问题。毕竟,谁会反对一种既能拯救生命、又能节省金钱的措施呢?但在现实中,这两个目标可能是对立的。在某种程度上,复杂和昂贵的安全法规耗资巨大,以至于在安全方面的收获显得很不值得。比如,完全禁止汽车旅行肯定会挽救生命,但它会摧毁汽车产业,导致经济付出高昂代价。另外,要求每个人都只使用公共交通工具会造成时间和效率的巨大浪费。因此,在某种程度上,尽管汽车会造成较高的伤亡率,但人们还是倾向于使用汽车。

菲利普·泰特洛克(Philip Tetlock)的大部分职业生涯都致力于研究人们如何处理价值观之间的复杂权衡。他发现,面对一个艰难选择时,人们更愿意回避,但有些人却无法回避。因此,他们会通过综合的复杂推理来进行回应——首先认识到这里存在着一个权衡点,即可以找到一个平衡双方利益的解决方案。这样的推理很困难、也很费力,所以人们通常倾向于避免做这样的推理,但当冲突中的价值观对他们很重要时,他们也会努力去进行权衡推理。[151] 泰特洛克的结论符合认知分类模型:人们对重要的事情会付出大量的思考,而对那些不那么重要的事情则不作思考。

有些人找到了一些只需重视少量简单价值观的生活方式,这样他们就可以避免作出痛苦的权衡和复杂的思考。例如,人们建立起严格的宗教或政治意识形态,

236

以便使一种或两种价值观较其他的价值更为重要。在这种情况下,决策通常很简单。但是,那些信奉复杂价值观的人则常常发现,他们必须承认这些价值观之间可能会产生冲突。右翼和左翼的政治极端分子都倾向于简单的、非黑即白的世界观;而温和的政治家则倾向于以更复杂的方式思考和发言,承认冲突的存在和权衡的必要性。事实上,政治家也经常会改变自己思考方式,这取决于他们是在竞选公职,还是在掌权后不得不做出艰难抉择。简单的价值陈述很受公众的欢迎,因此被主要用于竞选活动。一位参选的政治家可以做出强有力的承诺和主张,而无需承认它们之间存在的矛盾。罗纳德·里根(Ronald Reagan)声称自己有能力减少通货膨胀,降低税收,增加就业,并提供其他通常是相互冲突的积极措施。当不得不解释如何提供这些措施时,他含糊地说通过消除被政府浪费的支出,这些节约出来的支出将提供足够资金来实现这一切。然而,一旦上台,这些政治家们往往就会认识到,追求一个目标往往需要以牺牲另一个目标为代价,他们上台后的演讲和思考就会比竞选期间更加复杂。[152]

这仅仅是学习的问题吗?泰特洛克认为,在当选之前,政治家们可能没有意识到政策中所隐含的矛盾,或者他们可能顶多抱着不切实际的希望,就像里根当年提出的通过消除政府浪费来为经济增长融资的想法一样。然而,数据并不支持这样的结论,即在简单的竞选辞令到执政时复杂思考的转换背后存在着一个学习过程。相反,政治家们在竞选时采用一种简单的风格似乎是为了吸引选民;而在处理执政要求时,他们迅速而彻底地转向一种更复杂的风格。泰特洛克发现,那些竞选连任的政治家们在竞选期间的言论通常非常简单化,即使他们在执政期间的言论更为复杂。因此,政治家们似乎知道选民们偏爱简单的问题陈述方式,所以他们在竞选的时候采用这种方式,然后在当选后又重新采用更复杂的思考方式。

道德推理

237　　道德推理是一种特殊的推理范畴,与人们参与文化社会活动密切相关。它根据某种文化所接受的标准和规则,来评价人们的某些行为的对与错。大多数文化在一定程度上依赖道德促使人们抑制自私的冲动,从事有利于整个群体的事情,比如遵守规则。因此,文化性动物必须能够将抽象的道德原则应用于具体的行为困境。几个世纪以来,针对何为决定对与错的终极原则的问题,哲学家们一直争论不休。最近几十年,心理学家也加入了这场争论。

毫无疑问,劳伦斯·科尔伯格(Lawrence Kohlberg)完成了对道德推理最有影响力的心理学著作。他的理论强调,儿童是在一系列定义明确的相继阶段中逐步学会道德推理的。起初,孩子们试图做正确的事情来避免惩罚。稍微大一点的孩子会把正确视为公平,并会在符合自己利益的情况下(例如,为了避免被抓到或受到惩罚)遵守规则。在这些前习俗阶段之后是道德推理的习俗阶段。在习俗阶段,正确的做法包括了不辜负他人的期望以及做能维持良好人际关系的事情。习俗阶段的一个更高级界定强调了人们要履行义务、遵守诺言以及维护法律;对社会或较小社会群体作出积极贡献也被认为是道德正确的。最终,这个人可能会(也可能不会)达到道德推理的最高水平,即准则水平。这个阶段要求人们尊重他人持有不同价值观和观点的权利,还要求人们承认普遍的伦理原则。科尔伯格将这种最高境界描述为,人们认识到法律和价值通常都建立在终极的、普遍的原则之上,因此,人们更尊重潜在的普遍原则,而不是特定的法律。

针对科尔伯格的观点,卡罗尔·吉利根(Carol Gilligan)提出过一个有影响力、但可能具有误导性的批评。[154] 她指责科尔伯格存在性别歧视,她认为女性的道德推理风格与男性不同。她指出科尔伯格的想法过分强调抽象的规则和公平,然而女性道德的特点是"关怀伦理",其特点是试图顾及到所涉及的每个人。因此,她说,儿童在游戏中如果出现分歧,男孩们会诉诸抽象的规则来解决分歧;如果这个问题难以得到解决,他们会重玩游戏。然而,女孩们则会设法找到一个让每个人都满意、让每个人都开心的解决方案。这种风格明显地更适合于一对一的关系,不适合于更大的群体,而且大多数观察户外活动的学者也确实指出,有女孩们参与的大型群体游戏持续不了很长时间。如果吉利根是正确的,那么在更广泛的社会背景下,强调女性关心搭档而不是尊重抽象的公平规则,则可能会导致女性道德有些像机会主义的裙带关系。无论人们如何解读吉利根的关怀伦理,研究都彻底地否定了这个想法。众多研究都未能发现男孩和女孩的道德思考方式存在差异。相反,人们似乎会做出与性别无关、非常相似的道德判断。[155]

238

大多数关于道德推理的研究都关注人们如何处理假想的两难困境,比如著名的海因茨问题(Heinz problem):在道德上能否接受一个穷人为了挽救妻子的生命而偷取一些昂贵的药。尼古拉斯·埃姆勒(Nicholas Emler)最近的一项研究指出,当人们在自己的生活中面临一个决定时,他们似乎不会进行大量细致的道德推理。[156] 相反,他们会做令自己印象深刻或自己认为是正确的事情。埃姆勒认为这个发现是对道德推理这一概念的有力挑战。也许人们很少会去费心琢磨道德推理之类的事情。

埃姆勒提出的人们对这个挑战的反应非常值得注意。他提出,人们必须学会掌握道德推理的规则,但不是为了自己做决定。相反,人们使用道德推理主要是在与他人进行争论时。因此,道德推理是影响他人的工具。如果你能说服简,让她相信她在道德上有义务做你要求做的事情,那么你就影响了她。道德推理是人们用来影响社会生活的一种方式。

毫无疑问,人们确实会利用道德推理来与他人争论并影响他人。然而,针对人们自己的行为,道德推理可能还有更微妙的用途,即使人们在面临艰难决定时并没有停下来去思考道德推理。诚然,人们做决定要依据在当时情况下什么是可取的以及什么是正确的。然而,他们有时也会犯错,他们的所作所为也会惹来麻烦。不道德的行为会导致他人的怨恨以及付出其他的成本。犯错的这个人以后可能还会感到内疚。在这一点上,对自己行为进行道德推理可能就很重要了。内疚感会令人很不愉快,而道德推理可以通过两种不同的方式帮助人们避免这种可怕的感觉。首先,人们可能会通过操纵道德推理来维护自己的行为,这样他们就能说服自己,同时也能说服他人,因而他们就没必要感到内疚。第二,道德推理可以帮助人们准确地想出来自己究竟做错了什么,这样就可以避免再次犯同样的错误。

乔纳森·海特(Jonathan Haidt)对传统的理性道德推理观点进行了更系统的
抨击。[157] 他区分出了道德判断(判断事情的对错)和道德推理(利用道德原则进行思考)。他从大量证据中得出结论认为,道德推理通常不会导致道德判断。相反,人们通常会有一种本能反应,并将其作为道德判断的基础,然后他们开始用道德推理来维护自己的选择。例如,在一项研究中,他让被试阅读一个描述一对兄妹成年人的故事:他们一起去度假,然后决定发生性行为。女孩服用了避孕药,男孩使用了避孕套,没有人因此而受到伤害,他们以后再也没有这样做过,他们认为这增强了他们间的亲密感。海特发现,人们读到这个故事时,几乎一致谴责这是错误的,但却很难找出恰当的理由。他们提出了反对乱伦的标准论据,比如近亲繁殖的危险以及伤害他人的可能性,但是上述那个故事明确显示,这对兄妹并没有后代,也没有人受到伤害,所以这些标准论据是不相干的。然而,道德推理的失败并没有让人们改变他们的道德谴责。有时候,他们只是耸耸肩,然后说,"我解释不了为什么,但就是知道这是错的"。

海特认为,这意味着人们依靠直觉做出道德判断,他们学习道德推理,以便与他人一起为自己的行为辩护。此外,道德推理可以用来指导或影响他人,或许导致道德行为在未来发生改变。海特坚持认为,应该将道德判断作为一个人际过程来进行研究。

海特的发现又把我们带回到双重心智模型上。自动加工过程依赖直觉和即刻的感受,因此,它宣告乱伦是错误的。意识思考则有推理能力,但通常它只是遵循着自动加工过程的即刻判断,并为这个判断提供一个复杂的合理化解释。可以肯定的是,人们有时经过意识的思考,确实可以通过推理来改变自己的答案。经过意识反思后,某个人可能会说,"我的直觉反应是,兄弟姐妹不应该发生性行为,但显然这没有造成伤害,他们有权选择自己做什么,所以他们的行为真的没有什么不道德的"。

对精神病患者的研究也表明了道德推理的局限性。精神病患者缺乏道德情感,但他们完全有能力进行道德推理。他们知道某些行为在道德上是否可以被接受,也明白如何使用普遍的道德原则来推理特定的行为。但他们并不在乎。没有道德情感,他们就不介意伤害别人。他们利用自己的道德推理能力只为了应对和影响他人。[158]

所有这些讨论都在强调道德推理在社会和文化方面的应用。人们学习道德推理并不是用来帮助自己在关键选择节点上做出决定。相反,他们学习道德推理是为了参与文化进程:可以为自己的行为辩护;可以影响甚至操纵他人的行为;可以改善自己与他人的关系,至少可以理解他人为什么会反对自己的行为;或者可以改变自己未来的决策过程。

文化对道德判断很重要,这表现在几个方面。第一,道德通常会限制个人利益,而个人利益是自然与文化之间最引人感兴趣的战场之一。生物学家反复地否认自然选择会在群体层面上发挥作用的观点,因此,生物学只为生物灌输有利于个体的特质。理查德·道金斯(Richard Dawkins)等人论证的"自私基因"无以辩驳地指出了这样一个结论,即人不可逃避的命运就是去追求自身的利益。[159] 相反,从定义上说,文化是一个群体或集体的事务。在许多情况下,它鼓励人们必要时为群体去牺牲个人的眼前利益。在极端情况下,有时还要鼓励人们必须为国家去牺牲自己的生命,而更为普遍的一些小牺牲(如排队或纳税)也可以体现以个人利益换取群体利益。社会将道德原则和道德压力作为一种重要的力量,用来鼓励人们做出对群体最有利的事情,即使这明显不符合他们的个人利益。

　　道德是人类独有的吗? 不完全是。其他物种似乎对公平也有一定的理解,尤其是在个体的权利或愿望受到阻碍的情况下。然而,似乎只有人类将道德建立在集体利益基础之上。正如海特所指出的,只有人类才会表现出"广泛的第三方规范制约"。[160] 也就是说,即使自己不是受害者,人们也会付出自己的或群体的资源来对抗不道德行为。他们似乎认为,即使自己没有直接受到影响,维护道德也是一件好事。其他动物都不会这样做。如果一只狗从另一只狗那里偷走了骨头,被偷骨头的狗可能会发出抗议,甚至因此而被说成具有了某种道德感,认为偷窃行为是错误的。但是,不会有第三只狗出来干涉,强迫第一只狗把骨头还给第二只狗。只有文化性动物才会把道德作为更大社会的财富。

　　道德推理的黑暗面在于,它为人们谴责他人提供了基础。毕竟,道德确定了善与恶、对与错的标准。一旦一个人确定了什么是正确的、什么是好的道德观,他就会觉得自己完全有理由谴责那些偏离正道的人。道德可被延用于为暴力进行辩护。

常见错误、局限和糟糕决策

241　　我们已经讨论了人类思考出现的偏见和歪曲的多种来源。然而,这些并没能穷尽研究人员已经发现的各种系统性错误倾向。还有如下一些因素也会导致人类的思考得出错误的判断和结论。情绪对思考的影响将在后面第 5 章中加以讨论。

　　一个根深蒂固的错误模式与人们对连续数字系列进行估算(比如试图估计一所房子值多少钱)的方式有关。人们遵循着锚定和调整的过程进行估算,即找到另一个大致相同的例子(锚),[161] 然后再针对两者之间明显的差异进行调整。通常,人们选择的锚定点会严重地影响最终的判断,因为所做的调整几乎都不会很大。因此,最终的判断与锚定点也都离得很近。

　　以估算房屋的价格为例。你准备出售自己的房子时,先需要确定价格。如果你想自己把它卖掉,就会参考近期附近所出售房子的价格,然后根据房子之间的差异来调整价格(例如,你的厨房更好,但院子小一些,且房子少了一间浴室等)。专业的房地产估价师也会做同样的事情,只不过他们会给出更详尽、更系统的公式,其中可能包括你从未想到的东西(比如雨水槽、地契、接地插座等)。即便如此,由于他们一开始的参考价格(即锚定点)不同,得出的答案也会截然不同。如果他们一开始用作参考价格的房子比你的房子更贵,那么你房子的估价就可能更高;相反,若他们的参考价格低,你的房子的估值也会较低,但价格调整的幅度一般都很小。

项目计划中通常会出现另一种估计过低的错误。计划者往往比较乐观,而许多项目最终实际花费的时间和费用都比最初计划多。你什么时候听说过建筑工程、高速公路建设或者一部电影的花费大大低于预算或完成项目的日期大大提前了?悉尼歌剧院的建设开始于1957年,它被公认是现代建筑史上最令人印象深刻和最美丽的成就之一。规划人员估计这项工程将耗资700万美元,并且将于1963年年初竣工。事实上,尽管建筑商为了节省时间和金钱缩减了最初的一些计划,但是直到10年后的1973年,歌剧院才建成。至于资金,悉尼歌剧院最终的建筑费用超过了1亿美元。尽管这是一个极端的例子,但对于任何地方的大型项目来说,时间延迟和超出预算都是常态。

小项目也很难幸免。学生们规划自己的学术活动时,也会犯这类过度自信的错误。例如,在一项研究中,学生被试被要求对自己完成论文的时间给出一个准确估计。[163] 此外,他们还要给出一个最乐观的估计("假设一切都非常顺利")和一个最悲观的估计("假设一切都非常糟糕")。只有不到三分之一的学生在自己给出的准确估计时间内完成了论文。更令人吃惊的是,有近小一半的学生是在他们最悲观的估计时间点之前才完成论文。换句话说,即使当他们试着想象所有事情可能都不顺利、会拖慢论文的进度的情况下,他们仍然过于乐观了。

乐观偏差似乎只局限于评估个人自己的努力:人们在预测他人完成任务所需要时间上却相当准确。其部分的原因在于人们拒绝从自己的经验中汲取教训。例如,假设在上个学期,学生们必须写一篇20页长的期末论文,这花费了他们大约两周的时间。现在,另一门课又布置了一篇20页的论文。他们会为这个论文安排两周的时间么?不,他们可能会想,上一次写论文多花费了一些额外时间,这是因为我很难从图书馆借到书,或者我不太喜欢那门课,所以才用了更长的时间;或者他们还会借口电脑出现了意外问题,因而耽误了写作进度。然而,他们认为这次不会出现延误,甚至期待能在4天内完成论文。结果当新论文也同样花费了他们两周时间,他们对此感到很惊讶。当然,他们的室友就没有那么惊讶了。因为这种歪曲的思考方式主要适用于对自己工作的预测。

低估时间会给公共政策制定者、军事指挥官和许多其他人带来明显的问题。

低估时间与拖延倾向相结合，可能会导致毁灭性后果。拖延者通常喜欢把事情拖到最后一分钟。原则上，拖延可能不会造成任何问题。如果一个项目需要 30 个小时来完成，不管你开始从事这项 30 小时的任务，是在截止日期前的最后两天、还是提前了 2 个月，其实都没有太多的关系。然而，一个预估可以 30 个小时完成的项目实际上可能需要 50 或 60 个小时才可完成，那么拖延者若等到最后截止日期前两天才开始工作（因为她认为这个项目只需要 30 个小时），那么显然就没有足够时间来完成任务了。

所有这些模式都表明了一种过度的自信，显然，过度自信是人们常犯的一种错误。人们对自己的判断、记忆和预测的准确性会过于自信。我在一个课堂演示中要求学生们估计一个数字，他们对此有 98% 的把握，但不能百分之百肯定。具体地说，我让他们估计世界上有多少个国家，他们可以给出一个有 98% 把握认为是正确的数字范围。目前世界上有不到 200 个国家（这取决于如何考虑一些边缘情况）。所以如果一个学生说世界上有 10 到 1 000 个国家，那么她的估计就是对的。通过汇总班级中所有学生的估计值，就可以衡量他们估计的准确性。如果他们估计的准确率达到 98%，那么 100 名学生中只会有 2 名学生的估计范围不包含正确答案。然而，事实上，大约有三分之一的学生都回答错了。因此，尽管我要求这些学生对给出答案的确定程度要达到 98%，但实际上他们的确定程度只达到了大约 65%——这个例子清晰地体现出了过度自信。

人们表现出过度自信不足为奇。但是令人惊讶甚至震惊的是，大多数对自信心和肯定性的估计都与客观的准确性无关。我们在前面已经提到，目击证人的自信心与他们的记忆和指认准确性毫无关系，但这种无关模式却更加广泛地存在着。例如，一组研究人员综合了所有关于人们如何辨别他人是否说谎的研究结果。[164] 一般来说，人们并不擅长识别说谎者，但研究人员进一步研究了自信心与准确性之间的关系。换句话说，一个人可能会基于一种模糊的直觉猜测他人在撒谎，也可能会几乎肯定地判断他人在撒谎。那么后一种情况比前一种情况有可能更为正确吗？答案是否定的。一些研究确实发现了很小程度的正相关（高自信与高准确性存在正相关）；但一些研究却发现了相反的结果（信心越高，准确性越低）；而许多研究没有发现任何相关性。当所有这些结果汇总在一起时，相关为零。也就是说，人们对判断的确信程度与判断的准确性无关。

这种主观确定性的一致性的缺失可能反映了人们内省的贫乏。也就是说，人们并不知道自己的心智是如何工作的，也无法观察到心智是如何得出它们的结论的。因此，他们就无法形成这些结论是否准确的可靠印象。

还有另一种方法可以解释这种主观确信程度的不准确性。一般而言，人们可能都无法意识到自己有多么无知。这一假设完全是可能的，若考虑到另一种形式的偏差，即人们会被最容易看到的东西所左右，而忽视或低估那些隐藏着的、不可见或内隐的东西。[165] 比如，人们会觉得，列出某人有什么样的特点较之列出他没有什么特点，要容易得得多。尽管从逻辑上说这事应该正好相反，因为某人没有的特点要远多于他已有的特点。同样，当人们必须判断两个东西相同与否时，作出"相同"判断的反应速度要比"不同"判断的反应速度更快（速度可以反映任务难度和效率）——虽然从逻辑上讲，结果应该是相反的：因为一个简单的差异就足以判断两个东西不一样，而判断两个东西相同时，则需要在每一个维度对两者进行比较。在学习某个新东西时，学习它是什么的速度更快，而学习它不是什么的速度则慢很多。

244

因此，人们的思考在逻辑上达不到完美，却很容易出现各种缺陷和偏差。一些缺陷和偏差反映了走捷径倾向，另一些缺陷的出现则可能受到情绪的影响，至少在流行的刻板印象中，人们普遍认为情绪会颠覆理性思考，从而带来愚蠢的、破坏性的结果。但这种刻板的观念合理吗？为什么进化在设计人类心智时要附加上一套情感系统，使该系统反而常常会颠覆人类心智中最好的能力之一——思考呢？下一章将探讨情绪的作用和功能。

5

人的情绪如何及为何发生

没有情感的生活将是空虚和无聊的,尽管有些人认为,他们会喜欢平静生活及平静所带来的安宁。情绪和其他感受(心境和情感)交织在日常生活错综复杂的情景中,它们也是生活谜题中最令人困惑和最难理解的部分。心理学在试图理解思想、动机和行为方面,较之对情绪的理解,取得了更多的成功。

情绪因其目的会导致人们对它难以理解。传统观念认为,情绪会让人做出非理性的事情,但如果情绪只会做这些事情,那么自然选择很可能早就把它从我们的心理中清除出去了。如果情绪确实具有破坏性或非理性影响,那么它们也必定会同时发挥某些极为有益的作用,且积极的益处必须大于消极作用,因为只有这样,我们人类物种才会将它们保留下来。

成熟稳定的情绪是有意识的体验,因此,它便根深蒂固地存在于意识系统中(尽管它们也存在于自动系统之中)。抛开意识维度谈论情绪,等于抛弃了它们的一个核心属性。当然,情绪的有意识感受部分还呈现出了一个更深层次的谜题。与思想和行为不同的是,情绪对有意识的控制似乎是最为免疫的。一个人可以决定现在就想吃饭,然后就去做了;某人可以决定去散步,然后也去做了。但是你试着感受一下嫉妒、内疚、生气或快乐情绪的产生,或者试着去决定或阻止这些情绪,在多数情况下,那都是行不通的。在生成这些情绪状态,诸如想象以前出现相似情绪时的经历时,你必须十分努力。演员通常很熟悉这种情况,他必须根据需要(当情景需要某种情绪时)进行相应的情绪展示(表演)。有些演员假装有这样的情绪,但是另一些人则会尽力生成真实的情绪。然而,他们要想成功,通常都需要唤起对过去情绪经历的生动记忆。使用这种方法的演员通常会储存情绪记忆,当他们需要某一情绪的时候,就会使用一系列心理小技巧让自己回想起当时的具体情境。如果人们的情绪也像其他许多心理过程一样,可以简单地通过有意识的意志来控制,那就根本不需要这些小技巧了。

更为可能的是,我们不能控制情绪的原因在于情绪可以控制我们。情绪在动机与思想和行动的连接中起着重要的作用。人们会避免制造让他们自己感觉不好(厌恶情绪)的行为。如果人们可以决定不去感受情绪,可以简单地关闭这些坏情绪,那么他们就没有必要改变行为去防止这些坏情绪的产生了。在第3章,我们看到人们需要感觉良好,避免感觉不好。在大多数动物身上,这些驱力集中于痛苦和快乐上,但在人类身上,它们延伸到了情绪和情感上。因此,人们穷其一生都在追求积极的情感体验,避免不愉快的情绪。

对于人类这样的文化性动物来说,情绪系统的一个重要特征就是它的可塑性。情绪可以依附于各种各样的环境和事件。股市上升让你情绪高涨,足球队的失败让你情绪低落,公平缺失让你愤怒,发球失误让你羞愧,内衣走光让你尴尬,他人买车获得的折扣让你嫉妒,空中飞行让你恐惧,我们在很多方面对强烈情绪的反应都充满了疑虑和困扰,而这些情绪大多带有文化体验色彩,这些体验在人类进化史中并没有发生,因而它们不完全是自然生物的。情绪系统的可塑性相当强,因为它有能力连接许多不同的事件,而这种可塑性正是文化塑造人们行为的重要途径。文化能够在多大程度上将情绪与不同的行为及其结果联系起来,它就能够在多大程度上塑造和影响人们的行为。

情绪心理学所处的相当原始的状态,引导我以一种不同于其他章节的方式来讨论这个话题。我将首先介绍我们所知道的关于情绪知识的主要轮廓,然后对这些知识如何嵌入到文化性动物的理论提供探索性解释。这种结构的目的是使读者能够按图索骥地从事实中得出不同的结论,并深刻了解我的这些想法所具有的推论性质。

什么是情绪?

情绪是一种暂时的状态,它与正常、稳定的状态在几个方面有所不同。情绪会引起从心跳加速到泪流满面等一系列不同的躯体变化。人们对情绪反应有主观感受,与无情绪的状态相比,处于情绪状态时,外部事件会对人产生强烈的冲击。思维过程也受到情绪的影响。有些专家根据一个人是否知道造成这种状态的背后原因,区分出了情绪和心境两个概念:心境是在没有明确缘由情况下被感受到的状态,而情绪状态则是针对特定的事实或事件。然而,许多心理学家在实践中多交替

247

使用"情绪"和"心境"这两个词。

专家们做出的另一个重要区分是情绪和情感。完整的情绪可能包括着丰富、复杂和极有意义的体验,而情感是指积极或消极的感受。从最简单和最易理解的角度看,情感无非是人们对所遇到的任何事情产生出的喜欢或厌恶的内心波动。虽然情感比情绪更简单、看起来更原始,但它们在影响人们的行为和反应方面可能更为重要。情绪若简化到一个维度,就会被称为积极或消极情感。愤怒、悲伤、焦虑、嫉妒和其他一些情绪被归类为消极情感,同样地,所有令人愉快的情绪都属于积极情感。因此,用情感代替情绪极大地简化了世界,但是这样却丢失了情绪体验全过程中的丰富性和多种涵义。我们将会看到,越简单的情感就会产生越广泛的心理影响。

在一般性用法中,情感和情绪在程度上也不同。情绪是一种完整的反应过程,而情感则指积极或消极感受的短暂痕迹。例如,态度中包含了情感(例如,喜欢一个政治候选人、一个商业产品或一个建议),但如果说态度中包含着情绪,那就言过其实了。两者在速度上也有区别:情感性反应非常快,在瞬间就能产生;而情绪则可能需要一些时间来酝酿,尤其是当情绪要唤起整个身体反应时。

这两种模式很好地对应着心智中的两种系统。情感对于自动化(无意识)系统来说几乎是完美的:快速、简单、可靠,并且能够并行同时产生;完整的情绪更符合意识系统:缓慢、强大、无所不包。情绪通常被理解为是一种有意识的体验,而情感则发生在意识的边缘甚至意识之外。

248　　情绪一词的广泛使用令人生畏。有两位研究者这样写道:

> 心理学家使用的这个术语(情绪)包含了赢得一枚奥运金牌的喜悦,意外噪音导致的一个短暂惊吓,持续不断的深度哀伤,微风拂面带来的稍纵即逝的愉悦,看一部尾随杀害无辜受害者的电影导致的血脉贲张,持续终生的对后代的爱,没有任何缘由的喜上心头,以及对新闻栏目充满的兴趣,等等。对于什么是情绪,什么不是情绪,专家学者们莫衷一是。[1]

一个世纪前,詹姆斯-兰格的情绪理论提出,对外界事件身体先做出反应,而后由心智对这些身体状态变化的感知构成了情绪的主观感受。这个理论在实验室并不成立,因为相同的身体状态似乎伴随着广泛的情绪。了解这种身体状态很重要。

因为这正是交感神经系统开始工作时发生的情况：心跳加快、呼吸加快，肺部的细支气管扩张，更多的氧气进入血液，更多的血液被输送到大脑和肌肉。当这些活动增加时，身体的常规维持活动（体内平衡），诸如消化等，就会减少。人们可以通过注射肾上腺素来模拟这种状态。

　　大家更熟悉的一个例子是神经紧张时的感受。当你紧张的时候，比如在参加一场重要的演出之前，你可能会感觉心跳加速、呼吸加快；你的手会变冷，好像是血液循环不正常的症状；你可能还会感到想要上厕所，这表明身体试图暂时降低消化活动。神经紧张可以被认为是一种一般性多功能的情绪。

　　处于这些情绪中的身体状态被称为"唤起"。[2] 尽管它本身并不独自产生情绪，但它可以强化情绪反应。例如，注射肾上腺素不会让人产生充分的情绪反应，尽管许多人可以看到其中的相似性。然而，如果有事发生并诱发了情绪，那么注射了肾上腺素的人就会有异常强烈的反应，[3] 这种情绪反应常发生在那些摄入了太多咖啡因的人身上，尽管可能是偶然发生的（比如，他们认为自己喝的是脱咖啡因的咖啡或茶，但无意中摄入了大量的咖啡因）。一些研究人员发现，原地慢跑或花几分钟骑自行车锻炼的人，事后也会产生激烈的情绪反应——例如，如果有人在他们的心脏还在加速跳动的时候侮辱他们，他们就会做出攻击性反应。[4]

　　斯坦利·沙克特（Stanley Schachter）根据上述这些观察提出，情绪有两个组成部分：生理唤起和心理标记。[5] 仅仅是生理上的唤起并不能产生一种"丰满"的情绪，但它能使人感知到情绪。心理标记则是基于人对情景的解释，因此，它决定了人们会感受到哪种情绪。沙赫特的情绪理论可以被粗略地比作一台电视机：躯体唤起是电视机的开关和音量控制，而心理标记类似于频道选择器。

　　如果沙克特的理论是正确的，那么所有情绪在本质上都应具有相同的生理状态，并且情绪可能很容易相互转化。但研究发现，将一种情绪转化为另一种情绪并不容易，因为生理唤起会很快就与解释性的标记关联起来。然而，不明缘由的唤起（例如，人们不知情地喝了太多的咖啡因）有可能被引导到不同的情绪中。该理论的另一个局限性是，唤醒状态似乎至少有或好或坏两种特点——人们并不会把愉悦和不愉悦的情绪混为一谈，虽然他们可以把愉悦唤起转换联接到不同的愉悦情绪。[6] 显然，好情绪和坏情绪之间有一道屏障，它植根于情绪生理学，因此，很难将两者相互混淆。与流行的说法完全相反，恨不会随便被误认为是爱，反之亦然。

　　情绪唤起还有一个重要但容易被忽视的含义：情绪本来就是暂时的。躯体不

249

会保持长时间的唤起——它有多种内在机制以便使自己恢复到正常的基线状态（体内平衡）。情绪的暂时性意味着情绪更适合于识别环境的变化，而不是识别环境本身。例如，贫穷当然是不幸的，但如果你一生贫穷，你可能不会为此哭泣很长时间。相反，如果你一直很富有，然后突然变得一无所有了，你可能会哭上好一阵子。最终，你还是会习惯新的经济境遇，情绪也会随之消失。

关于情绪的关键事实

在没有任何普适性情绪理论的情况下，回顾一些关于情绪研究的主要事实和结论是有益处的。这对于回答情感如何帮助创造了文化性动物亦有重要的启示作用。首先，如前面已经提到的，情绪本质上是暂时性的。它们依赖于身体的一种唤起状态，这种状态很快就会消失。一种情绪状态不会持续几个月，一般也持续不了几个小时。西格蒙德·弗洛伊德断言，被压抑的情绪在潜意识中是原封不动的，准备着突然闯入意识——但这种观点如今已不被接受。被压抑的情绪往往消失得更快，尽管如果潜在的冲突或原因仍然存在，类似的情绪可能会再次出现。

情绪的暂时性表明情绪的目的是应对当前事件。它可能有助于指导动物采取立即行动，虽然这并非我的结论。另一种可能性是，情绪主要是用来评估变化的。[7] 非常确定的是，当事物在很长一段时间内保持不变时，稳定的事实通常不会引起太多的情绪波动，而变化和对原有状况的背离则更有可能引起情绪波动。情绪会把人的注意力吸引到刚刚发生的事情上，从而引导人思考新变化，并以其他方式对新变化做出反应。

情绪比人们意识到的要更短暂。丹·吉尔伯特（Dan Gilbert）和蒂姆·威尔逊（Tim Wilson）的研究证实，人们对自己情绪反应的预测显示出一种标准型的错误：人们预测的情绪比实际感受更为强烈并且更为长久。如果我问你，当你发现自己的伴侣有外遇时你感觉会有多糟，或者当你中了六合彩时你感觉会有多好，你可能都会预测说，你将有很长一段时间的强烈的情绪反应。如果任一事件发生在你身上，你的反应一开始的确会很强烈，但可能不会像你预期得那么强烈，而且往往也会比你预期的要消退得更快。[8]"

情感却并不是那么短暂。情感似乎能够无限期地留在系统中，至少会以一种痕迹的形式存在着；而情绪则会消失殆尽。情绪隐含着生理唤起和其他身体变化，而这些变化本质上都是暂时的；情感则可以归结为一个简单的积极或消极的感受。当你遇到一个人,一种情景,一件事,甚至是一种可能性时,一种与此关联的好或坏的感受就会形成,并影响你的想法和选择。当你遇到多年前与你有过交往的人,一旦你认出了这个人,你就可能会对他有一种好或坏的感觉,这是基于多年前你们之间发生的事情。过去所有的细节可能一时(甚至永远)不会在你的记忆中重现,你可能也没有时间或精力去对此做一个充分的情绪反应。事实上,除非它们特别强烈,否则你可能不会从多年前发生的事件中重新体验到一种充分的情绪。即使是和你有过重大冲突的人,多年后可能也不会引起你的强烈情绪反应,但你很可能留有足够的情感记忆,让你现在与这个人打交道时保持谨慎。

情感是态度的一个重要组成部分,因为对大多数事情的态度可以简单地用喜欢和不喜欢的量化评估。评估态度不需要一系列复杂的情绪等级评分。而且,我们将会看到,态度对行为具有重要的导向性。通常,只需要知道你喜欢还是不喜欢就足够了。

另一个关于情绪的重要事实是,所有积极的、愉快的情绪都倾向于同时发生,而所有消极和不悦的情绪也都倾向于同时涌现,但积极情绪和消极情绪之间基本上是互不关联的。[9] 尽管这种观点不得不面对一系列数据的挑战,[10] 但它已经变得越来越有影响力。的确,人们不能同时感到快乐和悲伤,但经常感到一种坏情绪(如愤怒或悲伤)的人,也更容易感受到其他坏情绪(如嫉妒或失望)。这一发现表明,人类的心理有两个独立的情绪系统:一个是积极和愉悦的情绪系统,另一个是不愉快的情绪系统。对大脑和神经系统的研究同样支持该结论,即有两个独立的情绪系统,一个做出愉快的情绪和积极行为,另一个则相反。[11]

积极和消极情绪在表面上的独立,实际上可能反映了两种相互矛盾模式的混淆。首先,人们不能同时感受好和坏,所以这是一个相反的关系模式。第二,有些人是高度情绪化的,在两个方向上都有强烈的反应;而另一些人保持平稳,一般没有任何强烈的情绪,这种模式产生了直接的正向关系(换句话说,好的和坏的情绪是一起发生的)。这两种模式在统计上相互抵消,让人形成一种在积极感受和消极感受之间没有关联的印象。[12]

将情绪分为两大类是有益的,但第二个维度,唤起,也获得了至关重要的认可。正如我们所看到的,一些情绪理论强调,唤起是一个决定性的要素。[13] 但是,有些情绪是低唤醒的,例如,悲伤通常不涉及心跳加速和沉重的呼吸,平和的幸福感也是平静的。

251

可以利用两个维度将情绪分为四类：高唤醒愉快、高唤醒不愉快、低唤醒愉快和低唤醒不愉快。这些分类对于人们如何感受到情绪以及情绪如何影响人们的异同进行了有意义的区分。可以肯定的是，这四个类别只是一种在二维平面空间上考察内容的粗略凝炼。还有一些专家认为，最好是把情绪看作是沿着一个圆排列的，一些人非常接近这两个轴，而另一些人则远离它们。[14] 例如，"紧张"是一种以高唤起为标志的不好的情绪状态，但它并不是特别消极，因此，应该被认为比强烈的负性情绪，诸如厌恶或焦虑等，更接近于积极情绪。然而，即使你接受了这种观点，你仍然会倾向于认为，愉悦和唤起两个维度是至关重要的。

把所有情绪都映射到一个或两个维度上，这是理解情绪状态研究领域的一种简便方法，但一些研究人员对此提出了质疑。他们认为，许多基本情绪是与生俱来的，具有独特性。因此，把它们混在一起就失去了一些重要的差别。是的，愤怒和恐惧都可能以高唤起和消极（不愉快）的感受为特征，但这些相似之处并不能改变愤怒和恐惧是两种截然不同的情绪，它们有着不同的功能，产生不同的行为，毫无疑问，情绪体验者的感受也截然不同。一些理论研究者已经详细阐述了一长串彼此不同的基本情绪。[15] 尽管这一领域整体上还没有发展得很好，但人们对一些基本情绪的认可度正不断得到提高，比如快乐、悲伤、愤怒、恐惧、厌恶、轻蔑等，这些的确应该被视为不同的情绪。[16]

使情况更为复杂的是，人们通常不会孤立地只有一种情绪体验。多项研究发现，当人们报告自己的情绪和心境状态时，他们通常一次会列出不止一种情绪状态。[17] 甚至实验室旨在诱导单一情绪状态的操作，也往往会产生多种情绪的"混合"状态。[18] 虽然这一发现在开始时给情绪研究带来了障碍，但它实际上很可能是让我们简化理解情绪的一个关键。著名专家詹姆斯·艾弗里尔（James Averill）[19] 编制了一份仅用英语表达的 558 个不同的情绪词表。我们有这么多表达情绪状态的词汇，也许是其中的一些词是用来表述某种混合情绪的。因此，十几种基本情绪可能会产生数百种不同的情绪词，用以代表所有的混合情绪。也许基本的情绪存在于自动化的情感系统中，但是由于感受的统一性是意识经验的特征，所以意识心智就需要很多术语给它所感受到的复杂情绪贴上标签。

关于情绪的最后一个奇怪的事实是，它们对意识控制具有明显的免疫力。大多数人不能通过意志行为来决定他们现在想要什么感受，从而简单地改变他们自己的情绪状态。在这方面，情绪更接近于动机而不是认知，因为人们往往可以决定和控制自己的思想,但他们不能让自己停止对某物的需求(正如我们看到的僧侣独身主义的失败那样)。自我调节的研究与之形成鲜明对比:[20]人们可以直接控制自己的思想和行为,包括抵制诱惑或控制自己在某项任务上的努力程度(可以肯定的是,某些类型的行为表现,尤其是以技能为基础的表现,部分地不受意识控制)。人们控制这些行为主要是靠纯粹的意志力,但是意志力对情绪不起作用,所以人们倾向于积累大量的间接策略来调节它们。这些间接策略包括试图创造一种不同的情绪状态,比如,一个人在抑郁的时候给自己购买礼物,或者去寻找朋友。它们还包括控制唤起度,比如,当一个人生气的时候通过运动来释放能量,或者摄入一些可以改变能量的药物,如咖啡因或酒精。它们也包括分散注意力,比如,通过观看体育赛事消除忧虑,甚至是吃一些美味的东西来转移对个人问题的注意力。

情绪的文化差异

情绪的文化差异问题一直备受争议。首先,人们普遍认为,不同的文化背景下产生了截然不同的情绪状态,因此,一个来自不同文化的人甚至无法理解来自另一种文化的人的感受。这一观点后来受到了严峻的挑战:实际上来自不同文化背景的人能够有效地翻译情绪词汇,甚至能够识别情绪的面部表情。保罗·埃克曼(Paul Ekman)和他的同事们开展了一项极具影响力的研究,他们从探索面部表情的照片开始,发现美国人很容易识别那些表达不同基本情绪的表情:愤怒、悲伤、快乐等。埃克曼和他的团队走遍世界各地,向来自不同文化背景的人们展示这些情绪照片,甚至包括一些与西方文明几乎没有任何联系的遥远部落。总体而言,每种文化中的大多数人都能识别出这些美国人脸上所表达的情绪。这些结果使大多数怀疑者确信,某些情绪特征是与生俱来的和具有普遍性的。[21]

对婴儿的研究也支持这一观点,即情绪是先天拥有,而不是后天习得的。在有机会学习面部表情或观察他人的情绪之前,婴儿就会表现和表达各种情绪。的确,生来就双目失明的婴儿在高兴时也会微笑,所以很明显,他们的微笑不是通过观察别人的面部表情学习获得的。[22]

普遍性促使一些专家认为,面部表情可能是情感中自然、与生俱来的一部分,具有某种功能。罗伯特·扎荣茨(Robert Zajonc)再次研究了一个已经有百年历史的理论:人脸控制着流向大脑的血液,不同的面部表情会根据不同的情绪,将血液输送到大脑的不同部位。[23]而大脑控制着身体,所以它决定你是会拥抱某人、还是

253

254

会打他一顿；快乐或愤怒的情绪可以部分地影响你的决定，通过面部表情打开血管通道，使血液流向大脑特定部位，从而使大脑这一部位作出拥抱或打击的指示。

尽管几乎在所有的文化中，情绪发挥作用的方式都是相同的，但文化的确对人们如何处理情绪有重大的影响。一些文化认为，自由地、戏剧性地表达情绪是恰当的；另一些文化提倡控制情绪，不要让它们表露出来。人们可以学习沉溺于情绪，或更自由地表达它们。

对埃克曼的面部表情图片研究的说明有一个重要的附加条件。这些研究结果只有在图片人物摆好姿势的时候才有效。也就是说，照片中的模特被要求尽最大努力在面部表情中充分而清晰地表达自己的情绪。另一种方法是拍摄在自然状态下的不同情绪状态的人。当使用后一类照片时，它们不会引起普遍的认可[24]。换句话说，当人们碰到一个来自不同文化的人，但这个人不是特别想表现出自己感受到的某种情绪状态时，人们通常就无法分辨出其情绪是什么。这两个发现都很重要，无论是成功分辨还是无法分辨。成功分辨的研究表明，情绪表达具有一定的普遍性；而无法分辨的例子表明，文化差异也是很大的。

我阅读这篇文献后倾向于得出的结论是，情绪是自然的，它们的表达也是自然的，但文化可以教会人们隐藏起自己的情绪。这就是为什么人们不能识别实际发生的情绪：当人们在日常生活中感受到情绪时，他们不会在面部将其最大程度地表达出来。文化和社会的作用不是创造情绪，而是抑制和隐藏情绪。而且如前所述，只要文化可以教会人们对特定事件做出不同的情绪反应，文化就可以用情绪来控制行为。

什么是情绪的目的？

根据一种标准的观点，情绪激动的人可能会做出疯狂、不理智的事情。情绪使人产生冲动，有时他们会干一些事后懊悔不已的事。如果人们想要理性行事，做出明智的选择，他们就需要克服或抑制自己的情绪。即使这个观点完全正确，它也不会是关于情绪的全部内容。它描述了适应不良情绪的影响——作为理性、合理行为中的一种缺陷。但如果所有的情绪都是这样，那么自然选择可能在几千年前就已经将情绪从人类的心智发展中淘汰了。大自然只会在情绪带来益处时才会将其保留。情绪成本的存在，比如偶尔爆发的非理性行为，只意味着情绪的收益必须要大得多，要远超过情绪的成本。

情绪的确能完成的一件事，就是把一般的动机转化成具体的感受。毕竟，人们主要是对他们所关心的事情才有情绪感受，也就是说，当他们的动机被点燃时情绪才会发生。当没有动机卷入时，人就不会在意这样或那样，所以也就不会有情绪被唤起。情绪帮助评估事件，但评估无法凭空完成，相反，评估需要把当前情况与某一目标或标准进行比较。情绪通常把人的欲望和需求作为评估的基础，所以情绪评价事件是好或坏的依据是，这些事件是帮助、还是阻碍了人们满足需求的行动。从这个意义上说，情绪可以将动机系统与其他活动建立起连接，具体而言，情绪架起了从动机到认知和行动的沟通桥梁。情绪有助于使认知系统专注于重要的事情（与动机相关的事），它们还有助于引导行为，从而帮助人们进一步追求欲望的满足。

情绪到底是怎么工作的？它是如何引导认知和行为的已有的几个标准答案都不能令人信服。我将在这里先简要地介绍它们，然后再更仔细地研究它们与实际情况的一致性。

一个著名的传统观点认为，情绪导致了行为。根据这种观点，情绪包含着行为冲动。正如著名的攻击性研究者伦纳德·贝科维特（Leonard Berkowitz）所指出的那样，[25] 情绪本身可能包含着隐性的肌肉运动。当情绪被唤起时，它使身体处于运动状态，以便于执行某些行为。它可能会绕过整个思维系统，直接导致行动。许多情绪隐含着身体上的兴奋——一种从肾上腺素中获得的充满活力的感觉，这一事实表明，进行快速有效的行动是情绪的目的之一。

第二种观点认为，情绪指导认知加工过程。情绪能吸引注意力，防止思绪游离。当你对某件事感到沮丧或者对某件事充满喜悦时，你的注意力往往就会集中在这件事上，而不是转移到其他的话题上。与此一致的观点还有，情绪的唤起会使注意范围收窄。[26]

第三种观点认为，情绪具有一些人际功能。他们可以帮助人们互相理解，甚至帮助他们维持良好的人际关系。情绪会通过面部表情和眼泪等自然流露出来，这一事实表明，情绪可能在人与人之间起到某种交流的作用。有时候，情绪可能是一种（积极）信息，而不仅仅是内心世界的剧烈波动。

上述这些观点不一定相互对立，理论上它们可能都是正确的。我们按照从最简单（人际关系方面）到最复杂（行动控制方面）的顺序一个个来分析一下。

256

情绪与人际关系

文化性动物必须首先是社会性动物,需要形成和维持与他人的关系。我们已经讨论过,人类有强烈的归属需求,在某种意义上说,这是一种建立人际关系的重要动机。如果情绪将认知与行动连接起来,那么我们应该很容易就发现,情绪应该发挥着引导和支持归属行为的作用。这很简单,证据并不难找,不需要仔细审查,也不需要重新解释模糊不清的研究发现。相反,情绪是丰富和不可抗拒的。基本上,所有积极的情绪都与建立或提升人际关系有关,而所有不愉快的情绪都源于人际关系的破坏或断绝。[27]

建立新的人际关系通常会带来良好的感觉。结交新朋友感觉很好,就像被俱乐部接纳或得到一份新工作一样。强烈的新依恋关系会带来最强烈的欣快感,比如两个人因为坠入爱河而建立起浪漫的关系。具有讽刺意味的是,当两个人有孩子时,这一点尤为明显:即使从长远来看,增加一个孩子的家庭将耗费大量的资金,还会带来冲突和担心、降低父母二人世界生活满意度,但是新生儿的降临无论在任何地方都被视为欢乐时刻。[28]

建立关系并不是快乐的唯一来源。任何加强关系的事情也都可能带来快乐的感觉。当一对新人从浪漫爱情步入婚姻殿堂时,婚礼通常会洋溢着喜悦。当教授们获得终身职位时——也就是说他们的合同工作变成了永久工作,他们也会感到快乐,笑容满面。教堂的圣礼也值得庆祝。即使是性情乖戾多疑的罪犯,也会把关系的巩固看作是值得庆祝的快乐事件,比如,当愣头青的暴徒"被接纳"黑手党的永久成员时。

257　　与此同时,许多不好的感觉与各种破坏关系的事件相关联。与人分离、彼此对立、情感割裂等几乎所有这类经历都会带来负面情绪。悲伤和抑郁通常与失去一段关系有关。嫉妒意味着你害怕你的爱人离开你。[29] 悲伤通常包含着对所爱之人的去世或离开的哀悼。内疚感来源于你让你所爱的人受伤或失望,尤其是以一种可能破坏你们关系的方式。[30] 哈利·斯塔克·沙利文(Harry Stack Sullivan)认为,孤独感可能比焦虑更严重,[31] 它来源于缺乏人际联系,尽管孤独的人与不孤独的人在与他人接触的次数可能一样多,但前者感受不到彼此的相互关注和持续联接。与泛泛之交或同事的闲聊不足以让大多数人感到愉悦。

焦虑被广泛认为是情绪痛苦程度最强的形式。焦虑的感觉就像恐惧或恐慌,令人非常不愉快。弗洛伊德在他的理论中把焦虑放在了一个更加突出的中心位置，因为他不断根据新的观察修正他的观点。在他职业生涯的最后，焦虑以及避免焦虑的需要，被他认为是心理的主要动力之一。有些人患有焦虑症，其特征是恐慌感和灾难化的反复发作。

导致焦虑的原因是什么？我和丹尼·泰斯(Dianne Tice)回顾了已发表的与此主题相关的文献，发现所有研究和结论可以很容易地被分为两个主要类别，用以说明焦虑的两个主要原因。[32] 举例来说，如果我们看患有焦虑神经症的人在恐慌发作期实际上担心什么，就可以知道，把这些情绪分为两大类几乎是没有遗漏的。不太常见和较弱的一类焦虑是对伤害或死亡的恐惧。也就是说，有些人担心自己会生病或死亡，担心会遭遇车祸，担心会受重伤致残等，诸如此类。

另一种更普遍、更强的焦虑是我们所说的社交疏离感，包括害怕各种孤独的结果。这些焦虑聚焦于被所爱的人拒绝、被伴侣抛弃或其他被拒于所渴望的关系之外等情境。即使是陌生人，如果他们代表着拒绝的威胁，也会引起人们的焦虑。害羞和社交焦虑通常会使人避免与他人见面、参加派对或进入他人在场的情境，因为害羞的人害怕被他人拒绝。[33] 通常人们报告他们对各种记忆和场景的情绪反应时，他们一直认为是社会排斥造成了焦虑。[34] 凡涉及人际关系评估的情景都很容易导致焦虑，[35] 这表明，人们担心如果评估得不好，其他人就会拒绝他们。与来自不同社会群体或不同种族的人交往时，往往会产生群体间的焦虑，[36] 这可能是因为被来自不同群体的人们接受和接纳的几率，要比被自己的群体接受的几率低得多。

愤怒是一个似乎不太健康的情绪。毕竟，愤怒几乎是一件坏事，它只会伤害或危及关系，而不是维护这种关系。[37] 但愤怒通常是对伴侣所做事情的回应，这些事情本身可能已破坏了关系。当别人不公平地对待或伤害自己时，人们便会产生愤怒。如果愤怒被恰当地表达交流出来，它可以帮助人们解决冲突。否则，从长远来看，愤怒造成的选择或者是离开这段关系，或者是采用躯体暴力。当然，若愤怒表达促进了讨论或者可能的妥协，从长远看，这对关系维护也可能是有益的。[38]

总而言之，各种情绪似乎都与人际归属联系密切。人们越想要感受良好的情绪并避免不良情绪，就越有动力去寻求形成与维持良好和稳定的人际关系。

情绪的另一层含义人际关系涉及情绪的表达。情绪能自然而容易地表达出来这一事实表明，它们在人际关系中起着一定的作用。否则，它们很可能只是像思想和行为一样只发生在人的大脑中或身体上。很大可能是因为群体成员通过了解彼此的感受,从而获得了一些好处收益,这些好处又一定会发展为生物学上的优势,这通常意味着生殖和繁殖能力的提高,而且它不仅仅使整个群体受益,也使相关的个体成员(受益)。我们可以推测这些情绪有哪些好处。例如,恐惧会让人处于某种程度的不利地位——至少在面对捕食者时,外显的恐惧会将一个人的致命弱点暴露给对手。但是,一种清晰的恐惧表达(如尖叫)可以发出警报,提醒家人危险迫在眉睫,从而使其家族受益。悲伤可能会引起他人的同情和支持,从而使一个人能更快地从不幸或损失中恢复过来。欢乐和其他积极的感受使人觉得与某人在一起很有趣,因此,快乐情绪有助于吸引他人。对错误的行为表现出愧疚,有助于修复人际关系,尤其是因为它表明了愧疚者很在乎这段关系——承认你做了坏事之后,这一点可能特别重要,不那么做可能意味着你并不在乎你的伴侣。事实上,人们报告的愧疚感最大来源之一,就是没有对伴侣给予足够的关注,因此,直接地表达愧疚感可能会消除对方的被忽略感。[39]

因此,情绪至少在两个方面对群居动物是有益的。一方面,在每个人的内心深处,情绪带来的影响,会促使人们保持牢固的关系。另一方面,情绪也在人与人之间发挥着作用,情绪帮助人们交流各种有益的、有价值的信息,从而能更好地相互理解。

情绪与思维

情绪有助于动机和认知之间的联系。也就是说,情绪会促使人们去思考那些重要的事情(根据个人的需求和需求来界定)。总的来说,你对自己不关心的事情没有情绪反应。因此,如果情绪反应是强烈的,那么就表明某种动机与正在发生的事情高度相关。情绪使我们的注意力集中并持续思考这些重要的事情。

情绪唤起的心理效果很重要。在当下的情绪中,你会保持高度警惕和收窄注意。当你身陷强烈的情绪状态中时,比如你的孩子受伤了,或者你的爱人让你失望了,或者你刚刚得知你将获得一个重大的奖项,你的大脑就会开始胡思乱想。的确,唤起对注意造成的影响涉及到心理学研究中一些最古老的观点。一个长期存在且得到充分证实的结论是,人(甚至像老鼠这样的非人类动物)在中度唤起时表现最佳。[40] 所谓的伊斯特布鲁克(Easterbrook)假说[41] 认为,这种模式是因为随着唤起的增加,注意范围便逐渐收窄。一个低唤起的人会吸收任何可获得的信息,包括与当前任务毫不相关的材料,所以,对所有类型信息的开放性会给他带来分心干扰和相对糟糕的表现。当人被唤起程度更高时,大脑就会设法过滤掉那些无关、冗余的信息,聚焦于手头的工作,从而提高工作效率。达到某一个点时,人们的行为恰到好处:这时,所有无关的信息都会被忽略,所有相关信息都会被关注和处理。但超出这个平衡点后,唤起的进一步增加会继续清除信息,这时因为所有不相关的信息已经被过滤掉了,大脑现在会开始自动消除或忽略那些对任务有帮助的相关信息,因此,这种干扰就会影响人的工作表现。

假设你拥有上帝的力量,可以设计人类。为了让人生存,你会希望他能够照顾他自己和他的后代,因此,你赋予他一个丰富的头脑,以便充分考虑各种可能的事情。他可以进行长时间思维反刍和产生有趣的思想,也可以从一个想法跳到另一个。但是当他的孩子掉到河里时,这个人最好是将注意全都集中这个问题上,而不是转移到诸如云朵有多好看之类的其他想法上。情绪可以帮助心理聚焦,它将注意引向此时此地,甚至是当下很狭小的一部分。正如我们已经强调过的,情绪也会让身体做好行动的准备。没有被情绪唤起的父母,他的孩子溺水的风险更大;而有强烈情绪反应的父母,他们的身体和心理可以协同发挥作用,不受其他事物的干扰和打断,从而全力完成施救。

情绪往往需要一段时间来酝酿,因此有时可能太慢,无法指导对迅速发生的危机作出反应。但是,即使情绪反应姗姗来迟,它仍然是联系动机和思考的重要工具。当危机过去后,你可能仍会感到挥之不去的某些情绪。它会让你持续关注发生了什么,于是你便会继续思考已发生之事。通过集中思考这个问题,你可能会学到正确的经验,并把它储存在记忆中,以备应对下次出现类似的情况。即使情绪反应太慢,无法帮助你应对第一次危机,但第一次的情绪仍可能有助于创建记忆回路,帮助你知道下次如何处理类似的情况。

然而,情绪对思维的影响并不总是有益的。情绪系统关注的只是半数的相关信息,而这可能会导致错误的决策。一个纯粹的理性决策者会通过检视每个可能结果的价值和风险,来评估每种可能的结果。你应该把三块钱花在为孩子买牛奶上,还是去买彩票?如果你中了彩票,你可以买到孩子们需要的所有牛奶,还有很多他们可能想要的其他东西。但实际中奖的可能性微乎其微。相比之下,买一些牛奶会对他们有一点好处,而这样做几乎没有任何不确定性。你的财务顾问考虑到赢得彩票的几率比较小,会告诉你说买牛奶比较划算。然而,你的情绪往往会忽视概率,而只看结果的大小,它很可能会诱使你去买彩票。

260

　　事实上,情绪似乎只关注了两个层面的概率:确定性和可能性。而许多可能性的变化并没有被情绪关注。在一个经典的研究中,参与者被告知在某个时间点,他们可能会受到电休克刺激。可能性是 50% 或 100%。研究人员对人们的情绪唤起进行了生理上的测量。随着命中注定时刻的临近,毫无疑问,被试的唤起水平上升了。预期的电击越强,唤起感越强烈——因此,情绪与结果的大小成正比。但无论是 50% 的可能性、还是 100% 的确定性,两种概率导致的唤起的程度却基本上是一样的。[42]

261
　　其他研究也得出了同样的结论。[43] 这意味着,情绪的产生是与预期结果的表象关联着,比如,想到赢了很多钱或受到电击的情景,然而它对结果的几率差异却不太在意。[44] 乔治·罗文斯顿(George Loewenstein)和他的同事试图验证这个结论,他们让被试考虑彩票中奖 1 万美元和 1000 万美元之间的区别。两种中奖的结果看起来当然很不一样——1000 万美元将以一种 1 万美元望尘莫及的方式改变你的生活。然后他们让被试换一种情形比较:考虑两种有相同奖品的彩票,一种有万分之一的中奖机会,而另一种只有千万分之一的中奖机会。研究者发现,两种概率上的差异很难被转化为情绪上的表象,所以人们对两个概率的感觉大致相同。在前后两个例子中,"1 万"和"1000 万"之间的差异保持不变,但是情绪会让被试更看重前一种情况,而舍弃后一种概率变化的情况。

　　研究者通过询问人们愿意为产品安全支付多少额外费用的问题,研究了零概率下的特殊情绪力量。一项研究询问人们愿意为一种杀虫剂的改进支付多少钱,这种杀虫剂可以降低吸入性中毒或皮肤中毒的几率。一种改良产品声称其风险降低率为从万分之五到零,另一种产品则声称降低率从万分之十五到万分之五。就可能拯救的人数而言,第二种杀虫剂平均改进效果是第一种的两倍,但相比第二种产品,消费者更愿意为第一种产品改良支付额外的钱。[45] 可推测其原因为,情绪无法很好地区分不同几率的差异,除非其中一种几率为零。零风险对情绪具有强大的吸引力。

　　当我们学会关注几率和概率,并让它们进入我们的情绪时,其效果有时候仍然是非理性的,而且会适得其反。保罗·斯洛维奇(Paul Slovic)和他同事们的实验表明,人们依情绪做选择,有时会误入歧途。[46] 例如,设想一个机场安全措施,预计它能拯救 150 条生命,听起来不错,对吧? 相比之下,设想另一个机场安全措施项目,预计有 98% 概率可以挽救 150 条生命。很明显,第二项措施不如第一项,因为它只挽救了 147 条生命(150 的 98%),而第一项措施挽救了 150 条生命。但是 98% 的概率听起来不错。只看第二组安全措施的人比只看第一组安全措施的人给出了更高的评价。事实上,即使是一个以 85% 概率挽救 150 条生命的安全措施,也比确保拯救 150 条生命的措施得到更多人的支持。显然这些偏好没有任何理性意义,但它们可以用情绪的影响来解释:挽救 98% 或 85% 的生命成为了一种线索,被人用来判断哪种措施是好的,从而增加了人们对该措施的情感评估。这种差异可能反映了双重思维模式。自动化系统简单地将情感价值相加:拯救生命是好事;85% 是好的;所以它是双重的好处,而拯救 150 条生命只是一重好处。只有意识系统才能计算出,以 85% 概率拯救 150 条生命的措施不如拯救 150 条生命的措施。

262

预期的情绪基调对判断过程的影响,被斯洛维奇称为情感启示法,其主要的论点是,人们依靠这些微小的或好或坏的情感基调来进行判断和决定。自动系统以一种简单的方式使用情感,这种方式在很多情况下都能很好地工作,但它在复杂的决策和概率问题方面却做得很差,就像上面那个拯救生命措施的例子。在另一个例子中,人们有机会从装满豆子的碗中抽取红豆来赢得奖品。一种情况是,100 个豆子中有 7 个红豆;另一种情况下 10 个豆子中有 1 个红豆。后一种情况提供了更好的赔率,但人们往往更喜欢前一种情况,这可能是因为他们受到了较大的红豆绝对数量的影响。[47]

情感的微妙力量可能有助于解释许多特定的事情。斯洛维奇和他的团队用它来解释为什么演员们会改名字:"约翰·丹佛(John Denver)"听起来可能比音乐家自己的真名亨利·多伊申多夫(Henry Deutschendorf)更悦耳,就像朱迪·嘉兰(Judy Garland)可能比弗朗西丝·古姆(Frances Gumm)更有吸引力一样。[48] 他们甚至注意到,一些证据表明名字好听的政治候选人更有可能赢得选举。同样地,情感启示法可能解释背景音乐在电影电视中广泛使用的现象:音乐可以引导出自动化系统的情感反应,并帮助人们理解发生了什么。微笑是另一种积极影响的线索,这就是为什么广告或栏目范例经常出现幸福开心的微笑。

情感也会使人误入歧途,情绪高涨更容易带来戏剧性的结果。情绪错乱的人更容易出现丧失理性和自我伤害的行为。情绪低落往往使人们只求结果而忽视风险,所以处于这种状态的人可能会搞一些愚蠢的冒险,有时会给他们自己带来灾难。在一项研究中,人们可以从两种彩票中选择一种:其中一种是机会渺茫的大奖,而另一种则是很有可能获得的小额奖金。如果你像统计学家那样正确地评估风险(用概率乘以回报),那么安全玩法的彩票无疑是更好的选择。果不其然,处于良好或中性情绪的人倾向于选择后一个。然而,那些刚刚经历了令人沮丧或尴尬的经历的人,则会选择机会渺茫的那一个。[49] 即使失败的机会带有一些额外的惩罚,如必须进行噪音压力实验,他们仍然会被大奖吸引,而忽视胜算的几率。此外,如果要求人们在做出选择之前列出所有可能选项的利弊,那么即使是情绪沮丧的人也会做出正确的选择。这意味着,是情绪困扰使人们迅速反应而忽视风险,使他们只关注最吸引人的结果,而去不考虑风险的负面影响。

因此,情绪影响认知加工和决策制定,但它们并不总是会带来理想的结果。情绪在一定程度上可能背负着非理性的罪名,但缺乏情绪的人似乎很难在社会生活中找到自己的出路。这里的底线是,情绪的作用必定是利大于弊,即使结果远非完美。如果情绪主要扰乱思维,那么相对而言,情绪免疫的人会更加具有智慧和理性。这一观点因为"星际旅行"电视节目中的斯波克(Spock)先生而被广泛接纳。斯波克来自不同于人类的星球和种族,虽然他在很多方面类似于人类,但他唯独没有情绪。他总是不厌其烦地向地球上的同事们解释,决策应该建立在理性和逻辑的基础上,而不是建立在情绪情感的基础上,所以他在节目中是一个最理想和最可信赖的角色。

但是人类的现实则完全不同。安东尼·达马西奥(Antonio Damasio)等人对那些大脑受伤或其他问题导致他们无法作出情绪反应的人进行了研究。[50] 这些人并不像斯波克那样聪明、冷静、理性。相反,他们表现出糟糕和不稳定的判断,并倾向于投入高度冲动的行为模式中,这让他们的生活混乱不堪。情绪对于理性思考和自我控制仍然有重要的辅助性。在当今的人类社会活下来,让整个系统正常运作是重要的。如果没有情绪来引导你的行为,其结果将会(或几乎)与简单地感情用事一样糟糕。

达马西奥的一个观察结果与此高度相关。他发现,他诊治的一些没有情绪的病人很难做出决定。有一则趣闻,他让其中一位病人在两个日期中进行选择,以决定下一次会面时间。这个病人花了将近一个小时,来讨论这两个日期所有可能的成本和收益,比如,在这些日期他可能还想做的其他事情,甚至这两天的天气会如何等。最后,达马西奥随便选了一个日期,该病人却马上说:"这很好。"[51]

这种优柔寡断可以很好地表明情绪应该做的事情,即它要把动机与认知联系起来。没有情绪,人无法决定他想要什么。思维系统只是无休止地漫无边际地闲逛,找出大量相关的想法,但却无法有效地将它们分类。其他这类患者的冲动可能反映了同样的问题,虽然表面上看来,冲动是太草率的选择,而犹豫不决是太慢的选择。在这两种情况下,人们都无法从情绪系统中获得有用的信息,但在一个文化社会生存的过程中情绪系统通常的作用是使人们能够做出复杂的选择。

264

简而言之,没有情绪,思考系统只是空转的轮子。情绪对评估至关重要,而没有评估的思考,其实用价值是有限的。完成评估需要分析什么是重要的——再次强调,是基于人的需要和需求集合的分析。情绪是动机和认知之间的关键联结。因此,斯波克先生可能很擅长于思考各种可能的后果和决策困境的含义,但他却不擅长于做出最佳行为选择。

再想象一下,你是大自然母亲主管下的文化性动物设计委员会的成员。你已经决定给人安装一个聪明的脑袋,这样人就可以参与文化活动并思考很多问题。但是,最终大脑将面临无法预先确定(或设定好程序)的选择。这些可能是极其复杂的选择,会涉及许多方面,而且各选项之间几乎没有共同点。你会给人安装什么样的选择系统,让他将能够处理各种复杂的、不可预见的困境呢?

如果所作的选择只涉及共同特性,那问题就简单多了。例如,如果你必须在一个迷人、敏感、富有的丈夫和一个令人讨厌的、冷漠的、贫穷的丈夫之间做出选择,那么该选择就很容易。同样地,在其他条件都相同的情况下,决定接受年薪 5 万美元的工作、还是年薪 6 万美元的工作也并不难。但文化社会的生活却不是这样。年薪 5 万的工作可能会提供更多的福利、更好的发展前景,或者有机会在气候更好的地区居住,甚至会有一群更有激情的同事。你如何将这些方面与工资的差异结合起来进行选择?

考虑一下如何度过一个星期天下午的决定吧。你可以打扫房间,看足球比赛,拜访你的母亲,研究股票市场,或者为挚爱写一首诗。但你只有一个午后时光,所以你不能做所有这些事情。困境的关键是,这些选择间的共性太少。各种各样的好处——干净的房子,一些欢乐,履行家庭义务,一个赚钱更多的机会,或者可能富有吸引力的情感回报——是如此不同,所以没有显而易见的方式区分说哪个更好。

265

情绪可以把你从这个困境中解救出来。每个选项都可以与它带给你的情感相关联。可以肯定的是,这些选择可能因为多种感受混合而变得复杂。例如,看足球赛可能会让你在比赛中感觉很好,但如果你最喜欢的球队输了,你可能最终会感到沮丧;因为你既没有打扫房子,也没有看望你母亲,你也可能会感到内疚。而且,这些感受可能会叠加在一起。

尽管情绪被许多理论家忽视了,但是它仍然发挥着至关重要的、有价值的作用:它为决策过程构建了一种通用货币。预期的情绪使人们能够在各种看似毫无共同之处的选择中进行比较和选择。所有人要做的就是把每个选项变成预期的结果,也就是他们在情绪上的感受。有望达成最好情绪结果的选项就可能是一个相当好的选择。

经济学家喜欢从效用的角度来分析决策,即预期的结果价值。总的来说,他们会用金钱表达效用。例如,理性的投资者会选择那些看起来会产出最多钱的投资方式。从这个意义上说,金钱是评估投资的一种方式。但多数生活中所做的决定不容易转化为金钱。在星期天下午的举例中,探望你母亲的货币价值是多少呢?而且,即使某些事情可以兑换成货币,人们实际上会不会这样做也很不确定。因此,即使我们可以计算打扫你的房子的货币价值,比如计称一下找一个专业的女佣付出相同的劳动力要花的钱,但是当人们争论是否要打扫房间时,会试图用钱来评估其价值,并与看一场足球比赛的吸引力相比较吗?很少人会这样做的。

因此,情绪可能是衡量效用的真正内在标准。几乎所有的选择都可以转化为情绪。情绪的一大优势是,这些情感计算极其快速且无处不在。一旦你考虑做某事,你可能已经作出情感反应:打扫房子是乏味的,但是干完后会感觉良好;看足球赛将是有趣的,但(没有看望)妈妈会让我内心愧疚;写诗可能令人沮丧,也可能令人满意,这取决于它的进展如何,如果它确实有助于赢得你心爱的人的芳心,那将是幸福无比的。记住,情绪往往会低估失败的几率,而使人更关注充满吸引力的结果,如此巨大的幸福给人以胜利者的感觉——所以赶紧写诗吧!

这不是说,情绪总是会导致最好的结果。理性的分析,尤其是道德上的推理有时会表明,我们不应该去追求我们主观感觉非常棒的行动。我们已经看到,情绪和情感不能正确地鉴别那些复杂的可能性,并且有时可能把人们推向逻辑分析为错的选择。然而,这些偶然的失败并不是重点。情绪系统通常会给出最好的答案,或者其中一个最好的答案。无论如何,它都是一个有效的、简便易用的系统,可用于做出复杂的决策。天性必然给了我们一些方法,让我们能在许多方面都能从不同的多种多样选项中做出选择,从而使理性分析成为一种可靠的指导。否则,文化性动物就会陷于各种各样困境而不知所措,就像一台电脑被要求做一些它没有适当程序或足够数据的事情一样。依据情绪做出选择,是应对这一设计问题的有效解决办法。当然,我们并非一定要追随自己的内心,自然天性使我们能够做一些与情感暗示不一致的事情。但是,至少情感暗示出权衡了的利弊,并迅速提出建议,以至于人们不必为了选择吃什么、或者先打开哪封信而花费几个小时的时间。

情绪和行动

一种标准的观点是,情绪会使人产生冲动,促使人们以各种有益的方式行事,即使这些冲动对于应对复杂的现代社会来说可能过于简单。尼克·弗雷吉达(Nico Frijda)用"行动准备"一词描述这种情绪功能:情绪调动身体为行动做好准备。[52] 已知的情绪唤起的特性确实适合行动:更多的血液(因此有更多的氧气)被输送到大脑和肌肉,以使人注意更集中、思维更迅捷,召唤更多的躯体力量。

另一方面,情绪不会以任何确凿或直接的方式导致行为。我们在后面章节讨论人们的行为时,会再回到这个问题上来。但就本章而言,相关的观点是,情绪在引起行为上是相当缓慢的,而且从表面上看,它似乎是个不可靠的因素。许多情绪并不会导致任何可辨识的行为,例如,人们在看电影时可能会有情绪反应,但人们依然能静静地坐着,直到电影结束。当情绪确实影响行为时,它也是间接的,比如通过影响人们处理信息的方式。

情绪可能是作为一种引导行为的方式进化而来的,但这种方式在人类身上却不再继续发挥作用了。一些关于大脑模式的数据印证了这一观点。动物的情绪以其边缘系统的激活为标志,然而,对于人类来说,情绪也会在大脑较新的(前额叶)区域引起显著的激活。人类控制行为的机制,相比其他物种所拥有或需要的,要复杂得多,特别是我们的行为大部分基于对文化价值和环境意义方面的理解的。

事实上,情绪在心理上如何运转的问题还远未得到解决,未来10年或20年将会有更多的数据支持。然而,与此同时,文化性动物理论也可以提出一些相关想法,诸如情绪是为了什么,以及它们如何与动机建立了联结。

我的结论是,说情绪是为了激发行为(的观点)是错误的,说情绪引起了行为(的观点)甚至更加错误。恰好相反,是行为追随着情绪。情绪是行为的一种重要结果,而不是其原因。这一观点包含两个主要含义。首先,正如我们已经开始看到的,尽管情感信号有助于行动,但行动有时是由预期的情绪决定的。其次,情绪有助于学习,因此,未来的行动会从过去的经验中受益,甚至情绪在一定程度上也是由过去的经验引起的。没有情绪,人们可能无法从经验中获益。

267

旧的观点认为情绪激动直接导致了行为，他们通常拿恐惧作为最好的示例。根据这一分析过程，恐惧会让你逃跑，你被杀死的可能性变小，因此，更有可能生存和繁衍下去。然而，在许多情况下，人们报告说，他们在危机情况下并没有经历恐惧。恐惧，就像其他情绪一样，可能会缓慢出现，甚至有时太慢而无法处理当前的紧急事件（尽管太快也可能适得其反）。当你意识到另一辆车将与你的车相撞时，你没有时间感到害怕，恐惧也不会对你有太多帮助。然而，下一次（类似情况）当你（再次）向左急转弯时，恐惧可能就会出现，就好像是为了说服你不要把自己置于危险之中似的。

替代性的新观点是"行为追随情绪"，这也许在愧疚感的例子中可以得到更好的理解。愧疚感不会直接让人们以任何明显的方式作出躯体反应。相反，愧疚感是在一个人做了错事之后产生的，比如伤害了他的伴侣。愧疚感让人们思考他们做错了什么以及如何避免重蹈覆辙，这样他们将不会重复体验愧疚感。举例来说，一项愧疚感体验研究发现，愧疚会使人更多地吸取教训，并在随后改变自己的行为。[53] 因此，愧疚主要是通过预期起作用的。当你面对如何行动的决定时，你意识到一个行动可能会导致你的愧疚感，所以你就倾向于避免采取那个行动。因此，愧疚感可以对行为施加很大的影响，而不需要让人经常感到愧疚，因为人们需要避免做那些让他们感觉心有愧疚的事情。

情绪似乎很适合帮助人们从他们的行为中吸取教训，即使情绪对引导当时的行动过程几乎毫无帮助。正如我们所看到的，情绪把注意力集中在引起情绪的事情上。因此，强烈的情绪反应会让你的注意力集中在刚刚发生的事情上，这种思考可能会帮助你分析，哪些行动是对的（如果情绪是积极的），哪些是错的（如果情绪是消极的）。

有证据表明，情绪会激发无数的"反事实思考"（即对与现实不同的事件和结果的想象），比如，我为什么没有做点不同的事情呢？我如何做才能避免犯错呢？如果我没说错话就好了。[54] 这似乎是学习的理想方法：意识系统可以考虑其他的可能性，特别是包括你本可以用不同的方法完成的事情，因此，你便可以从你的错误中学习了。

对情绪发生时刻的观察支持了这样的观点，即情绪对学习很重要。温迪·伍德（Wendy Wood）和她的同事们认为，人们主要会在进行新的、不熟悉的行为时体验到情绪。[55] 而当他们不按常规或习惯行事时，就会产生不太常见的情绪。习惯和日常行为从定义上看一般不需要学习。相比之下,学习主要与新的行为相关,那正是人们发现情绪的地方。

因此,情绪控制可以通过让人们思考和分析他们最近的行为来促进学习。这种学习形式非常适合于文化性动物,对他们来说,行动是有意义的,必须在价值、期望、交流和其他思想的系统中被理解。然而,学习在促进情绪方面还有另一种更基本的方式,这就是奖励和惩罚。正如我们在对行动的阐述中将要看到的,学习的法则在许多物种中有效运行着,甚至包括那些智力有限的物种:一个受到惩罚的行为(干坏事)不太可能被重复,而一个受到奖励的行为(做了好事)更有可能被重复。情绪可能是重要而有力的调节器,愉快的情绪奖励行为,负性的情绪惩罚行为。

大多数动物都是在快乐和痛苦的引导下度过一生的。在现代人类生活中,痛苦相当不常见,并且是可以被预见到的,快乐也已经被驯服,并被纳入了可预测的范围。相反,情绪却是频繁出现的,而且常常出乎意料。可能正是情绪,而不是快乐或痛苦,引导着人们度过自己的日常生活。情绪会对行为进行奖励和惩罚,这样就能改变个体下次做出类似行为的几率。

情绪重要性的一个标志是,缺乏情绪反应的人经常做出糟糕的决定。研究表明,那些有大脑损伤的人不会产生恐惧或其他情绪反应。[56] 在一项研究中,人们在玩一个翻扑克牌的游戏。每张牌都表明要么会赢钱,要么会输钱。有四个扑克牌局,其中两个牌局回报较高,而另外两个回报较低。关键点是,高回报的那个牌局包含了高损失风险,如果你继续抓那些牌,你最终可能会亏钱,低成本的那个牌局是"安全的",因为你永远不会因为从中抽牌而赔钱。正常人和脑损伤病人一开始都会尝试所有的牌局,一旦遇到大的损失,他们也都会暂时避开危险的那副牌局。但不同之处在于,他们回到有风险的扑克牌局的速度是不同的。健康的人们在相当长一段时间内都避免这样做,因此结果相对较好。然而,大脑受损的人倾向于更早地回到危险的牌局,他们中的许多人最终在游戏中破产(当然,研究人员并没有真的把他们的钱拿走)。关键在于没有情绪的人们更容易做出危险的、有破坏性的、有风险的行为。

269

这个研究表明,情绪的作用是固化个体习得的某些经验,从而影响个体未来的行为。这并不表明当前的情绪可以帮助人们表现得更好。从坏牌局中抽取一张代价昂贵的牌,会产生负面情绪反应(在正常人中),这就留下了足够的情感残余,使他们下次会远离那样的牌局。情绪反应是学习的关键:没有情绪,人们就不会从他们的错误中学习,所以他们会继续冒风险,继续陷入同样的危险之中。

情绪的这一功能有助于阐明我们前面提到的一个关于情绪的关键事实,即情绪对意识的控制相对免疫。人们不可能仅仅通过意志行为来改变自己的情绪状态,尽管他们可以通过这种方式改变他们的思想或行为。情绪免疫的原因是情绪在帮助我们学习。当我们做错事情时,让我们感觉不好以使我们从中得到教训,这是很重要的学习。如果我们可以简单地通过"决定让自己感觉更好"来实现"感觉更好",那么从错误中吸取教训的吸引力就会小得多。

换句话说,情绪引导并教导我们。如果我们能控制自己的情绪,它们就会失去引导和教导我们的能力。如果你说了一些让妈妈或男朋友不高兴的话,你会感到内疚,所以为了让自己不再感到内疚,你就会避免再说这些伤人的话。但如果你可以通过简单地决定,以"感受快乐"来消除内疚的感觉,那你就根本不必改变行为了。如果可以通过意识的命令来消除内疚感,那么内疚感也将无法阻止人们的错误行为。(因此)对直接控制的免疫是情绪发挥作用的必要条件。

但是,难道没有足够的证据表明情绪直接引发了行为吗?事实上,证据比人们想象中的要少。最重要的是,即使有证据,这些证据也是可以被重新解释的。仔细审视一下,许多情绪导致行为的迹象实际上表明,行为在追随情绪。

270

例如,关于助人行为的研究表明,悲伤或沮丧的人比感觉良好的人更乐于提供帮助。[57] 这看起来像是情绪导致的行为:悲伤引导了助人行为。但更可能的是,悲伤的人之所以会帮助别人,是因为他们相信帮助别人会让他们感觉更好——在这种情况下,行为追随情绪。亚利桑那州立大学的一组研究人员设计的一个灵活程序证明了这个结论;[58] 人们帮助他人主要是为了让自我感觉良好。他们给一半的受试者服用安慰剂(糖丸),告诉他们,这个药物与大麻和酒精一样可以影响情绪,只是它具有一种特殊功效,它会固定和延长在药物生效期间你所感受到的任何情绪。这意味着在接下来的一两个小时里,试图改变你的情绪或情绪状态都是没有意义的。被试通过人为的情绪控制程序进入坏心情或好心情,然后,每个人都被要求提供帮助。没有服用情绪保鲜药丸的被试组,在处于坏的情绪条件下会有更多的助人行为,这与之前的发现一致;但是那些服用了(假的)情绪保鲜药丸的人,即使他们处于悲伤的条件下,他们也没有更多的助人行为。因此,悲伤情绪会带来助人行为,但是只有在你认为帮助行为会改变你的心境、让你感觉更好时,助人行为才会发生。悲伤者的助人行为是一种让自己情绪状态发生改变的策略。

攻击性也是为了改善坏心情。愤怒的人往往更具有攻击性,这种倾向性在那些相信发泄愤怒会让自己感觉更好的人身上尤为明显。然而,当这些愤怒的人服用了一粒情绪保鲜药丸后,他们并没有变得更有攻击性。[59] 某种程度上,人们似乎相信,攻击他人会让自己感觉好受些、可以摆脱愤怒或沮丧的心境。

还有更多的证据表明,看似由情绪导致的行为实际上是行为追随情绪。[60] 抑郁的人会比快乐的人吃更多的饼干和垃圾食品,只是因为他们希望食物能让他们感觉好受些。心情沮丧、有愧疚感的人寻求及时性的满足,希望能马上变得好起来。人们拖延完成困难的任务,是为了做一些有趣的事情,这些事情可以带来短期的好心情。

我们早些时候看到,人们的情绪往往不会像他们预期的那样持续那么久。简言之,这意味着情绪在预期中被夸大了。这也可能意味着,预期是情绪的一个重要方面,这与人们根据预期的结果来调节他们的行为的观点是一致的。毕竟,如果相反的情况成立的话——未来的情绪通常被低估了——则将削弱情绪在引导行为方面的作用。

结论

情绪是一个对行为进行奖励和惩罚的内在系统。完整充分的情绪通常在行为结束后出现,而积极和消极的情感可以帮助人们以某些方式控制行为。情绪会刺激深思熟虑的学习,比如让人们思考他们刚刚做了什么才导致了好或坏的结果。情绪会使注意力变窄,从而促进对某些信息而不是其他信息的心理加工。预期情绪是指导人们如何选择和行动的重要因素。的确,预期的情绪是一种引人注目的普遍现象,它使文化性动物能够把不同的多种可能选项(把它们从许多互不相关的维度上)转化为单因素选项,并从中做出选择。情感引导人们在复杂的文化世界里形成并保持良好的人际关系,使人们理性和谨慎地行为,并有效健康地生活。

现在我们可以开始考虑人类行动本身了。动机、思想和情感都有助于推动人们以各种方式行动。这些系统都不以它们自身为目的,相反,每个系统的价值都在于它会影响到行为。有时候动机(想要)、认知(思考)和情感会在不同方向上推动行为,但人只有一双手和一双脚,所以关键结果是要看哪一种系统动力获得了胜利,从而决定了人的行为。下一章将重点讨论行动。

6

人如何行动和反应

尽管所有的文化都有规则,但人们遵守规则的严格程度却各不相同。秘鲁人迟到两个小时享用午餐的故事,亦或英国人排队等候去洗劫一家商店的故事,都反映出了严格的不同程度。在欧洲,德国人被认为是特别循规蹈矩的,而意大利人相较之来说更显随便一些。规则取向的差异形成了以下(可能是杜撰的)轶事。一个德国人正准备乘火车去意大利度假。当时,大多数欧洲火车被设计成每侧都有三个座位的小隔间。从过去的经验来看,这个德国人知道面朝后坐时容易晕车,所以预订座位时,他一再坚持要一个面朝前的座位,并保证他会得到一个。然而,当他乘坐火车时,他沮丧地发现他的座位还是面朝后的。第二天,他很生气地在意大利下了火车,并径直去了车站长那里投诉。这位意大利人似乎对他的抱怨无动于衷,尤其是因为这并非他个人的过错,而且无论如何,现在对这个问题做任何事都为时已晚。这个德国人没有得到任何满意的答复,便一再地坚持声称这趟旅行非常糟糕。最终,意大利人说:"你本可以简单地问一下坐在你对面的人,是否愿意与你换一下座位。考虑到你的痛苦,我相信任何人都会同意的。"德国人回答说:"嗯,我做不到——是没有人愿意坐在我的那个座位上的。"

无论是得到严格执行还是随意执行,规则都是人类生活的重要组成部分。规则揭示了,对行为的控制在文化性动物和仅仅为社会性动物之间是如何发生变化的。社会性动物仅具有最基本的规则意识,其中大多数都是强者以牺牲弱者为代价,而直接强制执行某些特权。也就是说,一只大动物可能会因为一只较小动物惹了自己而惩罚它,随着时间的推移,至少在大动物存在的情况下,较小的动物就学会避免再做同样的行为。当然,这与人类遵循规则的情形相去甚远。人们把规则理解为独立于任何特定的人而存在的抽象规定。初次见面的陌生人会遵循一些规则(如按顺序、握手或使用金钱),来彼此相互打交道,甚至无需讨论这些规则是什么。当然,人们还可以辩论规则的合法性,质疑某些规则是否适用于当前情况,并论证规则改变的可能性。只有文化性动物才可以做这样的事。

文化群体和单纯的社会群体之间的主要区别就在于,文化依赖于意义系统(包括规则在内)。最终,除非人们能够根据意义来改变和指导他们的行为,否则规则也不能完成任何事。如果行为是由激素、基因、强化史或者并没有考虑当前规则的任何其他因素所决定的,那么规则本身也就没有任何意义了。驱动社会性动物行为的因素可以是动物自己的需求,以及当下存在于周围的其他动物的影响。相比之下,文化性动物的行为则反映出许多目前尚不可见因素的影响,这不仅包括法律、道德和其他规则,而且还包括对遥远未来的计划和目标,从遥远过去继承下来的义务和债务,以及生活在千里之外人们的期望和愿望等。

所有这些因素的共同之处在于意义,尤其是抽象的意义。社会性动物和文化性动物之间的关键不同在于,只有后者是在抽象意义的基础上行事,如规则和计划。没有语言的动物无法利用抽象意义,因为他们不会加工处理它们(这些抽象意义)。文化是一个巨大的系统,利用这些无形的力量来塑造不同个体的行为,诸如通过法律使系统能够发挥作用,从而使其能够发挥魔力(如知识积累、劳动分工等),并使成员普遍得到更好的生活。

因此,文化性动物需要一个复杂而灵活的内部机制来控制行为——肯定比其他生物所需要的更为复杂和灵活。大自然有可能以精妙的方式去设计某些生物,让他们知道如何去应对它们将遇到的每一种情况。对于其他生物来说,一个简单的学习机制就足以使它们发展出自己一生需要的系列行为。但文化给个体提供了新颖、复杂的选择以及解释不同决策和困境的多种方式。纯粹基于本能冲动或先前强化了的行为模式行事,这并不是进行最佳反应的可靠指导,因此,文化性动物必须能够凌驾某些冲动和惯性,以便做更多样的事。

最终,文化性动物需要自由意志,或者至少它能理解和描述什么是自由意志。文化世界为个体呈现了新的、不可预知的情景,遗传进化不可能针对所有这些情景预先设定出严格的反应行为序列。[1] 相应地,个体必须能够在这个过程中修正他/她自己的行为,并开发新的程序去指导他/她自己的行为。这种受到人们自己控制的可塑性(灵活性)的巨大拓展,便构成了自由意志的一种重要形式。

我当然知道,自由意志是一个有争议性的概念,它引发了各种激烈的辩论和强烈的意见,其中许多与我这里的观点并无关联。因此,让我不再简单地论述说进化

274

给了我们自由意志，以使我们可以从文化中受益。自由意志的概念可以以一种更容易被所有人（除最僵化的决定论者外）都能接受的方式重新加以表述。为了使人类能够参与到文化中，进化赋予我们超越原始反应的能力，能够在不同的选项中做出选择，并使行为受到意义的指导（包括理性分析、抽象规则和长期计划）。进化在设定了我们的一些基本倾向和反应基础之上，还赋予了我们能够重新设定自己的能力。它给了我们自控、自律和终生行为的可塑性，使我们能够利用复杂的逻辑推理（偶尔为之！）的结果来改变我们的行为。

正如本章指出的，我们应该了解到，人类具有这样一个行为系统，它可能受到认知、情感和动机系统的影响，也可能不受其影响。这种观点反映了人类心灵实际上是如何发展起来的。甚至蟑螂、老鼠和蠕虫都能成为行为的主体，所以行为显然不需要太多的智力或文化的学习。然而，为了使人类成为文化性动物，自然不得不改变行为产生系统，使其能够接受意义。意义是文化影响行为的载体。人们利用意义使他们的行为从文化中获益。

行动是如何发生的

275　　　　行为是如何发生的呢？根据常识，答案应该是这样的。首先人会查看一下情景，看看其中有多少种选择（即各种可能采取的行动）。然后他/她对这些选项进行快速的成本效益分析，以便挑选出最佳选项。接着大脑告诉身体以所选择的方式行动。可以肯定的是，有时情绪会破坏和劫持这一过程，导致人无法理性地选择行为。此外，也可能有一些行为会受到无意识或潜意识的影响。然而，总的来说，这一过程经过了信息加工（与评估），到多数情况下的理性选择，再到行动。有许多说法都支持这种标准观点。它既符合常识，又符合某些数据。若拒绝这一观点，那就需要十分谨慎。

但尽管如此，我还是要提出另一种观点。行为并不是认知过程的最终产物，相反，无论是否存在理性思维，行为都一直在持续发生着。然而，"自我"有时可以利用理性思维去干预和操纵行为过程，当它这样做时，导致的结果往往是适应性和有获益的。因此，它便学会了这么做。即便如此，在日常生活中理性思维也并不总是被作为在此时此地做出选择的一种方式。在很大程度上，人们可能只是遵循显而易见的方式做目前看起来适当的事情。只有当事情变糟、并且他们感到很大的负面影响时，这时（主要在这时）人们才会进行理性思考，试图弄清楚自己做错了什么。他们得出了一些结论，并可能找出一个"如果—那么"的规则，以便未来这种情况再次出现时知道如何采取行动。当下一次情况确实出现时，人们只需进行相对较少的理性分析即可更好地选择行为。上一次灾难残留下来的一些不良情绪也会被迅速唤起，帮助人们去调整行为（可能激活"如果—那么"的规则），从而产生更理想的结果。

人们是如何解释自身行为的？在很多情况下，他们说，他们只是做了当时觉得正确的事。这一说法不应被摒弃。感觉正确可能是一个简单的情感线索问题。情绪会留下那些引导行为的情感痕迹。同样，正如我们在情绪一章中所看到的，情绪在这一过程中的作用并不是去点燃这一过程，且造成非理性、毁灭的破坏结果。取而代之的是，情绪有时是在或好或坏的行为（取决于它们的结果）发生之后才浮现出来的，这时的情绪有助于加深我们对在这种情况下如此做是否正确的认识。行为旨在产生好的情绪，避免坏的情绪。这样一来，问题就不再是情绪导致行为，而是行为追随情绪。并且，了解到行为会导致情绪相关的结果出现，那么进一步的行为就会被所预期到的情绪结果改变或引导。

276

情绪本身与动机相关。当你不在意某事时，你并不会有强烈的感受；当事情满足了你的情绪时，你会感觉良好；而当事与愿违时，你会感到很糟糕。本质上，情绪将信息从动机系统传递到认知系统，进而将偏好信息传递给行为系统。这既适用于自然动机，也适用于文化动机。文化也能通过这种方式发挥其很大的影响作用。文化可以通过将不同的情绪与各种行为或者成就联系起来，从而有效地塑造动机。如果文化可以教会人们，在执行各种特定行为时感受良好或者糟糕，那么它就可以塑造他们的行为。人们将采取行动避免不良情绪，并在可能的情况下获得愉悦的情绪。

也许从某种意义上来说，认知有助于行为的持续进行。在这种情况下，它可能只是在进行信息加工，以便首先了解情况，然后再看如何去实现自己的目标。当你在高速公路上车行时，你知道要去往那里以及如何到达那里，但你必须进行信息加工才能成功完成旅行。你可能不得不经常更换车道以便超过那些慢车，偶尔你还需要注意路标，以便转到其他道路上等。而且如果乘客告诉你，她需要去洗手间，你还需要做出各种其他的调整，以使她能够到达休息区。因此，认知参与了行为的执行。但这更像是执行"如果—那么"规则："当路标指示 80 号公路连接处，要拐出91 号公路，向东驶入 80 号公路。""当下一个休息区出现时，要驶下主路、进入停车区,而不是继续沿着道路行驶。"自动系统足以执行这些操作,因此,无需意识思维和精细的推理能力。但意识思维可能通过改变整个设定来发挥作用,比如提前创建新的"如果—那么"规则,或者在这些规则不起作用时对其进行修改等。

行动和双重思维

最近的一则新闻报道称,佛罗里达州萨拉索塔当地一个反暴力组织的主席,因在一场国际橄榄球比赛中殴打裁判而被捕。该男子甚至不是比赛中的球员,这是他七岁儿子参加的比赛,他是球队教练。这名男子在比赛中多次因为对裁判大吼大叫而受到谴责,他的行为甚至导致他儿子的球队受到了处罚。然而,即使是这些处罚也没能达到预期的效果,他后来在比赛中冲向场地,打了裁判一拳,使那可怜的家伙耳朵都直嗡嗡作响。其他观众不得不将这位 270 磅、34 岁的男子从裁判身上拉下来。警察逮捕了他,但随后他又被保释了。[2]

人们对体育官员感到愤怒已经不是什么新闻了。幸运的是,他们诉诸暴力抗议的情况还非常罕见,仍可有资格作为新闻。但这个故事之所以引人注目,是因为这名违法者是一名致力于减少暴力的团体领导人。"疯爸"组织成立于内布拉斯加州,在全美 15 个州设有 60 个分会,旨在引导年轻人远离犯罪和暴力行为。要成为这样一个组织的领导者,这个人想必对促进非暴力行为应该是真诚的。但是,他又怎么能在一场体育赛事中,在所有球员和观众面前甚至在他的家人面前攻击裁判呢?这就好像甘地殴打妻子而被抓住了似的。讽刺的是,他后来道歉并辞去了教练的职务,但没有辞去反暴力组织主席的职务!

行动在许多方面是我们到目前为止所讨论一切的最终产物。行动始发于内部动机(一个人想要什么)或者一些外部压力。思维和情绪开始加入其中,共同精细化行动方案,如找出具体的可能行为,注意潜在问题,让身体做好行动准备等。当然,人实际的行动可能会、也可能并不会遵循这样合理的计算。毫无疑问,"疯爸"组织的领导者本可以详细解释(后来也确实这样做了),人们应该如何控制和表达他们的愤怒而不是拳打脚踢。思想和行动之间无疑存在着联系,但也存在着一些差距。也许双重思维在这里又要开始工作了:意识系统让你拥抱非暴力,但当裁判似乎在虐待你儿子时,自动系统便又会依暴力冲动而起作用。换句话说,你有两种不同的心理系统,但只有一双手和一双脚。你一次只能做一件事,尤其是当竞争的选项互不兼容时。当自动系统产生去打裁判的冲动时,手和脚是听从自动系统的命令呢，还是服从意识系统及其对非暴力的承诺呢？

认知过程和推理并不一定会产生最明智或最有帮助行动的这一事实指出，我们必须将下面这个更广泛的真理牢记于心：行为无时无刻不在发生。即使是大脑很小、认知能力十分有限的动物也能设法产生源源不断的行为。同样，在我们人类物种中，没有迹象表明愚蠢的人比聪明人会产生更少的行为，即使有人可能希望就是如此。这意味着所有这些思考和其他认知过程对于行为而言都不是必需的。有意识思考及其理性思维好像篡夺者或劫持者，它告诉你放弃原本要做的行动，而去做不同的行动，有时行动系统就会响应思考的计算，从而改变行动过程。

因为行为无时无刻不在发生，不管来自于意识系统的帮助有多大，我们都很容易得出这样的结论，自动系统在运行各种行动大戏：行为主要受自动化过程的引导。可是话又说回来，意识系统似乎又必须完成与行为相关的事情，否则，大自然为什么要创设它呢？当然，双重思维的两个系统都会对人类行为产生影响，这是大自然设置的一个底线。

一种越来越流行的观点是，意识就像是一位高层管理者，决定广泛的政策问题，但它不负责即时的操作。当会议休会期间，你可以决定是否要回酒店房间去拿一件毛衣。意识思维会计算是否有足够的时间在会议重新开始之前走到房间并返回，并且评估毛衣所增加的舒适度是否足够理想。如果决策说可行，则自动系统接管过来，它控制腿和脚，按下电梯按钮，扭动房间钥匙，在行李箱中寻找毛衣，然后（可能很匆忙地）返回会议室。意识系统不会决定用哪个手指来按下电梯按钮，也没有监督每一个脚步，它只是制定了宏观的计划。

人们愿意认为自己可以有意识地控制所有的行为，但越来越多的研究表明，无意识、自动化过程经常出现在大多数行为之中。我们在第 2 章关于双重思维的初步讨论中曾看到了其中的一些例子。

在布雷特·佩勒姆（Brett Pelham）的一些杰出著作中，已经明确自动化过程对甚至是主要的人生抉择都会产生影响，虽然精细的、有意识的深思熟虑在其中的作用也确实是重要的。[3] 他的研究工作探讨了名字—字母效应，结果表明人们对于自己名字中的字母有一份特殊的感情。[4] 较之其他字母，人们（稍微）更喜欢自己名字中的字母。佩勒姆发现，人们对居住地和职业的选择，有时也会受到名字中的字母以及生日中的数字的影响，虽然这种偏好的影响看似微不足道。例如，名叫丹尼斯（Dennis）的人比叫其他名字的人更可能成为牙医（dentists），而叫劳拉（Laura）的

人,更有可能成为律师(lawyers)。在本月 12 号出生的人通常更有可能生活在有数
字 12 的地方(如 12 棵橡树),其他数字也是如此。名字叫做弗吉尼亚(Virginia)和
乔治娅(Georgia)的人,更有可能居住在叫该名字的州(或者在他们出生后搬到那
里,这反驳了他们仅仅是根据出生州的名称来命名的可能性),而不是另外一个州。

诚然,这些影响很小,但它们具有统计学上的意义,因此,它们挑战了我们关于
人类是理性决策者的观点。人们仅依据他们姓名中的字母来有意识地选择他们的
居住地或职业,这似乎是极不可能的。因而,这意味着人们在没有意识到的情况
下,他们的偏好已经受到了他们对这些字母的喜爱的影响。甚至在做重大的人生
决定时,这些倾向因素也会进入决策过程,而且极可能是在没有完全意识到的情况
下。对于丹尼斯(Dennis)来说,成为一名牙医的想法似乎更为适宜,这要比假设他
的名字是罗纳德(Ronald)或者是乔治(George),让他感觉更好一些。考虑到这些
影响的效果很小,假设我们认为,从一开始成为一名牙医就成为他生命中唯一的、
高于一切的目标,或者认为父母给他丹尼斯(Dennis)的名字是为了保证他未来的
财政安全,从而引领他不可避免地进入牙科行业,那么这显然是错误的。但是,假
设当他的职业选择范围缩小到两到三个在很多方面看上去都十分相似的职业上的
时候,对自己名字中字母的偏好就很可能成为他从事牙医的一个小的推动力。

这是否意味着有意识地思考无关紧要呢?不一定。正如我所说,有意识的头
脑可以选择目标并启动这个过程。但追求目标的部分过程是在意识之外进行的,
这一观点也不可否认。例如,当你决定步行去银行时,你会有意识地注意一些基本
要素,诸如确保是否带了存折或银行卡,但一旦出发,你是不会有意识地控制每迈
一步时你腿和脚上的肌肉的。事实上,在你走路期间,你的意识很可能是放在一个
完全不同的地方,比如想起你最近的一次谈话或考虑接下来你可能会做什么。你
的身体几乎不需要任何来自意识的指导就能执行将你带到银行所需的所有复杂动
作。(当然,如果你通常走的路线受阻,你可能会停下来有意识地思考一个替代路
线;但这也可能是在意识之外完成的。)

此外,受控的和有意识的过程的最大优势就在于其灵活性。在可预测和熟悉
的情境下,自动反应能很好地执行标准的、练习得很好的行动程序。但意识思维能
够考虑各种可能的行动方案,推翻或打断其他行动反应。

我的最佳猜测是,意识思维进行控制的能力首先发展为一种超越那些自动化
反应的方式。针对那些在每次冲动或第一反应基础上作出反应的抑制能力,是极

具助益和适应性的。例如，朱利安·杰尼斯(Julian Jaynes)[5] 认为，当全副武装的士兵进入你的村庄，宣称他们想要夺走你的食物甚至你的妻子时，你的第一反应和本能冲动很可能是拼死反抗，而这可能会让你被杀。有意识地去抑制这种冲动，并以另一种反应进行替代的能力(例如，顺从地给他们想要的东西，同时你也可以存储一些信息以备将来有机会报仇)，将会使你得以生存。

有意识系统的第二个重要优势是它运用逻辑推理和理性分析来指导行为的能力。这也是文化性动物的标志之一。关于这些优势(抑制冲动和做出理性选择)，我们将在后面的部分提及更多的内容。但是让我们先来了解一下自动系统是如何工作的。控制行为的这一系统很大程度上是继承自我们的生物祖先。人类心智并没有完全被抹去动物性反应和简单的学习方式，事实上，人类心智中的自动系统可能就是动物反应的稍有改进的版本。

像动物一样行动

在电话营销出现之前，很多公司依靠四处奔波的推销员从一家到另一家进行推销，说服人们购买他们的产品。推销员通过走到门口，按响门铃开始每一次相遇，这是一种如此简单、平常和司空见惯的行为，几乎没有人会再去想它。然而，多年按门铃的经历可能会被一次独特的经历所取代。一位名叫乔治·福斯特(George Foster)[6] 的推销员因一次特殊的事件，而对门铃产生了严重的恐惧症。一天，当他正在工作时，他来到了一所并不为其所知的、已经荒废了好几个月的房子前。家里没有人并不是什么严重的问题，但厨房里缓慢泄露的煤气才是，因为它已经逐渐使屋里充满了易燃的天然气。这是一枚房子大小的炸弹，正等着任何火星将其点燃。不幸的是，门铃短路了，所以当福斯特按下门铃时，火花一闪，房子就在他的面前爆炸了。他被撞倒在门廊上，不得不住院治疗。[7]

当他重返工作岗位时，他发现自己很难再按门铃(这是他工作中不可或缺的一部分)。意识上，他知道房屋爆炸是一件极不可能发生的特殊事故，不可能再次发生，而且他还可以通过只接近有人使用迹象的房屋，来进一步降低本来就已经非常低的风险。但无论怎样，他的理性认识都无法使他平静下来，每当他走近门铃时，他的身体都会陷入恐慌状态。然而，过了一会儿待恐惧感消失，他也能重新开始有效的工作。

这一插曲说明了人类和其他动物中学习行为的一种方式。行为是行为结果的

281

函数,这是桑代克(Thorndike)所阐明的效果律,并在斯金纳(B.F. Skinner)的操作性条件作用下而更加闻名遐迩。每当一个行为(不久)之后出现一些令人愉快的事件,该生物就更有可能再次执行该行为。相反,当某件坏事发生在任何一种行为之后,不良事件就会使该行为不太可能重复发生。在上述例子中,房子在一个人的面前爆炸是一个非常糟糕的结果,因此,该男子在心灵深处学会了避免再次按门铃。

这一过程非常简单:好的结果增加行为,坏的结果减少行为。因为它是如此简单,并不需要一个高度智能的大脑,所以即使是非常简单的生物也能遵循这些原则。这些原则不仅适用于老鼠,它们也适用于人类。当然,人们还有其他行为方式,他们甚至有时可以理性地分析一个问题,或辩论正确的道德行为方式,然后再依据这些思考采取行动。尽管如此,基本的动物学习模式仍然在人类身上起作用。

关于乔治·福斯特的另一个重要观点是,他的反应不再依赖有意识的选择或自我调节。如果依旧依赖的话,他就会有意识地自我控制,使自己再次开始按门铃,因为他的自动系统十分确信门铃实在是太危险了,认为再也不能碰它了。他必须利用有意识推理来说服自己,要忽略自己的恐慌,无论如何要按下新的门铃。因此,他的自动系统能够学习和改变他的行为,不需要来自意识系统的太多帮助,但是意识系统会反对这种学习(并最终能够克服它)。

人们可以在无意识地尝试学习的情况下学会行为,这一事实很重要,因为这显示了在不需要意识系统的情况下,自动系统是如何学习和改变行为的。心理学课上会发生很多趣闻轶事,比如学生们共谋在不被正在讲授行为原理的教授意识到的情况下,去影响该教授的行为。同学们达成了一个协议,要看看他们是否能控制教授所站的位置。当他移动到讲台的左边时,他们表现得好像被他的演讲吸引住了似的:他们密切地注视着他,保持安静,都明显地记着笔记。而当他移动到讲台的右边时,他们把目光从他身上移开,把文章弄得沙沙作响,把东西掉在地上,还咳嗽和小声说话。总的来说,给人传递的印象是他们并没有跟随教授。果然,随着演讲的进行,该教授在讲台左边待的时间就越来越长。据说一个小时后,他们几乎把教授逼到了门外。

自动系统主要通过奖惩来学习。在行为主义理论的长期统治下,心理学家坚持认为,人类行为遵循了在白鼠身上观察到的相同原则,即使人类更聪明和更复杂。虽然现在很少有心理学家仍然坚持认为,动物学习的原则足以解释人类的所有行为,但这些原则仍然在应用中,特别是,这些原则应用于行为的自动系统。

意识系统可能会轻视这种简单的学习方式。对于意识心智而言，从奖惩中学习是"尝试与错误"的过程，是一种缓慢的、笨拙的、有时甚至是痛苦的学习方法。如果可以做到的话，用有意识的推理来解决学习问题会更令人满意和愉快。

解决问题的能力是意识系统的最大优势之一，因此，也是双重思维本身的最大优势之一。它提供了更好更快的进步。世界上大多数伟大的发明，如汽车、电视、太空火箭和避孕药，更多是基于创新想法，而不是盲目的试误。动物所具有的这种基于洞察力的解决问题能力非常有限。其中最著名的是苛勒的猿猴，他无法从笼子里够到香蕉，但在经过相当长的一段时间后，他意识到如果他把笼子地板上的几根棍子组装在一起（没有单独哪一根棍子可以够到香蕉），他就可以利用一根长棍拿到香蕉。这样的一种洞察力处于动物智力的巅峰，但人类使用想象操作来解决问题的能力要复杂精细得多。毫无疑问，语言极大地提高了人类运用推理、逻辑和洞察力解决问题的能力。

操作性学习通常需要花一些时间和遭遇多次的失败。先前房屋爆炸的例子不同寻常，仅仅一个事件便对这名男子造成了如此强烈的影响。这种所谓的一次尝试学习的现象相对来说很少见。正如斯金纳的研究表明，大多数学习是在一系列奖惩结果的影响下逐渐发生的。该学习序列通常是从碰巧会引起一个奖励或惩罚的随机行为开始，从而导致重复该行为的概率出现变化。如果每次宝宝发出"妈妈"的声音，母亲就给予一个亲切的拥抱，让宝宝感到愉悦，那么宝宝将逐渐学会更频繁地说"妈妈"，有时每天会说几百次。

283

而且，当奖惩停止时，该行为模式会逐渐消失。乔治·福斯特之所以能够重新开始他的工作，甚至不用每次都惊慌失措地去按门铃，是因为不再会出现房屋爆炸的情况。行为对诸如奖励和惩罚等激励机制作出反应，当这些激励机制撤销，行为也会逐渐地而不是马上地回到它的基线。一段时间后，它会逐渐消失。没有必要尝试去撤销你已经学习到的行为模式，尽管有时这种尝试会有所帮助。只要维持行为的奖励或者惩罚不存在了，行为模式就会自行消失，就像一条不再使用的道路将会逐渐被杂草覆盖一样。

在对动物学习的研究中出现了一些与人类本性相关的增量的原则。奖惩一致性是其中一个重要的因素。有些行为可能每次都会得到奖励或惩罚，而另一些行为只会间歇性地带来奖惩后果。毫无疑问，一致的激励会产生更快的学习。如果你想要你的孩子或助手学到一些东西，每次他/她做出了正确的事时就奖励他/她，每次他做错了事时就惩罚他。

虽然不那么明显、但仍然很重要的是,间歇性激励会产生更持久的行为,尤其是在激励被取消之后。如果你基于间歇性奖励原则学会了去做某些事,然后奖励停止了,你将比每次都获得奖励时能够保持学会的行为模式更长的时间。(首先,你需要花更长的时间才注意到奖励已经停止了,因为你已经习惯一段时间里没有奖励了。)

对于大多数动物来说,奖励或惩罚必须在行为之后立即出现,才能使学习发生。(即使是 5 秒钟的延迟也会让学习变得更慢、更不可靠,而延迟 10 秒钟后,老鼠将根本无法学习。)[8] 人类拓展的时间加工可以延长这一时间,因此,我们也可以从延迟的奖励和惩罚中学习。不过,快速而一致的激励效果还是最好的。例如,关于犯罪行为问题,人们一直在争论死刑对遏制犯罪的有效性。但是死刑很少被执行,并在经过了许多法律程序后会被拖延很多年。惩罚的速度和确定性远较之惩罚的严重性更为有力。与遥远的将来可能受到严厉惩罚的威胁相比较,每次都立即给予哪怕相对温和的惩罚,都可以阻止更多的犯罪。[9]

284   一般而言,学习取决于奖和惩。哪个更好?几乎可以肯定的是,学习的最佳情况是两者兼而有之。也就是说,你应该表扬和奖励一个人正确的回答和好的行为,而批评和惩罚其错误的回答和不良行为。两种反馈可以为学习者提供大量的信息,因此学习者可以最快地学习。这似乎是显而易见的,但在最近几十年中,许多美国父母和教育者已经从主要强调惩罚(因为害怕宠坏孩子),转变为几乎完全依赖于赞美(在自尊动机的影响下)了。

不过,如果有理由需要在两者之间做出选择,那么目前的证据表明,惩罚比奖励能促进更快、更有效的学习。这可能是一般原则中的另一个例子,即坏的要比好的更强大。各种各样的研究比较了奖励和惩罚的效果,比如让老师对学生正确的回答作出"正确"回应,而对错误回答不作回应,相对的,对错误的回答说"错!",而对正确回答则不作任何回应。总的发现是,学生在得到老师"错误"的回应条件下要比在"正确"回应条件下学得更多、更好。[10] 另外一个研究试图通过给孩子发弹珠的方式让奖励和惩罚的效果等同起来,发放弹珠的数量依学习完成各项任务而定。在奖励的条件下,孩子开始学习时有一个空罐子,然后每次做了正确的事情就会得到一个弹珠。在惩罚的条件下,孩子一开始会有一个装满弹珠的罐子,每次做错事时便会失去一个弹珠。孩子在惩罚条件下比在奖励条件下能更有效地学习。[11] 这种学习效应并不局限于某个特定的年龄阶段,其他的研究也已经发现,在许多不同的年龄段,惩罚都比奖励更有效地促进了学习。[12]

这些证据可能会使一些家长和老师感到震惊,他们通常认为惩罚是不好的,应该主要使用奖励。(此外,正如我们前面在讨论回归谬论时所看到的那样,经验也可能会误导老师和家长,使他们认为奖励达不到它真实的效果,因此,他们又变得倾向于过度依赖惩罚。)如果如何学习是唯一的考虑,那么显然惩罚应该更受欢迎。但是学习并不总是人们唯一的考虑。相反,人们通常希望他们的孩子(学生/受训者)不仅仅是学习某种特定的行为,他们还希望孩子们对完成任务有一种合作的态度,并维持与老师的良好关系。因此,惩罚可能有不良的副作用。打孩子或学生的屁股可能会让他们很快地学会正确的行为,但也可能培养出一种怨恨和叛逆,以至于从长远来看,你反而不会得到你想要的结果。这些副作用可能会降低惩罚的整体有效性。尽管如此,从短期来看,在促进学习上,惩罚是优于奖励的。然而,如果你想要获得最好的学习效果,很显然,最好的方法就是以一种明智的、始终如一的方式同时使用奖励和惩罚。

学习的规律确实有其局限性。人类和其他动物天生就倾向于比其他物种更容易学习一些东西。不能训练动物学习任意的行为反应,相反,他们只能表现出某些特定的偏好反应。罗伯特·博尔斯(Robert C. Bolles)在一篇经典论文中指出,野生动物没有足够的机会通过强化和其他操作性原则来学习如何躲避捕食者,因为它们在学会之前可能就已经被吃掉了。[13] 取而代之的是,他们倾向于学习一看到那些危险的大型动物就立刻逃避和躲藏起来。即使是驯服的实验室老鼠也会很快地学会不信任人类,将我们视为具有威胁性的可能捕食者,这确实要比他们学会很多其他的反应要快得多。这种差异表明,他们天生倾向于学习某种反应,而不是其他的反应。因此,先天倾向限制了学习。

社会(观察)学习和流言蜚语

尝试错误的学习—操作性条件反射,在老鼠和人类自动系统使用中被证明是有效的。但它起效也是令人难以忍受得慢,有时候甚至是令人难以忍受得痛苦。很多复杂行为的学习不能交给操作性条件反射。你想以这种方式学开车吗?在你做对之前,你或许得砸坏几十辆车、还得摔断自己的骨头。或者想象一下,如果牙医或者外科医生不得不通过尝试错误来学习,那么会是怎样一种情景——学习者会感到无比乏味,而他们的病人则会如同下了地狱一般。

幸运的是,还有其他方法。一个很重要的方法是在动物那里看到的简单学习模式,即观察学习(有时被称为社会学习)。人们可以通过观察别人而学到很多东西。事实上,观察学习尚未得到应有的尊重。大多数心理学教科书花十几二十页来描述操作性条件作用,然后只用一到两页提及观察学习,好像观察学习的重要性只有前者的十分之一,但他们中的一些人至少承认,在日常生活中后者反而更接近真实情况:大多数学习涉及观察别人而不是直接经验。

观察学习非常适合社会或文化性动物,因为它至少依赖于观察者与被观察者(被称为榜样)之间某种原始形式的认同。这种认同连结在人类身上十分有效,所以观察学习可能也特别有效。人际关系的重要性显而易见:人们通过观察那些与自己相似、具有吸引力或地位较高的榜样来取得最好的学习,榜样的特性都是建立社会关系的重要的中介变量。[14]

至少存在有两种有助于观察学习的不同机制:一种是简单的模仿,另一种是替代性条件作用。模仿似乎是大脑中固有的:人们只是简单地模仿他们看到别人所做的动作。但是,如果你看到某人以某种方式行动而陷入严重的麻烦时,你当然就不一定会去模仿它。实际上,你可以通过观察到别人的不幸而学会避免采取某些行动。

人类的语言允许我们从别人的错误中学习,甚至不必直接看到他们。这可能是八卦(流言蜚语/闲谈)的一个重要功能。罗宾·邓巴(Robin Dunbar)强调,八卦是建立社会联系和交换彼此信息的一种方式,这种分析尽管正确,却忽视了闲话对学习的影响。[15] 许多闲聊不是为了学会了解彼此而进行的个人信息交换。相反,它关注的是别人的事迹和不幸。而且,这些关注对象通常不是身体上的不幸,比如在食物里放了太多的盐,而是那些涉及文化社会生活中占据主导地位的复杂规则。性丑闻、金钱问题、象征性侮辱、社会失误等都是人们在闲言碎语中喜欢谈论的话题。

八卦通常被认为是恶意的,因为它的内容使涉及的谈论对象看起来很糟糕。就人们更喜欢重复那些于对手或敌人不利的传言而论,恶意很有可能起了作用。但他们同样也会重复关于名人和公众人物、甚至他们自己的朋友和亲戚的传言。不管八卦对象与八卦者的关系如何,谈论那些破坏了文化潜规则和常规并因此而陷入悲伤的人们的故事,似乎总能引起人们的广泛兴趣。

八卦是观察学习非常重要的一个拓展，尽管它当然只是局限于文化性动物，因为它依赖于语言。它的力量是利用了意义，事实上，八卦的媒介（言语）和它的内容（通常是关于规则违反的故事）都突出了意义在文化性动物的生活和行为中的关键地位。例如，一群青少年可能正在努力学习掌握关于约会和性行为的最新规范，以及一所新学校中的可选择性和局限性。每个人都可以通过直接的奖励和惩罚学习规则，但这是一个漫长而痛苦的过程；或者也通过直接观看那些破坏规则的人会遭遇到什么来学习，这将会少一些痛苦，但仍然十分缓慢。相反，如果整个群体不断重复出现重大违规行为及其导致的后果，那么每个人便都可以从他人的错误中进行学习。通过这样的方式，人们在合理的时间内，就能学习到一套冗长而复杂的规则。

287

戏弄具有一些相同的功能，尽管它在生活中开始得更早。大多数的嘲笑都针对违反规定的行为。例如，一个孩子问另一个孩子是否发生了洪水，另一个孩子困惑地说"没有呀，为什么？"，这时，第一个孩子指出第二个孩子的裤腿有些过短了（这在快速成长的孩子中是一个常见的问题！），并建议他穿条可以保持干燥的裤子。其他孩子都笑了（一点）。这种戏弄的幽默感通常很弱，尤其是对戏弄的对象而言。为什么要用这种方式取笑别人呢？然而，戏弄者通过展现他对规则（裤子应该覆盖脚踝）的理解来获得社会地位。通过这样的戏弄，戏弄者便赢了目标对象和周围的观众，因为他是第一个发现违反规则的人。

父母也用八卦的形式来教育孩子。没有母亲愿意通过操作性条件反射的作用来教孩子不要在街上玩。这或许要让孩子被几辆车撞到，直到累积的伤害引发了停止在上街玩耍的行为。取而代之的是，她会告诉孩子其他孩子在街上玩被车撞成重伤的故事。这样重复讲述别人的不幸，既不是为了与那些故事的主人公建立关系，也不是出于恶意，而是母亲通过讲故事的方式来帮助自己的孩子学习文化规则。危险的、沉重的和快速移动的汽车会在道路上行驶，因此，儿童不适合在路上玩耍。即使流言蜚语确实带有恶意的一面，但它仍然常常被用来说明文化的规则以及破坏它们所要受到的惩罚，因此，它仍然具有学习的价值。

有意义的行动

几乎对所有动物来说，进食都是直接而简单的。主要的问题是找到足够多的食物。如果有好吃的东西，而且动物饿了，那么接下来会发生什么就毫无悬念。相比之下，人类的饮食可以由多种意义决定，而这些含义远远超出了对食物简单的生物需求。饮食可能会受到一个长期考虑的指导，例如，为了变苗条而节食，或拒食用高胆固醇的食物，以避免心脏病的发作。吃饭可以是一场社交，在这个场合下，人们并不是很饿而且几乎不关注食物，因为他们都沉浸于交谈之中。在《飘》这部电影中，主人公斯嘉丽·奥哈拉（Scarlett O'Hara）在参加宴会前先私下吃了一顿餐，因为她认为一个有魅力的女人不应该在公众场合吃很多。研究也已经证实，很多人（尤其是女性）在约会时或在可以被他人看到的其他情境下，要比他们独自一人时吃得少。令人舒心的食物种类包括了那些与人们愉快童年回忆和母爱有关的食物，成年人在沮丧或者压力下可能会食用类似的食物。在一些文化中，社会规范明确规定人们不能伤害与他们共享食物的人，因为一起吃饭创造了一个有意义的社会联结。基督徒在教堂的神圣仪式中吃饼干、喝葡萄汁或葡萄酒，他们相信这些食物会成为耶稣的身体和血液，这使基督教在一些信奉其他信仰的人中赢得了"食人宗教"的标签，并对基督徒吃他们救世主的肉、喝他的血的行为感到不舒服。与此同时，犹太人出于传统和宗教准则会拒绝吃上好的猪肉。患有厌食症的女性可能会拒绝进食任何食物，并将此作为一种获得掌控感的方式。很多人甚至在不饿的时候也会吃东西，仅仅是因为到了午餐时间。

简而言之，饮食已成为一种文化。对于大多数动物来说，一个相对简单的活动就已经充满了意义并被转化了。支持文化和意义的一点证据是，我们人类物种要比其他许多物种吃得更好：我们已经以一种大规模协调的方式控制了我们的食物供应，其程度在其他物种中是闻所未闻的。还有什么其他物种可以一时兴起，想吃另一个大陆的美味佳肴，就能在同一天通过获取进口食品从而吃到它呢？

提及有意义的行动，我们便把注意从动物身上转移到（几乎）独特的人类群体了。也就是说，前面讲到的条件作用和基本学习过程是人类和其他动物所共有的，但有意义的行动即使并非完全不存在于大多数其他物种中，也是极少存在的。符号手势语、长远目标的追求、宗教仪式、理想主义和美德以及类似的行为形式在人类之外基本上是闻所未闻的，但所有这些在试图理解人类的过程中都很重要。只有文化性动物才能进行有意义的行动，因为意义是从文化中获得的。确实，有意义的行动是文化性动物的标志之一，将行动建立在意义之上的能力，而不是盲目地遵循刺激—反应联结，是文化性动物相对于其他动物具有的主要优势之一。当我们谈论理性行为时，我们将回到这一点上来，因为文化的优势在这里显而易见：一个理性的人可以利用推理和逻辑（固有的意义）确定最佳的行动方式，然后还可以根据这些想法来改变他/她的行为。

我们不应该将意义与意识等同起来，但是人类的自动系统可以加工处理意义。因而，人类的自动系统要比其他动物的自动系统更强大。意识系统较自动化系统能更有力和更有效地利用意义，诸如逻辑推理、叙事结构和数学计算。但两个系统都能使用意义。

意义改变行为的本质。除了按照预设的方式对当前情景作出简单反应之外，人们还可以用更为广泛的替代方式去采取行动。行动可以是象征性的。他们甚至可以与不在场的人协调行动，可以用不确定的未来或久远的过去所发生的事件来指导和改变自己的行动。尤其是，意义使人能够将许多看似没有共同之处的行动连接起来，以实现某些长远的目标，例如买房或接受教育。

意义是从当下情景中抽离出来的一个至关重要的方面。大多数动植物只能对它们当前的处境作出反应。相反，人类的行动则可能基于某个遥远过去或未来的事件，或者基于对远方亲人的关注、对可能事件和抽象观点的关注。意义对于这种抽离来说是至关重要的，因为它把那些对远方的关注带到了现在。人可以在心理上表征未来的事件，或者其他不在场人的观点，或是与过去象征性的联系等。人们庆祝纪念很久以前事件的节日，在宗教仪式上崇拜看不见的力量，保护童贞以献给未知的未来伴侣，在全国选举中投票给他们没有见过的候选人，或反对那些他们认为不公平的可能改变社会的提案，等等。

所有这些都不可能没有意义。实验室的老鼠和黑猩猩可能无法理解纪念或崇拜（的意义）。例如，对大多数实验室老鼠或野生鸟类来说，全国选举投票是无法理解的荒谬举动。投票不会给选民带来切实的利益，并且需要与环境进行相当复杂（有时十分麻烦）的交易。为什么有人会做一些不方便、且不会带来明显收益的事呢？但是，投票的价值和意义当然远远超出了站在投票处拉动杠杆或在纸上标记一些记号的行为意义。确实，在那种情境中投票的收益是看不见的，只有能表征遥远结果的生物才可能理解投票的价值。因此，语言和意义使文化性动物能超越当前情景而走得更远，并以那些对未来的关注指导当前的行为。

意义的渗透是社会因果关系的基础。也就是说，人的行动的决定因素远超过了放电的神经元、反射弧以及分子传导等。（当然，神经元依然要放电。）行为的影响因素也远远超出了当前的情景，如历史、政治、经济、宗教以及其他抽象的意义

289

290

等。因此,意义使我们超越了物理因果关系。

已经提到的简单学习过程可以完全依据物理因果关系来加以解释,尽管这样做可能有点笨拙。动物躯体执行动作,其结果直接被动物大脑记录下来,该动作重复的可能性也随之做了调整。动物大脑和肌肉中的分子和化学过程似乎就完全足以解释这些行为模式。相反,有意义的行动取决于意义的语言和文化体系,由很多人所共同分享和拥有的意义。例如,要解释为什么在国家选举中,有人可能会投票给第三方候选人,象征性地表达对两个占主导地位政治党派的不满和抗议,就需要参考国家的政治、主要党派和他们候选人的历史记录、个人的价值观、投票制度以及不属于个人大脑和肌肉的其他过程。诚然,社会因果关系并不违反物理和化学定律,但前者也不是那么容易就可以还原为后者的。

大多数行为同时发生在许多不同意义的层面上,人们可能意识到某一个层面,但却在其他层面(尽管不那么有意识地)行动着。[16] 例如,若将投票理解为发生在意义中间层面的行为,那么在意义较低的层面上,投票行为就可以被理解为举手投票的动作,而在意义的较高层面上,它又可以被理解为帮助塑造我们国家的历史或参与民主的行为。高层次的意义往往涉及较长的时间跨度,而低层次的意义就在此时此地。人们更喜欢在高层次上理解自己的行为,但当遇到问题时,他们又会回到较低的层次。因此,选民投票时会想如果他的候选人当选,他的选票将有助于在未来几年内引导国家政策的方向。但若此时投票机不能正常工作了,投票者很快就会摆脱那些宏大的意义,开始关注于如何变化手的动作以便让机器做出正确的反应。

为了改变指导某人行动的意义,暂时转换到低层次的意义通常是有用的。[17] 低层次的行动被剥夺了意义后,新的意义就可以添加到行动之上。例如,对考试焦虑的治疗就包括了这样的目标,试图让学生停止将考试看作是一个将毁掉其一生的巨大威胁的想法。治疗师要让考生最终将考试看作是一步完成其学业和得到一份有意义工作必经之路,或者是一个展现其知识的挑战。治疗师不能把考生从一个人变成另一个人。治疗师首先要让考生把考试当作是一种在纸上做标记的事情,或者是解读一个问题再试图排除一个可能答案选项的事情。一旦考生能在这个意义的低层面进行测试,一道题接着一道题地做,在答题纸上移动自己的手标记着答案,那么令人烦恼(毁掉我的生活!)的意义就会消失,然后此时可以再引入一个新的、更高层面的意义。

那些想要避免认识到自己行为的广泛意义的人，可能更愿意停留在意义的低层面上。例如，罪犯通常很少花时间去思考他们行为将会违反的重大道德原则，而是更专注于行为的程序和技术。同样，许多屠杀犹太人和其他受害者的德国人，对他们种族灭绝行为的历史暴行没有进行长期和认真的思考。若他们确实站在高水平的意义层面上进行思考，他们可能会倾向于含糊地解释，自己的行为是在履行职责，是在消除邪恶的影响，从而创造一个更好的世界。然而，大多数情况下，他们都更可能将意识保留在一个较低的水平上：他们无非是在检查名单、背诵上级指令、计数、指引人们站在哪里以及按电钮而已。

在角色扮演行为中会发生很多有意义的行为，这些角色多附带有脚本。脚本在本质上是关于一个人应该如何行动的信息体，正因为如此，它们已经植根于文化之中。人们依靠这些脚本来执行角色，尽管他们可能会偏离脚本或者在脚本中加入他们自己的想法。当詹姆斯·卡特(James Carter)宣誓就任美国总统时，他遵循了仪式的全部脚本，只是他被要求以吉米(Jimmy)而不是他正式名字詹姆斯(James)来进行宣誓。同样，虽然人多数美国人的婚礼都涉及誓言交换，但有些新人更喜欢自己撰写结婚誓词，以便在某种程度上使婚礼更加个性化，而不是简单地遵循一个标准化的脚本。但通常个性化的誓言不会太过离谱。（如说，"格蕾丝(Grace)，我的新娘，我保证我们结婚后，当你母亲来访时，我不会用嘴发出猥琐的声音"）人们从标准的脚本开始，并在他们认为合适的地方进行小的调整和改进。

追求目标

目标是对可能未来的构想，是一个人想要实现的理想。作为理想，目标是有意义的，为了思考目标，一个人必须能够利用有意义的思想力量来设想与现在不同的情况。因此，目标明确了超越当前情景的好处。目标赋予当前选择以意义，将一个人的行动与未来可能的结果联系起来。以这样的方式组织行为，可以让人们获得更多成就，尤其是那些可能需要很多年才能实现的目标。例如，人类实际上是唯一能从工作中退休的动物，但为了退休，人们通常都要进行多年的计划和储蓄。行动者基于所追求目标的意图而选择行动，是一种真正目标导向的行动，是一种有意义行动的有力而重要的形式。

实际上，心理学家花了数十年的时间才意识到，人类的行动很大程度上是指向目标的。老派的行为学家研究老鼠，老鼠做它们该做的事是因为它们先前这样做

292

过（通过强化历史），而不是因为它们打算下一步做什么（一个目标）。但到目前为止，大多数心理学家认为，人类至少是有目标的，并且大多数人类行为是目标导向的。

动物行为是否存在目标导向尚存在争议。它们追求在当前情景中可以看到的结果，但是它们没有太多的能力去思考（并采取行动）在另外环境中可能发生的未来事件。这也就是说，动物可以遵循非常短期的目标，比如当一只动物追逐另一只时，希望可以抓住并吃掉它。然而，这样的目标并不需要动物形成关于未来可能状态的心理表征，因此，动物们无法追求那些确实远远超出了当前情景的目标。没有语言，动物不能轻易地想到目标，因此，他们的行为也无法像人类行为那样向着长远目标而组织起来。

使关于动物目标的问题复杂化的情况是，些行为可能看起来像是目标导向的，但实际上却并不是。一位与黑猩猩一起生活了一年的心理学家注意到它开始模仿她洗碗。但是黑猩猩并没有真正和心理学家有相同的目标，即把盘子上的脏东西弄干净。黑猩猩只是喜欢在温暖的肥皂水中搓洗盘子，同时可能也喜欢模仿心理学家的行为。它拿干净的盘子来洗，就像洗脏盘子那样，而它也没有真的洗干净脏盘子。[18] 因此，在某种意义上，它可以表现出与人类相似的行为，但是这种行为在黑猩猩那里并不是人类那样的目标导向行为，刻意追求的目标对于它们来说至多只是关联到当前刺激环境中的短期变化。正如我一直说的那样，有意义的思考一个关键优势在于，它将思考者从当前刺激环境中解离出来。与其他动物不同的是，人类可以根据数年以后及数英里之外的目标在此时此地做出选择。这就是意义的力量。

这种认为人类行为是目标导向的观点与行为主义传统观点形成了鲜明的对比，后者以老鼠行为为模型，并假设老鼠（推广到人类）做某些方面的行为仅仅是因为过去的类似行为获得了奖励。与这种以过去为导向的模式相比，毫无疑问，人类的许多行为旨在产生未来的结果。目标是对所期望的未来状态的一种心理构想。[19] 某些特定目标是人们被指派去追求的，另外有些目标则是他们为自己选择的，但无论是哪种情况，当前的行为都是要达成某种目标的。

因此，目标追求取决于你能否思考未来的状态。人类可以追求几十年甚至几百年以后的目标，的确，一些宗教劝告人们现在就要改变他们的行为，为了某种将在时间尽头，几千年甚至上百万年以后，才可能会发生的事情。因此，我们便有了一种熟悉的模式,进化过程让动物做一些小的事情,但赋予人类做大事情的能力,让他们能够使用语言和其他文化工具。

并非所有的目标都相同。目标可以是接受教育大学毕业,也可以是在明天上课前及时完成今晚的作业。时间跨度是一个关键的区别:目标可以是短期的(近端),也可以是长期的(远端)。[20] 近端的目标是完成今天的任务,而远端的目标是接受教育并从大学毕业。如果动物确实在追求目标,那么至多就是近端目标,是在很短的时间内可以清晰地预期到并实现的结果。借助于有意义的思考,人们可以追求可能需要几十年才能实现的目标,甚至在某些情况下,他们追求的目标要在他们死后才会实现。

如果人们既有引导他们的远端目标,又有支持近端目标实现的条件,那么他们行为的效率将是最高的。(并不是说他们必须知道是哪个目标。橄榄球跑卫运动员乔治·罗杰斯(George Rogers)曾经对记者说,他下个赛季的目标是冲刺1000码或1500码,"以先到者为目标"。)一个高中生可能渴望成为一名美国参议员,但是如果他不清楚朝着这个目标迈出的第一步是什么,那么这个目标本身可能就无法实现,这会是相当令人沮丧的。相比之下,一个只有近端目标的人也许一生都没有真正有所成就,因为每一天都只是用来满足眼前的需求。

远端和近端的结合揭示了有意义思考的力量:远端目标是通过遵循一系列有组织的近端目标逐步实现的,其前提是心智能够加工和表征这一系列有组织的步骤。这种将目标统筹规划成层次和链式结构的能力是人类心智的强大优势,也是应用有意义思考优势的能力。

追求目标需要在两种截然不同的心理状态之间转换。[21] 在第一(审议/深思熟虑)阶段,人们会思考是否要去追求一个特定的目标。这个阶段以成本/效益的计算、清醒的现实主义和替代方案的考虑等为特点。另一个阶段(执行)发生在目标选定之后。顾名思义,它与实现目标有关。它的特点是把注意力集中在目标上(故无需考虑替代性方案),乐观的幻想和自信,专注于如何完成任务的信息等。具有执行思维定势的人可能会拒绝考虑有关目标是否值得追求以及替代性方案是否更好的问题,对他/她来说,这些问题已经无关紧要,反而可能会分散其完成工作的注意。

从深思熟虑的心态到实施心态的转变,有时以形成特定类型的特定意图为标志。[22] 特定意图具有"如果—那么"的结构:如果我能在天黑之前回家,我就会去慢

294

跑。这些意图帮助人们朝着他们的目标开始努力,而且一旦开始,它们还能促进人们朝着目标继续努力。实际上,这些"如果—那么"意图将行为的控制权移交给了环境和自动响应系统。一旦遇到某种情况("如果"的部分),行为或多或少都会自动启动。(同样,"如果—那么"格式是一种没有语言就几乎不可能使用的意义结构,因此,使用语言来处理加工意义的能力使人们能够利用"如果—那么"的逻辑来控制自己的行为,而非文化性动物就无法做到这一点。)

这两种状态代表了自动系统和意识系统之间不同的关系。这两个术语(深思熟虑的和实施)都描述了意识系统在做什么。在审慎的状态下,意识系统正在考虑替代方案及其成本和收益(其中一些,毫无疑问,自动系统也正在忙于计算,甚至可能给他们增加一些情感色彩)。在执行的状态下,意识系统已经将操作权移交给了自动系统,只是在 旁乐观地等待着结果。[23]

一旦一个人选择了一个目标,并做出追求它的个人承诺,就会出现一些标准的模式。想要达到目标的欲望实际上在不断增加,就像内部的压力不断积累一样,直至达成目标。正如所谓的蔡加尼克效应(Zeigarnik effect)所显示的,如果人们追求某个目标的过程被打断,那么关于目标的想法就会不断闯入他们的思绪,干扰他们正在做的其他事情,这表明心智正在试图让他们重新回到朝着目标前进的轨道上来。尽管存在障碍,追求目标仍在继续。如果一条路被堵住了,人们通常会找到其他路径。大多数目标,尤其是远端目标和在文化生活中出现的目标,只能一步一步追求,并且常常会被处理生活其他方面的事情所打断。因此,被打断后重新恢复工作是成功追求目标的一个重要特征,尤其是对文化性动物而言。

在追求目标的过程之上隐约可见某种监督性的关注,它让人们将目标牢记于心并追踪人们向目标进展的情况。这也是人类独特的适应性之一,使其能够利用意义来改善对行为的控制。控制论长期以来一直强调机械系统以及人类是如何调节系统进程的。[24] 控制所需要做的就是对照目标定期检查系统当前的状态,然后采取一些措施让系统更接近于目标。将想象的未来状态(目标)与当前实际的状态相比较,其中大部分可能都是自动完成的,但它可能会导致有意识的满足感或沮丧感。

虽然人们在达到目标时肯定会感到快乐,但总的来说,快乐并不仅限于达到目标。仅仅是感觉到自己朝着目标正在取得良好的进展,就足以带来积极、令人愉悦的情绪。[25] 相反,当在追求目标的过程中哪怕只是暂时性地遇到了阻碍,人们也会感到沮丧。因此,情绪似乎是管理一个人每日(甚至每时每刻)朝着目标前进进程的重要部分。

总而言之,追求目标是文化性动物行为控制的一种重要形式。当前行为可以被未来可能的事件有意义地引导,的确,当前的成功、失败以及其他事件都可以从这些目标中获取意义。心智似乎也有一个追求目标的机制(存在于自动系统中),当进程被打断时,它会促使你回到追求目标的工作上。如果没有这些控制行动的形式,人类文化的历史成就或许是难以达成的,甚至是不可能实现的。

意识具有选择性

计划、目标、愿望和意图如何转化为行动?这是一个难以解释的问题,大多数关于人类行为的理论都煞费苦心地将其掩盖起来。丹·韦格纳(Dan Wegner)是一位受人尊敬的心理学家(我们将在后面介绍他对自由意志的研究),他毫不迟疑地断言"思想能引起行动",这有效地消除了许多怀疑论者的疑虑。[26] 通过这样的说法,他就承认了心理过程发挥着起因作用,从而避免了他人的指责,即认为他鼓吹人类心理生活与行为无关的观点。这种指控可能听起来有些愚蠢,但几十年来,心理学家普遍坚持认为行为是可以被解释的,但在其中心智或思维没有被给予任何的角色。斯金纳(B. F. Skinner)等人所倡导的行为主义学派指出,动物是在不能进行抽象言语思考的基础上做出行为的,因而这些心理学家坚持认为,人类的行为本质上也遵循着同样的原则。(这些原则在"像动物一样行动"一节中都提到过。)像韦格纳(Dan Wegner)这样的现代心理学家们都小心翼翼地保持着与行为主义反心智学派的距离。

但思想会导致行为吗?事情可能不像看上去那么简单。一种模型说,当一个人思考着**我想去商店**,这种想法就会导致她开始移动她的脚步。她也可能会想着拿点钱,并从她对商店位置的知识中提取出柜台的位置以及到达柜台的最佳途径。然而,这些想法真的让她迈动双脚了吗?当你阅读上一段文字时,你的脑海里就会出现我想去商店的想法,但如果你仍在阅读,那么就可以肯定地说,你的脚并没有带你走向商店。因此,在你的情景下,同样的想法并没有导致行为。所以有时超越想法之外,还需要某些其他事情来将思想转化为行动。

向商店走去的人头脑中一定存在着某些大脑活动,大脑向腿部肌肉发出信号让脚迈动起来。只是这些信号可能并没有出现在意识思考之中。与此同时,我要

296

去商店的想法则是有意识的。因此,去商店的人持有一种意识思维,但它与实际推动她移动的东西是分开的。目前尚不清楚这种有意识的思考在帮助她起步方面起到了什么样的作用。一方面,那些有想法去商店的人可能比那些没有这种想法的人更可能去商店。也许有意识的想法只是最终导致人们去商店行为背后存在的无意识过程的一个征兆,想法本身并没有发挥因果作用。

斯金纳的行为主义又回来了吗?如果我们接受后一种观点,即意识思维只是一种没有因果效力的现象,那么行为就是被意识之外的过程所指导的,而这些过程很可能遵循着斯金纳强调的行为和学习原则。但是,如果除了观察和偶尔监督评论正在发生的事情之外,意识什么也不做的话,那么意识思维究竟为什么存在着?斯金纳的观点将人的心智(充其量)简化为对身体行为毫无用途的旁观者。自然选择经历了很多困难和代价赋予我们意识思考的能力,如果它不能做任何有用的事,那将是令人惊讶的。更有可能的是,自然赋予我们这种能力,因为它会让我们的生活在某些方面变得更好(最终反映为生存和繁殖能力的提高)。

支持斯金纳行为主义观点的另一点是,意识思维,特别是以人类语言的复杂性形式出现的意识思维,明显不是行为的先决条件。[27] 其他物种的大多数动物在它们一生中都在不断地做出行为,而从未有过言语上的思考。据我们所知,它们中的大多数并不像人类那样有意识。如果意识对行为有任何影响,或许那是完全可以被忽略掉的。就行为而言,意识是可选择的。然而,答案的关键可能正在于认识到意识是可选择的。如果意识不需要启动所有行为,而只是时不时地改变一下行为进程,那么意识思维和行为之间看似巨大的鸿沟便可能更容易弥合。行为一直在发生,不管在意识心智中有没有发生思考的过程。当行为发生时,心智会随着自己的想法在那里叽里咕噜地说着什么,偶尔,心智的意识活动会夺过权力,改变行为的走向。

按照这种观点,需要意识对行为产生因果影响的情景主要有两种。第一个是身体不知道要做什么的时候。这可能适应个人出现了矛盾的动机,不知道该遵循哪一个,或甚至是因为个人需要作出选择,而他又没有任何作出选择的依据(例如,如果你在国外点餐,却看不懂菜单上的任何单词;或更糟的是,对于一些单词的含义有一些模糊的预感,但还不足以形成端上来会是什么菜品的概念)。第二个情景是当某些行为正在进行之中,但是个体通过意识思考认识到这不是他/她应该做的,他必须重新作出反应。有人说"这不是个好主意",这个表达从字面上抓住了要点：将它放在语境之中就是说，行为的意义表征（想法）揭示了这一行动是不可取的。只有文化性动物能够识别想法是不好的，因为只有使用语言的动物才能把这些想法放在语境中评估；只有文化性动物可以基于思想改变行为，因为思想是由意义组成；且只有文化性动物可以加工意义，因为需要语言来加工，而语言存在于文化中。

另一种选择是行为遵循预先设定的程序，包括有意义的准则。然而，意识还可以设定和改变这些。当需要在瞬间作出选择时，也许意识引导行为的速度太慢，但是意识能够在事件发生（甚至仅仅是几秒）之后就开始起作用。在需要一两个小时的事件或对话中，[28] 意识可以产生很大的影响。这种观点是说，意识思维并不直接控制行为，行为处于自动系统的控制之下，但是意识可以通过启动自动系统而间接引导行为。

298

什么是自由意志？

遵循着大自然注入到树木基因中的蓝图，树木的根部基本会沿着一条直线生长。如果一块大石头挡住了路会发生什么？这棵树当然不能遵循它的计划继续向前生长它的根。但是，大自然已经安排好了在这种情况下会发生什么：根会改变方向，继续生长，围着石头绕一个弯路。因此，自然选择决定了树应该做什么，当第一步受到阻碍时，它也安排了可替代的反应。树无法应对无限多的变化，但是在一个小范围内，树则严格按照设定去进行反应。

我们可以合理地假设，大自然为众多生物规划了如何应对它们世界中的各种问题、困境以及选择。但是，提前为人类规划好遇到每一个问题、困境或者选择应该怎样准确的反应，这是不可能的。文化是复杂的且变化很快。今天人们面对的很多困境在几代人以前都是闻所未闻的：如何防止黑客通过计算机诈骗窃取信用卡信息，如何诊断汽车的传动装置问题，在计划中退休后需要依靠多少社会保障金。自然不可能为我们规划好如何应对这些特定的威胁。它没有时间，因为进化是缓慢的，而文化的变革却飞快：几十万年相比五十年。因此，自然没有为我们规划好如何应对各种情况，而是给了我们自己规划和重新规划的自由。在某种意义上，自然给了我们**自由意志**。

自由意志一词有多种含义，经常引起激烈的争论或分歧。哈佛大学心理学家丹·韦格纳（Dan Wegner）进行了几项富有独创性的实验用来说明，人们很多时候都误解了他们自己的行为是否导致了各种结果,韦格纳嘲笑那些相信人类自由的人都是"糟糕的科学家"。[29] 他的立场得到了许多其他著名思想家的支持,他们都认为自由意志是一种不可能的、不可思议的荒谬。反对自由意志的部分原因是出于人们形成的一个荒谬的限制性定义。哲学家和心理学家逐渐将自由意志定义为,它必定存在于完全独立于任何外部原因或驱动力的行动之中。这种行动将反映出一种随机选择,而不由我们周围世界的输入引导和决定。但是,自然为什么会赋予我们以这样的方式去行动的能力呢?进化选择让我们能够这样做,会为生存或繁殖带来任何好处吗?随机而毫无相关性选择的行为对生存或繁衍几乎没有任何价值。

相反,要考虑自然会馈赠我们哪些有益和适应性的东西。是什么将动物从刺激—反应的奴役中解放出来的呢?它是 种利用有意义的思考和推理来决定如何行动的能力,这样做出的行动从长远来看最终会得到回报——而且,至关重要的是,它是一种能够在这些理性计算基础上采取实际行动的能力。哲学家约翰·塞尔(John Searle)指出,理性和自由是联系在一起的,因为如果你不能做你认为是最好的事情,那么理性就毫无用处。[30] 没有理性行动,理性思考便毫无价值。

那么,这就是在文化性动物理论处于核心地位的新版自由意志吗?大自然设计的人类心理是要能够依据自己有意义的思维(包括逻辑和推理、道德准则、象征意义、与远端目标的关系等)来行动。为了让这样事情发生,就不得不用一些内在机制去覆盖我们从其他动物那里继承的系统中内置的自动响应机制。确实,覆盖和压制人的第一反应、并做另外的反应的能力,这对于生活在文化社会中的我们来说是非常有帮助作用的。我们将在下一节中讨论这个内容。因此,自由意志始于"自由不作",即在出现第一冲动后不作行动,进而,要按照基于思考过程的意志选择来行动。更一般地讲,自由意志(按其名义理解)就是一种让人类遵照意义而行动的内部机制。

争论

在心理学理论家们不时进行的辩论中,关于自由意志与决定论的问题屡见不鲜。决定论的观点认为,发生的每件事都是它之前的一个原因(或一系列原因)的必然结果。除了实际所发生的,没有任何其他事情甚至可能发生过:换句话说,全部可能事件的总和丝毫不差地等于全部实际发生事件的总和,因为一切都是确定的。你可能会留下这样的主观印象,即你今晚会看什么电影,或者你和谁约会或者结婚,或明年你将去哪里度假,都存在着不同的可能性,但你的这种有多种可能性的感觉只是一种错觉。已经在运行中的因果过程将会产生一种且只有一种无可避免的结果。你相信存在着多种可能性,是因为你对这些因果过程的结果一无所知。至少,这是决定论者所相信的,而且有很多这样的决定论者。相反,自由意志主义则相信,确实存在多种可能性,你可以自主决定哪一种可能性将成为现实。

300

大多数心理学家对自由意志持怀疑态度,他们倾向于将自由意志解释为,人的行为完全不受可能导致它发生的所有先前事件的影响。大多数认知科学家普遍认为,物理因果关系的规律足以解释所有行为。[31](这实际上是一个极端的观点,因为它意味着,即使是社会因果关系,它在本质上也是一种错觉。如果物理因果关系能够解释一切,那么意义永远不会引起行为,除非你认为意义可以某种方式被还原为原子和分子。)

心理学家通常都宣称,如果要展现行为是被决定的,这便与人们对自由意志的主观印象相矛盾。从某种意义上来说,心理学家在证明人类行为是如何被决定上的每一次新成功,似乎都是对自由意志观念的又一次打击。的确,正统科学的事业正是基于这样的假设,即世界上存在着有待发现的因果原理和因果模式。然而,大多数社会科学家的自由主义信仰则是,人是环境的产物,所以改变环境是改变行为的一种有效途径。认为人们应该为自己的行为和恶行承担个人责任的观点是一种政治上的保守观点,大多数社会科学家都与这极端的理论保持着距离。

另一方面,一位优秀的科学家也许也应该对决定论持怀疑态度。是的,有些事情是有原因的,但是所有事情都如此吗?无可逃避地如此吗?严格的决定论是一个未经证实、也无法证明的假设,它不是一种经验的发现。它也与我们的日常经验(拥有多种可能性并做出选择)相悖,这是怀疑论的另一个理由。如果你每天吃一个苹果,然后他们告诉你,苹果并不存在,你当然有权利更加怀疑并要求提供更多证据,这与他们告诉你说,独角兽不存在,而你自身也没有任何反驳他们的经验的情况正好相反。

仔细观察一下,心理学的大量研究结果也并不能真正很好地支持决定论。严格的决定论要求 100% 的确定性,但心理学发现的因果关系却远远达不到这个标准。事实上,绝大多数的心理学研究成果仅表明,任何特定反应出现的可能性都有微小的变化。心理学的实际研究结果通常是概率性的,而不是确定性的。因此,心理学家发现某一因素会增加或减少某种行为发生的可能性,但不能保证行为一定发生。将概率改变几个百分点的结果更适合于认为世界并非完全决定的观点,而并不适合决定论的观点。

在我看来,这场争论缺少了一些关键的考虑因素。首先,自由意志的概念在最近几个世纪已经发生了变化,并在某些方面已经退化了,这使其不再如以往那样被人们接受了。当伊曼努尔·康德(Immanuel Kant)在他的哲学经典著作《实践理性批判》(*The Critique of Practical Reason*)[32] 中与自由的概念作斗争时,他提出了一个值得心理学家给予更多关注的解决方案。他认为有两种行为模式:一种是简单的受环境刺激驱动的行为,这种行为模式是心理学家乐于去证实的一种确定的、非自由的行为;另一种是根据实践理性,尤其是道德来作出的行为。尽管你可以受情境的诱惑去犯罪和放纵,但你也可以选择做道德上正确的事。怎样做是你的自由。

试着去接受康德对自由行为的定义:在实践理性的基础上行动,尤其是当情境和环境向其他方向产生影响你时。这确实发生了。从这个意义上讲,决定论可能会被击败。当然,心理学家可能会回答说,利用理性实际上是另一种形式的因果关系,因此,它并不是真正的自由。但是将自由定义为完全独立于任何可识别的影响,这是不可能达到的荒谬的要求。况且,道德是社会存在而不是物理存在,因此,基于道德推理的决定至少不能还原为纯粹的物理因果关系。是的,大脑需要处理道德原则并向肌肉发出指令,但道德原则本身并不是由分子或化学物质组成的。至少,巴尔萨洛(Barsalou)相信物理因果关系是所有人类行为的终极解释的理论是站不住脚的。

这就引出了第二点。康德在另一部令人难忘的著作《纯粹理性批判》(*The Critique of Pure Reason*)[33] 中认为,因果性是人类理解的基本而固有的范畴之一。如果他是正确的,那么自由意志的支持者便永远不可能赢得这场争论,即使他们是正确的。人类心智(当然包括所有心理学家的心智)只能理解事件,这是被决定了的。因此,任何对人类行为的解释都必须援引因果关系。这就是理论家们对完全自由意志持怀疑态度的原因:支持者们无法解释自由意志是如何运作的,因为任何解释中都包含着因果机制,而且一旦你假定了一个因果机制,就定义而言,自由从此就消失了。因此,根据自由的定义,没有任何心理学理论可以用因果关系来解释自由意志。大多数反对自由意志的严肃论证都可以归结为这个小小的语义戏法。

人们无法构建一个没有因果关系的理论,这一事实并不意味着自由是不存在的。我们对世界的解释并不一定与世界完全一样。例如,在物理学中,就存在着光是粒子还是波这样一个问题,两种略显神秘的说法在必须符合数据的信仰之上,却都被认为是可以接受的。同样,粒子物理学中的不确定性(这里因果关系再次看起来是概率性、而非确定性的)是我们思考世界方式的另一个不足。或许这个世界就是不要符合我们对其进行的思考的。行动自由可能正是这种不足的另一个示例。

因此,完全自由意志的概念无法在心理学理论中找到一席之地(即使它存在于客观现实中),但部分的自由意志或许更容易被理解,也更容易被大多数心理学家所接受。也就是说,行为可能在大多数时间是由习惯、常规和自动响应等规律模式所决定的,但是这些规律有时也可能会被覆盖、被推翻。这种覆盖过程因此从某些原因中"自由"出来,而这些原因原本是可以决定人该如何行为的。这个人之后要做什么可能会受到一系列新的、不同原因的影响,但覆盖推翻的行动本身仍然为人赢得了部分自由。

现实世界中的自由

自由意志在心理学之外可以找到更多的信仰者(至少在实践中)。特别是,法律体系在很大程度上是建立于自由意志信仰之上。毕竟,如果人们的行为是他们先天倾向和过去经验的直接和必然结果,我们又如何让他们为自己的行为负责并惩罚他们呢?根据决定论者的观点,你不可能有其他的行为方式,那么,我们又怎么能因为你没有采取其他行动而责怪你呢?事实上,法律审判往往在很大程度上取决于当事人是否能自由行事。如果一个人被迫做某事,或无法避免某个行为,那么我们就不会定罪和惩罚这个人(或者至少不会那么严厉)。如果你的新车因为刹车失灵而撞上另一辆车,这是制造商的错,而不是你的;反之,如果是因为你的粗心而导致了事故,那就是你的错。(如果你故意把车撞向另一辆车,你的过错就会更大,惩罚也会更严重。)大多数法律制度甚至承认超出个人控制的心理原因,将其视为一种减刑的因素。与在一种冷静的、深思熟虑的心态下所犯的罪行相比,在所谓激情冲动下所犯的罪行被认为应该受到较轻程度的谴责,受到的惩罚也不如前者的刑罚那么严重。[34] 人们无论如何都可以很有效地区分不同程度的行动自由。

20 世纪 70 年代的重大新闻事件之一是帕特里夏·赫斯特(Patricia Hearst)的绑架案,她出身于某国最富有、最有权势的家族之一。据报道,她在绑架者的控制

303 之下度过了好几个月的时间,但渐渐地她也加入了绑架者的行列。故事的高潮是她参与了一起银行抢劫案,她自己拿着枪并帮助绑匪实施抢劫。最终她因这一罪行而入狱。审判取决于她是自愿参与抢劫、还是在绑架者的压力之下这样做的。陪审团知道自由意志的重要性,法律体系也使其制度化。如果她是违背自己的意愿被迫参与抢劫,那么她就不应该受到惩罚;但是,如果她是自愿参与的,那么她就犯了罪。

一些心理学家尤其熟悉自由意志:他们是与成瘾者一起工作的人。[35] 这些心理学家知道自由意志很重要,因为他们的患者(成瘾者)知道这一点。事实上,这是成瘾者或至少是在治疗中的成瘾者生活的重要组成部分。成瘾者知道在以下两者之间存在着重要区别:一是你受自身放纵的欲望及其相关联的外部事件所驱动的行为,另一是出于长远利益你能够做出的最正确和最好的行为。对成瘾者来说,不自由就是受事件和欲望的摆布,而自由则意味着做最高自我认为正确和最好的事。在我看来,成瘾者和他们的治疗师是对的,这两种行为之间有着重要的区别。在两者中,一种行为比另一种更为自由。这足以支持我们将自由意志作为一个有用的和可实证检验的想法摆放在桌面上。

人类的行为有时是以有限的方式自由的,有时则是完全被决定的。这一观点可能对辩论的任何一方而言都不能令人满意,但它可能是正确的。偶尔,有意识的心智可以推翻自动系统做出的反应并改变其设定。的确,具有这种部分的自由可能是意识的重要功能之一。覆盖推翻一个系列的原因会让行为转而受到另一组原因的引导,此事具有很强的适应性,会极大增加人类行为的范围和灵活性。

自由和意识

让-保罗·萨特(Jean-Pual Sartre)是哲学上最崇尚自由意志的倡导者之一。萨特认为,人注定自由,他的名言是"人被判了自由徒刑"。[36] 人们总是可以做一些与他们实际所做不同的事,从这个意义上说,每个人的行为都是自由的。然而他对这一论点的阐述表明,为了自由,有意识地选择是必要的。在他的一篇文章中,他举了一个徒步旅行者的例子,旅行者精疲力尽,最终坐下来说:"我不能再走一步了。"萨特不同意:这个人本可以再走一步,有必要的话,甚至可以再走五十步。如果这个人早走到一个吸引他休息的地方,他也可能会更早停下来。但是要想走得更久一些,这个人就必须有意识努力走得更远一些。他的身体累得到了需要停下

304

来的地步,所以它就停下来了。这是他身体内部规律性的因果过程的结果。他或许已经超越了这些内部的因果过程,并已经走得更远些了。但这是只有在要超越那个说停下来坐会儿的因果过程的意识帮助下,才可以做得到的。

因此,问题是人类多数行为都是因果关系决定的。如果存在有自由、甚至是部分的自由,那它或许就要依赖于有意识的心智去超越因果反应链条,这样会使通常的行为结果不再发生。关闭通常的原因会使将要发生的事情变得不确定起来。人这时可能就要转向道德准则或其他有意义的想法,以便让它们中的某个准则去决定他/她将做什么。也许还有一些其他原因潜伏在心理深处,决定性地向前推进并劫持着行为过程。但行为仍然是从原本会发生的事情中被解放了出来。

这种对意识的看法也与朱利安·杰尼斯(Julian Jaynes)一本关于人类意识萌芽的杰出著作相一致。[37] 将他的著作翻译成现代术语就是,他提出早期人类行为完全是在自动化过程基础上运作的。统治者发出命令,大脑重复命令让人去执行。统治者死后,他们的命令(由仍然活着的追随者的大脑产生)仍然被传达着,这就产生了神的概念。在许多文化中,统治者死后被明确地提升为神。人们说每天都听到上帝的声音,一旦面对需要做出选择的时候。然而,由于有太多的神,一些神与另一些神又相互对立,以至于人的内在精神系统快要崩溃了,最终,人们不得不自己做决定。在杰尼斯看来,这就是意识的文化和历史的起源。因此,当内在相互竞争的自动反应往相反的方向拉扯行为时,意识就必须发展出来,以便在其中做出选择。在那之后,人们每天不再听到神的声音,取而代之的是,他们不得不求助于祈祷、占卜、入定和经文等。

自由选择的感觉并不完全符合实际的意志。韦格纳(Wegner)的实验表明,某事发生不久前时,人曾想到要做这事,结果他们就真的认为事情的发生是他们自己造成的,即使这是不正确的(即使实际的原因是别的什么东西——如可能是实验者操纵的)。[38] 例如,在一些研究中,被试听录音说到天鹅,然后用光标在计算机屏幕上选择天鹅的图片。鼠标上不仅有被试的手,还有实验助理的手。实际上是实验助理的手轻轻地把光标移动到了天鹅图片上,所以被试无需对移动光标的行为负责。但是有时被试认为自己是有责任的——特别是,当被试脑海在光标移动前1—5秒出现过天鹅这个词的情况下。如果天鹅的想法发生在30秒之前,那么被试就不觉得自己对移动光标有责任;如果天鹅单词是在光标移动后1秒才出现,他们也不会觉得自己有责任。行动之前产生的想法是至关重要的。

　　因此,在某些情况下,人们错误地认为自己导致了某种结果的发生,而在另一些情况下,他们错误地认为自己没有导致某些事件的发生。这些都被用来解释自由和意志是幻觉,并被用来表明幻觉是可能的。然而,他们也可能只是意味着,心智在识别自己的意志行动时可能会被愚弄。

　　如果韦格纳的结果大体上是正确的——也就是说,如果它们符合大多数行为的范围,远远超出了他在实验室研究设计的少数情况,那么其结果只能表明,有意识的意志与行为之间没有直接的联系。自动系统通常是控制行为的系统,但有意识的意志仍然有间接的影响。因此,对行为直接和即刻的控制可能总是要从自动化行为推断出来(正如韦格纳所认为的),但是,意识系统可以指导自动系统,至少在某些时候是这样的。这是一个非常重要和有力的功能,可以证明意识的存在。否则,大自然为什么要赋予我们意识系统呢?

总结

　　与非文化性动物相比,文化性动物会遇到更多困难和复杂而不可预见的决策情景。不管怎样,如果让文化生活成为可能,自然就必须为文化动物安装一套更为灵活的系统来控制行为。人们必须能够根据文化的意义改变他们的反应方式,同时考虑和比较不同的可能行动方案,以便确定哪一种可能是最好的,它们更要在面对以前未遇到的情况时做出决定。一般而言,自然必须赋予人们自由意志,以使他们能够生活在一个文化社会中。最好在一个相对的意义上理解自由意志。正如成瘾者和律师都清楚的那样,在完全由外部环境驱动的行为和基于理性判断反映个人自己选择的行为之间,存在着重要区别。

　　也许对自由意志最崇高和极端的定义并不符合我们思考世界时所偏爱的方式(尤其强调因果关系)。但自然显然给人类心灵设置了机制,以增强人们做以下若干种非常有用和适应性强的事情的能力。首先,人们可以超越他们最初的反应和第一次冲动。第二,他们可以终生都在成长和改变。第三,他们可以在推理和理性分析的基础上改变自己的行为。

　　我们确实知道,一些自动反应是基于意识系统的最初活动作出的。例如,一个人学习一项新技能(如滑雪)时,他最初所做的努力都是非常有意识和刻意地进行的,但当意识系统开始弄清了如何执行这项技能时,就会将该任务转交给自动系统。同样,有意识的计算和计划可以弄清楚,为了赶上飞机,你应该何时出发去机

306

场。一旦确定了计划,自动系统就可以检查时间并确保你能准时到达那里。意识系统通常不能控制一个人的肌肉运动,但是如果它能够为自动化系统制定策略,那就是一种具有高度适应性和实用性的自由意志的形式。

冲动和克制

17 世纪初,苏格兰国王詹姆斯一世登上英格兰王位,结束了英国和苏格兰之间长期的血腥敌对状态,从而统一了两个王国。那次事件后不久的一个晚上,一位英国绅士为许多贵宾举办了一场晚宴。按照惯例,他们喝了很多酒,酒开始使这些人活跃起来,其中一位客人,一位名叫萨默塞特(Somerset)的英国将军,站起来向其他客人讲话。他有礼貌地说,他想告诉大家,喝醉酒的时候,他经常有侮辱苏格兰人民的坏习惯。他总结道:"知道我的缺点,我希望在场的先生们不要见怪。"片刻的沉默之后,接着一位名叫罗伯特·布莱克(Robert Blackie)的苏格兰贵族也站起来向大家讲话。他有礼貌地说,喝醉酒的时候,他也有一个坏习惯,那就是如果他听到任何人侮辱苏格兰人,他通常会把那个人踢出门,在这个过程中经常会打断他的几根骨头。他最后说:"知道我的缺点,我希望没有哪位先生会介意。"尽管有这些声明,那天晚上这两个人的"习惯"都没有上演。这则轶事被克雷格·麦克安德鲁(Craig MacAndrew)和罗伯特·埃杰顿(Robert Edgerton)[39] 用来作为他们的调查报告《醉酒的报告》一书的结尾,该书研究了酒精在不同时期和文化中的影响。他们指出,人们普遍认为,酒精会导致或至少会释放各种形式的行为,的确,萨默塞特(Somerset)在晚宴上的声明援引了这个原则:醉酒会导致他做出某种行为,就好像该行为不受他的控制。然而,显然在布莱克(Blackie)发表宣言后,萨默塞特(Somerset)发现,他还是可以控制自己的这种行为的。

我们究竟推断出了什么?萨默塞特对苏格兰人有一些敌意,酒精可能确实让他更愿意在很多场合诋毁苏格兰人。因此,他的宣言在一定程度上是准确的。我们似乎可以合理地假设,在其他场合,酒精确实引发了他对苏格兰人的激烈抨击。他的声明试图使自己免于承担这一令人讨厌的行为所应承担的责任:通过援引醉酒这样的假设,他若喝醉了,就会忍不住说些侮辱性的话。但非常重要的是,这个假设是错误的,因为当想到自己可能会被一个魁梧、粗暴的苏格兰人折断骨头时,萨默塞特还是能够克制住自己,不去发表任何诋毁的言论。就本章主旨而言,这里的关键点在于,行为通常是两种力量相互作用的结果。某种东西为行动创造了积

307

极的动力,但这可能会受到抑制力量的反对,而行为是否真的发生,则取决于冲动的力量与抑制的力量之间的比较。

神经心理学家杰弗里·格雷(Jeffrey Gray)提出,大脑实际上有两个不同的系统来完成这些不同的任务。他将它们称为行为激活系统(BAS)和行为抑制系统(BIS)。(他还提出,"战斗或逃跑"反应根植于第三个独立的系统。)他的研究成果不仅来自人类,还来自于对老鼠大脑的研究证据。因此,大自然似乎早在人类进化之前就已经将激活和抑制分离开来。启动和停止并不是同一个系统的组成部分,而是依赖于完全独立的系统。如果冲动和抑制确实植根于分开的独立系统,那么各种因素原则上可以影响一个系统,而不影响另一个系统,因素的影响或许会调整改变两个系统之间的平衡。

在控制任何给定的行为方面,有两个独立的机能在工作。一个是执行它,另一个是阻止它的发生。当只有一个机能在工作时,比如当你开始亲吻深爱的人时,其结果是简单和可预测的。但在很多时候,积极的和抑制的力量存在着斗争。比如上述关于酒精的例子,可用于说明两者的争斗。克劳德·斯蒂尔(Claude Steele)和莉莲·索斯威克(Lillian Southwick)[41] 进行了一项细致的元分析(结合了许多不同研究的结果),用来验证酒精会导致各种疯狂行为的观点。他们拒绝了酒精会导致不良行为的观点。相反,他们得出的结论是,酒精只有在人内心反应发生冲突时,即在某人既想这样做、又不想这样做的情况下,才会催生疯狂或有问题的行为。正如他们所说,酒精会压抑进行抑制的力量。用当前讨论的术语而言,酒精削弱了抑制力,但没有影响冲动或激活系统。酒精不会使人产生新的欲望或倾向,它只是削弱了抑制,因此,潜伏在心灵深处的欲望便更有可能转换成为行动。

冲动和抑制之间的分离也可用来阐明文化是如何影响行为的。虽然这很难证明,但我的感觉是,文化通常能更成功地使用抑制力量、而不是冲动力量来塑造人们的行为。为了让人们想要一些东西,文化通常必须建立在已有的自然动机之上,所以它的作用是受限的。文化不能轻易地消除根深蒂固的欲望或冲动,但是它可以塑造和加强人的内在约束力。例如,文化可能无法令丈夫停止对妻子以外的女性产生性欲,但它可以使他们具有克制这些欲望的能力。

甚至我们对情感的了解也符合这一观点,文化和社会化的目的指向抑制系统。正如我们所看到的,情绪与引起行为之间的联系是脆弱的,但情绪至少创造了一种表达情绪的倾向。从这种联结而言,情绪的表达是自然的,而克制情绪则是文化的,这种说法虽然有些简单化,但仍然非常准确。用来摆拍而表达情绪状态的面部表情已被全世界认可,在所有的文化中它们基本上都是一样的。[42] 但这种效果只存在于精心摆拍的面孔上。那些实际上正在经历情绪的人被偷拍照片则显示出更多的变化,且从其中识别出情绪的可靠性要低得多。[43] 这句话的意思是说,情绪的纯粹表达是可以普遍加以识别的,但是文化教会人们隐藏一些他们要想表达的情绪,所以情绪通常会使人们行为的方式更加多样多变。当然,对儿童的观察也得出了同样的结论。小孩子表达自己所有的情绪时,都是非常生动、易于被他人识别的,他们的强烈情绪表达也正好说明小孩子为什么通常被大人认为是富有魅力的、可爱的。随着他们的成长,他们根据自己所处文化所能接受的情感规则,从而学会了隐藏自己的感受,并更加谨慎地表达自己的情绪。因此,我们再一次看到,文化让人们在社会化过程中学会压抑和克制自己。

毫无疑问,文化影响行为的一些最有力的手段包含在道德之中。道德理论中一个看似矛盾的地方是,在"行动指令"和"不行动指令"之间存在着不对称性。具体说就是,大多数道德准则告诉你不应该做什么,而不告诉你应该做什么。例如,在西方文化中,最著名的一套道德准则是十诫,据说是宇宙之神直接授予摩西的。这些戒律内容主要是关于不做什么、而不是做什么的。十诫中的八诫清楚地规定了人们不应该做的事情(如偷窃、说谎、杀人)。另外两个是模棱两可的:尊重父母包括可以做和不可以做的,如不要侮辱或违背他们;保持安息日的神圣也包括了对行为的广泛限制,即在每周的第 7 天人们基本被禁止做的所有事情。简言之,道德的主要目的在于加强和引导抑制系统去防止各种行为,而不是引发行为。

309

自然,上述区别不应该被夸大。自然也确实给人类提供了抑制冲动的能力,文化也可以帮助人们塑造行为冲动。因此,自然和文化都参与了冲动和抑制。只是,它们在两个方面可能不是平等的合作伙伴。自然支持"启动",而文化主张"止动"。

这种把冲动和克制视为一种自然与文化相对形式的观点,可能是人们自我利益冲突的另一种表现。自然使我们想要获得东西,包括去满足多种的驱力和冲动。文化则需要人们克制其中的一些冲动,以便于人们在和平理性与和谐中生活在一起。文化不能阻止我们拥有自私的欲望和情感,但它能促进那些抑制欲望和情感的结构。文化在创造新的需求方面不算成功。正如我们在动机一章中所看到的,从文化中衍生的动机通常都直接来源于自然动机,有时还结合了几种自然动机。(例如,对金钱的渴望不可能是天生的,因为金钱并不存在于自然之中,而是文化通过将金钱与人们自然想要的东西——诸如食物、住所、舒适、尊重和爱联系起来,从而给人们灌输了对金钱的渴望,使得富人较穷人更容易获得这些东西。)文化对心理所做的大多数工作都与"止动"系统、而非"启动"系统有关。冲动生于自然,克制养于文化。

这是不是太简单了?在我们克制了最初的冲动之后,文化确实在告诉我们如何行动。在餐厅,当你看到一些看起来很美味的食物被送到另一张桌子的客人面前时,你可能会很自然地想从他那里拿走诱人的食物,假设你比那个人更大块头、更强壮,这样你就可以抢过来自己享用美食了。但你不会这样做,相反,你会端庄地坐在自己的位置上,从菜单上点餐,等饭菜上来,然后付钱。从某种意义上说,这一动作次序是否表明文化不仅仅是在抑制动物冲动,而是要做得更多一些呢?再次强调,遵循文化意义上规定的"餐厅脚本"行为,这仅仅是一种为自己获取食物以满足自己与生俱来的自然欲望的手段,同时也使自己不因抢餐而被人扔出餐厅或者被警察逮捕。当然,无论从自然意义还是从文化意义上讲,这两种结果都是令人厌恶的。

因此,抑制冲动是自然赋予我们自由意志,使我们成为文化性动物的一个重要方面。一只野兽(未开化的)将无法生活在文化中,因为它几乎靠冲动行事,这会违反使文化成为可能的各种规则和制度。我们只有参与到制度中,才能享受到文化带来的益处,这就需要克制。为使文化性动物克制冲动行为,当然就需要设置复杂的内部机制。

自我控制

对冲动的克制被认为是自我控制或自我管理这一更大能力的一部分。这种能力对文化性动物的成功至关重要。的确,大多数专家都认为,人类较其他动物能够更广泛地进行自我管理。尤其是,自我控制可以让人们在正在做某事的中间停下来,而这对于大多数动物来说是相当困难的。换句话说,人类可以超越已经正在进行中的反应。自我控制使我们能够改变自己的内在状态、反应和行为。结果,它产生了惊人的灵活性和可塑性。与大多数其他动物可预测和刻板行为相比,人类行为的巨大多样性在很大程度上可归因于这种能力。

正如我们所看到的,遵循规则是文化参与的重要组成部分,也是人类和动物行为之间的重要区别。自我控制十分有助于人们遵循规则。规则的存在通常是为了禁止人们做他们可能想做的事情,因此,遵守这些规则(包括道德和法律)通常需要人们抑制冲动,避免付诸行动。自我控制恰恰做到了这一点。

回想一下我们前面提到的动物行为的基本原则。动物四处游荡时发现了一些好吃的东西。食物引起了它的注意和兴趣,动物对食物天生的欲望和需求被激活了。大脑告诉爪子拿着食物把它放进嘴里,然后开始吃。这个过程建立得顺畅且直截了当。然而,在人类那里,有一种机制可以在食物被吃之前,推翻这一过程并在途中停止反应序列。即使这个人可能和动物一样饥饿,也了解如何食用它,但他还要考虑其他的因素(比如,意识到没有足够的钱来支付食物,或食物违反了自己的宗教规定,或者如果你试图从其他餐厅顾客那里拿食物,你会被扔出去并会仍然饿着)。

自我控制可能会为了关闭反应而进化出来。显然这大大增加人类行为的范围和灵活性。一旦我们能够避免在任何情况下都会因突然出现的冲动而采取行动,我们就可以采取多种不同的可能方式行事。自我控制的负面影响与道德的负面影响是相对应的:文化想要我们凌驾于反应之上,不去做我们倾向于去做的事情,自我控制便是使这成为可能的重要内在机制。

自我控制最重要的形式之一是延迟满足的能力,这种能力本身就足以确保自控的进化,因为它是如此具有适应性且有益的。在沃尔特·米歇尔(Walter Mischel)率先开展的一项研究中,研究人员将孩子带到实验室并让他们做出一个选择:或者立刻获得一小块糖,或者在半小时后获得两到三块较大的糖果。这一困境符合历史上许多人在很多情况下都要面临的选择。若你是一位因饥荒而极度饥饿的农民时,你会吃掉家里最后一头牛和粮食吗?当你拿到工资时,你应该现在就买你想要的东西,还是把钱先存起来以便以后你真的需要什么东西时再拿出来花?是为了获得大学学位而付出努力和作出牺牲,还是现在就外出找一份工作,哪种选择更值得?

因此,关于为了追求长期利益而放弃短期收益的能力,一开始就要先谈及两件关键的事情。首先,它是人类所特有的。大多数其他物种几乎没有这种能力。即使那些看起来符合这种模式的行为,经过进一步观察后会发现,它们通常也是被短期压力所驱动的。例如,鸟孵蛋的行为似乎是在追求拥有后代的长期目标,而不是为寻找食物或其他乐趣而飞来飞去的短期吸引目标。但事实上,坐在鸡蛋上的行为是受到体温上升、感觉不舒服的机制所驱动的,坐在凉爽的鸡蛋卵上会令母鸟感到舒适。鸟类不会像人类那样为了未来做出牺牲。即使松鼠把坚果埋起来,也不能真的表明它们在为接下来几个月的晚餐做准备。如果研究人员破坏了这一过程,它们的行为也不会因此而受到影响。显然,存在一组与生俱来的冲动,告诉它们要把坚果埋起来,而存在的另一组与前者无关的内在冲动,随后又让它们去寻找和挖掘之前埋在地下的坚果。

与松鼠和鸟类不同,人类在心理上有能力思考未来,并依据这些想法改变他们当前的行为。的确,成功的延迟满足通常取决于对延迟奖赏的思考。[45] 人们利用语言和意义来超越当下情景,而这些宽泛的思想和语境使他们能够抵制针对当下情景的冲动。

第二点紧随第一点之后。从进化的角度来看,人类追求延迟满足的能力相对较新,因此还有些脆弱。如果人们经常不能做出延迟满足的行为,我们不应该对此感到惊讶。换句话说,人们所犯错误是不对称的。他们会更容易犯下抓住当下即时(即便很小)满足感、从而失去更大的长期奖励的错误,而不是相反,犯下为了追求较少且延迟的回报、而忽视较大即时回报的错误。当人们陷入迷茫时,就会朝着冲动、短视而不是相反的方向前进。

人们至少要从四个主要方面来管理自身行为。第一,他们试图控制自己的思想,比如让自己专注于任务或试图避免不愉快事情的记忆;第二,他们试图控制自己的情绪,比如设法逃离坏情绪;第三,他们努力进行冲动控制,这通常涉及试图抵制各种诱惑,比如吃、喝酒、吸毒、吸烟或打人;第四,他们尝试管理自己的行为,比如面对失败或达到他们能力水平时仍然坚持不懈。所有这些都需要克服一些对立的反应,控制或改变一个人的内在状态。

成功的自我控制通常是在生活中获得成功的一个关键因素。那些能够有效管理自身行为的人会比其他人做得更好,在学校和工作中表现得更好,有更好的人际关系,更受他人喜欢和信任。他们有更少的个人问题,且能更好地调整自己的心理状态。[46] 自我控制和智力一起被列为最好的全能心理能力之一。相反,缺乏自我控制会涉及很多个人和社会问题,包括成瘾和药物滥用、意外怀孕、性传染病、犯罪和暴力、低成就、债务和其他金钱问题、饮食失调、过度情绪化、吸烟和缺乏锻炼等。自控与犯罪相关的领域已经有大量的研究,这很重要,因为从定义上讲,犯罪就是打破文化明文规则的行为,而犯罪的基础往往是缺乏对冲动的自我控制。[47] 许多角色行为的失败(如婚姻不忠、虐待配偶或孩子、决策冲动、贪污腐败)基本上也都是自我控制的失败。

自我控制有三个主要因素,其中任何一个的崩溃都会导致自我控制的失败。这三个要素分别是标准、监控和强度或意志力。鉴于自我控制缺失的结果如此重要,其每一个要素都值得给予简要的说明。

第一要素是**标准**。标准就是恰当行为的准则、目标、理念、意图或其他的指导原则。当你试图改变自己时,通常是因为你对自己想要成为什么样的人有了一个明确的想法,例如身体健康,冷静而不生气或可靠和值得信赖等。不明确的、模棱两可或相互冲突的标准使自我控制更加困难,也更容易失败。最常见的可能冲突形式是渴望感觉更好(基于情绪控制)与渴望实现长期目标之间的冲突。这是因为情绪控制常常与自我管理的其他主题和目标直接冲突。感觉更好的目标通常是即时的:当你感到沮丧时,你想马上就能感觉好点,而不是等到明年,但人们想要管理和控制的大多数事情,却都涉及到抵制即时的快乐或满足。当你想要感觉更好时,这些即时的快乐看起来似乎更有吸引力。例如,一个沮丧的人可能会猛吃蛋糕和饼干,从而破坏自己的节食计划,因为她认为吃东西的愉悦感会让自己振作起来。[48] 她甚至可以表现出攻击行为,因为她希望通过对他人的攻击来使生气、不开心的自己能够感觉好些。[49] 因此,沮丧的人往往把试图让自己感觉好一点作为他们的第一要务,而其他自我控制模式往往要为此做出让步妥协。

自我控制的第二要素是**监控**。本质上,这是一个观察自己并追踪自己的行为是否与目标或标准相匹配的问题。查尔斯·卡弗(Charles Carver)和迈克尔·谢尔(Michael Scheier)[50] 在一本具有里程碑意义的书中提到,自我意识——青春期的毒药和献给虚荣心的恩惠——通常在帮助人们在自我管理方面起着至关重要的作用。自我意识不仅仅是注意那些关于你自己的事情。相反,它还将你自己与各种标准进行比较:我的头发好看吗?我够瘦吗?我做了道德上正确的事吗?我能成功吗?我以后会后悔吗?卡弗和谢尔从控制论理论中借用了反馈回路的概念提出,人类的自我调节与室内恒温器有很多共同之处。反馈回路包括四个步骤:测试、操作、(再)测试和退出。第一个测试是一个自我检查的过程,就像恒温器发现房间太冷了一样,个体意识到他/她没有达到预期。接下来是操作阶段,包括做出改变以便解决问题。(恒温器这时要打开暖气。)第三阶段是另一个自我检查,这可能意味着继续努力去做出改变,但当问题在某个时刻得到了解决时,反馈回路就结束了。

自我监控通常是提高自我控制的最佳方法。如果你想要制定一个定期锻炼的计划,每天在日历或日记上标记你是否锻炼过,这样到月底时你就能清楚知道你锻炼的频率。如果节食是目标,那就是每天记录你的食物摄入量和体重。如果理财是你的目的,那就把你的所有花费都记录下来。当监控崩溃时,自我控制就会失败。饮酒的一个主要影响之一是它会降低人的自我意识。酒精中的毒素会损害几乎每种形式的自我管理。酗酒的人喝得更多,吃得就更多,花钱也更鲁莽,越会有暴力行为等。同样,任何其他降低自我意识或阻止人们监控其自身行为的过程,都会导致自我控制的失败。例如,当人们开始暴饮暴食时,他们似乎关闭了记录自己食量的内在监控器(节食者通常在大多数情况下都是严格而谨慎的)。

第三要素是**做出改变的能力**。这种能力一般被称为"意志力"。总之,尽管你知道自己想要做什么(即有标准),并且大多数时候能够监控自己时,但如果你缺乏做出必要改变的意志力,那么你的自我管理也将以失败而告终。

意志力就像肌肉一样运作。它的力量是有限的:在从事了一项自我控制下的行为之后,你在其他方面控制自己的能力就会降低。[52] 人们在压力下会发生那么多改变,有限的资源是一个主要原因。人们利用自我管理的力量来应对最后期限或其他问题时,可能就没有足够的余力来调节自己的情绪爆发(因此他们变得易怒),或保持自己的好习惯(所以就停止洗头和使用牙线),或是抵制诱惑(所以又开始抽烟或者酗酒或破坏自己的饮食结构)。

自我控制肌肉的力量可以通过休息(比如睡眠)来得到修复。也有一些迹象表明,反复运动也可以增强肌肉的力量。[53] 后者在传统上被称为"塑造体格",就像日常的自律行为一样。维持好的姿态、排队等待轮候、刷牙和抵制诱惑等自律的价值远远超过它们带来的当下实际结果:它们以其他方式增强了自我控制的能力。

毫无疑问,如果我们都有更多的意志力,我们就会过得更好。然而,值得注意的问题是,我们拥有的意志力足够多了吗?自我管理是生活在文化中的一种重要能力,创造文化性动物时便赋予我们人类比其他动物更多的这类资源。人体可以某种方式让一些能量供"自我"支配,从而利用它来改变和超越其自身内在反应。自我控制在遵循规则、追求目标、建立更好未来以及与他人相处良好方面所带来的好处是巨大的。

选择与决策

人们是如何做出选择和决策的?这个问题已经困扰了专家们几十年,但它仍然难以捉摸。答案正在逐步成形,但人们对于人类决策的一般模型尚未达成共识。

什么是选择?

也许令人惊讶的是,关于什么构成了选择这个问题,目前仍然是一个障碍。问题依然存在着,是因为人们给出了不同的答案,而这些回答取决于人是客观、还是主观地看待这个问题。客观地说,也就是从外部看,人们总是在做着选择。然而从内在看,人们做出的选择要少得多。为了说明这一点,请考虑一下早餐吃什么的问题。从外在看,有广泛的可能性。一个人可选择冰箱里的任何东西当做早餐;也可去一家餐厅(考虑到餐厅的营业时间和菜单提供的菜品,实际上存在着不止一个而是多种的可能选择);当然还有另一种选择是完全不吃早餐。本体论视域(ontological horizon)是一个哲学技术术语,指的是在任何给定的时间和空间点上可供人选择的范围。因此,早餐的本体论视域是十分广泛的,每一顿早餐都代表着在众多可能性中做出各色各样选择的一种结果。

但在人的内在过程实际可能呈现出一幅截然不同的画面。大多数人并不是这样开始每一天的,要在世界上大量存在着的丰富早餐选择中考虑来考虑去,他们反而大多都遵循一个非常标准的流程,他们每天吃的东西几乎相同。因此,他们不用经历每天早晨都要选择吃什么的心理过程。换句话说,选择的问题可以表述为,一个人可否做一些不同的事情(内隐选择),或者可以表述为,一个人是否真的要在内在心理过程为权衡、深思熟虑以及在选项中进行选择而挣扎一番。根据第一个定义,生活充满了选择;而根据第二个定义,人们在日常生活中所做的选择数量屈指可数。

316

选择的负担

与其在这两个截然不同的定义之间进行选择,不如让我们试着去理解两者区别的意义。生活,尤其是现代生活,充满了各种潜在的选择和持续不断出现的多种选项,但大多数人在大多数情况下都会忽略其中大部分选择。因此,人类运行的一个基本和普遍原则,就是人们避免多种可能的选择。与筛选和简化的一般思维模式相一致,人们忽略了许多客观存在着的选择,他们遵循着标准的日常惯例和习惯,而不是接受充满了多样性的选择。人们可能具有自由意志,但他们不打算过多地使用它。

　　让我们不要过于强调这个例子。人们显然不喜欢被剥夺选择的权利,他们通常不喜欢被人告知要去做什么或者被迫采取某些行动。人性似乎更喜欢中间层次的选择,既不要选择太多、也不要太少。历史的长远发展趋势是走向更大的自由和更多的选择,因此,人们长期以来一直在努力为自己选择和改变生活中的某些方面争取一些自由。可是,现代世界逐渐创造出一种近乎荒谬、令人生畏的选择范围和选择。一项对美国超市的研究得出结论,1976 年平均每家超市有大约 9000 种不同的产品,因此,每次你走进商店,原则上你可能要面对在 9000 个不同选择中做出买什么的决策。然而似乎这还不够糟,15 年后美国超市平均将有 30 000 多种不同的选择。[54] 就连普通的"农产品"(水果和蔬菜)区域的库存也从 65 种增加到近 300 种。不只超市才有这种趋势:看看电视上的各种选择(在 20 世纪 60 年代,当我还是个孩子的时候,所有人都只有相同的三个频道,仅此而已)、投资机会和宗教派别等。心理学家巴里·施瓦茨(Barry Schwartz)谴责这种趋势是"自由的暴政"。他讲述了这样一个故事,当他走进一家商店要求购买一条蓝色牛仔裤时,却被售货员问了一系列关于牛仔裤样式的完全令人困惑的问题:石磨水洗的、带闪的、喇叭腿、提前压边、设计师款、瘦腿的? 直到最后他不得不说:"我想要的就是你们店还只有一种牛仔裤时的那种裤子。"于是年轻的售货员不得不去找一位年长的员工,也许他并不知道这个奇怪的顾客在说什么。

317　　缺少选择的人通常想要更多一些,但当有很多选择时,他们又会采取行动筛选掉其中的大多数。即使那个早餐的例子也不真的意味着人们不希望有任何更多选择。人们希望有足够多的选择,这样他们就能得到他们想要的东西,但随后他们却又都安排自己每次拥有同样的东西。许多人每天早餐都吃相同的食物,但这和没有选择每天被迫吃燕麦片是不同的。我们很多人都不喜欢吃燕麦片。丰富的选择能够让你得到你每天想要的东西,而不是每天都做选择。同样,从你家到你办公室有几十条可能的路线,理论上只要你乐意,每天都可以选择一条不同的路线(或者每天都可以先看看这些选项,再去有意识地选择几乎相同的路线),但人们不会这样做。取而代之的是,几乎每个人都会找出最佳路线,然后就每天自动遵循着同一个路线。他们不希望自己被迫走一些其他的路线,所以以多样性选择是好的,而且有时万一你首选的路线被水淹没或遇到交通拥堵时,有备选项是很方便的。因此,人们想要有选择,但试图避免做选择的过程,尤其是一遍又一遍进行意识选择的那种感觉。一个关键的原因是做选择时需要付出努力。在某种程度上,做出一个明确的选择是艰难和痛苦的,所以人们尽量减少去经历这个过程。

自己去做选择的能力就像一块力量有限的肌肉——就像自我管理一样。做出选择会消耗一些力量。因为力量是有限的,人们为了保存力量而行动。从某种意义上说,你在任何一天都只能做出这么多有意识的决定,因此,你要把这种能力存起来以备重要的事发生,而不是将它浪费在早餐选择上。自由意志依赖于有限的资源,人们要对其进行保护。

实验室研究已经证实了这一点,做出选择和决定与自我管理消耗的是同一种资源。在一项研究中,被试被告知要准备一个关于预先指定的、有争议话题的演讲,他们或者被告知这个决定最终取决于他们自己,或者被分配一个自己没有选择权的题目。除了他们内心的选择外,其他一切完全一样。之后,研究人员让他们完成一组猜谜难题(据说与演讲无关),并测量他们放弃该任务的速度。那些做了自己选择了的题目的被试很快就放弃了猜谜。因此,做出上面那个有意识而深思熟虑的决定会让他们失去一些东西,失去的东西随后使他们无法再继续致力于令人沮丧的猜谜题。[56] 在另一项研究中,研究者给被试提供了一长串日常用品名单。其中一些人被要求对使用它们的情况和对它们的熟悉程度进行评分;另一些人则被要求在两者之间进行选择(配对)。两组被试都被告知他们最终会收到其中一件物品,在选择条件下的第二组被试则被告知,他们的选择模式将决定他们收到哪一件物品。研究再一次证明,做出选择要消耗心理能量,因为第二组被试随后的选择行为,就好像是发生在一个毫不相干的环境中似的。[57]

态度有助于做出选择。清晰、明确的态度使你能够顺利地面对每个决策点,并根据自己的喜好选择出相应的选项。相反,如果你没有一个态度,你就必须努力找到一种选择的方法。备受尊敬的研究者拉塞尔·法齐奥(Russell Fazion)曾经描述他在自己的房子加盖一个房间时所面临的困境,他当时的压力巨大,因为他必须对许多他从未想过或关心过的问题迅速形成态度,例如灯具、门把手以及玻璃窗等。你无法避免做出这些决定:建筑承包商向你展示了五六十种不同的选择,你必须想办法从中选择出一种。

因此,态度是帮助人们避免在做选择时浪费宝贵资源的有益一环。如果你有一个简单的态度,如某个政党总是最好的,那么投票对你来说就是一件简单的事情。如果你认为不同的政党有不同的优势和劣势,没有哪个总是对的,那么这时投票就会变得更加耗费精力,因为你必须考虑每个党派所有候选人相对而言的优点。

318

鉴于此,拥有清晰和有条理的态度的人面对选择时,往往会觉得当下生活很轻松,所承受的生理压力也较小,这并不令人感到奇怪。[58]

如何选择?

选择的过程备受争议。理性的方式强调成本和收益的计算。在这一点上,就像在其他很多事情上一样,坏比好的权重更重,因此,人们的决策倾向于将损失、伤害和其他成本最小化,而不是增加收益。(当然,人们也想要利益最大化;但关键点还只在于,将损失最小化排在当务之急的位置。)例如,研究人员询问人们是否愿意接受下面的掷硬币赌注:如果赢了,他们会得到 10 美元;如果输了,他们将损失 10 美元。根据客观的成本效益分析,这个赌注的预期结果恰好是中立的,因为赢和输的概率各占 50%,正好相互抵消。如果把这些都加起来总的预期收益(来自风险评估的统计术语)是 0,这就像你拒绝下注,因此,既没有赢也没有输一样。那么,原则上来说,下注和不下注是完全一样的,人们可能会认为,在是否下注的问题上,人们会平分秋色。然而,大多数人拒绝下注。损失 10 美元被认为比获得 10 美元更严重。你在某种意义上知道,比起赢 10 美元,输了 10 元会让你更加不高兴,因此,你拒绝下注,即使统计和概率支持你下注。[60]

偏离理性

对理性选择进行的更系统的分析,强调了如下两个特点:期望和价值。[61] 通过这种所谓的期望价值理论(也被称为预期效用理论,与前者有细微的差别),人们根据两个问题来评估他们的决策选择:第一个,如果我选择这个选项,可能会发生什么? 第二个,结果有多好、或多坏? 因此,一个发生概率较小的非常理想、积极的结果,大致相当于一个发生概率较大但好处不大的结果。再次引用统计风险评估来说,有5%的可能性赢得100美元的预期,大致相当于有50%的可能性赢得10美元,或者几乎肯定能赢5美元的预期。当然,人们的判断和偏好并不完全符合这些统计原则。如果人们都按照原则去做,那么就没有人会买彩票了。或者,如果人们对统计学有一点了解,至少也不会有人会这么做了,这就是为什么有人把彩票定义为是对数学不好的人征收的税。国家、赌场或者任何经营彩票的机构都想从中赚点钱。要做到这一点,它得到的钱就要比支付得多。例如,假设某个州以每张 1 美元的价格出售 100 万张彩票,为州预算节省了 20 万美元,并将剩下的 80 万美元作为一个大奖发出去。此时每个买彩票的人都是不理性的,因为他/她支付了 1 美元,但只有百万分之一的机会得到 80 万美元,这意味着每张彩票的预期价值只有 80 美分(80 万美元除以 100 万张彩票)。

从客观意义上讲,花 1 美元获得 80 美分的价值在经济上讲是愚蠢的。但这并没有考虑到主观价值。如果没有别的事情发生,1 美元可以让你一天都沉浸在一个愉快的幻想中,幻想着如果你赢了所有的钱,你可以拿它做些什么,而从这些幻想获得的享受可能要比你投资中失去的 20 美分更有价值。而且,有些人可能认为 1 美元是微不足道的,而 80 万美元则可以让他们从此过上幸福的生活。因此,在某种意义上,他们什么也没有损失,但却获得了一个让美好事情发生的机会。在这样的情况下,人类的决策过程便偏离了严格的统计合理性。

文化性动物和社会性动物之间的一个主要区别在于,前者具有以精妙、复杂、细致入微的方式思考的能力。对于社会性动物来说,这个世界完全是以赤裸裸、有或无的方式存在于此时此刻的。有意识的理性思考可以让人理解连续性、概率性和其他含义之间存在的细微差别。但是当理性思考失败时,人们便会退回到更简单的思维模式。

因此,人类决策偏离理性、预期效用模型的一个重要方式是所谓的确定性效应。[62] 例如,假设你要玩俄罗斯轮盘赌。你愿意出多少钱从枪里取出一颗子弹呢?这取决于:(1)六个弹槽里有四颗子弹,所以拿走一颗会把子弹减少到三颗;(2)弹槽中只有一颗子弹,移除它将把危险降低到 0。大多数人说他们会更多地押后者(从 1 到 0),但从统计上来说,二者从弹槽中减少子弹数是一样的。如果有什么可以让你该愿意为前者(从 4 到 3)支付更多钱,那只能是你被子弹打死了,而这时钱变得无关紧要了,因为前者(从 4 到 3)较后者(从 1 到 0)的死亡几率更大。人们会为从微小可能性变为零的确定性支付额外的费用,因为这样他们就可以绝对确定,自己是完全安全无忧的。

同样,在其他研究中,研究者为被试提供了两种选择,一是保证获得 3 000 美元,另一是有 80% 概率获得 4 000 美元(当然有 20% 的风险什么也得不到)。大多数被试更喜欢有把握的事,尽管从统计合理性上计算,赌 4 000 美元是更好的机会(预期收益:$0.8 * \$4\,000 = \$3\,200$)。当然,人们也不完全总是倾向于所有确定的结果。如果将问题表述为赔钱、而不是赚钱,那么人们则更愿意承担风险(80% 可能性损失 \$4\,000),而不是保证损失 \$3\,000,但这在统计上也是不合理的。简而言之,人们更喜欢获得确定的赢,避免确定的输。

因此,人们特别重视确定性。研究中被试选择即时性分配额外高的价值证实了这一点。例如,你更愿意今天拿到1000美元,还是两周后拿到1200美元? 从经济上来讲,选择延迟奖励是合理的,因为它的收益更大,如果你现在拿到1000美元进行投资,两周之内这笔钱增值20%的可能性是很小的。但人们更倾向于即时的奖励。经济学家试图理性地看待这一现象,他们认为,这是因为任何事物的价值在未来都会出现某种合乎逻辑的贬值。例如,假若你将在一周后死亡,你大概会享受即时的奖励,而不会等待获取延迟的奖励。因此,经济学家试图计算出主观价值随着时间的推移下降的程度。

321　　不幸的是,由于下面的事实,事情变得更为复杂了。人们的偏好可能会反转过来,如果问题是以这样的方式提出:假设你可以选择要么在一年后拿到1000美元,要么在一年零两周时拿到1200美元? 从逻辑上讲,两者的差异是一样的:如果你多等两周,你会得到多20%的奖励(也就是额外多200美元)。然而,人们并不将它们看成是一样的:如果今年能拿到的话,他们就选择即时而小额的奖励,而不会等到明年去拿晚到但大额的奖励。

为什么大多数人认为,在前一个问题上额外两周的等待是值得的,但在后一个问题上等一年却不值得? 唯一的明确解释是"当下"有一些特别的东西。如果你打算等一年,那你也可能会再多等两周,以获得更大的奖励;但如果你能马上就能拿到钱,那么两周的等待就不那么具有吸引力了。正如我们所看到的,文化性动物使用有意识的思维来引领自己走向未来,并清楚长远来看什么是最好的。但有时这些复杂的结构会失败,他们便又回到了当下。我们看到,延迟满足的能力非常具有适应性和理性,但有时它也会失败,这时人们就会抓住即刻的满足。

即时性的效果类似于确定性效应:人们喜欢即时收益就像他们喜欢保证性收益一样。二者都表明在文化性动物复杂的思维过程之下,仍然潜藏着社会性动物的较为简单的需求和倾向。有时这些简单的东西会胜出。人们几乎不会因为追求不确定性或获取推迟到来的较小回报而偏离理性。确定性和即时性让社会性动物满足,而它们却诱使文化性动物远离明智、理性选择。

自负是偏离理性的另一个根源。人们希望别人对自己有好的评价,希望别人对他们有好感,当这些对自我有利的观点受到威胁时,人们的反应方式就会再次偏离理性,有时会为此付出昂贵的代价。例如,有时运动员会在赛季时休假不出,因此损失数百万美元的收入,因为他们觉得自己应该得到比合同规定的更多的钱。另一个例子是,当双方诉诸法庭而不是私下解决纠纷时,结果双方都要支付巨额的律师费和诉讼费。这种模式都在"最后通牒博弈"的框架下得到了研究。[64] 在这个经典实验中,两个人共同玩通牒博弈游戏,目的是在实验中一起赚一些钱。实验者让其中一个人(分配者)给两人分配 10 美元。在分配过程中,另一个人没有发言权,但可以选择拒绝分配的数额——在这种情况下,双方都一无所获。从理性上来讲,有总比没有好,因此,若人们仅仅是受个人物质利益所驱动,那么分配者很可能会说"我拿 \$9,你得 \$1(或者甚至是我得 \$9.75,你得 0.25 美元)",此时另一个人也应该会接受这个交易。然而,实际上,分配者通常会把钱按 7∶3 分配,如果他们试图为自己拿更多,那么另一个人往往就会拒绝这笔交易。拒绝似乎是不合理的,因为相较于至少可以得到的 1 美元,拒绝后则什么也得不到,但自尊和愤怒进入了决策的过程,使人拒绝接受这样一个看似不公平、不对等的决定。

对自尊心的打击也会危及人们做出理性决策的能力。在一系列的研究中,参与者通过电子游戏赚了一些钱,然后实验者提出,他们可以在最后一场游戏中用他们赢的钱打赌,赔率是三倍或零。玩家可以拒绝下注和保留自己的钱,这样做不错,也可以大量下注然后获胜,这样做会更好。只有当他们豪赌之后失败时才会输钱。因此,他们必须预测自己的表现并相应下注。大多数情况下,高自尊的人通常都能很有效地做得很好,他们要么赌赢,要么克制不去赌。然而,在实验的一个条件下,让参与者的自尊心在游戏开始之前先受到打击,比如告知他们在之前的创造力测试(与电子游戏无关)中的表现很差。然后进入游戏时,高自尊的人突然之间就非常愚蠢地下了赌注,往往在一次试验中就输掉所有的钱。许多自尊心强的人都不喜欢被批评,所以他们会以愚蠢的冒险和虚张声势对此做出反应。

在其他研究中,自负也被证明会使人们不愿意放弃输掉的努力。有时人们的选择导致的结果不是很好,因此,他们就不得不面对做出何时止损的艰难决策。人的自尊心与最初的选择联系越紧密——比如当他对这个决定做出过公开承诺,尤其是面对其他投票反对的人的异议时——他们坚持损失的最初理由就会越持久,因而往往造成的损失越惨重。当你的自尊和身份与决策紧密相连时,你就很难承认自己错了。[65]

选择令人愉快

选择还会带来各种积极的心理结果。首先,人们喜欢分配给他们的东西,但更

喜欢他们自己选择的同样的东西。这在认知失调的研究中得到了明确的证实。在
数百项这样的研究中,人们被要求做一个支持某一立场(高选择)或者宣扬某种信
仰(低选择)的演讲。在每次演讲开始之前,实验者都会掷硬币来给参与者分配高
选择或低选择。在低选择的条件下,被试只是被分配去倡导一种特定的信仰。在
高选择的条件下,实验者要求被试去支持一种特定的信念,但同时强调说,"最终的
决定权完全取决于你自己"。几乎每个被试都同意在这两种情况下按照要求去做。
然而,当实验者随后调查被试对所讲演的信念的真实感受时,选择自己去支持信念
的人比那些仅仅被分配的人,更倾向于与赞成该信念。[66]

　　这个结果对公共政策和处理人际关系都具有重要意义。让人们认为他们自己
在相关事务上有一些选择权,这是确保人们服从的有力手段。一个相关的例子来
自于 20 世纪 50—60 年代学校进行的废除种族隔离运动。各州很多地方只是简单
要求所有人都要上种族融合的学校。其中一些州的法律导致了骚乱、炸弹威胁和
其他形式的暴力抵抗活动。然而,北卡罗来纳州却是一个有趣的例外。

　　学校顺利整合的前景当然不容乐观。北卡罗来纳州有着悠久的种族隔离传
统,并曾经有反奴隶制的共和党在全国大选中获胜,它还短暂地与南部其他各州一
起宣布脱离联邦。1955 年,北卡罗来纳州议会甚至通过了一项决议,规定"公立学
校不能实现种族混合"。然而,1956 年在艾森豪威尔(Eisenhower)政府和最高法院
具有里程碑意义的决定(即种族隔离学校是不可接受的)的压力下,该州通过了一项
废除公立学校的种族隔离制度的计划。为了安抚民众,废除种族隔离的法案还建
立了一个程序,规定凡把孩子送到实行种族隔离的私立学校上学的家庭可获得州
基金资助。因此,人们便面临一个选择:他们可以选择支持种族融合,或者也可以
决定去上种族隔离学校,并从州纳税人那里获得帮助。实际上,这个程序相当繁
琐,要求家庭和相关学校填写很多文件,并清除其他官僚障碍后,才能获得受助的
资格。最终,实际只有一个家庭获得了该项公共资金,把他们的孩子送去了种族隔
离学校。尽管如此,该程序的存在本身就具有很大的象征意义,它给了人们一个选
择,因此似乎没有人实际上是被迫去上种族融合学校的。不同于其他州,北卡罗来
纳州在几乎没有暴力或其他抗议情况下,成功实现了学校种族融合。

　　选择的价值并不是无限的。如果人们有更多的选择,人们便会对自己选择的
结果更满意。但这只是在一定程度之内,超过某一限度,越多的选择反而会产生负
面效果。因此,在一项研究中,[68] 人们可以从 6 个选项或 24 个选项中选择一种巧

克力。在 6 个选项进行选择使人们产生了一个非常正面的反应，但从 24 个选项中进行选择则导致了满意度的降低。（可能是因为人们担心在 24 个选项中无法做出最好的选择。）

尽管偶尔会有这些负面的反馈，但人们还是希望有选项让他们进行选择。最明显的迹象是，当选项被取消时，人们会变得沮丧。某个在阻抗理论框架下进行的研究，先为被试提供了众多的选项，比如各种各样的海报，然后研究中从中拿走一个选项。[69] 这在第 3 章已有描述。当一个玩具、一件礼物或一个活动先被提供，后被撤走时，人们会突然发现被撤走的东西更具吸引力了。其潜在的意义就是，人们抗拒选择权被拿走。

因此，人们喜欢有选择，即使他们可能并不经常利用它们。最有力的证据就是紧急按钮效应，这也已经在第 3 章讨论过了。[70] 暴露于有压力的噪音中会产生各种有害的影响，但如果人们相信，即使是错误地相信，他们想要关掉噪音就可以做到的话，这些有害影响似乎就不存在了。

紧急按钮的效果显著。人可以从压力情景中逃脱出来的错误信念，会消除压力所带来的不良影响，即使人们不曾经使用过逃脱的选项。换句话说，人们深受尚未发生过的事情的影响。（这种影响有赖于超越性，即看到人眼前物理环境之外事情的能力，这几乎可以肯定是文化性动物所特有的。）紧急按钮效应表明，许多压力最糟糕的情境就在于人感受到自己被困住了。如果你认为，你只要想就有可能在未来逃脱出来的话，那么你就还可以忍受更多的压力。

紧急按钮效应可能对人类的社会生活产生广泛的影响。例如，离婚的可能性会使很多婚姻变得彼此更加容忍一些，即使对于那些从未想诉诸离婚的人也是如此。（事实上，在最近几十年里，未婚同居的增加或许是紧急按钮效应的一种表现：如果原则上你可以随时离开彼此，那么伴侣似乎就更能容忍；相比之下，如果你结婚了，那么与对方分离就要困难许多。）相反，无处可逃的感觉使一切变得更糟。与那些认为有出路的人相比，炮火轰炸、健康风险、工作压力和财务问题可能会让那些认为没有出路的人更加沮丧。有人甚至推测，女性之所以比男性更能忍受没有性的生活，是因为女性知道如果她们真的想要性，她们就能获得，而男性却不能。相较于看不到任何机会的人而言，对于那些相信可以很容易地得到解脱的人来说，即使是饥饿、口渴或排尿等需求，也不会成为多大的压力了。

结论：选择过程

因此，人们最终是如何作出选择的呢？有时他们依靠习惯或从众来避免选择。当这些都不起作用时，他们便可能会受到自己直觉偏好的引导，而偏好多出于自动系统和它的情感库：与你几乎能想到的任何事情相关连的、好的和坏的感受都会被迅速激活。或者，人们的有意识系统可以使用逻辑和推理来帮助他们做出理性选择。这可能需要克服眼前的冲动和情感直觉，但最终它允许人们使用自身推理能力和意义法则，以便去做那些从长远考虑对自己最为有利的事情。

当人们使用推理时，首先必须简化选项的复杂性、差异性和多重性，使其成为易于处理的简单选择。这与我们在关于思考一章中所讨论的相一致：多数人类思想都致力于简化事物。丹尼尔·卡尼曼（Daniel Kahneman）和阿莫斯·特沃斯基（Amos Tversky）[71] 在有影响的理论中提出了一个做出决策的两阶段理论。第一（称为"编辑"）阶段将一系列选项削减为若几个主要选项和一个决策的简化版本。如果多个可能事件关联在一起，人们就会把它们组合在一起，或者从考虑中排除某些因素。第二阶段包括为各种选项分配主观值。这些值与统计学家们和经济学家们所认为的客观价值并不完全相符。确定性效应等因素在这里开始发挥作用。情绪和预期情绪也要参与其中。但不管怎样，这种主观权重允许人们选择一个选项，而放弃其他选项。人们显然不是总能做出最好的选择，但总的来说人们做得很好。

不可否认，有些人以及他们做出的一些选择要比其他人更为理性。我们接着将讨论理性和非理性的相关内容。

理性

理性的行为意味着你做事情时要有很好的理由。你利用逻辑和推理来找出什么是最佳行动方案；作为理性分析的结果，你才选择了该方案。从这个意义上说，理性是人类独有的，因为没有其他动物具有足够的智力和语言来进行逻辑推理。理性行为是文化性动物的重要优势之一，而且事实上它是必不可少的。文化社会的生活为人们提供了很多不同的可能路径和行为，人们必须找到理由去选择其中之一。从某种意义上说，理性代表了进化的最高成就：文化性动物可以利用语言去接近意义的基本结构，使用有意识系统遵循理性规则，以便找出做什么是最好的，然后使用自我控制和其他资源，让自己的行为都是在理性计算基础之上运行。

依靠逻辑和推理，人们能够理性地做出选择。理性的定义通常被理解为是对自身利益的前瞻追求。自身利益意味着做那些对自己最有利的事，在这方面，理性与任何有机体与生俱来的自私相去不远。"前瞻"这一限定词是对理性与纯粹机会享乐主义（就像现在做任何感觉良好的事情一样）做出区分的重要补充。文化性动物在思想和决策方面有遵守延展的时间框架的能力，所以他们可以做长远来看是最好选择的事情，即使无法获得当下最好的即时收益。几乎没有其他动物可以做到这一点。正如我们在前面关于自我控制的讨论中所提到的，延迟满足的困境就在于我们如何区分前瞻的自我利益和其他（非前瞻的）利益。通常延迟奖励比即时奖励要更大，因此，从长远来看，追求更大奖励的人会过得更好。追求前瞻的自我利益者因此会等待延迟奖赏，而不选择及时得到较小的回报。

例如，有些人高中毕业后就去工作，而另一些人则选择去上大学。从短期来看，马上去工作的年轻人的情况要好得多：钱随之而来，年轻的时候就可以买车，买一套像样的公寓等。而上大学的人通常要花父母的钱，可能还会负债而不是赚取任何东西。尽管花费不菲，大学生通常都生活得近乎贫困，不得不与另一位学生合住一间宿舍，大部分时间吃廉价的自助食堂，并忍受着各种其他方面的匮乏。但从长远来看，大学教育是值得的。尽管开始工作的时间要晚于高中毕业生，但大学毕业生一生挣的钱，差不多至少要高出中学毕业生六位数之多。

就金钱而言，理性意味着从长远来看做对自己最有利的事。这包括关注激励并相应地调整自身行为。例如，如果没有前瞻能力去追求从长远来看是最有利的延迟满足，人们就不会为退休而攒钱。人们一拿到钱就会将其花掉，因为短期的选择就只有要么花钱买东西，要么什么都不买（比如把钱放入银行而不是花掉）。前瞻的自我利益者存钱是为退休以后的生活以及超出此时此刻的其他各种需求。

毫无疑问，最合理的决策程序是计算每个选项的成本和收益，并根据主观重要性和不确定性进行适当的加权，再对他们进行比较。但在实践中，人们有时会走捷径，比如在第一个似乎可以接受的选项前停下来。当然必须认识到，这些捷径是为了接近完全理性计算（同样是成本和收益）的目标而设计的。由于不确定性（例如，当无法得知全部成本和收益时）或为了追求效率（因为计算所有选项的所有成本和收益将花费太长时间或太累人等），走捷径是必要的。

"过好每一天，就好像这是你的最后一天。"这是一些哲学家和宗教领袖不时赞美的一种生活方式。但这真的可行吗？如果这一天是你的最后一天，你可能就不

327

会为用牙线剔牙、洗衣服、吃蔬菜或抵抗诱惑而费心了。你当然不会用你在地球上的最后一天来打扫公寓或支付账单。但如果你真的每天都按最后一天去生活,你很快就会变得贫穷、生病并可能遭到拘留。这样的整个建议都是荒谬的。

经济激励通常对人类行为有重大影响。经济学家经常把这看作是人们普遍具有理性的标志。说人总是理性的,未免有些言过其实,但作为解释和预测(以及控制)大量人类行为的普遍原则,基本的经济理性确实取得了成功,这一点无可置疑。例如,当国会希望人们为自己退休而存储更多钱时——大概是为了使人们年老时的赡养负担不会完全落在纳税人和联邦预算身上——它便给人们提供了一些额外的储蓄激励。他们会说,你为退休所存的钱是免税的,这实际上意味着你可以从工资中省下更多的钱,而且每个月还有同样多的钱可以花。当这样的激励作用产生时,人们确实会对其做出反应,尽管不是每个人都会充分利用该政策。因此,人们在某种程度上是理性的,他们会利用这些机会,但也有些人不去这样做,或者只是部分地这样做。

许多人认为暴力犯罪的本质是非理性的,但事实上有组织的犯罪(至少)是相当理性的。迭戈·甘贝塔(Diego Gambetta)的黑手党历史解释了,现代社会黑手党产生并维持背后存在的激励结构。黑手党起源于西西里岛,这是意大利南端的一个岛屿。西西里岛非常分散。没有中央政府或警察部队。农民自给自足,还有足够的粮食可以去卖,但这也产生了一个问题。为了出售他们的产品,他们不得不走一两天的路程,才能到达一个有集市的城市。由于缺乏警力,岛上到处都是土匪,任何出售农产品的农民在回家的路上都极有可能遭到抢劫,从而使这趟旅途的价值化为乌有。渐渐地,农民们意识到,他们可以在旅途中雇佣一两名武装警卫来保护自己免受土匪的袭击。至关重要的是,出售农产品赚到了足够多的钱,这样农民就可以在支付其保镖费用的同时仍然盈利。这些保镖就是黑手党的先驱:他们出售保护。当法律和警察不能保护人民时,黑手党为他们所提供的服务找到了市场。

即使在今天,这也是黑手党的主要卖点:保护。甘贝塔(Gambetti)说,把黑手党(像许多人一样)看作是暴力行业从业者带有误导性,因为暴力不是他们的主要产物,事实上他们更喜欢在不使用暴力的情况下开展活动。就像那些农民的保镖一样,他们希望仅靠暴力威胁就足以威慑其他人。在现代社会,警察给大多数公民和企业提供保护,但那些生产产品不受法律保护的人依然相当脆弱,如妓女和毒贩在商业交易中被骗时，他们就不能去报警。因此，他们只能依靠非法形式的保护，诸如集团犯罪。知道妓女或毒贩与犯罪组织有联系，往往足以打消任何人企图欺骗他们的念头。这也是为什么在整个政治领域，很多思想家和权威人士建议，将卖淫、毒品和其他所谓的恶习合法化，因为非法行业越少意味着有组织的犯罪机会也就越少。

一致性是理性的另一个特点。人们期望理性的人能够始终思行一致，并且保持他们的行为与他们的价值观、信仰、态度和其他原则相一致。一个理性的人不会在前后相连的情况下做出相反的选择，比如，随便给一个乞丐 10 美元，但接下来却费很大的心思，试图在一罐汽油上节省 50 美分。最近的一则新闻故事提供了一个理性不一致的有趣例子。[73] 这个故事是由于存在着这样一个标准的死罪执行程序，即允许一个死刑犯在他最后一餐中，有权得到他想要的任何东西（在有限的预算内，比如 20 美元）。2001 年 6 月一天，犯人胡安·劳尔·加尔萨（Juan Raul Garza）的最后一餐要求有炸薯条、牛排、洋葱圈和一杯健怡可乐。将无糖汽水与大量增脂食品结合在一起，显然是一种不合理的行为。但另一方面考虑，如果一个人明天就要被处决，那他为什么还要担心自己的体重呢？为什么不去享受一下真正可乐的全部风味呢？[74]

329

心理学家已经对一致性进行了相当广泛的研究，结论仍然处于中间的位置：人总的来说是理性的，但也会出现重大的失败和不足。也就是说，人们确实表现出很努力地保持一致，但他们有时也表现出很多不一致。这种既一致又不一致的结果可能反映出，进化为将内心冲动的动物置于前瞻理性控制之下所做的工作并不完全成功。

一致性和非一致性是认知失调理论的基础。[75] 根据这一理论，人们是在一种较为宽泛且非严格的意义上，具有努力保持一致性的动机。他们的思想、感觉、态度和行为之间的不一致性会导致认知失调，但这是一种以唤醒和不舒适为特点的不愉快感觉。[76] 失调主要是在人们察觉到不一致时产生的。只要人们从未被迫承认矛盾或者去调和矛盾，他们就可能长年保持不一致的信念和态度，而不会引起任何问题。许多实验已经证实了认知失调的基本观点。当人们被诱导说出或写出一些与自己信仰相矛盾的东西时，他们就真会体验到失调，其后典型的反应就是改变信仰或态度，以解决不一致之间的差异。

在有关该主题发表的第一篇研究中，利昂·费斯廷格（Leon Festinger）和梅里尔·卡尔史密斯(J. Merrill Carlsmith)诱导被试告诉他人(另一个被试的扮演者),说实验任务是愉快和有趣的。实际上,被试本人从个人刚刚的经历已经了解到,其实任务很乏味,而且非常无聊。因此,这时被试会发现自己处于不得不说谎的境地。一些被试因这种欺骗而得到了较多的报酬,而其他被试只得到了象征性的一美元。随后,研究人员询问每一个被试他们认为这个任务实际上多有趣。那些得到小笔钱而说谎的被试,较之那些拿到高报酬的被试,甚至比那些不曾撒谎的被试,都更倾向于报告说这个任务是有趣的。这意味着下面的表述"我告诉某人这个任务很有趣","这个任务实际上很无聊","除非有充分的理由,否则我不会说谎",与表述"钱太少了不值得我为此说谎"之间存在着不一致性,这造成了人们的认知失调,所以他们通过将后面一种表述改变为"嗯,这个任务还是挺有趣的",来解决前后表述不一致的问题。

因此,人们确实会通过事后改变自己的态度来使行为合理化,以使自己的行为保持一致。这显示了人们对一致性的关注。然而,必须指出的是,研究者通常在一开始就已经相当成功地让人们表现出了不一致的行为,所以在大多数实验情景下,人们保持一致性的动机不足以阻止他们做出不一致的行为。这意味着,虽然人们试图保持一致性,但在当下实验的情景中,这并不是他们的首要任务。行动先行,理性置后:这似乎才是维持一致性的主要任务。

一致性问题引出了一个更广泛的问题,即人们实际上有多一致。尤其是,人们的行为与他们的态度相一致吗?态度这一概念几十年来一直在社会心理学中占据着重要的特殊地位,因为人们认为,了解态度是理解人类行为的关键。如果我们知道了人们喜欢什么、不喜欢什么,相信什么、拒绝什么,支持什么、反对什么,我们就可以预测他们的行为了。

但不幸的是,当把无情的统计分析标准应用于研究这个问题时,态度的相关性突然变得很低,即使不是全无相关。威克(Wicker)[78]的一篇经典论文综述了许多态度—行为一致性的不同研究,他发现两者的相关低得令人失望。威克甚至建议心理学应该抛弃态度的概念!他引用的一项又一项研究都表明,人们总是会说一套做一套。例如,在最早的一项研究中,一位中国籍研究人员写信给美国南部的酒店老板,询问是否允许中国人作为客人住在那里。大多数老板回信说不行(这发生在反对种族歧视的所有法律颁布之前)。但当这对中国夫妇实际出现时,大部分时间他们还都被当作了客人,没有出现任何问题。

威克对态度的批评在该领域引发了一场危机。态度概念的捍卫者在一定程度上成功地消除了他所造成的损害。他们所做的一种回应指出,威克所提出的大多数研究针对的都是一般态度的调查,而调查的行为却都是非常具体的。因此,研究人员可能会测量一个人对帮助他人的态度(一种一般态度),然后测量这个人是否愿意在那天献血(一种具体行为)。大多数这样的研究会发现,二者相关性很弱,但这可能是因为帮助他人是一个广泛而普遍的价值,而今天献血则是一个非常具体而一次性的行为。若使态度和行为的测量更加对称,就可以获得更好的相关性。因此,我们可以测量该人那天献血的态度,然后再看其行为与态度是否一致,这就会带来更高的相关性。但有些人反对说,这是微不足道的,因为它令一般的态度变得毫无价值,更意味着人们必须形成和保持成千上万种非常具体的态度,而不是某些普遍性的态度。为了挽救普遍性态度,人们可以尝试汇聚一系列广泛的行为,而不使用一次性的举措。也就是说,如果你想了解人们帮助他人的行为是否与他们的普遍性态度相一致,就应该去考察他们是否会献血和捐钱、是否为各种各样的事业奉献时间和精力、在紧急情况下是否会停下来去帮助一个陌生人、帮助朋友做家务等诸如此类的行为,并考察他们是否在很多场合都会这样做。

对态度—行为差距的一个更讲究的回应基于如下的认识,即人们在进行某个具体行为的选择时,并不会参考他们自己的一般态度。[81] 例如,一般来说你愿意帮助他人,但当某人要求你去献血时,你倾向于不把它看作是乐于助人的测试。相反,你可能会把献血看作是一种不方便、甚至可能很痛苦的过程,它会让你头晕目眩,可能会导致你在当天晚些时候碰巧安排的化学测试、或网球比赛中难以有出色的表现。在特定情况下,一般态度可能起作用,也可能不起作用。如果它们起作用,那么它们将塑造和指导行为保持一致性;但如果它们不起作用,那么就没有理由期待行为的一致性。这些研究都显示,当人们把当前情况解释为与他们自己一般态度有关联时,他们的行为就会变得更为一致。

非理性:自我挫败行为

追求前瞻的个人利益是理性的标志。相反,不按前瞻利益做事则是非理性的本质。因此,任何导致自我挫败或自我毁灭行为的行动都有特殊的意义,因为它揭示出了人类理性的局限性。如果说理性是文化性动物的一大优势,那么非理性则表明我们的适应性还是不完整的。

自我挫败的行为被定义为给自己带来失败、痛苦或不幸的有意识行为。定义中较为微妙的部分涉及，自我毁灭的结果是有意为之的，还是可预见的。正如我们将看到的，如果我们只考虑有意的自我毁灭，那么这个定义就太狭窄了；但如果我们把纯粹的事故也包括在内的话，则这个定义又太宽泛了。毕竟，每年有成千上万的人死于交通事故，但若把开车也定义为自我毁灭行为，则很难说是恰当的。

自我挫败行为所引起的关注，远远超出了心理学家的内部辩论。（在这里，自我挫败和自我毁灭这两个词可以互换使用。）当人们做了一些极其愚蠢的事情时，专家甚至普通人也常常会猜测他们的动机。例如，当参议员加里·哈特（Gary Hart）竞选民主党总统候选人提名时，关于他婚姻不忠的传言就流行起来。他便与人正面交锋，否认谣言的真实性，甚至进一步挑战媒体，让他们拿出证据来。结果记者们接受了他的挑战，而且最终拿到了他在游艇上与情妇进行性派对的记录。因此，他的候选资格被取消了，他的职业生涯也就不光彩地结束了。回想起来，许多人认为，他明明知道自己所犯的罪过，却还挑战媒体来提供证据，他肯定是故意地或至少是无意识地在做着自我毁灭行为。

弗洛伊德在关于死亡愿望的概念论述中，正式提出了自我毁灭的无意识冲动观点。在他事业后期，他又提出了人具有独立的生本能和死本能。他推论说，人们之所以会做出许多自我毁灭的行为，是因为在无意识深层存在着死亡和失败的动机。弗洛伊德的追随者卡尔·门宁格（Karl Menninger）将弗洛伊德的思想写成了一本著名的书——《人对抗自己》（*Man Against Himself*）。[82] 在这本书中，门宁格提出，诸如酗酒和交通事故之类的普通行为也都源于一种与生俱来的自我毁灭倾向。

与生俱来的死亡愿望或自我毁灭本能的观点，确实对许多关于文化性动物的理论观点提出了严峻的挑战。自然选择怎么会灌输自我毁灭的倾向呢？从定义上讲，它们对生存没有价值，而且它们对繁殖的回报充其量也是可疑的。我已经提到，自然创造出来的人（以及其他生物）基本上是自私的，但要在他们的自私倾向与自我毁灭冲动之间进行调和，这对自然来说也十分困难。对我们的理论来说，幸运的是，死亡本能或自我毁灭等内在冲动的观点在很大程度上已经不再被人相信了。事实上，我们在本书前面关于人们需求综述一章中，并没有提到任何关于自我挫败或自我毁灭的动机。现代研究心理学家们长期以来一直都在努力寻找故意的、有意图的自我挫败行为的证据，但都没有成功。没能成功是因为部分研究人员存有偏见，这样的指责是令人怀疑的。那些试图去了解自我挫败行为的人（包括我在内)都知道,发现任何有关有意自我毁灭的证据,对于任何研究人员来说都将是一件值得骄傲的事,这对他们的事业来说都将是一种促进。尽管经过了几十年的研究努力,但目前还是没有找到这样的证据。在某些时间点上,人们不得不去接受这种反复的失败的结果,并从而得出结论说,一直寻求的自我毁灭模式根本就不存在。

理论要精确,这很重要。人们确实会做出自我挫败的行为,而的确有很多这类行为,但他们这样做却并不是出于死本能或自我毁灭的冲动。事实上,没有证据表明,人们就是为了死亡而去寻求失败、痛苦和不幸的。甚至弗洛伊德关于人们感到内疚时希望受到惩罚[83]的观点似乎也不正确。一个人可能很内疚,也可能感到内疚,但即使如此,他通常也不想受到惩罚。更有可能的是,他会聘请一名律师并尽其所能地避免惩罚。有罪的人有时可能会承认他们的罪行和不法行为,但他们通常都希望得到宽恕,或者至少得到宽大处理,而不是受到惩罚。

如果不是刻意这样做的话,那么人们又如何自毁呢?有两种主要的回答。[84]第一个是没那么有趣的回答,人们会以适得其反的方式做事。人们追求一些积极的、理想的目标,但却选择了一种产生相反结果的策略。例如,有些人在他们抑郁的时候尝试喝酒,结果发现喝酒会让他们更加抑郁。[85]同样,在压力下窒息的工作行为模式也反映了适得其反的策略。当做好某件事特别重要时,人们会把更多的注意放在他们正在做的事情上,但额外的注意会扰乱本已熟练工作且按照正常"自动驾驶"模式进行的工作,最终他们的表现反而要比平时更差。[86]

第二种回答是,自我挫败行为的形式涉及利弊权衡。在这种情况下,人们通常追求的好结果会与一些坏结果相互勾连在一起,因此,他们会得到有好有坏的结果。吸烟很好地说明了这种模式。不管门宁格博士(Dr. Menninger)怎么想,人们肯定不会为了要死于肺癌而去吸烟。相反,他们吸烟是为了一些积极的结果,如愉悦和满足,或者可能是为了被人看做是时髦和温文尔雅的人。肺癌是与愉悦感相伴随的一种人们不想要的副作用。吸烟行为带有自我毁灭(特别是当代价——即癌症和死亡——超过了好处时)的意味,但人们并不是为了自我毁灭而去吸烟的。

一种此类有趣的利弊权衡被研究人员称为**自我设限**。[87]在自我设限行为中,人们为自己取得成功而制造障碍。如,让自己的工作或表现变得更加困难,这无疑是一种令人困惑的自我毁灭行为,但其实,人们也可能通过这种策略来追求实质性的好处。尤其是人们可以将失败归咎于某种障碍,而不是他们自己。而且同时,假设工作成功了,那么在障碍下取得的成功会更加令人印象深刻。因此,自我设限可以保护良好的自我形象不受任何可能的不确定因素影响,甚至可以强化自我形象。例如,设想一个作家或音乐家第一次努力时就取得了巨大的成功,然后紧接着就被报道说,他正在与毒品或者酒精问题作斗争。这种情况对于任何关注特殊专业的杰出天才的人来说都再熟悉不过。专家时不时会问,为什么如此聪明的年轻人(这种情况在男性身上最常见,但在女性身上也存在)会让自己沉溺于毒品或酒精,而去毁掉自己的巨大潜能。然而这条看似毁灭性的道路背后也隐藏着一些好处。最初的巨大成功会给年轻人带来巨大的压力,让他们要维护自己天才的声望。当需要再展示自己的天赋时,紧张的年轻人可能会怀疑,自己是否有能力再创作出一部杰出的作品,以不负盛名。酒精或毒品问题则为此提供了一个完美的借口,即便第一张专辑或第二本小说被认为只是二流作品。如果没有这样的借口,二流作品会给每个人传达出这样的信息,他实际上是个被高估了的表面天才而已。如果没有毒品问题作为借口,人们只会看到他平庸的第二次努力,而忽略他的第一次成功,然后会说他只是幸运了一次,其实没什么特别之处。他充其量只是一个昙花一现的奇迹,并不是我们认为的天才。

这就是问题的关键。一旦一个人获得了天才的名声,对他的评价就会被向下修正,这是一种可怕的命运。若被认为是一个麻烦缠身的天才,与毒品和酒精的斗争妨碍了他发挥出自己真正的潜力,这远比被视为一个早期成功只是昙花一现的平庸之辈更有吸引力。自我设限会使他才华横溢的名声免受任何可能的责难。而且作为额外的好处,如果第二个作品确实很棒,那么这个人就会因此得到额外的声望:他(或者她,这种形式的自我设限也是男性多于女性)在与酗酒问题斗争的情况下,仍设法完成了出色的作品,因此,他一定真的很出众。人们会说,想象一下如果没有这个障碍,他不知能做出什么来!酗酒和毒品问题确实会降低一个人的工作质量,所以自我设限者最终会拿物质成瘾来换取一种幻想。也就是说,自我设限者为了维持自己卓越的形象,宁愿去降低自己作品的质量或数量。这是一种典型的自我挫败的权衡模式。[88]

甚至自杀行为也符合这种模式。在某种程度上,自杀是自我挫败行为的最终形式,因为它确实摧毁了自我。既然存在有意自杀,人们可能会忍不住得出这样的结论:自杀者确实是为了伤害而在寻求伤害自己。然而,对自杀的研究表明这种行为通常也是一种利弊权衡。人们以接受死亡的可能性来换取其他的奖励。最常见的是，这些奖励中包括了结束漫长的噩梦、摆脱恶劣的感受等。较之痛苦和空虚的感受，遗忘则更可取。另一些时候，人们选择自杀是为了逃避耻辱或蒙羞，或是为了逃避痛苦或屈辱性的不治之症。自杀选择虽然扭曲，但似乎又是理性的：在无法接受的情景下，死亡似乎比继续活下去更令人愉快。[89]

是什么导致了人们进行自我挫败式的权衡？一个标准的权衡模式是，可以马上得到即时的回报利益，而成本弊端则是以后的事情了。另一个模式是，得到回报是肯定的，而付出损失代价仅仅是可能的。吸烟行为说明了上面两种模式。吸烟的愉悦感在几秒钟内就会到来，而肺癌或许在之后的很多年里都不会出现。同样，获得这种快感是肯定的，且几乎是有保证的，但肺部疾病或许可能永远不会发生。

335

拖延行为是另一种自我挫败的权衡，它本身就很重要，也是自我挫败模式的一个很好的例子。拖延可以带来即时的愉悦感，因为人可以享受当下的快乐，而不是为了遥远的截止日期而进行单调或焦虑的工作。事实上，有一些证据表明，有拖延症的学生在学期早期要比非拖延者更健康一些。花一个下午或周末的时间读诗、和朋友聊天、玩飞盘、看电视等，诸如此类的自由可以减轻压力，而那些以任务为导向的个体则会马上投入到分配给他们的工作中，可能会在健康和享受方面付出一些代价。[90]但拖延者在将来某个时候会为此付出巨大的代价。在学期末，即当最后期限将要到来之时，拖延者比那些很早就开始工作的同学，会感受到更大压力且更容易生病。事实上总体而言，如果你把早期和后期的健康数据加总起来，拖延症患者最终的病情会更严重。[91]长远来看，他们加重的病情逆转了他们早期所获得的好处。从这个意义上讲，拖延行为也是自我挫败的，符合短期收益和长期付出的权衡模式，而且他们的工作也受到了影响。尽管有些拖延症者会为自己的懒散找借口说，"在压力下，我能把工作做到最好"，但证据表明事实并非如此。一项关于对拖延症学生的纵向研究发现，在每次考试和测验中他们比其他学生差三分之二的学分（差不多是 B 和 C＋之间的差异）。为享受当下短期的快乐所付出的代价不仅表现在压力和健康方面，而且还包括更差的工作表现和更低的成绩。

自我挫败行为的最后一个原因是情绪困扰。研究一次又一次地发现，那些感受到沮丧、生气、焦虑、担心、尴尬或其他不良情绪的人更容易陷入某种自我挫败的行为模式之中。[92]表面上看，这类似于弗洛伊德早期的观点，即罪恶感使人想要受苦和受到惩罚，但没有迹象表明，任何自我挫败是有意而为之的。相反，不愉快的情绪使人更有可能成为利弊权衡、自我挫败或者适得其反策略的牺牲品。情绪与自我挫败行为之间的联系,重新唤起了人们争论已久的关于情绪是非理性的观点。再重复一次,自我挫败行为从根本和本质上讲就是非理性的,如果是情绪导致了自我挫败行为,那么它们一定会以某种重要的方式与非理性联结在一起。理性所追求的前瞻自我利益会受到情绪的限制,有时甚至受到其阻挠。但情绪究竟是如何产生这种效果的呢?

为了找到答案,研究者们用多年的时间进行了相关实验,在许多有希望的理论被证否之后,下面的结果便开始成形,即本质上那些看起来既令人不快、又以高唤起为特征的情绪会干扰人们的谨慎思考,从而导致冲动和冒险行为。当人们高兴或平静时,他们会仔细考虑各种选择,并关注每种选择的利弊。如果遇到某种程度的风险,他们还会同时评估好、坏结果的可能性及其影响大小。相反,在他们心烦意乱的时候,他们可能就会中断思考,找到一些所求的可能结果后便牢牢抓住它,无视这种结果发生的可能性以及其他的选择。这种模式适合于高风险高回报的行动,但也常常会导致很多失败(根据定义)和其他不良的结果。[93]

这意味着,自我挫败行为是由文化性动物的特殊性造成的后果,即人们不使用自我控制从而导致刻意伤害自己。当文化性动物回归到冲动、短期、自私的行为模式时,其行为结果长远来看通常都会导致失败和不幸(甚至死亡)。自然赋予了文化性动物在复杂和有意义的环境中追求前瞻性自我利益的能力。这种能力包括了运用推理、规划未来以及利用自我控制来抵制短期诱惑的功能。但是当人们无法利用这些能力时,他们(有时)就会自食其果。

道德行为

道德代表了一系列抽象的行为规则,从这个意义上讲,它是一种人类特有的行为方式。其他物种不能理解这些抽象的原则,因此也不能依照这些原则来行动。因此,道德是一个明确的例子,说明了文化性动物控制行为的特别之处。

道德规范的来源是一个有争议的话题。一种主要的传统观点认为道德是一种手段,人们可以借助它渡过自然的动物状态,从而进入到一个更高的存在形态。[94]宗教特别强调,道德行为是灵魂升天的一项要求。在基督教中,以合乎道德的规范行事,是一个人死后获得救赎和被允许进入天堂的主要标准。超过一定数量的不道德行为,意味着一个人将注定要下地狱。相比之下,一生的美德会为一个人在天堂赢得一席之地,这也是人类最好的归宿。中世纪之后,基督教信仰从它作为所有社会互动的共同假设的角色中逐渐退却，但道德作为一套没有任何明确的理由而让人们遵守的规则却被保留了下来。近几个世纪以来，道德哲学家一直在探索取代宗教命令的方法。[95] 例如，康德提出，道德法则构建于人类心智的结构之中，因此，道德责任和义务直接来自于人的绝对存在。其他哲学家拒绝了康德的结论，但他们随后留下的是空洞的道德观，他们认为，道德不过是一套社会为人们设定的规则，不存在任何天生的理由让人们去遵循这些规则。

也许理解道德作用的一个更有效的方式是超越个人的层面。我们通常很难看到，一个人是如何从做道德上正确的事情中获益的，尤其是当道德义务要求个人作出牺牲或阻碍他/她自身的个人利益时，但是，团体则明显地受益于道德准则。因此，道德法则可以被视为一套这样的规则和行为指导方针，它们能使人们在某种程度上平静而和谐地生活在一起。[96] 道德以这样的方式反映了文化的影响。文化利用道德来塑造个人行为，从而试图将人们融入文化强加于群体的组织结构之中。例如，如果每个人都纳税、不把污水排入河中，那么社会显然会变得更好。道德义务使社会受益，但有时是以牺牲个人利益为代价的。

可以这样来理解不同文化道德之间的异同。在一些问题上，例如禁止冲动杀害同胞，几乎所有文化都认同这一点。因为在一个社会中，如果人们只要想杀人，就可以随时互相残杀，那么这样的社会就很难生存下去。在另一些问题上，例如关于性道德，则文化间存在很大差异，因为关于性道德的最重要的事情，是要在人们中间达成什么是恰当的性行为的共识和协议，没有哪个单一的性道德准则能够适合于所有社会。

道德准则通常要求个人为了更大的利益而牺牲自己的欲望和利益。因此，道德在与个人利益的斗争中使文化凌驾于自然之上，而道德确实是文化的主要武器之一。例如，偷窃可能会使个人受益，但道德告诫人们不要偷窃他人的财物，如果没有人偷东西，那么整个群体的境况会更好。如果道德共识足够强大，人们可以互相信任彼此不去偷对方的财物，那么他们就不必看守自己的财产，或者采取昂贵的预防措施。我父母曾在一个非常安全的郊区买了一套房，之前的房主说他们从来没有锁过门！相反，生活在没有这种道德共识社会里的人，无论何时出门，可能都不得不使用多个门锁，并开启昂贵的电子安全系统，但他们仍然会担心，害怕回家后发现自己的家被洗劫一空。

对道德共识的强调为社会群体提出了一个更广泛的问题。如果所有人或多或少都同意遵守,那么道德准则就会融入社会生活各个方面。想要与众不同地行事是很困难的,那些想法和行为都与众不同的人通常都会面临压力。这些共享假设带来的信任和社区安全感在某种程度上得到了补偿。多样性为个体的保持各自特性带来了更大的自由,但多样化的代价是道德共识不被尊重,因为不同的人会具有不同的价值观。

非洲有句谚语说,"养育一个孩子需要一个村庄帮衬",这句话被第一夫人希拉里·克林顿(Hillary Clinton)用作了她的书名。然而,这句谚语实际上是一个反对多样性的口号。如果村庄的村民拥有相同的价值观,一个村庄就只能合作抚养每个孩子。但你会希望其他大人来管教你的孩子吗?特别是,如果孩子只做你教他/她的事情,才是可以接受的情况下。相比之下,在有着共同价值观的紧密团结的社区里,所有成年人都可以利用道德共识来规范彼此孩子的行为。或许你会希望一旦他违反了相关规则,其他成年人向你报告甚至惩罚你的孩子。如果你和其他成年人都认可相同的规则,那么这样的社区系统就会很好地运行。

为了更大群体的利益而牺牲个人自身利益,这需要自我控制,因此,把自我控制视为"道德力量"是合理的。事实上,大多数主要美德的核心中都有一些自我控制的身影,就像大多数不道德行为都包含着一些自我控制实质缺失的味道。例如,中世纪基督教神学的七宗罪,主要是由一连串自我控制的重大失败所构成的。贪食之罪是无法控制自己的冲动,尤其是对食物的欲望。懒惰之罪意味着工作时缺乏自律;愤怒或暴怒之罪包括以敌对方式行事,并无法控制自己的情绪;色欲之罪包括屈服于性冲动和欲望;嫉妒之罪包括想要别人拥有的东西,且试图把它们占为己有;贪婪之罪也是无法控制自己的欲望和冲动;最后一种骄傲之罪似乎与自我失控不太明显相关,但实际上,它往往意味着这样一种冲动,它让人沉醉于自己更优越的感觉之中,并认为自己应享受特权或利益。如果人们能够克制所有以上这些情感和冲动,那么社会就会运转得更好。

道德判断无疑会受到偏见的影响。人们在审视自己的行为时,当然会将自己的一些过失加以合理化,并对自己采用更为宽容的道德评判标准,但对他人行为的评判则正好相反。[98] 原则上,道德规则允许人们发生争端并解决彼此的争端,让人们找到所有人都认为是正确的和好的解决办法。因此,它再次成为一个团队处理冲突和维持和谐的有效办法。

到目前为止,我们已经考虑了需要、思考、感受和行动等主题。这似乎囊括了人类心理的主要功能。但在结束全书之前,再考虑一下人们之间的互动也是很有帮助的,因为行为在互动中具有特殊的性质。下一章我们将探讨互动的特殊性质,特别要讨论它们是如何在文化性动物中得以转型的。

7

人如何互动

　　凯伦(Karen)今天很不好过。她觉得自己在世间孤立无援。去年,她与丈夫离了婚。从那时起,他和他的朋友们就从她的生活中彻底消失了。她的儿子上了大学,远在大陆的另一边,一个月也难得联系一次。与丈夫住在一起的时候,她还有几个邻里之间的好朋友。离婚后,她卖掉了大房子,搬到了现在的公寓里,与那些朋友也就渐行渐远了。公寓里缺乏人情往来,她还没能交到新朋友。她同以前最好的朋友林恩(Lynn)还有联系。但林恩最近换了工作,忙得不可开交。况且,两人现在共同话语不多,林恩热衷于办公室政治,凯伦却不好此道。凯伦希望生活在这样一种社会:人和人之间的关系紧密且稳定,一直都能有个依靠。

　　雅娜(Jana)今天也很不好过。她一家跟婆婆住在一起。但昨天晚饭时,婆婆当着大家的面数落她,说她饭做得不好、不会持家,让她很是下不来台。前天夜里,丈夫咳了一整夜,她没睡好。昨天下午晾好衣服后她就打了个小盹儿,补补觉。不想一场雨来,把外边挂着的衣服淋了个通透。她知道邻居们在背后笑话她。她也知道,是隔壁那家人把她的这点糗事到处说。两年前,她就与隔壁结了怨。起因是她在隔开两家的栅栏上刷油漆(只刷自家这一面),但不知怎的,油漆把隔壁家的花丛给弄死了一些。自此,这家人就开始对她抱有各种怨气。(其实,要是他们早把自家那边也刷上油漆,就不会发生这事儿了)。这条街上还有一家人也是雅娜多年的老对头,双方没办法和好,也摆脱不掉彼此。上周,雅娜发现自己脸上又多了些新的皱纹。她很想化点浓妆,多戴些首饰。但每次她这么做,人们就开始说她闲话。雅娜受够了,她觉得自己的一举一动都在被大家窥探、了解并谈论着。她只能尽量随大流,按照大家期望的样子生活,这样才不会给自己招来异样的眼光。但这太难了,因为雅娜比其他妇女受过更多的教育,颇有点鹤立鸡群。她多么希望自己有些同等教育层次的朋友,可以一起聊聊时事和文学。雅娜希望自己生活的圈子在人际上能有更多选择的余地,可以避开自己不喜欢的人,并且可以随心决定自己身边应该有一些什么样的人互相来往。

这两个故事揭示出人类社会生活的一种根本性困境。不过,世上大多数人都觉得会存在这样一种两全其美的安排:他们可以保持一个一生都很稳定的人际网络,而且网络中的人都拥有共同的兴趣爱好、价值观和目标。这个关系网能给人以足够的尊重和关爱,而且会年复一年地一直存在下去,为人们提供着永久的依靠。不幸的是,这是一种不可能实现的理想。为什么说它不切实际呢?因为它把两种本质上不相容的特征——稳定性和相配性——强扭在了一起,你迟早要被迫从中选择一个。稳定性意味着这种人际联系具有一定的永久性,某人会在你的生活中存留好长时间。而相配性则指某人跟你特别合得来,是你的好同伴。要达成相配,最好的办法是让人们自由选择自己的同伴。但问题是,如果让人自由选择,那么稳定性就必然会降低。到底是要一个稳定的社会网络,还是要更大的选择自由,两者其实很难取舍,因此,才称其为人际困境。

社会上有关"离婚"的争议无休无止,恰好是这一困境的简单写照。[1]在有些社会中,离婚是不可能的。那里的婚姻关系非常稳定,你知道另一半会一直陪着自己,直到终老。好的一面是,这种关系很牢靠,婚姻中的双方都会尽力磨合,接受双方的差异,而不是一有矛盾就闹离婚。这也保证了孩子们会在父母双方都不缺位的家庭中长大成人。不好的一面是,许多人要同自己不爱(甚至不喜欢)的人共度一生,无法分离。如果他们在婚后发现另一半逐渐变得面目可憎,自己恰好又碰上了特别满意的第三者,婚姻就会变成围城,想出却出不去。有些人其实并不讨厌自己的另一半,但也会觉得这种绑在一起的生活平淡无味,让人不快活。但在另一种社会中,离婚可以很随便。在这里,那些想要逃离不好的婚姻,追求新生活的人就可以遂愿了。实际上,有的夫妻一开始婚姻很美满,但多年以后,两人也可能不再志趣相投。在这样的社会中,夫妻双方可以和平分手,去找和现在的自己情投意合的人一起生活,而不是与曾经的爱人勉强过下去。他(或她)二三十年前是完美的伴侣,但现在却不是了。离婚随意的社会取向也有它的缺陷。许多孩子会生活在单亲家庭中,甚至只能由祖父母抚养,他们得不到完整的父母关爱。父母离异,亲子关系通常会出大问题。孩子至少会与父母中的一人不再亲近。有的夫妻动不动就离婚,而不是先想办法解决婚姻中的问题,最后发现不离婚可能还更好一些。还有的夫妻,其中一方并不想离婚,但另一方有了第三者,热恋之中急吼吼地想把原

342

配甩掉。离婚会带来孤独和焦虑。尤其是,有的人过于乐观,总以为离婚后能很快找到新伴侣,然而实际上却往往事与愿违。

另一个关键问题是,稳定还是自由并不只是一个个人层面的选择。甚至可以说,这种选择并不主要在于个人层面。以凯伦和雅娜两位女士为例,她们的问题固然是其狭窄的社交圈子的一种反映。但整个社会也在其中起作用,在一定程度上是社会迫使人们遵循某种方式来建构自己的生活。离婚法就是存在于社会层面的力量,个人不得不遵循这种法律。

这就触及了本章的主题:文化存在并不是孤立个体之间的联系,他们的关系是由更广阔的社会网络塑造的。这个网络是区分社会性动物和文化性动物的关键特征。因为,如果是单纯的社会性动物,个体之间的互动是单对单的。即使有一个头领统治整个族群,给这个族群带来很多改革,但当它死去后,这些成就就会烟消云散了。在文化性动物中,个体的创新会被群体继承下来,永垂不朽。说得更宽泛一点,文化会作为大背景,对个体行为和互动产生系统的影响和改变。文化互动可不仅是社会互动,它比社会互动复杂得多。

许多生物学家、进化心理学家和比较心理学家很快就洞见到了,人类互动模式和动物互动模式有诸多相似之处。像大多数社会性动物一样,人类更愿意花时间和精力与亲人在一起,他们一般都有家庭生活。同样地,人类也有性行为和攻击行为。人类有时也有助人行为,甚至会因此冒一点风险和做出一定的牺牲。但是人类的这些行为有附加的维度,因此与动物的相应行为有所不同。具体而言,人类的家庭生活、性行为、攻击行为和助人行为都附加了文化的组织、规则、脚本和期望。当两个社会性动物互动时,它们本质上是孤立的,不涉及其他的方面;而当两个文化性动物互动时,实际上有文化这个第三方势力在背后悄悄地发挥着影响。法律、道德、规章制度以及文化的其他表现都会约束他们的互动。从这个意义上讲,就算是夫妻之间的性生活,也都不完全是他们的私事。如果他们的性行为不符合其文化规定,那么至少有一方可能会因此被关起来。

文化的另一个主要优点在于,它使用了意义的概念。因此,文化性动物之间的互动是有意义的。意义可以通过很多方式来控制和影响个体。在第6章,我们看到,懂得遵守规则是社会性动物向文化性动物转变的一个关键特征。社会互动中存在着更加普遍的规则,而简单行为中相对而言则没那么多规则。简而言之,文化性动物除了有个体之间的互相连接外,还与整个文化相连。整个文化层面中存有诸如知识和组织之类的重要因素。文化性动物除了要与其他个体互动外,更要与这些文化层面的因素互动。

在一起生活、工作和玩耍

两个生物互动的方式非常多:合作、竞争、做爱、打架、一起玩耍,等等。我们主要关注的是,这些一个对一个的互动在人类中怎么就因为其文化属性而变得不一样了。集体深刻地影响着互动双方,对他们进行塑造和安排。或者换个角度看,这种一对一的关系和互动必须为了维护集体而进行调整,而不能完全随心所欲。正如社群都需要满足生活所需的基本物质要求,保证人们能够得到食物、水和住所,社群也必须满足某些基本的社会需求。个体内在的归属需要是一种社会需求,但仅靠这种需求还不足以让一群人长久地共存与合作。

那这些基本要求是什么呢?比如,社群必须对公平这一概念形成某种共识。所有已知的社会都有某种形式的互惠规则,不管 A 对(为)B 做了什么,B 也会对(为)A 做点什么作为回馈。[2]曾经有人问中国伟大哲人孔子,有没有哪个词可以作为人一生行事的准则?子曰:"礼尚往来。"[3]这么讲也许有点言过其实,但毫无疑问的是,人们确实有一种强烈的公平意识,需要报恩和报仇。

344

公正与平等代表两种不同的公平概念。不管一个人的贡献多大,需求多少,他是否得到了跟大家一样多的钱和食物?这是有关平等的问题。而公正则意味着,贡献更多的人得到的回报也应该更多。这两种公平系统都起作用,但大一点的群体可能更倾向于公正。因为公正的组织会奖励那些贡献多、成就高的个体,具有激励的作用。

文化也得益于把人们分配到不同的角色中去。这可能始于劳动分工。所有已知的社会都有某种形式的劳动分工。所谓分工,就是把任务分成许多部分,让每人各自专精少数部分,而不是每个人都要做所有的事情。这种分工的好处太大了。社会分工让每一个个体、每一对夫妻都需要与其他人互相依赖。

所有的社会组织都需要以一定的方式来做出决策。有的组织采用投票的方式,而有的则让领袖来发布法令。美国就有一套异常复杂的民主决策系统。其决策机构是国会,由参议院和众议院构成。国会由议员构成,议员由民众选举而生。议员可以联名提出议案,呈交国会由全体议员投票表决,此时参众两院的议员可以一起协商,调和分歧。总统具有否决权,但其否决可以被另外的立法程序推翻。如果必要的话,最高法院可以介入,宣布已颁布的法令违宪。这是不能被推翻的,除非你能改写宪法。

社会中还需要一些系统来处理个人的日常关系,譬如物质财产。团体必须有规则,说明所有权涉及什么以及在什么情况下可以被搁置。性关系通常需要某种集体公约,特别是要规定清楚哪些行为是允许的,哪些是不允许的。如果要解决分歧,也要尽可能将伤害和暴力限定在最低程度。诸如此类的问题,大到国家、小如家庭,都难免要面对。

作为一个群体的成员,个人有两个主要目标:和睦和领先。[4] 和睦目标在于与他人发展积极、愉快的联系,以便以友好、合作的方式进行互动;而领先目标则是指在权力、地位、威望或等级制度中的其他指标上超过别人。领先会滋生竞争、甚至对抗。

人与人之间产生关系的方式很多,大型群体处理问题,应对挑战的方式也很多,但这些方式的运作可能基于一些共同的假设。因此,有必要把这些主要假设提取出来,做个总结,这样就能对人们可能拥有的各种类型的关系进行更加简约的描述和解释。人类学家艾伦·佩奇·菲斯克(Alan Page Fiske)就做过这个工作。[5] 他把人类关系归纳为四种主要类型,分别对应于人类社会生活的四种基本结构。

公共共享是菲斯克描述的第一种关系形态。顾名思义,即群体成员共同拥有和使用群体中的一切。大家各取所需,也将自己的所有贡献出来。他们的所得和付出没有必然联系,关键在于他是否属于这个群体。他们所谓的公平,实际上是平等,而不是公正。据玛格丽特·克拉克(Margaret Clark)和贾德·米尔斯(Judd Mills)观察,现代美国中的大多数亲密关系都是基于公共共享规范的,即人们互相关心、分享事物、互相照顾,而不去计较"谁做的太多"或者"谁得到的太少"以及"这样到底公不公平"之类的问题。[6] 公共共享的关系中,人们对"合理份额"的概念比较陌生。这里信奉的格言是"我的就是你的"。大家的服从性一般很高。决策时达成共识比较重要,也就是说,群体会追求一个大家都同意的方案。成员通常有很强的群体统一感和认同感。公共共享关系在亲友之中会运转良好,但在大型群体中会显得繁琐和低效。很难想象一个现代大国会在此基础上运作,其部分的原因在于,人们不会愿意同陌生人分享自己的所有财产。

第二种关系形态是**权限等级**(authority ranking),这是一种等级制度。等级高的人优先,等级低的人其次。其决策方式是,上级发出命令,下级服从命令。上级比下级拥有更多特权,享受更好的资源。有时,上级也有义务照顾下属,就像父母要照顾孩子,国王和总统有责任考虑臣民的福利一样。这种等级有传递性,也就是说,如果鲍伯比詹姆斯等级高,而詹姆斯比乔治等级高,那么鲍伯的等级也比乔治高。在这种关系中,下属要忠于上级,服从上级。纵观世界历史,许多大团体和小团体都采取过这种形式。在困难或高压时期,这样的等级制似乎特别有效。也难怪军事组织几乎总是采用这种形态。

346

菲斯克提出的第三种关系形态是**平均分配**。在这种形式中,每个人看重平等,并期望得到相同的对待。无论有没有需求,每个人都可以得到同样多的资源。这是一种最看重的是互惠规范,而且可能采取强求互惠双方的付出完全对等的机械模式:我为你做了什么,你就一定要为我做同样的事情。(通常情况下的互惠是双方提供价值大致相等的付出,而不是完全等同的付出,如菜农给渔夫自己种的菜,而渔夫给菜农自己抓的鱼。)[7] 团队工作可以采取轮班或类似的其他方式,来保证每个人的工作量相等。这种形态下的决策是一种纯粹的民主,即每个人都投票,而且每张票都有相等的权重,少数服从多数。(还可以采用抽签的方式或轮流拍板的方式,这样每个人都有相等的机会掌握决策权。)这里的公正原则的起点在于平等和互惠,正义的原则是"以眼还眼,以牙还牙"。

市场定价是社会关系的第四种也是最后一种形态。人际间的互动乃至关系是基于一种广泛的关系网络:市场。市场网络中的一切都被赋予了某种程度的抽象价值。人与人是作为买方和卖方彼此联系的。市场价值体系允许人们用完全不同的事物进行交换,这与平均分配中的交换原则很是不同。例如,你可以用一辆二手车来换一架钢琴和一些画作。在这种形态中,资源的分配与每个人的贡献成正比。因此,这里公平的基础是公正而不是平等,即多劳多得,少劳少得。市场机制让陌生人之间的互惠互利成为可能,让双方各有所得。市场用收益和代价来影响社会互动,而不是统一或服从。这种关系形态里的决策是通过市场定价来实现的,个人可以根据自己的情况偏离市场定价。例如,他可以涨价,只要有人愿意接受就成;没人接受的话,他就只能降价。

就从社会性动物到文化性动物的演变而言,菲斯克的前两种关系形态(公共共享和权限等级)多存在于纯粹的社会性物种中,部分原因在于这两种形态不需要太多意义层面的行为调控。平均分配中对行为的约束已经体现出很强的意义性,而市场定价的运行则要极度依赖文化网络以及网络中成员对意义的理解。

除了菲斯克的分类，另一个结构变量也有助于我们理解人类的互动。要想了解它，通常要知道一个数学术语：零和。具体而言，多数人类关系甚至短暂互动都可以用"零和"或"非零和"来加以描述，这种两分法伴随着不同的规则、内涵和后果。"零和"实际上是博弈论中的一个简单概念。在大多数游戏中，如网球、国际象棋或足球，都会有一个赢家和一个输家。评分规则通常是为胜者加一分，给败者减一分，当你将双方输赢分数相加时，就会发现总的增量为零。即使在扑克这样的多人游戏中，也会有赢家（1个）和输家（4个），赢家得到的钱数正好等于其他人输掉的钱数，所以扑克也是零和游戏。简而言之，零和意味着一个人的收益与其他人的损失有关，而整体看来，收益和损失加起来的和为零。

不光是游戏，许多现实中的社交互动也都体现出"零和"特征。菲斯克对市场定价的讨论就提出"即使价格会偏离真正的市场定价，买卖也最终会走向零和"这样一种原则。卖方得到的钱和买方放弃的钱一样多。即使买方支付的钱是真实价格的两倍，最终结果仍然是零和，因为买方多损失多少钱，卖方就多得到多少钱。权力和影响力也同样倾向于零和原则，因为一个人的权力越多，另一个人的权力就越少。

但还有许多人类互动和关系不符合零和原则，而是双方都可能受益，或者双方都可能损失。例如，友好的谈话或浪漫的约会可能会给两人都带来快乐。即使是基于市场定价的交易，也有可能不符合零和原则，因为交易的一方可能具有某种与一般市场价值不同的主观价值。比如说，你有一幅难看的旧画，会让你想起自己不幸的童年，所以你很想扔了它。如果这件东西竟然能在旧货市场上卖到 50 元钱，那就是一件意外的喜事。但对我而言，这幅画很美丽，能够激发灵感，是我学画的完美指导。我可没想到只用 50 元就能买下它，这次可赚大了。你看，在这个交易中，双方都觉得自己赚到了。再举一个例子：假设我有良好的听力，但却患有花粉热，没办法在庭院工作；而你享受户外活动，但对声音不敏感，家里的钢琴调试不好。所以你帮我修剪草坪，而我帮你调试家里的钢琴，皆大欢喜。

确实，即使每笔交易都非常公平，似乎有一得必有一失；市场定价以及相应的分工中，也还是隐藏有"非零和"的方面。市场本身和劳动分工，能让每个人都有收获，因为财富净额增加了。每个人都做自己分内的工作，其结果是，每个人都需要通过交易网络来获取食物、住所和其他种种生活所需。如果每人都要自己盖房子住，种粮食吃，我们的生活会比现在困难得多。

之前曾提到的两个目标（和睦和领先）在零和性质上有所不同。很明显，和睦是非零和的，因为它需要建立互利和双方都满意的关系。而领先往往是零和的，因为地位和影响力的量是固定的，一个人有所得，那另一个人就必然会有所失。[8]

零和两分法大致上可与合作与竞争的概念进行类比。竞争往往是零和的，因为有赢家和输家，而赢家的收益恰等于输家的损失。相反，合作往往是非零和的，因为双方追求互补共赢。合作关系和竞争关系感觉差异很大，这种差异体现在互动的产生原因、进展方式和结束方式等各个方面。也就是说，人们开展合作（或竞争）的原因分别是什么？他们如何开展合作（或竞争）？他们又如何退出合作（或竞争）？对于这些问题，两者所给出的答案是非常不同的。

自私冲动和社会良心

自然和文化之间的冲突有一个经久不衰的来源——自私。进化让每一个有机体为自己谋求更大的好处。当然，个体为了亲人可能会愿意做出一定的牺牲，但那也是为了让自己的基因存续，故称"自私的基因"。相对的，文化却一般要求个体克服自私的倾向，为群体谋福利。自私的个体不会愿意缴税，排队，参军打仗，尊重他人的物权等，但文化却会要求他们这么做。

在第6章，我们看到，自我控制是文化用于克服自私冲动的首要的内在机制。在本章，我们关注文化系统本身如何将自私行为导向正途。道德和法律就是为此而生的两种主要文化机制。

道德和法律起作用的领域并不一样。劳伦斯·弗里德曼（Lawrence Friedman）在论述美国法律史时曾有这样一种见解：法律是道德的一种合理替代，当道德逐渐失去效力的时候，这种替代就会发生。这种转化取决于人们的互动是更多地发生在亲友之间还是陌生人之间。[9] 道德依附于社会联系。在稳定持久的关系（尤其是亲缘和朋友关系）中，道德效力很强，足以遏制自私，将人导向正途。但在陌生人之间的互动中，道德的约束力就特别微弱，这时就需要法律登场来代替道德发挥作用。

道德能起作用的前提是内疚感。而内疚感与亲密关系有很强的关联性。内疚的情绪根基着重于维系亲近的社会联结。同样的过失可能会因为对象的不同而引发不同程度的内疚感。例如，比起忘记给某路人甲、路人乙或路人丙回电话，忘记给自己的孩子、母亲或爱人回电话要让人难受得多。[10] 内疚感是人际间情绪的一

349

种,人们感到极度内疚,多半是因为对不住自己特别在乎的人。

因此,内疚是一种有价值的情绪,能让人们好好对待家人和朋友。但对于关系没有那么亲近的人,内疚的这种价值就显得比较无力。很显然,人们会好好待自己的亲友是因为害怕失去他们的爱。但这种考虑在面对陌生人时就不存在了,陌生人防止别人危害自己的唯一手段,就是把别人的坏事抖搂出去,败坏他的名声。对,名声对人也有一定的约束力,但这种约束只存在于那种小村镇中的熟人社会。现代社会中人群流动十分频繁,坏名声的威慑力也变得没有那么大了。

因此,随着社会越来越现代化,人们必然会越来越被法律法规而非内在的道德压力所支配。然而,道德仍然会在亲密的小圈子里继续起作用。弗里德曼指出,大多数现代家庭都有自己的家规,但他们不会雇用警察或保安来逮捕回家太晚的家人。亲密关系的情感纽带赋予了道德足够的力量,让它能起作用。但当人们离开家,开始与陌生人打交道时,他们就需要借助法律来确保大家遵守规则。

文化在宏观层面上安排人类行为,经常要调和不太熟甚至完全陌生的人们的行为。让他们各司其职,待人(陌生人)和善公正,这对文化社会的顺利运作至关重要。因此,整个社会将越来越需要更多更好的法律,以及相应的执法系统(如警察和法院)。

违反社会契约

人们之所以愿意遵守法律,可能是因为他们害怕破坏法律的后果。但是,对于人们为何愿意一直按照法律和道德的要求做出牺牲,我们需要一个更加明确的理解。为什么人们不干脆跑掉,自己一个人生活,而非要活在必须做出牺牲的文化社会中呢?有些人确实这么干了。那剩下的人为什么要继续留下?

350　　　最显而易见的回答是,生活在文化社会中的好处太大了。尽管文化需要做出牺牲——如必须排队等候、抑制自己的冲动、尊重他人的权利、纳税——但文化社会赋予的优势足以补偿这些牺牲。虽然政府会通过所得税、房产税、销售税和其他诸如此类的理由,拿走你一半以上的工资,但你生活得滋润、舒适、不愁吃穿,大家都愿意过这样的生活,不愿跑到外边去荒野求生。

因此,现代社会的生活(可能大多数前现代社会也是这样)依赖于一种隐含的契约。个人遵守规则,抑制自身许多自私的冲动,以社会称许的方式行事。作为交换,社会为归属其中的个人提供了巨大的好处,除了直接满足成员的归属需要,还提供进入市场的机会以及由社会福利、军队、医疗保健等机构构成的社会安全网。

双方中的任意一方都可以违反这个契约,但这样做很快就会得到另一方的回应。不能展示必要自控力的人往往会被别人唾弃。罪犯会被关进监狱;自私、冲动、咄咄逼人的家伙大家都避之不及;不诚实的员工会丢工作;欺骗客户的商人慢慢会失去业务甚至被起诉;那些脚踏几条船的人会被他(她)们的恋人甩掉。因此,要想一直被社会网络所接受,就要一直愿意作出必要的牺牲,去从事对整个集体最有益的事。

相反,那些发现自己被群体拒绝的人往往会回到冲动、自私的行为模式。这种现象即使在实验室进行的研究中也非常明显。研究者随机选择被试接受社会排斥信息,结果发现,当人被拒绝时,他们就更容易攻击、欺骗、拒绝合作或帮忙、他们目光短浅而只顾眼前,还存在其他形式的自我控制弱化的迹象和反社会倾向。[11]这足以说明,人们遵守规则以及自我控制就是因为他们认为这样能换取社会的回报。

家庭

可以肯定地说,人的本性中蕴含着对家庭生活的热爱。古今中外,人类都生活在家庭之中。虽然家庭的定义和形式在不同时代不同地域有所不同。但一般而言,家就是我们可以停泊的地方。"家是我们国家的希望,是梦想起飞的地方",2000 年,略显疲态的小布什(George W. Bush)在威斯康星州为竞选总统发表演讲时这样说道,他大概是想以此引出"要把支持家庭作为政府的核心工作"的话题。政治家和专家们时不时就要面对离婚率、父亲缺失以及鳏寡孤独之类等统计数据,他们殚精竭虑,以为这些预示着家庭即将消亡,但家庭不会消亡。

离婚对家庭关系的威胁可能没有人们想象中那么严重,因为婚姻对家庭其实并没有大家认为的那么重要。一位学者考察了历史研究和跨文化研究的成果,得出这样的结论:在大多数社会中,家庭的核心是亲子关系,而不是夫妻关系。[12]把夫妻关系看作家庭关系的核心是现代西方的模式,这实际上偏离了曾经的普遍模式。可以确证的是,母子关系是非常牢靠持久的。事实上,正如本书前面提到的,不论多么坚决,消除亲子关系的努力都彻底失败了。以色列的集体农场和苏联都曾企图让公家来抚养孩子,不要通常的亲子关系,但他们很快就都放弃了。婚姻也不是一成不变的,历史上曾有过多种婚姻形式,如一大多妻制、一夫一妻制等,但亲子关系(可能尤其是母子关系)却很少经历根本性的重构。

351

本章各个部分的主要目的在于解释集体文化是如何影响个体的互动模式的。家庭无处不在,人类社会有,很多动物群体也有。那么,文化是如何影响家庭的呢?

家庭通常是单独个体与更广泛文化之间的重要纽带。家庭从方位(他在哪儿)和身份(他是谁)来界定一个人。家庭会从各个方面装备自己的孩子,让他成为所属文化中的一员。在有些地方,如果没有家庭关系,人们就无法在社会中占有一席之地。在过去的几个世纪里,我们社会中的家庭给你吃穿,送你上学,操办你的婚事,帮你找工作。如果家庭没办法帮你做这些事情,就会送你去当兵或让你进入教会。如果连这也做不到,或者你不接受家庭的安排,你就会成为社会上的一个边缘人,甚至走上犯罪道路。

现代化进程从某些方面削弱了家庭作为个人与社会纽带的作用。历史上有关家庭最重要的变化可能是其社会经济功能的丧失,演化成一个单纯亲密关系的港湾。欧尼斯特·伯吉斯(Ernest Burgess)和哈维·洛克(Harvey Locke)的经典社会学著作就阐明了这一变化。[13] 他们指出,历史上大多数人都是农民,一个家庭就是一个生产单位,家里人都在自家的农场里一起干活。父亲、母亲、儿子、女儿和其他家庭成员每人都有活儿要干,一起生产粮食供养全家,也许还能有一些盈余拿去卖。家庭成员并不注重互相之间的感情培养,也没兴趣追求自我实现或心理成长,这些都要让位于农场的经营。如果只是以种粮食来卖而言,家庭其实是你借以进入经济活动的第一单位。

工业革命之后发生了一些变化,但家庭主要还是一个经济联盟。家庭还是个人与社会及其经济系统联结的纽带,一个没有家庭的人难以安身立命。家庭为你提供衣食,给你工作,给你财产,有了这些你才可能结婚生子。生病时,家庭照顾你,年纪大了,家庭供养你。在以前,国家既没有医疗保险等社会保障体系,也没有公立学校等直接提供就业机会的机构,这些职能都是由家庭来尽可能实现的。

现代西方的夫妇为了爱情结婚,可以无负担地就决定是否要孩子。这种活法与我们大多数祖辈的生活截然不同。对祖辈人来说,没有收入就结不成婚,这事儿家庭必须得帮,比如把农场过继给他。此外,孩子可不是愿不愿意要的事儿,他是一笔重要的资产,一旦结婚,你通常希望有孩子越快越好。在农业社会,他们是重要的劳动力。在工业社会,他们是重要的生产者,会给家庭带来收入。此外,养儿还可以防老。那个时代,如果一对夫妇一直没有孩子,生活会变成一场灾难——不是感情上满足与否的问题,这纯粹是个经济问题。

　　几个世纪以来，现代的家庭形态渐渐形成。年轻人开始为了爱情而结合，不再接受父母安排的婚姻。随着这种转变，夫妻关系更多地追求亲密和浪漫，而不再看重家庭之间经济上的联合。生孩子的经济考虑也越来越少，最终不值一提。也就是说，过去你花钱把孩子养大，等你年纪大了，孩子会花钱给你养老（给你食物、住所和其他方面的生活支持）。因此，投资在孩子身上是划算的。但是现在不是这样的了：几乎没有美国父母指望孩子的回报，事实上，有了孩子后你会一直在他身上花钱，直到自己死去。不难想见，这种情况大大促进了家庭规模的缩减。每个孩子花起钱来都像个无底洞，所以为什么要那么多孩子呢？因此，一个家庭有一两个孩子后就不生了。

353

　　显然，在现如今，几乎没有家庭从事联合经济生产，不管是农场还是其他工作场所，很难看到这种情形。在很多情况下，家庭甚至不一定非要帮家庭成员安排工作。每个人从学校毕业后，都要自己去找工作。即使一个家庭中每个人都就业了，他们从事的职业之间可能也没什么联系。父亲是会计，母亲是护士，儿子在杂志社工作，女儿在商场工作。这与一家人一起在自家农场中干活的情况有着天壤之别。家庭还是在个人与社会之间起着纽带的作用，只不过是以比较间接的方式实现。也就是说，家庭所处的社区决定了孩子可以上哪些小学、初中和高中，而家庭的财产及相应的情况则决定了子女在哪种大学接受教育。孩子成年后的收入很大程度上依赖于他所接受的教育，而这又是由他的家庭状况所决定的。于是，一个人在社会上过得好不好，还是与其家庭有关。

　　现代人希望家庭能提供心理上的满足感，而不是经济上的好处。理想情况下，家庭成员会在晚间聚会，分享他们的难处和关切，互相提供情感支持，并在彼此的互动和关系中寻求安慰与满足。（或者，他们至少会在一起看电视。）如果他们不能在家庭关系中获得情感满足，就会离开家庭。父母可能会离婚，孩子也可能会搬走，只是偶尔给家里打个电话。

　　社会希望维持家庭的形式，因为家庭这种单位确实有利于照顾人，并将人与文化系统联系起来。家庭破裂了，孩子就没人照顾，那社会就得建立机构照顾他们，提供衣食住所，还要雇人照料，这些都需要花很多钱。当然，家庭破裂后，孩子一般会跟着父母中的其中一方，但这依然会让社会付出一些代价。单亲父母的资源显然会大打折扣，他们的钱更少、时间不够、精力有限。其后果就是，单亲父母的子女对社会的贡献更少，索取更多。他们更容易学习不好，更容易犯罪，创造的财富不

354

多,而且他们建立的家庭也摇摇欲坠,随时可能会像父辈那样搞砸自己的婚姻。

虽然大多数社会都会以各种方式支持家庭,但文化的其他进展可能会削弱或破坏家庭。福利制度给单身母亲的钱比给已婚父母的更多,实际上会成为一种鼓励离婚的因素。保护自由离婚的法律让人们在对婚姻有所不满时就可以轻易放弃,而不是努力去修补婚姻中的问题。[14] 提升妇女的权利和经济机会让她们能够有钱独自生活,这也使离婚和单身的情况大大增加,因为人们不愿意迁就不幸福的婚姻。所有的这些进展其实都是有好处的,至少在某些方面是可取的,但它们确实有削弱家庭的副作用。

文化也会制定法律来规范家庭,因此家庭生活也逐渐处于国家控制之下。天主教会在中世纪的大部分时间里都在努力获取对婚姻的控制权,但如今婚姻主要是一种法律关系,宗教充其量只起到辅助作用。美国目前的法律辩论就反映了政府对婚姻的控制,法律可以规定谁和谁能结婚。例如,男人只能娶女人,同性恋者不能结婚,所以同性恋者组建的家庭一般得不到国家的承认。最近在俄亥俄州,有一名男子正在接受变性手术,他将以女同性恋的身份同女友一起生活。他们想申领结婚证。但法官坚持要他接受体检,以确保准新郎在婚礼当天仍有阴茎,否则婚姻将是非法的,因为双方都是女性。同样,另一个规定是一次只能娶一个妻子,所以一个人如果要娶另外一个女人,他得先同现在的妻子离婚。法律不允许二女共侍一夫的情况出现。如果一个家庭有继父(母),就更要受到严格有序的监管,通常会涉及高度复杂的规则,来决定"哪个孩子应该从谁那里继承什么"之类的问题。当然,对于财产继承这种有关家庭的传统问题,政府的监督和管理自然会特别细致。政府有时会给父母减税,让他们能有更多的钱花在孩子身上。但当父母去世时,政府通常也会介入,从遗产中抽取很大一笔。

简而言之,家庭不只是一群有血缘关系并住在一起的人构成的网络。在文化中,家庭也受到社会规则的管控,是联结个人与文化的纽带。

性

性可能看起来像是两人之间的私人行为,但大多数文化都会在许多方面对性行为施加影响。当两只兔子、两只狗或两头大象发生性关系时,与其他动物群体不相干,其他动物自然也不关注。但当两个人发生性行为时,他们所属文化的影响是一直存在的。也就是说,两个人在床上一起要做的事情,还会受到许多不在场的人的影响。

文化最明显的作用是提供意义。对于人类来说，性通常带有其他物种的交配所不具备的意义。性行为可能意味着死罪，也可能意味着背叛、成人礼、爱的表达、传宗接代或一个人的愿望。

所有已知的社会都对性行为立了规矩。这种普遍性说明，不对性行为进行监管，可能会对社会秩序产生威胁。事实上，性的威胁可能是多重的。问题（尤其是意外怀孕）多数集中在性交上，而手淫、接吻、抚摸，甚至口交等过渡行为其实没有多大危险。尽管如此，社会有时也要规范这些行为，也许是认为它们会促成性交。这些过渡行为是让人彻底满足了，还是说会让人更加欲火中烧，迫切地想要继续下去？这种问题对于制定有关性的政策至关重要，却至今悬而未决。例如，如果社会允许在婚前和婚外情的情况下用口交的方式解决性冲动，人们是否会因此满足而仅止于此？如果是这样，那么人们这样做就没什么问题。如果不是呢，那社会可能也需要对这种行为进行打击，而要控制住性行为，那么采用更为清教徒式的措施就会非常必要。

不受监管的性行为存在如下问题。首先，性行为会导致怀孕，如果生出来的孩子没有适当的家庭环境，这个责任最终会由社会来承担。非婚生的婴儿（婚前或婚外）在物质上得到的照料和在社会化过程中得到的指导都是不够的。

其次，性传播疾病（性病）会引起严重问题。可以预计的是，艾滋病会使好几个非洲国家的人口减少。除了造成人员伤亡和苦难外，这种疾病还会对这些国家的经济和文化结构造成灾难性影响。而艾滋病和其他性病的感染率正在世界范围内持续攀升。即使是非致命性的性病也非常麻烦。例如，有几个非洲社会在性的方面非常开放和放荡不羁。[15] 人们婚前和婚后都有许多性伙伴。某些希望获得更多性经验的人听来可能觉得很向往，但性病最终导致那里三分之一到一半的妇女永久不育，也导致了巨大的人力被浪费和社会经济被破坏。

第三，性行为会导致暴力。所有社会和文化中的性都伴有一定程度的占有欲。[16] 因此，如果人们的配偶与其他人有了性行为，这会让人郁闷不已。而且，就算夫妻双方都同意对方与第三者的性行为，这种婚外性行为还是会威胁到夫妻关系。[17] 如果一个社会宽容婚外性行为，那离婚率就会上升，其他困局也会随之而来。这样一来，文化用道德和法律来调控性行为的做法就不令人感到奇怪了。不过，文化还有一些非常微妙的手段。在一个社会中，人们的性行为实际上与某种经济规

356

律有点关系。性的经济学有这样一种假设,即性是女性的资源,所以男人要与之发生性行为,就要用其他物资来交换。[18] 女性也需要性,但男性却更想要。女性发生性行为后的风险和代价也比男性大得多。于是,男性想要性,就得把这个交易弄得甜蜜温馨一些,男性必须给女性一些性之外的诱因:礼物、钱、尊重、承诺、爱等。于是,男人在约会时得付账,要买点珠宝送给女人,要承诺天长地久的爱情,甚至有人会直接给现金。很少有女人倒贴东西给男人的情况出现。

这种性的交易就在社会中创造出了性的市场。每对男女在性行为上的取舍都要受到社群中的规范的影响,这些规范中就包括了某种公认的价格。这个价格主要是受市场供需影响的。在性的经济学中,男性是需求方,而女性是供给方。人群中性别比例的变化会改变性别的价格。[19] 当女性比男性多时,供给大于需求,此时性的价格会下降。如果发生了大战,导致大量青年男性死亡,或者在低收入的社区,大量男性因卷入暴力,有的死亡,有的入狱时,这种情况就可能发生。性价格低的地方,男性很容易就可以发生婚前和婚外性行为,而女人就没有了议价权,她们没办法在承诺、金钱、爱情或其他方面提出过多要求。如果女性以性来要挟,男人很快就能找到下一个更愿意配合的女伴。

相反,如果人群中男性比女性多,性的价格就会上涨。有些地方重男轻女,女婴会被故意流掉,男多女少的局面就被人为造成了。这时,婚前和婚外的性行为就会比较少。社会风气就不会那么随便。男人如果想跟女人上床,他就得做出永久性的承诺。这个承诺不仅涉及衣食住行上的照料,还包括不能跟别的女人乱搞。这对男人而言似乎有点狠,但在女人稀缺的地方,男人愿意付出这个代价。最近研究发现的一些现象,如果不用这种性市场的供需变化来解释,就会让人觉得很矛盾。例如,如果一个地方男性短缺的话,少女怀孕率就会增加。[20] 本来,要有男人,女人才会怀孕,男人少了,怀孕的可能性应该降低才对。在极端的情况下,一个男人也没有,那女人根本就不会怀孕。现在却发现,男性越少,少女的怀孕率越多。实在让人费解。我们换一种方式来看,如果有两个社群,社群 A 有 100 名男性,100 名少女,社群 B 有 30 名男性,100 名少女,请问哪个社群中少女的怀孕率会高一些?你可能会觉得社群 A 中男性多,因此少女怀孕率会更高。但是你错了,实际上是社群 B 中有更多少女怀孕。

社会交换的原理可以解释这种悖论。男性短缺时,女性之间的竞争就会更激烈,而竞争的手段就是降低价格(性价格),这就好比顾客不足时商场会让利促销一

样。如果性对男人而言更容易得到了，未婚怀孕的几率就会增加。穿衣风格的有
关现象也印证了这种解释：男性短缺的地方，女性的裙子就会比较短，这就是在通
过展示自己的性魅力从而从别的女性手中争夺男人。[21] 这些发现引出了更多有关
竞争男性的情况。比如，女性之间互相压制性感表现，可能是基于约束竞争的考
虑。毕竟，如果一个女性在性行为上比其他女性更加开放，那么她可能会吸引更多
的男性，因而有可能从其他女性那里偷走男人（研究已经证实，女人要从别人那里
抢走男人，跟他上床是最普遍最有效的方式，而男性想通过这种方式带走别人的女
人，就没有这么有效）。[22] 如果女人之间互相约束，保持大约相同程度的性供应，那
她们之间就不会出现恶性竞争。恶性竞争意味着不得不持续地降低性价格，大家
都变得越来越廉价。

　　在性的经济秩序中，女性会有两种相反的冲动，这种对抗的张力会让女性一直
处在矛盾中。一方面，女人也有性的需求。但只要男人比女人更加想要，女性就占
据绝对优势。只要她愿意，就能很容易地得到并享受性行为。但另一方面，妇女希
望抬高性的价格。而只有供不应求时，才好抬价，所有资源都遵循这个规律。因
此，妇女也有必须互相限制性行为的理由。正如男性希望女性在经济上更加依赖
自己，这样就能以比较小的代价得到性，女性希望男性保持某种性饥渴，这样他们
就会愿意用更大的代价得到性。

　　"妇女试图限制彼此的性行为"的观点是有事实支撑的。事实上，文化对女性
性行为的抑制似乎主要通过女性自身来实施，而不是由男性压制女性。[23] 在当今西
方社会中，让女性限制自己性行为的要求主要来自其他女性：来自母亲而不是父
亲，来自女同伴而不是男同伴。那所谓的双重标准（即允许男子从事性活动，而同
样的行为发生在女性身上却要被谴责和惩罚）主要得到的是女性的支持。在某些
社会，存在一些抑制女性性行为的残忍的手术，如缝合阴道或者切除阴蒂等，这些
手段几乎主要是女性发明的，其维持、实施以及捍卫的主体也几乎都是女性。一般
而言，在有这种情况发生的社会中，女性在经济、政治权利，法律地位，受教育的权
利以及其他方面都缺少机会，无法为自己创造舒适的环境。对这样的女性而言，性
是通向美好生活的唯一船票。因此，每个女性都需要把自己在性上的优势卖个高
价。我们可以想见，如果这个社会给予女性更多的机会和权利，那这些抑制女性性
行为的残忍手术就会不再流行。

　　男人也要争夺女性。我们可以看到，男性的性吸引力取决于地位、资源和声

望,因此男性会在这些方面竞争。为什么男人比女人在职业上有更高的抱负,有时候甚至高得离谱? 这可能是因为男性认为职业成功会提高男性魅力,更容易情场得意,而女性却不会觉得职业成功能吸引追求者。大多数进化生物学家认为,雄性之所以看重地位,是因为地位能保证性和生殖方面的成功,人类也不例外。与动物不同的是,人类男子在文化系统中获得地位是靠谈判实现的。

359   总之,性通常被视为一种私密的色情活动,但对于人类而言,性已经有了文化意义。性由文化背景塑造,这个背景包括规范、规则、道德和法律。当然,性也在很大程度上受经济规律的影响,这种经济的根本在于男性用资源同女性换取性。经济也是一种文化体系,因此,性的经济学正好揭示了文化在性改造中的重要性。

暴力与攻击

如果说性是社会必须控制的东西,那暴力就更加需要控制了。让人们以暴力手段解决争端,甚至让他们以自以为合适的方式互相残杀,对社会来说绝非长久之计。所有社会都禁止某些方式的谋杀,而几乎所有社会都对暴力行为施加了其他限制。在大多数情况下,法律会惩罚施暴的人。更重要的是,抑制愤怒和侵略行为是社会化的一部分,这个过程中所形成的内在心理约束至关重要,有了它你才能在社会中和谐地生活。正如性有其独特的意义,攻击也有其独特的意义。攻击可以意味着坚守某种立场,或是捍卫荣誉,又或是解决问题的手段。

然而,攻击和性并不在同一水平上。人们渴望性是因为性本身让人向往,但暴力通常是达成其他目标的手段。这样说并不是否认攻击可能有着先天的基础,但仅仅用某些遗传或生物倾向来解释攻击行为是不够的。许多攻击和暴力行为实际上是为了解决冲突和对别人施加影响。[24] 当两个人有着不可调和的矛盾时,有很多方法可以判定谁能得偿所愿,攻击就是其中一种,而且是全世界都认可并广泛使用的一种。

我在第 3 章中曾指出,攻击是社会性的而非文化性的。也就是说,社会性动物把攻击当作一种社会策略,用来影响别人,保障自己的地位,增加自己的权力,在冲突中获胜,捍卫自己的领地,以及击败别人的挑战。这些目标在文化性动物中也很重要,但文化通常会找到更好、更可取的实现途径。现代的男性想要显示自己的男子气概或提升自己的地位,并不会殴打其他男人(或者更糟,殴打女人),而是通过接受教育、挣更多的钱、为子女提供较高的起跑线等手段来实现。男人追求教育和

职业上的成功对社会有好处,而如果男人诉诸暴力,对社会而言就是一种破坏。文 360
化更加可行,是因为它鼓励人们用非暴力手段达成自己的目标。

然而,进化还没来得及抹去人类心中的攻击性,虽然从社会生活到文化生活的
转变,使暴力在某种程度上已经不再是达成目标的最佳手段,但这种转变为时尚
短。其实,从短期来看,暴力似乎很管用,因此,人类的演化很难成熟到不再需要攻
击倾向。特别是,许多人会发现,和平且文明的手段在自己达成目标的过程中并不
管用。比方说,如果你想在经济上有保障,可以通过法律、医学或牙科的高等学位
来实现,但申请这种培训的人总会远多于能接受这种培训的人,而且更多的人甚至
连申请资格都没有(大学都没毕业)。有些致富之路漫长而艰难,而且大门只对少
数天之骄子敞开。相比之下,几乎人人都可以买枪逼迫路人拿出钱财。

于是,每一种文化都不得不设法控制和约束人类的攻击性。至少从这个意义
上讲,弗洛伊德是对的。他在自己的著作《文化及其不满》中就强调,人的内在攻击
倾向会给文化带来麻烦(当然,他对于攻击性本质以及攻击所致问题本质的论述未
必正确)。[25] 要不是人们会时不时地用暴力来解决问题的话,文明生活本应该更加
有效、顺利且容易。

不说道德因素,文化为什么就非要反对暴力呢? 有两种主流答案,我觉得都有
道理。这两种缘由共同构成了文化致力于减少并抑制人类攻击行为的大背景。第
一个答案在于攻击会扰乱社会系统。文化的本质部分在于把人和人的行为组织
化,这通常是用一系列互相关联的角色和相应规则实现的。要扮演一个社会角色,
不光要学习相应的技能,还要掌握相应的规则。要是有人被杀了,他的角色就出现
了空缺,得训练一个新人补上。要是攻击行为大行其道,那规则就不可持续,规则
将因此变得毫无意义。例如,大多数经济体都要依赖个人物权,包括对钱的拥有
权,但如果大家可以用暴力从别人那里抢钱,那物权就没有意义了,钱也没用了。
毕竟,要是钱很容易被人抢走,那干嘛还要用钱买东西,直接抢不就得了。既然钱
没什么用了,那干嘛还要攒钱? 换一种方式来理解,暴力甚至不是一种零和现象,
使用暴力时,损失总是大于收益。

这就引出了第二个答案。文化的主要追求在于创造更好的生活,提供物品和
服务来满足人类的需要。这些物品和服务都是有价值的,当社会中此类价值的总 361
量得到提升时,文化就取得了进步;而暴力却会减少这个价值的总量。我在重读有
关邪恶的书时,[26] 我发现有一个模式被不同的研究者反复提出,每一次提出都好像

是新发现。这个模式就是：施暴者从受害者那里得到的总是少于受害者的损失。我将其称为量差，意指损失的大小或数量，但本质上这是一种价值上的损失。小偷和劫匪从失主那里得到的东西的价值要小于失主丢失的价值，因为偷来的东西在价格上要大打折扣，更不要说物品丢失还对失主造成了心理伤害。战争胜利的一方会得到新的领土，但这个领土在战争中已经满目疮痍，它的价值远低于战前的水准。强奸犯或恋童癖所得到的性快感，当然要远少于受害者所经历的痛苦，几分钟快感的对面是受害者数年乃至持续一生的痛苦。一个杀人犯能得到什么好处，可以与受害者失去的生命相提并论呢？

有关量差的讨论，其核心就在于暴力本质上就会减少价值。学者们可以把暴力看作施加影响的手段之一，暴力可以帮助人们达成目标。这个道理听上去很对，但它却忽略了一点，即暴力会让整个社会付出代价。暴力不是把物品从一个人手中传递到另一个人手中，这个过程还存在价值的损失。因此就毫不奇怪了，文化当然要拴住暴力这匹烈马，并引导人们用其他更平和的方式去得到自己想要的东西。

文化会用很多方式来限制暴力。人们会排斥喜欢使用暴力的人。这种排斥在儿童时代就有了。孩子们会避开攻击性强的儿童和欺凌者。社会化的过程会教会孩子抑制攻击行为，用平和的方式来表达自己或达到目的。所有文化都对至少部分暴力行为设置了道德约束，[27] 而大多数现代文化都为这些行为准备了事无巨细的法律规范。另外，文化还促进了解决人与人之间的争端的措施（诸如诉讼之类）的发展。这些措施虽然不直接阻止暴力，却也是限制暴力的重要手段。

即使在不得不使用暴力时，文化也会设计规则来控制它。决斗就是一个很好的例子。决斗本质上是人和人之间的暴力战斗，只是披上了荣誉或其他文化面纱。但决斗是有很多规矩的，这些规矩可以防止暴力升级或扩散成家族世仇，而且会明确停战时机。

362　　　　还有战争规则也是对攻击行为的限制。尽管常常有人违反这种规则，但违反规则的人知道自己过了线，而且他们也清楚，一旦被发现，自己会面临严厉的惩罚。在现代社会，战争是在国际条约设定的清晰规则下进行的。这些规则具体到如何界定战斗人员，战斗双方如何对待对方，如何对待俘虏，等等。历史上为战争立规矩的做法效果有限，目前仍在不断完善。这里头最高端的大概要算中世纪基督教会的一个尝试，规定只有在周一、周二和周三才能开战，[28] 而周四到周日的时间得用来祈祷和开展其他宗教活动。但这个规矩好像从来就行不通。还有一个规定也没能成功,当时十字军曾经宣布埋伏是一种非法的军事行为。欧洲骑士一般甲胄傍身,在正面对战穆斯林战士时大占优势。但阿拉伯人后来学乖了,他们避免正面对战,选择有利地形埋伏起来,再痛击闯进埋伏圈的敌人。十字军恨死了这种战法,觉得太不公平,但他们并没能说服阿拉伯人放弃这种非常有效的战法。

有关战争的例子带来了一个重要观点:有时社群不仅不会限制暴力,还会主动使用它。社群可以通过暴力获利。有人可能会说,世界已经从第二次世界大战中使用暴力所付出的惨重代价中吸取了教训。但是很显然,这个教训还是不够彻底:有人数过,二战结束后的四十年间,整个世界只有两天是和平的,这其实还没有算上内战。[29] 也就是说,即使在现代社会,也总有某个地方正进行着战事。社群也会争斗,也会觉得可以诉诸暴力来达到目的。这一点跟个体没有分别。然而,同样的限制也是适用的,因为从长远来看,如果能够停止战争,世界经济将会更加繁荣。

还有一种情况,文化可能会促进暴力的使用。施暴者真心以为,他们通过暴力得到的要等于甚至大于牺牲者的损失(当然受害者可能不会这么看)。这里面涉及理想主义的杀戮。[30] 想想历史中那些最臭名昭著的大屠杀,实施屠杀的群体都相信自己在创造一个更好的社会,甚至是完美的世界。他们相信,把某些人(有时达到数百万之多)杀掉,是创造一个更好社会形态的必经之路,因此,这些流血和暴力都是正当的。纳粹德国实施的多个种族灭绝项目中,有超过 200 万人死去。谋杀者就是被自己的文化所鼓动,认为暴力是必要的,是通往更好社会形态的必经之路。

理想主义的杀戮显得格外残忍,可能是因为:杀戮者真心(或尽力让自己)相信,暴力会换来更好的东西,其价值要远大于牺牲者的损失。于是,暴力会被官方认可或合理化,并被赋予最高的文化价值。在美国,最近的理想化杀戮的例子就是抗议流产手术的组织,他们有时会用枪和炸弹来破坏医院设施,伤害甚至杀害医务人员。对于有理性的人而言,这种暴力行径是非法且不道德的。但这些施暴者却相信自己是在捍卫胎儿的生命,因此是神圣的行为。

相信屠杀有更大的价值,还不只是让行凶者将暴行合理化或正当化。这种信念让屠杀变成了一种责任,而责任让行凶者在实施杀戮时无视自己良心上的不安。理想主义的暴力为什么尤其残忍和彻底?因为施暴者觉得自己在道德上有义务实施这些伤害,这使得他们与大多数杀人犯有所区别。他们持续地杀戮,并不是因为享受这个事情。即使他们深切地希望自己能停下来,其道德感还是驱使他们继续

363

下去。

    资源竞争,诉求不同以及乌托邦的梦想并非人们争斗的全部目的。很多争斗是因为尊严和尊重。[31] 具体来说,人们会攻击哪些破坏自己美好形象的人。[32] 批评、无礼、辱骂、侮辱以及其他一些冲击一个人尊严的行为常会诱发攻击性的反应。这种情况可能发生在个体之间,也可能发生在群体之间。实际上,群体暴力,黑帮火拼甚至国际战争的起因有时候就是集体名誉被玷污。暴力的群众往往自视甚高,这种自我观感让他们特别容易觉得,别人没有给予他们足够的尊重,因而暴力相向。这类暴力很容易被看成群居动物地位争夺的人类版本,就好像雄性动物用武力建立它们的统治地位一样。但是,文化大大强化了自我和身份感的重要性,因而文化生物会特别看重荣誉、敬意和尊严。因此,这种暴力在文化生活中也有迹可循,哪怕这个文化普遍地反对暴力。

    总的来说,即使人类攻击行为与其他物种的相应行为,有很多生物学意义上的相似之处,两者也有着根本上的不同。文化所建构的意义构成了人类攻击行为的部分背景。有时候,攻击行为就是因这些意义而产生的。但另一方面,文化也企图限制和减少攻击行为。两只动物打架时,战斗就只发生在它们两者之间。而人类的攻击行为则要受第三方和整个文化的影响。

助人与合作

    助人行为涉及非常广泛的社会行为。例如,人们捐钱给慈善机构或施舍给乞丐,一个父亲把玩累了的孩子抱上床,一个路人跳下冰冷刺骨的河水救出溺水的人,一个司机目击到事故,赶紧打电话叫救护车,等等。

    早期理论不太相信人的天性中有助人的一面。康拉德·洛伦兹(Konrad Lorenz)1966年就认为,演化进程不可避免地将生物导向纯粹的自私。把自己的食物给别的动物会降低自己生存的概率,所以自然选择会排除掉有这类行为倾向的有机体。现在回过头来看,这些论述忽略了两个要点。其一,自然选择针对的是基因而非个体,因此,帮助一个血亲(体内有跟你一样的基因)实际上也能提高基因存续发展的可能性。这样一来,假设进化过程中出现了两个完全一致的家族,其中一个家族成员之间会互相帮助,而另一个家族成员都只顾自己,互相帮助的家族说不定会活得更好,生出更多后代来。

    第二,简单认为助人就一定会害己,其实就是假设助人行为是一种零和现象。

再看一个动物把吃的给另一个动物的情况。从表面上看,这确实是一个零和现象:另一个动物得到的恰好是给予者损失掉的。(但实际上,这并不是一个严格意义上的零和现象,如果给予食物的动物非常饱,而接受食物的动物快饿死了,就更不是零和了。)相反,助人有时候会产生互惠,因此更像是非零和的互动。当助人产生比零和现象更好的结果时,个体就能有效地创造出额外的价值来造福社会网络。助人是邪恶和暴力的反面。根据量差原理,邪恶与暴力的结果比零和现象更坏,因而会大量削减社会系统中本来就有的价值。

助人的最明显的好处就在于它能促进互惠。也就是说,从长远来看,如果两个人互相帮助,两个人最终都能获得好处。[33] 考虑到不同的人有不同的能力、天赋和资源,互助的好处就更明显了。每个人都可以帮助别人,以自己较少的损失换取别人很大的收益。从长远的角度来看,双方的收益都会超过其付出。这就是文化的主要优势之一:个体可以专职于某项技能,修炼到一般人达不到的程度,这样所有的工作都会通过专业化而逐步精进,而整个社会的财富就在社会交换的过程中整体提升。如前所述,互惠规则几乎在所有已知的社会形态中都存在,这一点毫不令人奇怪。而且,社会中的个体对互惠所涉及的问题也非常熟悉:如果感到无法给予回报,他们将不愿接受别人的帮助;[34] 而当别人无法回报施惠者曾经的帮助时,施惠者也会记在心里。

助人的另一个好处是它让人感觉良好。许多人都会从帮助他人中获得满足。当人们心情不好时,助人行为反而会增加,一部分原因就是人们期望,帮助别人能让自己心情好一些。[35] 这也是助人行为超出零和现象的额外价值。例如,如果你给别人 10 美元,你给出的钱和他得到的钱是相同的,正负相加为零。但如果你因此感到快乐无比,那这种好心情就是一种净利润。人们为什么那么爱圣诞节,就因为送礼物的风俗无疑增加了人们的快乐、爱心与和睦。从纯粹的财务视角,送礼一方的付出和收礼一方的获得是相等的,但这其中双方都获得了快乐和满足,这就产生了颇为积极的社会后果。

我们关注的不是进化的根源,而是文化是如何改变互动模式的。为此,我们不仅要考察人类助人行为与其他动物帮助行为之间的一致性,还要考察它们的差异。许多作家强调,人类帮助行为与动物相应行为之间有一些相同的偏好,就是对亲属特别优待。即是说,人们对直系亲属的帮助最多,其次是其他亲戚,再其次是朋友,人类对陌生人的帮助最少。[36] 另一方面,我们的许多动物祖先在这个帮助层级上表

365

现出更为陡峭的下滑,他们根本不会帮助陌生者。也许真正值得注意的事实是,人类会帮助陌生人,而且人类对陌生人的帮助并不少于对家庭成员的帮助。人类会花费钱财、时间和精力,帮助那些自己根本不认识、也从未遇见过的人。

同样的,继父母和领养父母通常也会付出极大的努力和牺牲,去照料跟自己没有血缘关系的孩子。研究者曾指出,平均而言,继父母不像亲生父母对孩子那么好,这么说也对。但是这种比较可不怎么公平。在动物世界,许多动物对非亲生的幼崽根本不关心,甚至可能存在杀之而后快的敌意。跟这些禽兽相比,人类继父母算是相当关爱了。

这种行为模式的基础是一种集体感或共同感。美国人把钱捐给非洲和南美的饥饿儿童,因为他们把这些儿童看作是一个共同体的成员(对这些孩子的同情会深化这种看法)。而且,他们的文化也对"不论其血缘出身,对人类成员进行帮助"的行为赋予了积极的道德价值。与集体文化关联所促成的助人行为,其范围要比生物本能产生的相应行为要更加广泛。

另一个人类独有的现象是第三方介入来保证公平。动物也许能感到不公平,甚至说有一种简单的公正感,但这仅限于捍卫自己的结果。如果你唤来两条狗,给其中一条狗一块饼干,另一条狗就会表现出很不满的样子,似乎很明白自己没有得到公平的份额。如果一条狗吃了另一条狗的食物,另一条狗会觉得自己被占了便宜,并会产生类似于愤恨的情绪。但是,你看不到第三条狗的出来告诉第一条狗,你应该把吃的还给第二条狗。在人类中,人们经常介入别人的争端,主持公道。许多人都知道,不公道是违反文化规则的。确实,人类文化发展出了大型的组织结构,便于第三方介入以维持公平正义。在个人层面,警察介入以制止打斗和争吵,而法官介入以解决别人的争端。在集体层面,联合国将来自不同国家的部队组织起来,介入国际争端,避免大规模的杀戮。在这些例子中,陷入争端的双方与群居动物中常常发生的争斗现象类似。但在人类中,还有第三方作为文化的代理人介入,以执行文化的规则。这是文化性动物所独有的。

这些第三方助人倾向与文化相连,因此会随着文化的发展而越来越流行。于是,以北美和西欧国家为代表的文化必然会被列入历史上那些高度文明的名单中,而其中的多数派——白人群体——在整个 20 世纪逐渐建立起了宏大的干预手段和政策,用于提升其他群体的权利和福祉。尽管后者群体中还有一些并不喜欢他们。在 20 世纪中叶,最高法院的成员都是白人,而正是这些法官通过了一系列法令,大大提升了女性、非裔美国人和其他群体的权利。在 20 世纪 60 年代和 70 年代之间,主要由白人法官主持通过的积极行动法令主张,其他族群的成员应该比白人得到更多优待。这里面不可能有任何进化或基因层面的缘由,使这些白人制定出让自己的族群处于不利地位的规则。他们这么做,完全是因为他们对某种道德价值的认同,这种价值认为,不管人们因外界标准被分进哪一个类别,他们都是同一种文化中的成员,应该被一视同仁。

最近,行为经济学就把人类这种第三方干预的倾向纳入了研究范畴。[37] 即便在实验室中,人们也会实施某种利他型的惩罚,这种惩罚是出于好意,而惩罚者并没从中得到任何好处,甚至还会蒙受损失。在有些关于搭便车(free rider)的研究中就发现了这种现象。搭便车现象通常发生在这样一种场合下:大家在一起工作,但不是每个人都付出同样的努力,每个人却都能分享集体工作的成果(吃大锅饭)。搭便车的人就是指那些只享受群体工作的好处、却不作一点贡献的人。这些研究发现,被试愿意花费自己的一点钱来启动某种罚款程序,以惩罚搭便车的人。实验中实施这种惩罚的人数占比很高:有 84% 的人至少实施了一次惩罚,惩罚还挺严厉。这个现象让经济学家感到很费解。因为经济学的看法是,人是理性的,追求利益的最大化。花自己的钱去惩罚别人,这种损人不利己的搞法太不理性了。但大部分人确实就是这么做的。

而且,利他型惩罚具有促进合作的重要作用。研究者比较了"能惩罚搭便车者和不能惩罚搭便车者"两种游戏情况下的进展合作情况。当无法惩罚搭便车者时,人们开始小气起来,不再真诚奉献,越来越多的人也搭起了便车。反之,当可以惩罚搭便车者时,上述这种现象就会逐渐消失,人们对群体的贡献也越来越多。因为合作会给群体带来最大程度的回报,在第二种情况下,搭便车的行径受到惩罚,合作行为增加,每个人都能获得最大化的受益。因此,严厉果断地惩罚坐享其成的人促进了集体合作,给整个群体带来了更好的结果。

这种利他型惩罚的模式不只存在于一种文化中。一项宏大的跨文化研究显示,不管在哪里,人们对公平的关切都超越了对自我利益理性冷漠的分析。[38] 这些研究中的研究对象来自各种不同的文化,既有游牧文化,也有狩猎采集文化。研究采用一种最后通牒游戏,游戏中有一人可以任意分配奖金,另一个人则要么接受,要么拒绝这种分配。如果他不接受前者的分配方案,两人都会空手而回。研究还采用了共有货品游戏和独裁者游戏,在后者中,一个人能分配奖金,另一个人只能接受,无法拒绝。在所有这些模拟的社会形态中,利益最大化的简单决策风格一般都无法得到人们的认可,只是偶然会有人采用这种决策方式。更普遍得到认可的模式是带有某种公平感(如平等和公正)的决策模式。

我认为,自然赋予我们这样的能力,使我们可以超越那种基于血亲的助人生物冲动,从另一个视角看待助人与合作。这一能力非常重要,有了它,人类就是文化性动物,人类的助人与合作行为就体现出一种文化模式,这种模式就植根于个体与集体文化的联系之中。在自然界,可能是共享的基因将动物导向帮助与利他,但人类的这些行为则是由共通的人性引导的。比如说,无论出生于何处的人们,似乎都将一种公平的抽象观念当成为行为的指导原则。

公共社群的概念也解释了人类文化中组织化助人制度的兴起。许多人类的帮助行为不再是简单的一个人帮助另一个人,而是建立一套社会组织,能做到"哪里需要帮助,帮助就在哪里"。这个组织由税收支持(社会中大部分成员的缴税)。比如现代社会有消防员,哪个家庭或建筑着了火,消防员就会赶到哪里去救火。还有海岸警卫队,他们在沿海巡逻,看到哪家的船舶有危险,就会赶去施救。教会和慈善家也一直在建立各种形式的帮助机构,如运营医院、贫民院、学校以及孤儿院等。

现代社会常常会实施大范围的财富再分配,主要是从富人那里拿钱去补贴穷人。你挣得钱越多,你需要付出的也越多。正在不断完善的个人所得税法就这样规定,收入越高,就要从工资中拿出越大的份额来缴税。这些钱就会用于帮助那些最穷的人以补贴家用。许多政府还通过对慈善捐赠免税来鼓励帮助行为,这就发展成为一个便于帮助别人的文化结构。没有文化,所有这些形式的帮助行为都是不可想象的。在其他物种中,根本就没有与之相仿的东西。

交配与关系

就像许多其他生物一样,人类也形成了以性和抚养后代为基础的同伴关系。在动物王国里,这种关系能维持多久,在不同物种之间差异很大。有的关系仅仅维持几分钟,只够用于交配;而有的伴侣则会从一而终。就人类而言,关系维持的时间也有很大差异。有的只有一晚的鱼水之欢,有的则能白头偕老。

369　　不少作者强调说,人类的交配与动物有很大的共通之处,即都是进化来的行为,都用于解决生殖问题。但两者之间也存在着巨大的差异,这些差异大多与集体文化及其赋予的意义有关。举个例子,如果詹姆斯和林恩分别在周一和周五的晚上做爱了,而他们是周三举办的婚礼。那本周的两次性行为就有了明显的不同意义。周一晚上的那次是婚前性行为,这在很多社会中既不合法,也不道德,而周五那次则是受法律保护的,而且也是社会认可的婚姻特征。在动物世界里,就没有这样的区别。

集体文化意义的重要性与力量在性关系破裂时会变得尤为明显。在很多动物中,性伴侣关系都可能终结,但这种纠葛仅限于两者之间。如果性伴侣关系的一方不想继续下去了,其他物种中的另一方也不会去找律师,以对簿公堂的方式完成这一终结。

性伴侣关系的结束比其形成更深地牵涉群体,这反映在一项公共的政策中。在大多数国家,结婚都要比离婚更容易,因为他们需要鼓励人们结婚并保持婚姻状态。这可不仅是偶然产生的宗教规矩。正如我们在家庭那一部分所讲述的,政府和社群有维持家庭模式的内在需求。家庭能把个体组织起来,并与宏观上的国家和社会产生联系,从而引导个人行为,使之能够助推文化的运转。所以,国家希望促进家庭的稳固。在极端情况下,有的国家甚至完全禁止离婚。

一夫一妻制是人类本性所致吗?对此人们所持观点各异。[39] 一夫一妻制是当今社会推崇的主流婚姻形式,如果它与人类的本性严重相悖,那它似乎没有可能成为法定的模式。但反过来说,多偶的婚姻模式在人类历史上许多文化中也曾实行过,而一夫一妻制的兴起只是近代的事情。而且,即使是当今社会,大家也承认一夫一妻制并不完美。许多美国人一生要结好几次婚。一夫一妻制度下的婚姻法只是要求,人们与新配偶结合之前必须与旧配偶离婚。大部分人并不排斥这么做,但也有一些人可能既想要新的,还想留着旧的。依据法律的要求,人们会试图调整自己的婚配模式,这样就催生出了一种系列型的一夫一妻制。

同理,有些已婚者也可能会有短暂的婚外性行为。最近的动物研究显示,这种现象远比人们想象中更为普遍,有些公认的一夫一妻制物种中也存在相当数量的婚外性伴侣。[40] 进化论早已暗示,这种行为很自然,深植于生物本性。自然选择会优待那些把自己的种子多方播撒的雄性。可以非常肯定的是,纵观整个历史,有钱和有权的男性会将两者兼顾。一方面他们会有一个正妻,生下正统的后代;同时还会配上情妇、妃子或妾之类的侧室,生下庶出的孩子。[41] 女性与优质的男性结合也会获得生物学意义上的好处,哪怕这个男人并不想留下来抚养这个孩子。于是,一个对女性而言比较优质的模式就是:嫁给一个靠得住的男性,为她和孩子提供支

370

持;同时悄悄地与地位高或基因好的男性发生关系,生出一个基因强大的孩子。上述所有的情况都是自然的,虽然文化对此不制止,但却试图对其进行调整。如通奸行为在许多地方和许多历史时期都是违法的,当然,现代社会已经废除了这些法律。但是,惩罚通奸行为的倾向依然存在于现代离婚法中:通奸一方在离婚时会在很多方面遭遇重重困难,代价惨重。

在性伴侣关系的初始阶段文化与交配的关系就已经存在了。寻找性伴侣看起来是私事,但集体的意义系统会衍生出诸如标准、剧本、法规、期望之类的线索,对这一过程进行影响和塑造。甚至像个体为了吸引异性整理仪容这等小事也深受文化的影响。在有些地方,人们打扮自己的方式在西方人看来特别怪异,如把许多金属圈套在脖子上,把脖子拉长,还有拉长包皮之类的做法。一般情况下,人们用珠宝、化妆品、发型和服装来打扮自己,流行什么样式则经常因时而变。这些改变说明,人类的美不存在单一的标准(虽然有一些普遍的特征,如对称、年轻等)。如果你想成功地吸引异性,就得清楚现在社会上流行什么样的扮相。1930 年或 1950 年的时尚或发型现在看来显然已经过时了,你得跟上当下的流行风尚。

出于同样的原因,得到一个伴侣需要一系列精心设计的步骤。这些步骤在同一文化中基本是统一制式,但在不同文化中则各有特色。在 19 世纪晚期,年轻人得去女方家里求婚。他们在门廊里礼貌地交谈,女方的父母也得在场。汽车让这个过程发生了革命性的变化,恋人们可以驱车到任何一个地方,方便他们自己卿卿我我。(那时的年轻人不再用求爱"courting"这个词,而改用约会"date",而在哪不久前,约会这个词还专指与妓女的会面。)在整个 20 世纪,看电影是约会的主打菜。这里的要点是,你要找一个伴侣,就得知道现在社会上流行什么方式,然后照着做就是了。

关系的进行也受到集体的意义的影响。这里包括了某些道德观念,如多少性行为是适宜的,这取决于诸如"这对伴侣已经进行过多少次约会"之类的事情。这里也包括了明确的法律规范,如最近国家在减少约会强奸和性骚扰等现象上做出的努力。总的来说,社区及其意义系统在婚配过程的各个阶段都依然有着很大的影响力。

权力

社会性动物要面对权力的问题。有些生物可以直接从物理世界获取自身所需,而不需要考虑权力的问题。一片树林就没必要搞什么权力体系,不管是哪种意义上的权力。不过,就算在社会性动物中,权力冲突也是可以避免的。只要让社群中所有成员都向往同样的目标,并同心协力地去追求这些目标,就能避免这种冲突。但只要群体成员想要的东西不一样——尤其是他们都想要某种东西、但只有一个人能拥有它——那社会群体就不得不需要一个系统,让某个人的愿望凌驾于另一个人的愿望之上。权力就存在于这种系统之中。

权力实际上是地位结构的一个方面。权力让一个人能够控制另一个人的后果。有权力的人能判定你能挣多少钱,经历多少痛苦,能不能得到食物或其他资源,诸如此类。你为某些有权的人做事,只不过是因为他能从某种意义上改变你的生活。所以,权力可以影响人的行为。一个人可以使用权力,让另一个人做一些他原本不会做、甚至也不愿做的事情。因此,权力的运作大体上遵循零和原则。我本可以自行其是,但迫于你的权威,而不得不做另外的事情。这里面没有两全其美,只有一个赢家和一个输家。我在多大程度上做了你希望我做的事情,就在多大程度上放弃了自己想做的事情。如果我们的目标一致,那就不存在权力的影响。换句话说,对于到底要取得什么结果,其控制力是一个固定值,它会在牵涉其中的人之间分配。一个人得到多少控制力,其他人就会损失多少控制力。

在社会性动物中,权力基本上是打出来的,而能不能打赢则主要靠体型、力量、冷酷,可能还有策略。权力经常由最强壮的雄性获得,它统领其他雄性,并霸占所有雌性。不说大家也知道,如今的大多数文明都不会把群体决策权交给最壮、最狠的男性。因为,权力的游戏规则已经在社会性动物向文化性动物转变的过程中被重新设定了。文化对权力的影响有两大主要的趋势,乍一看,这两个趋势好像是相反的。第一个趋势体现为权力因文化的机制而扩张。第二个趋势则是通过改变文化设计,而实现对个人权力的逐步限制。这一转变影响深刻。

要搞清楚文化一开始怎么会让权力扩张,有必要对比一下动物社群中权力是怎么运作的。以野马群为例,权力由强壮的成熟雄性掌控,一般靠武力争斗和威胁获得。一个这样的老大能统治个一到两年。在这期间,它可以霸占所有的母马,但也需要时刻保持警觉。它不得不把母马圈在一起,并赶走所有其他公马。连睡觉的时间都很难得。它还要赶紧与每一个母马交配,搞出一大堆小马来。打斗、看守、追逐和交配,这一系列操作积累下来,让老大压力山大。在这样的生活里,崩溃是分分钟的事情。[42] 就这样,马群里的老大靠着这种持续的身体消耗来维持它的权

372

力,它的身体能撑多久,权力就能维持多久。而一旦身体撑不住了,那就……

在人类文化中,权力的维持和运行有着许多其他方式。虽说有些掌权者确实会在睡梦中被人杀死,但没听说哪个统治者在位期间就得一直熬着不睡,至少这不是普遍现象。人类统治者可以招募下属,并给予他们不同程度的信任,以此来强化他的权力。用这种支持网络,再加上信息传送,统治者可以对自己从未见过以及住在遥远地方的人们施加权力的影响。比如,在大英帝国统治期间,皇帝或女王就没必要对每一个人保持直接的人身威胁。君主坐在宫中就能统治亿万民众,其中还包括远在印度、澳大利亚和非洲的人。

然而,国王与马群老大的不同还不仅在于他有更好的统治方式。这里就要说到第二个趋势,那就是文化的演化逐渐给个人权力施加了越来越多的限制。表面上看起来,大英帝国有一套精妙的系统,服务于国王的个人意愿。但实际上,国王的决定和行为也得遵从规矩,而这套规矩对他的限制也越来越严。早在 1215 年,大宪章就已经明确限制国王的权力,其中一部分权力被让渡给了贵族。在 1688 年所谓的光荣革命中,国会驱逐了国王,请一个从荷兰那边过来的家伙登上英国王位,所以,此时议会已经凌驾于国王之上了。数百年来,民选的下议院从继承而来的上议院手中拿走了权力。有些国王因为没有顺从民意而寸步难行,甚至被砍了脑袋。马群老大至少后宫无数,性生活自由奔放。但到了 20 世纪,英国国王想跟自己心仪的对象结婚竟然都得不到许可(就因为她是个美国的离婚女人),这位国王只好放弃了王位。今天的英国王室只是一个象征性的符号,没有实权。政府是由民选的官员来管理的。

同样的事情也在世界各地上演,大多已经尘埃落定。世界各地曾被各种形式的王者(国王或女王)统治,如今却只有少数地方还留有王族,且他们大部分都没有实权。在向现代转变的过程中,一个又一个的国家取消了国王和女王。当然,也有逆潮流的个案,比如说荷兰就反过来建立了王室。曾几何时,强势的统治者大权在握,他将一部分权力分给世袭贵族,由世袭贵族替他镇守四方。如今,这样的独裁者越来越少,他们掌握的权力也越来越薄。当前,人们还很难预测,像菲德尔·卡斯特罗(Fidel Castro)和罗伯特·穆加贝(Robert Mugabe)这样的强势领袖还能在王位上待多久。但很显然,当他们下台或者死去,新的领袖会取代他们的位置,新人对国家和人民会更加负责。

那批建立美国的先辈们有一种很强的信念,那就是权力集中于个人手中对社会有害。因此，他们在宪法中将权力广泛分散给许多人和机构。曾经，有些地方的国王直接征新税，颁布新法令。这在美国行不通，不论是一个人还是一个小团体，都不行。美国法律必须由国会的两院通过，两院的议员都是民选产生的。总统能做的事情不过是签署同意或否决，但即使他和两会议员都同意的决议，也可以被指定的最高院法官推翻。法令要产生效果，得依靠数不清的警察和相关人士来解读和执行。美国总统可能是那个最有权力的人，但他不能颁布法律（只能签署法令），而且总统的权力是选民赋予的（他最多在这个位置上干 8 年）。马群老大可能又要对总统的性权力嗤之以鼻了，尤其是不久以前，就有一位美国总统因为跟秘书胡搞而差点丢掉这份好工作。

374

文化对权力的管制并不只针对权力顶峰的人，而是遍及整个社会结构的文化演变模式。19 世纪的强盗式资本家能够通过剥削他人致富，他们的成功在当今社会不可能再复制了。比如说，约翰·洛克菲勒（John D. Rockefeller）建立起了庞大的石油产业，在石油市场上纵横捭阖，呼风唤雨。但现代政府的反垄断法和垄断破坏机制可以保证，没有哪个企业能够达到这种权势。即使是在家庭这种小单元里，一家之主的权力也被大大削弱了。如今的丈夫和父亲们再也不能把自己的意志强加在其他家庭成员之上了，他们不能像在父权社会里那样打骂其他家庭成员。丈夫得不到妻子的允许，就不能强迫她发生性行为；他得哄她同意，不然就得过禁欲的生活。

就这样，一方面文化生活逐渐扩展了权力，另一方面又逐渐限制了权力。从对个人权力的影响而言，这是两种截然相反的趋势。但从另一层面讲，两者又互相补充。因为这两种趋势都是把权力从个人的手中传递到整个社会范围。国王在这里变成了社会的一个象征符号。与马群的老大不一样，国王衰老或去世并不一定会造成权力的真空，导致无政府状态。一般而言，国王去世后，会有指定的继承人来继承王位，这个过程井然有序。而且，权力结构的其余部分会完整无缺，大臣、官员以及其他成员还是会各司其职，把自己的忠诚交给新的君主。这种交接的顺利恰恰就说明了，权力实际上存在于整个社会系统中，而非某个人，因为权力不再依赖于某个个体。

集体共享的意义系统可不仅是立规矩来防止权力滥用。相较于单纯的社会背景，文化背景下的权力运作一般需要合法性或正统性。一个人对掌权者言听计从，并不是因为他害怕被打或被杀（当然，万不得已时他们依然会诉诸这些手段），而是因为你和人们都承认,掌权者有合法的权力让你听从安排。

所以,维持权力依赖于各种正统性故事。[43] 这些故事主要用于解释为什么那些掌权者有资格掌权。标榜贤者领导的掌权者主张自己有一些超越常人的素质,比如智慧、品德、天资或勤奋等。毕竟,某种程度的不平等是不可避免的,几乎所有的社会都有权力结构,所以关键在于权力的不平等,是不是公平的,有没有合法性。掌权的个人或群体必须找到一些理由——具有令每个人都接受的说服力——来支撑他们权力的公平性与合法性。

掌权者常常苦苦寻求能让自己权力正当化和正统性的途径。如果掌权一方失去了正统性,很快也会失去权势。例如,南非的白人是少数派,但曾牢牢地掌握政治权力,直到国际风向的转变让其失去正统性。因为反对种族隔离制度的国际声浪渐渐声势浩大,白人统治者只好让出了特权地位,开始与黑人和有色人种(例如混合民族)分享权力。这种情况在更小的社会单元里也在发生。美国家庭里,丈夫曾经是天然的一家之主,他们有权发号施令,而妻子和孩子就只能照办。慢慢地,这种权威遭到质疑,逐渐丧失合法性。多数家庭如今更加平等,妻子也在家庭决策中有了更大的发言权。与百十年前相比,现代男性极少认为自己的命令不可质疑,也不认为自己应该决定家里所有的大事。[44]

纵观整个历史,政治和宗教常常形影不离,一部分原因就是宗教有能力赋予权力正统性。如前所述,掌权者有着持续的正统性诉求,而宗教能够满足他们的需要。例如,如果宗教宣称君权神授,那么国王就可以一本正经地发号施令,不用担心受到质疑。

当宗教与现行政权和统治阶级结盟时,它就发生了改变。基督教的历史就是一个典型例子。[45] 与许多宗教运动一样,基督教兴起时为受压迫者和无权无势的人代言,对世间的社会权力系统作出了深刻的批评。但自从罗马皇帝成为基督徒后,基督教就与统治阶级结盟了。此时,基督教就成了国家支柱,维护现行政权的正统性。它不再批评当前的政治系统,而是宣称当下一切系统都是神的创造。对于神的安排,民众应该满足而非奢求改变。圣奥古斯丁(St. Augustine)曾有一个著名的类比:整个社会就像人的身体,每个部位都不能乱动,就像手指不能想着取代眼睛。[46] 这样的教条能让无权无势的人接受自己的处境,并相信那些掌权者的正统性。

简而言之,正统性是掌权者的一般诉求。即使他们已经掌权,能够行使权力,也必须维持那些能够支撑其正统性的观念和价值,这样他们才能合法地用权力对别人施加影响。这种对合法性故事的需求只会在文化环境中发生,在单纯的社会动物中不曾发生过。(马群老大统治自己的群落就不需要依靠故事来给其他马匹洗脑)。这也揭示出权力到底是如何依赖于集体中的文化意义的。

对个人权力的限制以及对合法性故事的需求,都可被看作是填平权力鸿沟的进展,这样一来,本来没权力的人就被赋予了一定的权力。下位者自然是没有办法让别人听他们的话、做他们希望的事情的。但是,也存在各种"弱者的武器",让弱势的人们至少可以在一定程度上在权力的失衡中扳回一点,施加一些影响。互惠原则就是其中之一,它会限制权力,让那些掌权者不能单方面剥削下位者。[47] 尤其是在有不平等权力的亲密关系中,存在一种"要善待和帮助那些让你受益的人"的义务感,这种义务感对掌权者有很大影响,让他们能够给下位者一定的利益。

内疚是弱者的一个重要武器。如果能让掌权者感到内疚,下位者就能影响其行为,让他按照自己的想法行事。因此,内疚是减少权力不平等的一条途径。[48] 用内疚感作为一种对策的前提是,掌权者在乎下位者。简单说来,基于内疚的影响体现于,当你对掌权者说,"你搞的那些事情伤害到我了",掌权者就会改善他的行为,来避免未来的这种伤害。如果当权者不理你,反问道:"那又怎么样?"那内疚也顶不了什么用,不会引起想要的改变。只有当权者不愿意伤害下位者时,内疚才是有效的,能改变当权者行为,而让下位者得偿所愿。而且,内疚依赖于同情与心理理论(设身处地的能力)。动物没有识别其他个体思想的能力,很难自发产生内疚感。当然,别人可以让它们知道,自己可能犯了错,要受惩罚了。

内疚也常会因意义系统而变化,也就是说,它与人们产生感受的集体文化规则有关。有些道德规则会为当权者背书,声称他的做法是对的,这就会削弱甚至消除当权者的内疚感。这些规则有的比较抽象,适用于每个人;另一些则与当权者的正统性故事有关,让当权者统治别人(甚至让别人送死)的行为显得能够让人接受。

377

群体之间的关系

纵观整本书,我都在强调归属一个群体的好处。好处太大、太多了。但还有一个不那么明显的原因,也可能强化了促进人类群居习性的演化力量。自然界的生命存在竞争,而群聚比单枪匹马更有利于竞争。毕竟,个体在竞争中总是干不过群体。于是,只要哪里出现了群体,周边的每一个体,哪怕是为了自保,也得加入这个群体。换句话说吧，这本书一直在强调群体内发生的一些事，但人性的某些特征实际上也是由群体之间发生的事情塑造的。这一所谓的群际维度也是理解人类行为的一个重要方面。大自然将人群集结在一起，用以对抗其他群体。

群体间的关系常常是竞争性的，有时还比较敌对，偶尔甚至是残忍的。虽然偶尔存在因个人而起的战争和其他暴力，但一般而言，战争都是群体间的。战争（不论是外战还是内战），种族灭绝，黑帮火并，压迫以及许多其他人类历史上的恶行都只不过是群体对抗的自然倾向。

在当今美国，克服某种偏见，尤其是针对不同种族群体的偏见，已经成为一种强烈的公众意识。这在历史上可不多见，反映出美国社会高度的道德追求。不过，这也是件逆水行舟的难事儿，因为偏见只不过是人性中某个基本倾向的又一体现，即不同群体互相视对方为有威胁的竞争对手。刻板印象与偏见是"视外群体为敌人"基本倾向的一个意义化版本。社会心理学中有一个得到反复确认的发现，就是人们倾向于认同所属群体，并排斥群体外成员，即使这个群体本身没有多大的重要性。如果有机会对某些奖赏或资源进行分配，他们会给自己人（群内成员）分配更多份额。群体区分的标准可能看起来微不足道，但一旦进了不同的群，人们就会抱成一团来对付外人。[49]

这种偏袒自己人的模式是由什么引起的？有些研究者用一种看起来傻乎乎的方式来探索这个问题。[50]他们的设想是，先用毫无意义的标准分组，以免出现组内偏袒现象，把这个组作为比较的基线；然后逐个加入诸如相似性觉知、共同目标、增加互相了解的机会之类的新分组标准，一个一个地试，看哪种程度的标准会导致组内偏袒的现象。这个设想看起来不错，但却意外地失败了——因为研究者们没办法获得组内偏袒为零的情况。也就是说，即使他们用随机的方式分组，组内偏袒现象也依然存在。每组人都知道自己分进这一组完全是随机的，组员之间没有任何共同点，而且这只是个暂时的小组，既没有目的，也没有未来，但这些人还是会给自己组的成员分配更多资源。

就这样，人类有一种强烈且无处不在的抱团倾向，总习惯于把世界分成"我们"和"他们"。值得注意的是，这些研究总是把人分作两组（群），所以无法弄清楚个体到底是作为内群体成员时更激进一些，还是作为外群体成员时更激进一些。能够区分这两者的证据很少，但有关"合作与竞争"的研究已经发现，个人和群体的行为模式并不相同，当某一个人对抗群体时，他会更早开始采取更加侵略性的行事风格,这本是群体间的典型风格。[51] 这是"身为外群体成员要比身为内群体成员"更加激进的一个迹象。不过,这也可能只反映了敌对风格要比合作风格更加流行。不管怎么说,抱团结盟和激进行事(仿佛自己有个大靠山)确实像是演化过程中会被选择的行为倾向。当一个人单枪匹马对着一个群体时,就好似螳臂当车。在食物与水之类的基本物资争端上,显然是群体会赢。因此,人类会演化出有敌对群体存在的意识,以及寻求结盟以自保的心理倾向。

本书让人不愉快的地方在于,我认为对外人的偏见很可能是一种正常且自然的倾向。几十年来,在社会科学家中一直流行一种观点,即偏见是社会化过程造成的,是错误的文化导致人们采纳了错误的信息。[52] 这种观点诱人的地方在于,好像只要我们阻止教导小孩提防别人的社会化过程,偏见就会消失,而社会就会充满容忍与和谐。虽然很不情愿,但我还是得说这种想法太幼稚了。我不知道哪个社会里已经完全没有了偏见——但多群体共存的社会或与其他社群时常有接触的社会肯定做不到。而且,偏见的形成很快、也很容易,但克服偏见却需要相当程度的训练与努力。[53]

群体的问题

在这本书里,我总体上强调了人在群体中工作和生活的优势。然而,社会科学家也发现了人在群体中工作和生活的许多缺陷。在结束有关人类互动这一章之前,我们有必要说说这些缺陷。

人们组织起来一起工作,各司其职(允许有意义的劳动分工),互通有无,这就是文化优势的最佳体现。然而,有时候在一起工作只不过是方便滥竽充数,因为付出了多少努力,产生了多大贡献,根本分不清楚,结果是不仅没能提高效率,反而搞出反效果来了。关键的不同在于,在群体工作环境中是否建立了监督机制,让人们可以了解到谁干了什么事,这可以敦促每个人为自己的行为负责。

责任分散是自我消融在群体中的一种重要的形式。这个名词是约翰·达利(John Darley)和比布·拉塔纳(Bibb Latane)提出来的,它被用于解释为何旁观者没有去帮助处于犯罪情境中或其他紧急情况下的受害者。[54] 这些工作始于 1963 年的一个著名事件,一个年轻女性在纽约自家公寓不远处被谋杀。杀人犯是一名男性。在 45 分钟的时间里,这个人攻击她然后离开,又转回来再次攻击她后离开,然后第三次返回最终杀死她。大约 40 人看见或听见至少一次攻击,但没有一个人实施救援(连打电话报警都没有)。新闻媒体对这一事件展开了详尽的讨论,为何那么多人本可以施救,却没有一个人采取行动。达利和拉塔纳认为,目击者太多恰恰是症结所在,因为每个人都以为别人会干点儿什么。他们在实验室模拟情境,设置不同的现场人数。当被试发现自己是唯一能帮到受害者的人时,他很大可能会施以援手。但当被试发现附近许多人都看到了受害者,他就会袖手旁观。可笑的是,因为每个人都想把事情留给其他人做,受害者通常更难从群体中得到援助。

　　责任分散在很多情况下都会出现,不限于紧急事件。许多夫妇发现,除非指定一个人搞家务,否则这些杂事永远都搞不完。比如说,你可能觉得两个人一起付账单,那账单可能老早就付清了。然而,真实情况是两个人都觉得对方会去付,结果账单过期了都还没人付。

　　社会惰化是责任分散特别有害的后果之一。社会惰化(也是上文中提到的搭便车问题)就是让别的群体成员做事,而自己游手好闲。[55] 实验室里的研究已经证实,人们有一种普遍的倾向,即一旦融入群体,就不如单独工作时那么努力。当然,如果个体对群体的贡献能够得到区分与识别,那他们也会与单独工作时一样努力。社会惰化的产生,一般是因为没人记录每个人的贡献量大小。最近几十年来,大部分企业、工厂以及其他营利机构都加强了个人责任制,这不是偶然的。责任制就是要记录每个人的工作成果,它是针对责任分散和社会惰化的一剂良药。

　　篮球运动员斯塔西·金(Stacey King)曾经开过一个玩笑,却无意中道出了社会惰化的精髓。金那时还是个新手,有幸离开板凳与迈克尔·乔丹(Michael Jordan)并肩作战。大家都知道,乔丹是篮球之神。在一次难忘的球赛后,金用标准的运动术语对着记者讲:"我永远也忘不了今晚,跟乔丹一共砍下70分。"两个球员合力砍下70分确实非常了不起,尤其是跟乔丹一起达到这个成就,也让他增光不少。但如果你仔细检查一下个人得分,就会发现乔丹得了69分,而金只得了1分。

　　著名的"公地困境"也与个体责任的缺失有关。这个术语源于畜牧业,指那些对公众开放的牧场,不论是谁,想用就来用。于是,农场主或牧民都带着自己的牧群来放牧,因为这个牧场是公共的,所有人都能用。用这样的方式共享资源看起来是一种既有效率、又友好的运营方式。不幸的是,这种方式造成了普遍性的过度放牧,结果是草被吃光了,来不及长回来,资源耗尽,甚至被毁至无法再生。如果草没被吃光,假以时日就能恢复过来。但没有人负责限制过度放牧,结果人们就将它消耗殆尽。

虽然公地困境一开始只是针对牛羊群的喂养问题,但整个世界现在也被类似的问题困扰着,只不过表现在其他元素上,例如水和水里的动物之类。草地的事情还比较好解决,可以把它交给那些愿意负责运营,可保证其持续发展的个人。但是这种做法不适用于水域,因为鱼类会到处游。这事儿连国家都不好处理,鱼类游起来可不管什么国与国之间的边界。每一艘渔船从公共的鱼群中捞取自己的份额,每一艘渔船每次都想尽可能多捕捞一些。单独的渔船不会让鱼群濒危,但所有的渔船都这么干时,鱼群就很难持续发展了。(毕竟,有多少小鱼诞生,还是取决于鱼群还剩下多少种鱼可以产卵孵化)。过度捕鱼的情况在世界上的很多地方都已经非常严重了。

群体的另一个失败之处在于有那么多"委员会"的效果令人失望。戈登·斯塔瑟(Gordon Stasser)和他的同事们刚开始接触这个问题时,姑且认可了人们对委员会这一事物所做的基本辩护,简单说就是一人计短,众人计长,集思广益。[56] 理想的情况下,委员会的每个成员在讨论中会给出独特的见解,这样委员会就会产生更高的整体智慧,这个效果要大于各个成员的简单相加。这听起来当然挺美。然而不幸的是,数据显示,委员会的运作常常走向了反面。

斯塔瑟的实验要求委员会从求职者中录取一个。委员会中的每个成员都会得到两名求职者的一些信息。实验设计的用心之处在于:录用求职者安德森(Anderson)的理由更多,但这些信息分散在整个群体中,不是每个人都能掌握全部的信息;而录用求职者贝克(Baker)的理由较少,但每个人手中的信息都包含这些理由。比方说,每个人手中有录用安德森的一个理由,有录用贝克的四个理由。然而,每人手中录用安德森的理由是不同的,但四个录用贝克的理由却都是一样的。只有当委员会的全部成员把手中的信息集合在一起——这是成立委员会明面上的理由——才能发现安德森比较好。但是,委员会根本没有整合信息,而是一致同意贝克比较合适。他们没有提供自己的独特视角或专有知识。相反,他们说的是每人都知道的信息,即那些录取贝克的理由。

这样一来就悲剧了,委员会只会关注大家共有的知识,而不是每人提供独特的东西,反而忽视了许多信息。最后,委员会的效用竟比不上其成员简单相加的效果,它没能集思广益。

出现这个问题的部分原因在于,群体成员都不太愿意公开发表异见。如果一

382　个委员会真的想达到集思广益的效果,那么各个成员就必须愿意发表观点,哪怕这个观点与其他成员的观点有冲突。但人们都不想惹事儿。艾尔芬·詹尼斯(Irving Janis)曾借用乔治·奥威尔(George Orwell)的著名小说《1984》中的"群体思考"一词来指代这种模式。[57] 群体希望达成一致,"赞同"是群体感觉最美的声音。因此,群体会避免不一致,并且压制可能的质疑他人言论的倾向,尤其不能质疑领导曾讲过的话。詹尼斯认为这种倾向曾在历史上引起许多大灾难。例如,美国前总统约翰·肯尼迪(John Kennedy)的顾问们不愿意互相说"不",硬是达成了一致,于是他们发动了入侵古巴的行动,结果导致了猪湾惨剧。而且,因为人们不说出自己的疑惑与异议,所以每个人都获得了一个错误的印象,以为其他人都热情地赞成自己。有些人甚至因此向那些偶然出现的异见者施压,让他们不要再偏离群体意见,质疑群体思维。反对意见就这样被扼杀,万众一心的幻象看起来愈加真实可信。

　　群体思维所带来的还不止是一致和一体化的压力。[58] 群体中会逐渐浮现出一种无所不能之感。这种感觉在享有特权的精英群体中尤为强烈(就如肯尼迪总统的顾问团)。这种极为强大的感觉会导致膨胀的乐观,其结果就是群体可能会采取愚蠢的冒险行动。它还会促生一种道德优越感,这使得群体看不到自己的决定可能存在一些伦理上的问题。法国大革命之后,执掌政权的公共安全委员会就有了这种优越感,俄国革命之后的俄国共产党也有了这种优越感。这些群体逐渐开始处死大量的人,支撑他们这么做的就是所谓的历史使命感和道德优越感。

　　伴随着这种无所不能之感和道德优越感,群体思维开始加强对外部世界的贬低。一旦群体有了计划,各种警告和危险信号都会被无视,群体成员之间会互相支持,对可能存在问题的忽视也被合理化。反对势力和领导可能会被撤职,因为他们太过软弱和无能,因此无需挂怀;而敌对势力则是邪恶的,跟他们谈判和妥协根本不值得。偷袭珍珠港事件就是后一种情况的典型例证。[59] 双方都把对方看成是邪恶势力,不堪一击。而种族偏见更加深了双方的这种认知。日本和美国都把对方看作因谋求私利而侵犯别国的战争贩子。[60] 日本深信颓废又软弱的美国人一见珍珠港被炸,就会被吓得举手投降,他们经不起战争的代价和牺牲。而美国则根本不

383　相信日本竟然有胆敢在太岁头上动土,甚至在珍珠港事件发生之后,许多美国高级军事专家还认为,这个行动是日本的德国盟友帮忙策划的。珍珠港的美国司令收到了许多警告,提醒他会有袭击发生,但他都没当回事。他的其中一名顾问团成员在作证时被人问道,你们到底有没有考虑过那些下级军官的报告,即日本在破晓时

分发动攻击将是一场奇袭,会给美国舰队造成极大的损失。"我们考虑过,但不知怎的,我们总认为这是不可能发生的事。"[61] 海军将领哈斯本·金梅尔(Husband E. Kimmel)本人是整个太平洋舰队的司令,华盛顿与日本谈判破裂后曾向他发出警告,他则回应说:"在这个时候,针对夏威夷的空中奇袭绝无可能。"[62]

　　群体的失败之处将我们带回到人性与文化的思考。文化的运作依赖于扮演不同角色的人们有机联系在一起。要想受益于文化,人们就得从属于一个群体,但他们还必须保留明确的个性。如果他们失去个性而完全融入群体,那就会出现反效果,甚至是破坏性的结果。

尾声

　　为何人们的思想、情感与行为会是这样？心理学给出了相当多的解释，这些解释大多比较具体，限于特定的思维、情感和行为。而其最终解释，还是要回到"自然"与"文化"这两个永恒的主题上来。

　　进化心理学家近来主导着心理学界有关"自然"一方的解释，他们的研究强调人类与其他动物的相似性。诚然，进化心理学家对差异也有点兴趣，特别是性别差异，但他们的解释最终还是回到了相似性上。也就是说，他们认为人类中男性和女性所扮演的角色，正好对应着其他物种里雄性和雌性所扮演的角色，两者从根本上讲是相似的。相反，文化心理学家占据着"文化"一方的领地，他们的招牌是"差异"，文化之间的差异。如果有人在报告或文章的题目中看到"文化"二字，那他几乎可以断定，其关注的焦点必然是文化差异。

　　在这本书里，我一直试图扭转这些认识。进化上的相似性与文化上的差异性并不是唯一的思维方向。而通过关注进化上的差异性和文化上的相似性，能对人性产生更加积极有力的看法。也就是说，要明白人类为何如此独特，心理学家应该紧紧盯住人类和其他物种在生物意义上的不同之处，并调查诸多人类文化之间的共同之处。其关键在于，这两者是紧密相连的。如果自然确实以参与文化为目的塑造了人类心理，那么了解人类本性的钥匙，就存于我们与其他物种的生物差异之中。我早已提出，正是这些差异催生出各种文化作为一个整体所共有的那些特征。文化之间的相似性和人与其他生物之间的进化差异性，绝对是难分难解的一体两面。

　　我曾指出，文化服务于生存和繁衍这类生物学上的目标，从这个意义上讲，它是一种策略。比起那些生物意义上的非文化近亲，文化性生物的生存和繁衍更有优势。文化必须有利于获取这些好处。

怎么创造这些好处呢？在好的系统中——好系统很多，但坏的也不少——整体之和会大于部分简单相加。众人在一个庞大系统里一起工作，整体产生的结果要比各自单独行事更好。所以，一起工作会有更多东西的出现，而这几乎可以造福系统中的每个人。这就是为何大自然要把我们打造成寻求文化的生物：文化增加了个人的力量，众人一起工作，可以为每个人（好吧，应该是几乎每个人）创造更好的生活。

文化的这些好处显而易见。发达国家里，人的平均寿命正在逐步增长。只要生活习惯健康，再加上一点点运气，普通人也有望活满一个世纪、甚至更久。与并不久远的过去相比，我们的寿命已经增长到接近以前的三倍。其他动物单靠自己的努力和奋斗，怎么可能把平均寿命提高三倍？而人类之所以能完成寿命增长上的如此伟业，可能就是文化本身所使然。同样地，人类在繁衍上也成就非凡。在短短的 20 万年之间，人类已经增长至 60 亿之多。[1]* 要是地球再大点儿，搞不好还会更多，不然的话，为什么现在文化的运作目标已经从增长人口转为限制人口了呢？人口已经够多了，现在人口膨胀的威胁已经超过了人类灭绝的危险。

诚然，文化也带来了一些新问题。技术的进步也释放出了一些魔鬼，如大规模杀伤性武器、高效的种族屠杀、环境污染、经济危机等。与这些相比，人际疏离、道德滑坡以及有着奇异发型等非主流之类的麻烦就不值得一提了。批评我观点的人都认为，我只看到了文化有利的一面，而对其带来的可怕一面却置若罔闻。这没错，文化创造出来的工具确实也可以用来作恶。但你别忘了，大自然界定成功的标准是生存和繁衍，在这两点上人类都做得相当不错，尽管有时也会出现一些丑态和行为偏差。

文化帮助人类活得更久，养出更多健康的小孩。那文化中产生出这些成效的特性到底是什么呢？我认为至少有四点。其一，文化（而非个人）创造并维持语言，大大增强了人类思维的力量。语言让人类进入意义的世界，并将其应用于社会和物理环境。人类能够交流观念和想法，进行逻辑上的分析，将观念和想法改良并保存下来。诸如语法、数理关系以及推理之类的意义结构，被人类运用得出神入化，其他物种根本无法想象。而且，语言让人类的思维具有超越当下的能力，可以思接千载，视通万里。语言就是大脑的软件，没有它，人脑的效率会大大降低。

386

---

* 截至 2020 年 12 月 10 日，世界人口已经超过 75.58 亿。——编辑注

其二,语言让知识能够世代积累。新一代可以学习旧一代获得的知识经验,而不必重新再探索一遍。几个世纪的发展已经证明,这种积累是一种强大无比的引擎,驱动着人类社会不断进步。知识与技术改造物理世界,使其适合人类,甚至改良文化本身,使人们能够和谐相处,只有人类实现了所有的这些进步,其他物种无法做到。

其三,劳动分工产生了巨大的成效,提升了工作质量和任务水准。劳动分工的优势简单明了,无可争辩。如果今天有人要办一个公司,却不进行分工,而是让每个人事必躬亲,那么这个公司不到一年就会破产,因为这绝非长久之计。分工的优势是必然的,它无处不在,连大自然对此都认可:大部分物种中都存在某种基于性别的分工。但文化大大加强了分工的效力,这可能始于集体狩猎,这种任务靠的是各司其职,而不是简单地一哄而上。当不同的人有各自专门的任务时,他们就会变成行家里手。也就是说,群体中的每一件任务都是由专家负责的,而不是让那些什么都会一点,又什么都不精的人随便搞搞,分工结果必然带来整体工作水准的提升。

最后,文化创造出了一个交易关系网络。许多动物也能合作与互助,也的确产生了双方互惠的行为,但绝大部分这类互动都局限于血亲之间。在人类的经济系统中,互惠行为的双方可以是完全陌生的人。钱(或其他媒介)能让人们在交换货物与服务时双方都获益,进而导致财富的整体增长。这种自由贸易衍生的财富几乎无处不在。

387　　文化品质的清单可能并不止这四点。文化可能还有其他有益于人类生存和繁衍的方式。但这四种品质已经相当给力,足以解释为何自然选择机制会帮助智人更加彻底地融入文化之中。

创造出文化性动物的进化机制并非创造出了全新的能力,而是在祖先(生物意义上的)已有特质的基础上进行修改。这些生物意义上的类似特征在文化中加以使用时,诸如阅读、太空旅行以及乐曲之类的全新能力就出现了。我们生物学意义上的前辈已有一定的智能,人类的智能水平则更高;他们有一定程度的记忆,而人类的记忆空间则要大得多;他们也有意于形成社会联结,但人类的社会联结不仅在于彼此之间,还在于能形成庞大的社群;他们对周围环境也有好奇心(尤其是年轻的时候),人类则终其一生都在试图弄懂和解释周围发生的事情;动物思维整合信息的能力非常有限,而人类有意识的认知加工空间能够整合数量庞大的信息;动物只能在有直接威胁的情况下克制自己的冲动,而人类却可以在更大程度上改变自己的行为,且其行为改变背后的理由更为抽象、遥远和间接。他们可以识别和回应族群中的其他成员,但仅限于同类,而人类的互相理解则基于相似的思想和内部加工,可心意相通,形成一个思想共同体。

未竟之事

我写这本书的目的在于展示一种对人类本性的系统解释,这种解释具有整合性,而且更好懂。出于篇幅的考虑,我略掉了问题的某些部分。我首先必须承认,整个项目要变得更好,还有继续探索的空间。接下来我来谈谈"理想与现实"之间还存在着的非常明显的差距。

这本书的主要信息来源是我本人在社会心理学领域积累下来的知识。但整本书就不得不从更加广泛的领域汲取观点,其中包括经济系统理论和进化论等。针对这些领域的当前知识,我进行了删繁就简的处理。特别是,我对人类进化的解释在很大程度上具有推测性。其中的核心观点——大自然的塑造让我们具有参与文化的内在特征——来源于或者说根植于社会心理学家对人类思想、行为和情感的调查,而不是对化石和 DNA 的原始研究。我曾提出,对于那些能够最大限度利用文化好处的人,自然选择机制优待他,增加其生存和繁衍的机会。但当这个选择机制发生时,第一个社会心理学的实验室还不知道在哪里呢。因此,我的数据库当然无法证明这个结论。共同进化的观点也是一种言之有理的假设,能够大大增强我上述解释的说服力,比如人类随着语言以及劳动分工共同进化之类。在进化沿着类人属的通道从猿猴一端向现代人一端行进的过程中,可能存在着这样一些淘汰步骤,如能说话的类人生物比不能说话的类人生物发展得更好,能够使用组合词汇的类人生物比只会用单个词汇的类人生物发展得更好,等等。同样地,有的类人生物懂得劳动分工,各司其职;另一些则是让所有成员掌握所有技能,不懂将工作分配给不同个体。在进化的道路上当然是前者胜出。

我本来的写作计划中还包括了一章有关发展的内容。在初稿中,这一章也还是存在的。但为了留出篇幅将其他主题阐释地更加详尽,我只好把它删掉了。直到现在,我还是觉得很可惜。生物学家知道,发展顺序对于理解生命历程和有机体的功能有着非常重要的意义。相应地,社会科学家也清楚,社会化的重要作用在于将一个小野人塑造成高产且负责的市民。发展心理学家已然积累了大量的信息,

388

都关乎儿童成长的过程与步骤,这些信息无疑会帮助我们完整地理解文化性动物。

关注一般模式的结果导致本书忽略了这样一个事实,即人和人之间在很多方面都存在个体差异。大部分人类特质都表现出了变异性,作为核心的文化性动物特质当然也是如此:有些人比其他人更聪明,更自控,更有同理心,等等。我对个体差异的忽略显得挺可笑的。因为数十年来,追寻人类本性的工作模型一直是人格理论的核心目标,而人格心理学家做了大量的工作,用于描绘和理解人与人之间在各个方面的差异,我接受了核心目标,却忽略了这些有关个体差异的成果。

性别差异就是一种特别重要的个体差异,这种差异有趣得很,在心理学的研究中经久不衰。我本来想在这本书中提供两种人类本性的模型,一个男性模型,一个女性模型。但是,随着叙述焦点转向文化性动物理论,性别差异的重要性逐渐褪去,最终有关这个主题中的绝大部分都没能留下来。文化性动物理论实际上为理解性别差异提供了一个全新的视角,但在如今任何一个相关讨论都会被政治裹挟的气氛下,很难以一种开放的态度来看待与性别有关的数据。我曾在别的论述中指出,男性和女性在人际关系的不同方面各有专长,女性擅长小范围的亲密关系,而男性擅长在大群体中与不那么亲密的人(如陌生人和点头之交)打交道。[2] 对我而言,这提供了另外一种可能性,可以对性别差异的历史和现状进行解释,而不用非要坚持使用"性别歧视的男人合起伙来欺负女人"这样一种说辞。不管怎样,把生物进化与文化系统联系起来,并将其作为一种看待性别差异的视角,应该是有一定价值的。

社会性动物与文化性动物

不同时代的思想者,从亚里士多德(Aristotle)到阿伦森(Aronson),都把人类称为"社会性动物"。这个称谓目前来看依然是正确的——但我总觉得似乎还差点儿意思。人类不仅是社会性动物。认真地讲,他们甚至算不上是最为社会的动物。比方说,你什么时候见过蚂蚁远离群体去寻求独处的时间了? 强调社会性能阐明人类生活的许多重要方面,但在"什么使得人类如此不同"这一问题上,它没有切中要点。

我当然觉得文化才是人类的特别之处。这从本书的题目上就能看出来。我不否认,在许多物种中也能看到文化的雏形,故文化本身并非人类专有之物。但其他动物对文化的运用没有任何一点能接近人类的水准。几乎每个人都依赖文化而活,从这个意义上看,人类与其他动物有着广泛的差异,虽然人们在这些动物身上也观察记录到了某种形式的文化行为(比如洗土豆或使用工具之类)。就算没有文化,这些动物的生活也不会有什么不同。但你几乎无法想象人类生活脱离文化后会变成什么样子。相比于现在,其景观必然大为不同,多半会是严重恶化的结果。如果没有文化,我们连思考都不能,更不要说吃上烹饪过的食物。

要明白人类的本质,搞清楚纯粹社会性动物与彻底文化性动物之间的区别非常关键。我们来回顾其中的几点。社会性动物的优势在于集群行为,它们一起工作来达成艰难的目标。而文化性动物运用社会分工把不同的工作分给不同的角色,形成互补的工作系统,因术业有专攻而在任务数量和质量上获得极大收益。

社会性动物能够解决问题,偶尔也会模仿同类解决问题的方式,这让它们能够互相得到好处。但这种好处维持不了多久,下一代还是得从零开始。相对地,文化能够通过集体把知识保存下来,传给下一代。理论上讲,一旦有个人解决了一个难题,他实际上相当于为整个人类一劳永逸地搞定了它。几百年来,文化性动物的发展日新月异,而社会性动物却还在原地踏步。

社会性动物有时也会互助合作,因而双方都会获得长远的好处。利他行为有助于生存与繁衍,但在社会性动物中,这种行为仅限于近亲之间。相对地,文化增进了陌生人之间的交易,这样就大大扩展了互利交往的范围。比如说,如今一个美国人可以投资日本人的公司,日本公司得到了资金周转,而美国人也可以从公司的收益增长中得到回报。这种互动发生在两个陌生人(群体)之间,他们天各一方,却因为这个交易共同受益。这种事情在纯粹的社会性动物之间根本不可能发生。这些交易能创造财富,为所有人带来更多的东西。

资源匮乏的地方就不可避免会有冲突,有机体必须争夺这有限的资源。在社会性动物中,它们没有太多选择,一是靠打,二是靠统治地位,而统治地位其实也是打出来的。相比之下,文化性动物解决争端的方式就复杂精巧得多:他们可以诉诸道德,诉诸法律,甚至诉诸抽象的公平概念;他们会雇佣法官和仲裁者;他们甚至可以重新审视当下形式,想出有利于问题的各方解决方案来。

还有语言本身,自然也是一个主要差异,这可以从许多方面来讲。社会性动物常常表现出某些基本的沟通形式,但人类的语言将其他所有动物的沟通方式都远远甩在后面。语言可以保存和传承知识;语言可以用于推理;语言能让人思考过去与未来。人类意识也极有可能是因语言而生的,因为语言整合概念的能力也可以用于创造一个心理加工空间,来把许多不同观念同时组织在一起(我写这个长句子就体现了这一过程)。毫无疑问,语言还有助于建立群体组织,维持有效的交易系统和劳动分工。

391 当大自然制造社会性动物时,其优势是"群聚";而文化带来的优势在于"系统",即组织、效率和专业。

最后,社会性动物与文化性动物之间的一个最大差异,就在于意义对行为的影响力。人类行为常常被意义所左右,诸如荣誉、尊严、公正、爱国、野心、宗教承诺及其他责任、忠诚、法律规范、推理之类,不可胜数。借助语言,文化性动物开始能大规模地使用意义,因而人类行为的起因在于行为对象对行为者有了一定的意义——这种缘由在其他动物中是绝对没有的。对意义乃至文化因果关系的依赖,是文化性动物在其他方面有别于社会性动物的根基。意义可以整合信息,没有它,文化就是无根之木。所有那些让人类胜出的独特因素——科技、经济系统、道德、法律、艺术创造、民主政府、教育系统,以上种种——都要用意义来整合信息。

正如许多好的系统一样,文化作为一个整体要大于其各部分的简单相加。用文化联系起来的一百人要胜过各自为政的一百人。这可能就是自然选择造就人类的机制之一。通过使人类进化得能够成为文化的一部分,大自然帮助人类成为了更加优秀、强大和成功的存在,因为他们能够运用文化系统。

在 21 世纪,特别是在发达国家,任何孩子一生下来就能(至少)梦想伟大的成就和美丽幸福的一生。要是大自然让我们生来就只会独自工作和生活,孩子们的愿景就只能局限在纯粹的奋力求生和偶然的欢愉之中。就算是最有天分的婴儿也要面临重重危机,最多只能在艰难的生活中找到一些办法来过得稍微容易一点。幸亏不是这样,当今的孩子们继承了无价之宝,即千百年积累的知识和高度复杂的社会系统。这些遗产庇佑他们,让他们免遭恶劣天气和猛兽的荼毒,给他们提供安全美味的饮食,必要时也有奇迹般的医疗护理,合理安排的玩伴,还有大量玩具、音乐和影像可供娱乐,且保证有一个地方建立学校系统,把成为一个合格社会成员所需的知识不厌其烦地教授给他们。如果那个孩子,就像大部分其他孩子一样,能够按部就班地沿着成人之路走过相应的步骤(大部分很容易,少数很难),那么,总有

392 一天,他也会成为一名富有成效的文化成员。加入文化群体让一个人成为一种比他单独一人更丰富的存在。

半个世纪以前,存在主义者告诉我们,我们都独自而来,并独自死去。严格说

起来，他们可能是错的：发达国家里的人都生在医院，也死在医院，这里面有文化中最先进的技术，训练有素的医疗专家以及大量的资金支持。即便生和死确有单独性的一面，但所谓人生，大部分是属于生死之间的那部分历程。在逐渐增长的数十年人生之中，即便一个人单独坐在旅馆里或独自走在公路上，他都并不孤立。一个人的隐秘思想、欲望和情感都是从公共文化中汲取内容，用语言联结其中的任务和人，明确其价值和预期。你从不告诉任何人的秘密，也有部分文化的烙印。它几乎必然存在于你所在文化的语言中，也必然牵涉文化所创造的一些问题（至于这问题关乎何事，不同人则可能见仁见智）。在变化着的人类心理中，几乎没有什么完全私密的内容。在人类的本性中没有孤身一人的设定。

相反，人类本性的设计让每个人都能从属于文化。文化帮助我们成为一种超越自身天资、努力和其他个人品质总和的存在。从这个意义上讲，文化性是所有品质中的王者，因为它让自然赋予我们的所有其他优点都效果倍增。文化让人类成为这个星球的主宰，并能彻底改造他们自己的生活，令其他动物望尘莫及。

单独一人，我们不过是一只狡猾的畜生，等待着环境的怜悯与恩赐。合在一起，我们就能维持一个系统，把自己和子孙后代的生活改造得越来越好。不是文化性动物，这样的事情就做不成。好在我们已经是了。

注释

1

1. Diamond，1997.

2. Masters 和 Johnson，1970，将这一点作为他们的工作重心。正常的身体性反应，如兴奋和勃起，会被自我察觉所削弱，甚至当人们试图观察自己的行为、并试图对自我性能力进行评估时，也会导致性反应的削弱。

3. Sewell，1999.

4. 例如，参见 Biernacki，2000.

5. Sewell，1999.

6. Sahlins，1999，p.403；并参见 Brumann，1999，第 SⅡ 页.

7. Sewell，1999.

8. 显然，这个名字是由人类研究人员命名的：据我们所知，猴子和其他动物不会自发地彼此命名。

9. De Waal，2001.

10. De Waal，2001.

11. Donald，2002.

12. 例如，Freud，1930.

13. Becker，1973.

14. 例如，Greenberg，Pyszczynski 和 Solomon，1986.

15. 参见 Colapinto，2000.

16. Colapinto，2000.

17. Colapinto，2000.

18. Fukuyama，1992.十年后，福山修改了他的论点，他提出由于种族认同问题不可预测的变化，这将阻止真正的历史终结，但就本书而言，他之前的论点仍然是有效和相关的。

19. Dunbar，1998.

20. 作为标准，这些计算是按照与身体大小的比例来进行的、有时又参与进了其他的控制。因此，这不是大脑原本的尺寸。使用按比例的大脑尺寸对于衡量实际智力更具有指导性。这一点可以从人类的性别差异中看出。智商测试表明，男性和女性在智力上几乎完全相同。这一发现很难与男性的大脑比女性大的事实以及大脑原始尺寸对智力的影响这一假设相一致——除非有人对体型进行修正，因为男性的体型也比女性大。

21. Dunbar，1998.

22. Dunbar，1998，第 185 页.

23. Boyd 和 Richerson，1985.

24. Dunbar，1993.

25. Will，2002b.

26. Tomasello，1999.

27. Lyman 和 Varian，2000.

28. 参见 Carruthers，出版中，进一步对这一点进行了深刻和详细的讨论。

29. Roberts，2002.

30. Roberts，2002，p.484.

31. Grice，1948.

32. 实际上，这个论点更复杂。一个不能繁殖后代的永生物种不会有那么大的灵活度。自然也不能排除意外或杀戮引发的死亡，所以长生不老的物种仍然会逐渐灭绝。可以肯定的是，繁殖比长生不老更有利于物种的生存。尽管如此，如果自然能够使一些物种长生不老，那将是生物学成功的一个重大标志。

33. Gould，1979.

34. Gould，1979，第 36 页.

35. Tomasello，1999.

36. Searle，2001.

37. 参见 Schneider 和 Shiffrin，1977；Bargh，1994.

38. Bargh，1982；Schneider 和 Shiffrin，1977.

2

1. 参见 Pullum，1991.

2. Brown，1991；以及 Pullum，1991.

3. Berlin 和 Kay，1969.

4. 对于近期的选集，可参见 Gumperz 和 Levinson，1996 编写的卷本，尤其关注引言章节以及由 Lucy、Slobin、Kay 和 Levinson 撰写的章节。

5. Brown，1991.

6. Pinker，2002.

7. 可以肯定的是，诗歌不能很好地被翻译，因为它依赖于意义和韵脚，而即使译者能够理解正确的意思，两个词听起来也可能不一样（例如，它们可能不押韵）。但所有这些都只证明了语言听起来是不同的。但最关键的一点是，不同的语言是可以表达相同的思想的。

8. 这个观点由 Brown，1991 提出。

9. 参见 Barsalou，1992.

10. Sartre，1943/1974.

11. Povinelli 和 Bering，2002.

12. Roberts，2002.

13. Roberts，2002.

14. 参见 Gordon，1993.

15. Gordon，1993，第 6 页.

16. 引自 Gordon，1993，第 1 页.

17. 例如，Laumann, Gagnon, Michael 和 Michaels，1994.

18. 例如，Rubin，1990；Smith，1994.

19. Sipe，1995.

20. MacAndrew 和 Edgerton，1969.

21. MacAndrew 和 Edgerton，1969，第 82 页.

22. Will，2002a.

23. Archer，2000.

24. Bargh，1982；Schneider 和 Shiffrin，1977.

25. Lieberman, Gaunt, Gilbert 和 Trope，2002.

26. Epstein，1994.

27. Sloman，2002.

28. Kahneman 和 Frederick，2002.

29. Reviewed in Barsalou，1992.

30. T. D. Wilson，2002,讨论了这点；参见 Greenwald，Klinger 和 Liu，1989,参考具体数据。

31. Kahneman 和 Frederick，2002.

32. Lieberman，Gaunt，Gilbert 和 Trope，2002.

33. Lieberman，Gaunt，Gilbert 和 Trope，2002.

34. Kahneman 和 Frederick，2002；Lieberman，Gaunt，Gilbert 和 Trope，2002.

35. Schneider 和 Shiffrin，1977；Bargh，1982.

36. Bargh，1994.

37. Lieberman，Gaunt，Gilbert 和 Trope，2002.

38. Kimble 和 Perlmuter，1970.

39. Baumeister，1984.

40. 它们在某种程度上也很昂贵，因为对于进化过程来说，创造出使意识过程成为可能的结构是非常困难的。

41. James，1890,第 122 页，引自 Bargh，Gollwitzer，Lee-Chai，Barndollar 和 Trotschel，2001.

3

1. Baumeister，Bratslavsky，Finkenauer 和 Vohs，2001.

2. Helson，1964.

3. Brickman 和 Campbell，1971.

4. Brickman，Coates 和 Janoff-Bulman，1978.

5. Argyle，1987；另请参见 Diener 和 Biswas-Diener，2002.

6. Argyle，1987,第 207 页.

7. Pyszczynski，Greenberg 和 Solomon，1997.

8. 引自 Farndale，2002.

9. 参见 Pyszczynski，Greenberg 和 Solomon，1997.

10. Leary，Tchividjian 和 Kraxberger，1994.

11. Mikulincer，Florian 和 Hirschberger，2004.

12. Carstensen，1992；Carstensen，Isaacowitz 和 Charles，1999；Fredrickson 和 Carstensen，1990.

13. Taylor，1983.

14. Povinelli 和 Bering，2002.

15. Geary，1998,第 11 页.

16. 见 Geen，1995.

17. Iyengar 和 Lepper，2000.

18. Rothbaum，Weisz 和 Snyder，1982.

19. F. Snyder,通信，1970 年左右。

20. Brady，1958.

21. 例如，Weiss 的系列，1971a，1971b，1971c.

22. 例如，Overmier 和 Seligman，1967.

23. Seligman，1975.

24. Langer 和 Rodin，1976；Rodin 和 Langer，1977.

25. Taylor，1983.

26. Glass，Singer 和 Friedman，1969.

27. 最初 Brehm 提出，1966.

28. 参见 1966，1966；Brehm 和 Brehm，1981.

29. Langer，1975.

30. Diener 和 Biswas-Diener，2002；Diener 和 Dicner，1995；Diener 和 Fujita，1995；Diener 和 Oishi，2000；有关综述，请参见 Argyle，1987；Baumeister，1991；Myers，1992.

31. Winter，1973.

32. Winter，1973.

33. Winter，1973.

34. Beggan，1992；以及 Kahneman, Knetsch 和 Thaler，1990.

35. Lynch，1979，第 38 页.

36. Kiecolt-Glaser, Garner 等人，1984. Kiecolt-Glaser, Ricker 等，1984；Kiecolt-Glaser 等人，1987.

37. Cacioppo, Hawkley 和 Berntson，2003.

38. Bloom，White 和 Asher，1979.

39. 例如，Bhatti, Derezotes, Kim 和 Specht，1989；Bowlby，1969，1973；Hamacheck，1992；Rutter，1979.

40. Durkheim，1897/1963.

41. 例如，Trout，1980.

42. 例如，Baumeister，1991；Myers，1992.

43. 这里应说明几个统计学的复杂性。相关程度可能会受变异的范围和程度所限。例如，满足性驱力原则上可能与满足归属感同等重要，但是如果所有美国人都获得同等程度的性满足，而他们在享受的归属感上有差异，那么归属感与幸福感的相关度就会更强。而且，基因和气质对幸福都有实质性贡献，实际上可以说比外界环境更重要。我认为数据支持我的结论，但有人可能会说尚未获得终极证据。

44. Twenge, Baumeister, Tice 和 Stucke，2001；Twenge, Catanese 和 Baumeister，2002；Baumeister, Twenge 和 Nuss，2002；Williams，2001.

45. 摘自 Baumeister 和 Leary，1995.

46. 例如，Wheeler 和 Nezlek，1977.

47. 例如，Brown，1991.

48. 例如，参见 Cross 和 Madson，1997，以女性对维持关系有更大关注来说明在这方面的性别差异。

49. 或者在某些情况下，一位特定的女性，例如母亲或女儿。

50. Belle，1989；Benenson，1993；Benenson, Apostoleris 和 Parnass，1997.

51. Feshbach，1969；Feshbach 和 Sones，1971.

52. Gardner 等人，2002.

53. Milardo, Johnson 和 Huston，1983.

54. Vaughan，1986.

55. Spanier 和 Casto，1979.

56. 例如，Baumeister 和 Wotman，1992.

57. Beckman，1981.

58. Bloom，White 和 Asher，1979.

59. 可以肯定的是，失去子女或配偶多年的人说，他们从来没有彻底从中走出来。一段新的依恋关系可以带来一些快乐，但仍偶尔会怀念失去的所爱之人。

60. Gerstel 和 Gross，1984；Winfield，1985；Bunker, Zubek, Vanderslice 和 Rice，1992；Beckman, Marsella，和 Finney，1979；Snyder，1978；Harrison & Connors，1984.

61. Reis，1990；以及 Caldwell 和 Peplau，1982.

62. 例如，Cacioppo, Hawkley 和 Berntson，2003；Wheeler, Reis 和 Nezlek，1983.

63. Adler，1980；McLeod，1982；Symanski，1980.

64. Symanski，1980.

65. Baumeister，2000.

66. Laumann, Gagnon, Michael 和 Michaels，1994.

67. Baumeister，Catanese 和 Vohs，2001.

68. 例如，Fukuyama，1999.

69. 1998 年联邦调查局报告说，在因强奸而被捕并被控告有罪的人中有 99% 是男性，因卖淫和性交易而被捕的人中男性占 40%，在所有其他性犯罪中占男性占 92%。

70. Baumeister 和 Twenge，2002.

71. Kinsey，Pomeroy，Martin 和 Gebhard，1953；Laumann，Gagnon，Michael 和 Michaels，1994.

72. Kinsey 等人，1953.

73. Tannahill，1980.

74. Sipe，1995.

75. Buss，1994.

76. Clark 和 Hatfield，1989.

77. Lorenz，1966.

78. 认为年龄更小的男孩也很有攻击性是有一定依据的。年轻男性这方面名声"更差"原因是，小孩子们基本无法制造太大的破坏，他们不被允许晚上出门，也不被许可操作重型机械或购买枪支。不过，这并不能改变结论。暴力犯罪的年龄特征图显示，当男性年龄超过 20 多岁的年龄阶段时暴力犯罪就急剧下降，而随着他们走出中年期，暴力犯罪下降的情况更为显著。几乎没有男人在 40 岁以后开始暴力犯罪（Gotttredson 和 Hirschi，1990；Sampson 和 Laub，1990，1993）。

79. Geen 和 Quanty，1977.

80. Bushman，Baumeister 和 Stack，1999.

81. Roberts，2002.

82. Brown，1991.

83. 见 Tremblay，2000，2003. Nagin 和 Tremblay，1999；Broidy 等人，2003；Bidley 等，2003。Tremblay 等人，印刷中。

84. Erikson，1950，1968.

85. Tomasello，1999.

86. Tomasello，1999.

87. Pinker，1994.

88. Cialdini，Darby 和 Vincent，1973；Manucia，Baumann 和 Cialdini，1984.

89. 例如，Batson 等人，1981.

90. Fogel，Melson 和 Mistry，1986.

91. Fogel，Melson 和 Mistry，1986.

92. Wong，2000，第 60 页.

93. Wong，2000，第 82 页.

94. Wong，2000.

95. 例如，Batson 等，1981.

96. Gottlieb 和 Carver，1980；还提到大量有关群体内偏爱的发现，例如，Turner，1985；Brewer，1979.

97. 例如，Margolis，1984.

98. 我综述了许多研究结果，证实了这一点，见 Baumeister，1991.

99. Brown，1991.

100. Pinker，1994.

101. Dunbar，1998.

102. 见 Baumeister，Zhang 和 Vohs，印刷中。

103. 例如，Kagan，1981.

104. 见 Pinker，1994.

105. Baumeister，1986.

106. 例如，Baumeister，Campbell，Krueger 和 Vohs，2003；McFarlin 和 Blascovich，1981；Shrauger 和 Sorman，1977.

107. 例如，Taylor 和 Brown，1988.

108. Baumeister，1982；Schlenker，1980.

109. Baumeister，Smart 和 Boden，1996.

110. Baumeister，Campbell，Krueger 和 Vohs，2003. Emler，2001；Mecca，Smelser，和 Vasconcellos，1989.

111. 有关综述，请参阅 Baumeister，Dale 和 Sommer，1998.

112. Leary，Tambor，Terdal 和 Downs，1995；Leary 和 Baumeister，2000.

113. 例如，Taylor 和 Brown，1988. 参见 Baumeister，1989，在幻觉的最优边缘。

114. Baumeister，Tice 和 Hutton，1989.

115. Morf 和 Rhodewalt，2001.

116. Wallace 和 Baumeister，2002.

117. Heine 等，2000.

118. Sedikides，Gaertner 和 Toguchi，2003.

119. 北山和内田，印刷中。

120. Derber，1979；另见 Brown，1991.

121. Brown，1991.

122. 有关综述，请参见 Baumeister，Stillwell 和 Heatherton，1994.

123. 参见 Hare，1999.

124. Baumeister，Stillwell 和 Heatherton，1994.

125. Friedman，2002.

126. Friedman，2002.

127. Lyman，1978；Schimmel，1992.

128. 例如，Levinson，1978.

129. Braudy，1986.

130. Lasch，1978.

131. Braudy，1986.

132. Friedman，1978，第 208 页.

133. "George Harrison"，第 77 页.

134. Bellah，Madsen，Sullivan，Swidler 和 Tipton，1985.

135. Kasser 和 Ryan，1993.

136. Fox，2002，第 28 页。

137. Conquest，1986，1990.

138. 例如，Platt，1973；Knapp 和 Clark，1991.

139. Lopata，1971，第 129 页.

140. 见 Baumeister，1991.

141. 例如 Cassirer，1925/1955.

142. 见 Berger，1970，"合理性结构"。

143. Stark 和 Bainbridge，1985.

144. Baumeister，1991.

145. Stark 和 Bainbridge，1985。参见 Robbins，1988。

146. Eliade，1978.

147. Aries，1981.

148. Graham，1987.

149. Atkins，2001.

150. Bell，1985.

151. Peele 和 Brodsky，1991.

152. Sipe，1995；Murphy，1992.

153. Deci，1971；另请参见 Lepper 和 Greene，1978.

154. Lepper，Greene 和 Nisbett，1973.

155. Graeff，1990.

156. Rosenfeld，Folger 和 Adelman，1980.

157. 例如，Maslow，1968.

158. 参见，例如，Mook，1987.

159. 参见 Wahba 和 Bridwell，1983.

4

1. Pinker，1997.

2. 例如，Funder，1987.

3. Dunbar，1993.

4. See Baumeister 和 Newman，1994；Kunda，1990；Lord，Ross 和 Lepper，1979.

5. Kruglanski，1989；Kruglanski 和 Mayseless，1988.

6. Fiske 和 Taylor，1984.

7. Tetlock，1983；Tetlock 和 Boettger，1989；Tetlock 和 Kim，1987.

8. Jamieson 和 Zanna，1989；Keinan，1987；Kruglanski，1989；Kruglanski 和 Mayseless，1988.

9. Dunbar，1993，1996.

10. Baumeister，Zhang 和 Vohs，印刷中。

11. 例如，Pinker，1994.

12. 例如，Donald，2002；Ehrlich，2000.

13. Nisbett，Peng，Choi 和 Norenzayan，2001.

14. Nisbett，Peng，Choi 和 Norenzayan，2001.

15. Nisbett，Peng，Choi 和 Norenzayan，2001，第 296 页.

16. Kim 和 Markus，1999.17.例如，Donald，2002.18.见 Gould，1996.

17. Jensen，1998.

18. Cattell，1963.21. Sternberg，1997.

19. 然而，为了安全起见，我的出版商建议每位家长都多买几本书，并把它们放在家中各处。

20. Detterman，2001.

21. Detterman，2001；Jensen，1998.

22. Jensen 在 1998 年出版的书中的第 177 页提到，一起长大的同卵双胞胎的智商之间的相关为 0.86，一起长大的异卵双胞胎的智商之间的相关为 0.60，而分开抚养的同卵双胞胎的智商之间的相关为 0.75。

23. Rowe，1998；Rowe，Jacobson 和 Van den Oord，1999.27. Baumeister，Bratslavsky，Finkenauer 和 Vohs，2001.28. Jensen，1998.

24. Detterman，2001.

25. Boyd 和 Richerson，1985，以其他方式展开这种论证。

26. 见 Cosmides，1989；综述见 Cosmides 和 Tooby，1992.

27. Wason，1966；Wason 和 Johnson-Laird，1972.

28. 综述见 Cosmides 和 Tooby，1992.

29. Jaynes，1976，栩栩如生的记忆似乎是以图像和图片的方式存在，但是，它们往往不是真正储存的图像——而是从语言信息中重新建构出来的。例如，人们被要求回忆他们上次游泳是什么时候时，许多人会回忆起他们在一个特定的泳池或湖泊游泳的场景。然而，当人们被要求进一步回忆时，他们认为自己是从头顶上观看"记忆"的，就好像有一个放在高高的跳水板上的录像机拍下了他们在水里游泳的画面。因为一个人实际上并不能从高处看到自己，很明显这些所谓的记忆并不是感觉印象的真实记录。相反，它们是被重新建构的。你回想起你最后一次游泳的时间和地点，将那个地方填入记忆,然后再把自己的形象放在水里。这样,关于最后一次游泳语言信息构成实际的记忆,而当下的图像又在语言信息的基础上被创造出来。

30. Miller 和 Gildea,1987.36.例如,Itard,1962.

31. Sartre,1943/1974.

32. Tomasello,1999.

33. 有一种观点认为,人类的灵长类近亲可能也具有共同注意这一基本特征。然而即使这个观点是正确的(也可能不正确),相比于共同注意在人类心理学中的核心重要性,它对灵长类动物的意义并不大。

34. 见 Blakemore 和 Decety,2001.

35. Cited in Blakemore 和 Decety,2001.

36. Blakemore & Decety,2001.

37. 见 Meltzoff,1995.

38. Tomasello,1999.

39. Povinelli 和 Bering,2002;Tomasello,1999.

40. Povinelli 和 Bering,2002.

41. Gilovich,Vallone 和 Tversky,1985.

42. Gilovich,Vallone 和 Tversky,1985.

43. Chapman 和 Chapman,1969.

44. Rozin,Millman 和 Nemeroff,1986.

45. Jones 和 Nisbett,1971.

46. Hamilton 和 Gifford,1976;Hamilton,Dugan 和 Trolier,1985.

47. Eccles Parsons,1982.

48. Hardin,2001 年 10 月在斯波坎市成立了实验社会心理学会,哈丁在自己组织的预备会议上的演讲中提到了这个事情。

49. 2001 年 3 月,Janet Hyde 在凯斯西储大学的一次研讨会上展示了这些数据。

50. Abele,1985;Pyszczynski 和 Greenberg,1987;Holtzworth-Munroe 和 Jacobson,1985.

51. 的确,娱乐与体育电视台(ESPN)已经建立了一个重播之前比赛的网络。即便如此,这个电视台也发现不能简单地重播同一场比赛,而是必须以纪录片的方式,通过让人们追忆这场比赛或者反思它的历史意义,使重播的内容更加生动。

52. Palmer,1975.

53. 例如,O'Sullivan 和 Durso,1984.

54. Darley 和 Fazio,1980.

55. Darley 和 Gross,1983.

56. 例如,Rogers,Kuiper 和 Kirker,1977.

57. Oehman,Lundqvist 和 Esteves,2001.

58. Fiske,1980;Gilovich,1983;Klinger,Barta 和 Maxeiner,1980;Weiner,1985.

59. Dreben,Fiske 和 Hastie,1979;Bless,Hamilton 和 Mackie,1992.

60. 见 Fiske 和 Taylor,1991.

61. Barsalou,1992.

62. Eibl-Eibesfeldt,1972,1975;另见 Barsalou,1992.

63. Hubel 和 Wiesel,1959,1962.

64. Ekman,1973,1989.

65. Hebl 和 Mannix,2003.

66. Fiske 和 Taylor,1991.

67. Anderson 等,1981.

68. Pete Ditto,2002,对话。

69. 像现代物理学和化学那样充分理解物理环境肯定非常复杂。但是人类在进化条件下应对外界环境并不需要如此先进的科学理解。例如，依靠船帆不均匀分裂气流制造出的真空，帆船获得了前进的动力。然而，人类驾船航行了好几个世纪后才弄清楚这一点。事实上，人们对航海物理学的正确理解仅仅体现在了现代飞机上，而不是帆船上。

70. 新闻媒体，尤其是《经济学人》杂志，曾经广泛报道了这一现象。

71. 例如，Herman 和 Polivy，2003；Hoch 和 Loewenstein，1991；Loewenstein，1996.

72. Fiske 和 Taylor，1991.

73. Tversky 和 Kahneman，1973.

74. Schaffner 在 1985 年通过实验设计证明，奖励和惩罚效果一样好。但不可否认的是，有一些客观的迹象表明，惩罚往往比奖励更有效；参见 Baumeister，Bratslavsky，Finkenauer 和 Vohs，2001。

75. Povinelli 和 Bering，2002. 82. Povinelli 和 Bering，2002.

76. Kant，1787/1956.

77. Jones 和 Nisbett，1971. 85. Weiner 等，1971.

78. Will，1990.

79. 综述见 Fiske 和 Taylor，1991.

80. Pryor 和 Kriss，1977.

81. 例如，Zuckerman，1979.

82. 例如，Campbell，1986；见 Taylor 和 Brown，1988.

83. Huntford，1999.

84. Huntford，1999，p.78.

85. 然而，Huntford 对斯科特的描述持怀疑态度。参见 Huntford，1999，第 523 页。

86. "Look Out，Vegas，" 2000.

87. 例如，Weintraub，1978.

88. 另见 Baumeister，1986.

89. Freud，1936；参见最新的综述 Baumeister，Dale 和 Sommer，1998.

90. Pyszczynski，Greenberg 和 Holt，1985；Wyer 和 Frey，1983；另见 Kunda，1990.

91. Baumeister 和 Cairns，1992.

92. Crary，1966；Kuiper 和 Derry，1982；Mischel，Ebbesen 和 Zeiss，1976.

93. 见 Jones 和 Nisbett，1971.

94. De Waal，2001.

95. Kunda 和 Sanitioso，1989；另见 Kunda，1990.

96. 例如，Wills，1981.

97. Crocker 和 Major，1989.

98. Campbell，1986；Marks，1984；Suls 和 Wan，1987.

99. Gur 和 Sackeim，1979；Sackeim 和 Gur，1979；Sartre，1953.

100. 另见 Baumeister，Tice 和 Hutton，1989，关于自尊分数。

101. Taylor 和 Brown，1988.

102. 见 Alloy 和 Abramson，1979；Lewinsohn，Mischel，Chaplin 和 Barton，1980.

103. Baumeister，1989.

104. 见 Gollwitzer 和 Kinney，1989.

105. Trope，1983，1986. 115. Swann，1987.

106. Sedikides，1993.

107. Shrauger，1975；Swann，Griffin，Predmore 和 Gaines，1987.

108. MacDonald 和 Ross，1999.

109. See Shrauger 和 Schoeneman，1979.

110. 见 Kenny 和 Albright，1987. 121. Nisbett 和 Wilson，1977.

111. Nisbett 和 Wilson，1977. 123. Smith 和 Engel，1968.

112. 再次，高自尊似乎并不能广泛地改善人们的表现；参见 Baumeister，Campbell，Krueger 和

Vohs，2003.

113. Sartre，1953.

114. Bargh，Chen 和 Burrows，1996.

115. 见 Bargh，Chen 和 Burrows，1996；另见 Chartrand 和 Bargh，1999.

116. Wilson，2002.

117. Landauer，1986.

118. Landauer 指出，他对记忆中信息丢失程度的估计不及对信息获取程度的估计可靠。

119. Weinberger，Schwartz 和 Davidson，1979.

120. Hansen 和 Hansen，1988.

121. Wenzlaff，Wegner 和 Roper，1988.

122. Schacter，2001.135. Sprecher，1999.

123. Baumeister，Stillwell 和 Wotman，1990.

124. Baumeister，Wotman 和 Stillwell，1993.

125. Rhodewalt 和 Eddings，2002.

126. Bem 和 McConnell，1970.

127. Conway 和 Ross，1984.141. Ross，1989.

128. Ross，1989.

129. Barsalou，1992，pp.307 – 308.

130. Barsalou，1992.

131. Barsalou，1992.

132. Von Fersen，Wynne 和 Delius，1991；另见 McGonigle 和 Chalmers，1977.

133. Barsalou，1992.

134. Gilbert，1991,1993.

135. 例如，Festinger 和 Maccoby，1964；Petty 和 Cacioppo，1986.

136. Gilbert，1991.

137. Tetlock，1986.

138. Tetlock，1981,1986.

139. 例如，Kohlberg，1985.

140. Gilligan，1982.

141. 见 Jaffee 和 Hyde，2000.

142. Emler，1998.

143. Haidt，2001.

144. 例如，Hare，1999.

145. Dawkins，1976.

146. Haidt，2001.

147. 见 Tversky 和 Kahneman，1973.

148. Buehler，Griffin 和 Ross，1994.

149. Buehler，Griffin 和 Ross，1994.

150. DePaulo，Charlton，Cooper，Lindsay 和 Muhlenbruck，1998.

151. 综述见 McGuire 和 McGuire，1992.

5

1. Russell 和 Feldman Barrett，1999，第 805 页.

2. 唤起是一个复杂的概念，而不是一个简单的定义。当然也有一些与副交感神经活动相关的非唤起状态。

3. 见 Schachter 和 Singer，1962；Maranon，1924.

4. Zillman，1993.

5. 例如，Schachter 和 Singer，1962.

6. 例如，Zanna，Higgins 和 Taves，1976；也参见 Maslach，1979.

7. Frijda，1986，一部分人认为情绪是可以用来评估的。

8. Gilbert，Pinel，Wilson，Blumberg 和 Wheatley，1998；Gilbert，Brown，Pinel 和 Wilson，2000；Wilson，Meyers 和 Gilbert，2001；Wilson 和 Gilbert，2003.

9. Diener 和 Emmons，1984；Watson 和 Tellegen，1985；Watson 和 Clark，1992.

10. 例如，Green，Goldman 和 Salovey，1993；Green，Salovey 和 Truax，1999.

11. Cacioppo，Gardner 和 Berntson，1999.

12. Diener，Larsen，Levine 和 Emmons，1985.

13. 例如，Schachter 和 Singer，1962.

14. 例如，Russell 和 Feldman Barrett，1999.

15. 例如，Izard，1977.

16. 例如，Niedenthal，Halberstadt 和 Innes-Ker，1999.

17. Diener，Larsen，Levine 和 Emmons，1985.

18. Polivy，1981.

19. Averill，1980.

20. 参见 Baumeister，Heatherton 和 Tice，1994，供审阅。

21. Ekman，1973；Ekman 和 Friesen，1971；Ekman 等，1987.

22. Freedman，1964.

23. Zajonc，1985.

24. Russell，1994，尽管 Ekman 对此提出了激烈的争议；参见 Ekman，1994；Russell，1995.

25. Berkowitz，1989，1990.

26. Easterbrook，1959.

27. 审阅参见 Baumeister 和 Leary，1995.

28. 审阅参见 Baumeister，1991；Myers，1992.

29. Pines 和 Aronson，1983；Buss，2000.

30. Baumeister，Stillwell 和 Heatherton，1994，1995a，1995b.

31. Sullivan，1953.

32. Baumeister 和 Tice，1990.

33. Schlenker 和 Leary，1982.

34. Craighead，Kimball 和 Rehak，1979.

35. Kendall，1978；Smith，Ingram 和 Brehm，1983.

36. Stephan 和 Stephan，1985；参见 also Ickes，1984.

37. Tavris，1989.

38. Averill，1982.

39. Baumeister，Stillwell 和 Heatherton，1994，1995.

40. Yerkes 和 Dodson，1908.

41. Easterbrook，1959.

42. Monat，Averill 和 Lazarus，1972.

43. 参见 Loewenstein，Weber，Hsee 和 Welch，2001，供审阅。

44. Loewenstein，Weber，Hsee 和 Welch，2001；参见 Damasio，1994.

45. Viscusi 和 Magat，1987.

46. Slovic，Finucane，Peters 和 MacGregor，2002.

47. Denes-Raj 和 Epstein，1994.

48. Slovic，Finucane，Peters 和 MacGregor，2002.

49. Leith 和 Baumeister，1996.

50. Damasio，1994.

51. Damasio，1994.

52. Frijda，1986.

53. Baumeister，Stillwell 和 Heatherton，1995a，1995b.

54. 参见 Johnson-Laird 和 Oatley，2000，作为文献的总结。

55. Wood，Quinn 和 Kashy，2002.

56. Bechara，Damasio，Tranel 和 Damasio，1997；Damasio，1994.

57. 例如，Cialdini，Darby 和 Vincent，1973.

58. Manucia，Baumann 和 Cialdini，1984.

59. Bushman，Baumeister 和 Phillips，2001.

60. Tice，Bratslavsky 和 Baumeister，2001.

6

1. Dennett 在 2003 年就预测到了其中一些。

2. Associated Press，2001.

3. Pelham，Mirenberg 和 Jones，2002.

4. Hoorens 和 Todorova，1988；Prentice 和 Miller，1992；Jones，Pelham，Mirenberg 和 Hetts，2002.

5. Jaynes，1976.

6. 不是他真实的名字。

7. Bolt，1987.

8. Roberts，2002。当然，也有一些例外，比如"加西亚效应"，当动物在吃了某种味道的食物一两个小时后感到恶心时，它们将学会不喜欢这种味道。

9. Fox，1993.

10. Spence 和 Segner，1967.

11. Costantini 和 Hoving，1973.

12. Tindall 和 Ratliff，1974.

13. Bolles，1970.

14. 参见 Gazzaniga 和 Heatherton，2002，p.185.

15. Dunbar，1993.

16. Vallacher 和 Wegner，1985，1987.

17. Vallacher 和 Wegner，1985，1987.

18. Pinker，2002，p.61.

19. Oettingen 和 Gollwitzer，2001.

20. Bandura 和 Schunk，1981.

21. Oettingen 和 Gollwitzer，2001；also Gollwitzer，1990.

22. Gollwitzer，1999.

23. 参见 Lengfelder 和 Gollwitzer，2001.

24. 参见 Powers，1973；还有 Carver 和 Scheier，1981.

25. Wegner 在他的口头报告中使用了这一点，但也参见 Wegner，2002.

26. Carver 和 Scheier，1990.

27. 同样，我们这里使用的是意识思维（conscious thought），它指的是作为一个完整心理系统的成熟意识。还有另一种更松散的意识形式，有时简称为察觉意识（awareness），它仅指通过感觉到接收任何信息，这当然是行为所必需的。

28. See Donald，2002.

29. Wegner，2002.

30. Searle，2001.

31. Barsalou，1992，做出此断言。

32. Kant，1797/1967.

33. Kant，1787/1956.

34. 例如，Averill，1982.

35. Miller 和 Brown，1991.

36. Sartre，1943/1974.

37. Jaynes，1976.

38. Wegner，2002.

39. MacAndrew 和 Edgerton，1969，p.173.

40. Gray，1989，1990.

41. Steele 和 Southwick，1985.

42. Ekman，1973；Ekman 和 Friesen，1971；Ekman 等，1987.

43. Russell，1994.

44. 例如，Mischel，1974，1996.

45. Mischel，1974.

46. Tangney，Baumeister 和 Boone，印刷中；另请参阅 Mischel，Shoda 和 Peake，1988；Shoda，Mischel 和 Peake，1990.

47. Gottfredson 和 Hirschi，1990.

48. Tice，Bratslavsky 和 Baumeister，2001.

49. Bushman，Baumeister 和 Phillips，2001.

50. Carver 和 Scheier，1981.

51. Hull，1981.

52. 例如，Baumeister，Bratslavsky，Muraven 和 Tice，1998；Baumeister 和 Heatherton，1996；Muraven 和 Baumeister，2000.

53. Muraven，Baumeister 和 Tice，1999；Oaten 和 Cheng，2002.

54. Waldman，1992.

55. Schwartz，2000.

56. Baumeister，Bratslavsky，Muraven 和 Tice，1998.

57. Vohs，Twenge，Baumeister，Schmeichel 和 Tice，2002.

58. Blascovich 等，1993；Fazio，Blascovich 和 Driscoll，1992.

59. Kahneman 和 Tversky，1979.

60. 可以肯定的是，很多人确实喜欢赌博。但或许赌博的结构避免了输赢相等时的困境。大多数情况下，人们喜欢用小额赌注压在赢得更大的赌注上。据我所知，还没有哪家赌场遵循相反的原则，坚持以大赌小。

61. Gollwitzer，1999；Gollwitzer 和 Brandstatter，1997.

62. Kahneman 和 Tversky，1979.

63. 参见 Loewenstein 和 Elster，1992；Loewenstein，Read 和 Baumeister，2003.

64. Elster，1998；也可参见 Loewenstein，Weber，Hsee 和 Welch，2001.

65. Brockner，Rubin 和 Lang，1981；Fox 和 Staw，1979；Teger，1980.

66. Linder，Cooper 和 Jones，1967.

67. Cooper，2001.

68. Iyengar 和 Lepper，2000.

69. Brehm，1966.

70. Glass，Singer 和 Friedman，1969；Glass 和 Singer，1972.

71. Kahneman 和 Tversky，1979.

72. Gambetta，1993.

73. Herman 和 Polivy，2003.

74. "毒枭在印第安纳州联邦监狱被处决，"纽约时报，2001.6.19.

75. Festinger，1957.

76. Zanna，Higgins 和 Taves，1976.

77. Festinger 和 Carlsmith，1959.

78. Wicker，1969.

79. LaPiere，1934.

80. Ajzen 和 Fishbein，1980；Fishbein 和 Ajzen，1975.

81. Fazio，Powell 和 Herr，1983.

82. Menninger，1938.

83. 参见 Piers 和 Singer，1953/1971.

84. Baumeister 和 Scher，1988；Baumeister，1997；Berglas 和 Baumeister，1993.

85. Billings 和 Moos，1984.

86. Baumeister，1984.

87. Jones 和 Berglas，1978.

88. 也可参见 Berglas 和 Jones，1978.

89. Baumeister，1990.

90. Tice 和 Baumeister，1997.

91. Tice 和 Baumeister，1997.

92. 参见 Baumeister 和 amp；Scher，1988 的综述。

93. Leith 和 Baumeister，1996.

94. MacIntyre，1981.

95. 参见 MacIntyre，1981.

96. 例如，Baumeister 和 Exline，2000.

97. Baumeister 和 Exline，2000.

98. 例如，Baumeister，Stillwell 和 Wotman，1990.

7

1. 请参见 J. Q. Wilson，2002.

2. Gouldner，1960.

3. De Waal，2001.

4. Hogan，1983.

5. Fiske，1991.

6. Clark 和 Mills，1979.

7. 请参见 Gouldner，1960.

8. 在许多大型系统中，这个数量不会如此死板固定，因此会在一定程度上偏离严格的零和模式。士兵的军衔提高一级并没有导致其他人要下调一级。同样的，公司也经常给人升职，很少降职。这种情况能够维持，是因为有人会离开组织，如退休、死亡或跳槽。零和效应可能会减弱，但不会消失。比方说，公司每年的薪资数量是一定的，不可能让每个人的工资翻倍。如果你给副总裁们加双倍工资，那其他人就只好少加一点了。

9. Friedman，2002.

10. 综述请参见 Baumeister，Stillwell 和 Heatherton，1994.

11. Twenge，Baumeister，Tice 和 Stucke，2001；Twenge，Catanese 和 Baumeister，2002.

12. Macfarlane，1986.

13. Burgess 和 Locke，1945.

14. J. Q. Wilson，2002.

15. Bailey 和 Aunger，1995.

16. Reiss，1986.

17. Blumstein 和 Schwartz，1983.

18. Baumeister 和 Tice，2002；Baumeister 和 Vohs，in press；Symons，1979.

19. See Guttentag 和 Secord，1983.

20. Barber，2000.

21. Barber，1999.

22. Schmitt 和 Buss，2001.

23. 综述请参见 Baumeister 和 Twenge，2002.

24. 请参见 Tedeschi 和 Felson，1994.

25. Freud，1930.

26. Baumeister，1997.

27. Brown，1991.

28. Clebsch，1979.

29. Keegan，1993.

30. Baumeister，1997.

31. 请参见 Tedeschi 和 Felson，1994.

32. Baumeister，Smart 和 Boden，1996.

33. Gouldner，1960.

34. Fisher，Nadler 和 Whitcher-Alagner，1982.

35. Cialdini，Darby 和 Vincent，1973；Manucia，Baumann 和 Cialdini，1984.

36. 例如，Burnstein，Crandall 和 Kitayama，1994；Cialdini，Brown，Lewis 和 Luce，1997；Essock-Vitale 和 McGuire，1985；Kaniasty 和 Norris，1995.

37. Fehr 和 Gächter，2002.

38. Henrich 等，2001.

39. Barash 和 Lipton，2002.

40. Barash 和 Lipton，2002.

41. Betzig，1986.

42. Gould 和 Gould，1997；也见 Ridley，1993.

43. Chen 和 Tyler，2001.

44. 请参见 Burgess 和 Locke，1945.

45. 请参见 Stark 和 Bainbridge，1985.

46. 引自 Weintraub，1978.

47. Gouldner，1960.

48. Baumeister，Stillwell 和 Heatherton，1994.

49. Tajfel，1970；Tajfel 和 Billig，1974；Tajfel，Flament，Billig 和 Bundy，1971；Brewer，1979.

50. Tajfel，Flament，Billig 和 Bundy，1971；也见 Turner，1985.

51. Hoyle，Pinkley 和 Insko，1989.

52. 请参见 Sullivan，1953.

53. 例如，Devine，1989.

54. Darley 和 Latane，1968.

55. Latane，Williams 和 Harkins，1979.

56. 例如，Stasser 和 Titus，1985，1987.

57. Janis，1982.

58. Janis，1982.

59. Janis，1982.

60. 请参见 Dower，1986.

61. Janis，1982，p. 73.
62. Janis，1982，p. 75.

尾声

1. 这里采纳了非洲夏娃理论，即所有人类都源自于一个当时住在非洲的女人（也可能是一群有着相似 DNA 的姐妹）。
2. Baumeister 和 Sommer，1997.

参考文献

Abele, A. (1985). Thinking about thinking: Causal, evaluative, and finalistic cognition about social solutions. *European Journal of Social Psychology*, *15*, 315 - 332.

Adler, P. (1980). On becoming a prostitute. In E. Muga (Ed.), *Studies in prostitution* (pp. 22 - 26). Nairobi: Kenya Literature Bureau.

Ajzen, I., & Fishbein, M. (1980). *Understanding attitudes and predicting social behavior*. Englewood Cliffs, NJ: Prentice-Hall.

Alloy, L. B., & Abramson, L. Y. (1979). Judgment of contingency in depressed and nondepressed students: Sadder but wiser? *Journal of Experimental Psychology: General*, *108* (4), 441 - 485.

Amato, P. R., & Gilbreth, P. R. (1999). Nonresident fathers and children's well-being: A meta-analysis. *Journal of Marriage and the Family*, *61*, 557 - 574.

Anderson, C. A., Lepper, M. R., & Ross, L. (1980). The perseverance of social theories: The role of explanation in the persistence of discredited information. *Journal of Personality and Social Psychology*, *39*, 1037 - 1049.

Archer, J. (2000). Sex differences in aggression between heterosexual partners: A meta-analytic review. *Psychological Bulletin*, *126*, 697 - 702.

Argyle, M. (1987). *The psychology of happiness*. London: Methuen.

Aries, P. (1981). *The hour of our death*. (trans. H. Weaver). New York: Knopf.

Associated Press. (2001, November 7). "Mad Dad" head arrested for battery. Sarasota, FL.

Atkins, R. C. (2001). *Dr. Atkins' new diet revolution*. New York: Avon.

Averill, J. (1982). *Anger and aggression: An essay on emotion*. New York: Springer-Verlag.

Averill, J. R. (1980). On the paucity of positive emotions. In K. Blankstein, P. Pliner, & J. Polivy (Eds.), *Advances in the study of communication and affect* (Vol. 6, p. 745). New York: Plenum.

Bailey, J. M., & Pillard, R. C. (1995). Genetics of human sexual orientation. *Annual Review of Sex Research*, *6*, 126 - 150.

Bailey, R. C., & Aunger, R. V. (1995). Sexuality, infertility and sexually transmitted disease among farmers and foragers in central Africa. In P. Abramson & S. Pinkerton (Eds.), *Sexual nature, sexual culture* (pp. 195 - 222). Chicago: University of Chicago Press.

Bandura, A., & Schunk, D. H. (1981). Cultivating competence, self-efficacy, and intrinsic interest through proximal self-motivation. *Journal of Personality and Social Psychology*, *41*, 586 - 598.

Barash, D. P., & Lipton, J. E. (2002). *The myth of monogamy: Fidelity and infidelity in animals and people*. New York: Freeman.

Barber, N. (1999). Women's dress fashions as a function of reproductive strategy. *Sex Roles*, *40*, 459 - 471.

Barber, N. (2000). On the relationship between country sex ratios and teen pregnancy rates: A replication. *Cross-Cultural Research*, *34*, 26 - 37.

Bargh, J. (1982). Attention and automaticity in the processing of self-relevant information. *Journal of Personality and Social Psychology*, *43*, 425 – 436.

Bargh, J. A. (1994). The four horsemen of automaticity: Awareness, intention, efficiency, and control in social cognition. In R. S. Wyer, Jr., & T. K. Srull (Eds.), *Handbook of social cognition* (pp. 1 – 40). Hillsdale, NJ: Erlbaum.

Bargh, J. A., Chen, M., & Burrows, L. (1996). Automaticity of social behavior: Direct effects of trait construct and stereotype activation on action. *Journal of Personality and Social Psychology*, *71*, 230 – 244.

Bargh, J. A., Gollwitzer, P. M., Lee-Chai, A., Barndollar, K., & Trötschel, R. (2001). The automated will: Nonconscious activation and pursuit of behavioral goals. *Journal of Personality and Social Psychology*, *81*, 1014 – 1027.

Barsalou, L. (1992). *Cognitive psychology: An overview for cognitive psychologists*. Hillsdale, NJ: Erlbaum.

Batson, C. D., Duncan, B. D., Ackerman, P., Buckley, T., & Birch, K. (1981). Is empathic emotion a source of altruistic motivation? *Journal of Personality and Social Psychology*, *40*, 290 – 302.

Baumeister, R. F. (1982). A self-presentational view of social phenomena. *Psychological Bulletin*, *91*, 3 – 26.

Baumeister, R. F. (1984). Choking under pressure: Self-consciousness and paradoxical effects of incentives on skillful performance. *Journal of Personality and Social Psychology*, *46*, 610 – 620.

Baumeister, R. F. (1986). *Identity: Cultural change and the struggle for self*. New York: Oxford University Press.

Baumeister, R. F. (1988). Should we stop studying sex differences altogether? *American Psychologist*, *43*, 1092 – 1095.

Baumeister, R. F. (1989). The optimal margin of illusion. *Journal of Social and Clinical Psychology*, *8*, 176 – 189.

Baumeister, R. F. (1990). Suicide as escape from self. *Psychological Review*, *97*, 90 – 113.

Baumeister, R. F. (1991). *Meanings of life*. New York: Guilford.

Baumeister, R. F. (1997). *Evil: Inside human violence and cruelty*. New York: Freeman.

Baumeister, R. F. (2000). Gender differences in erotic plasticity: The female sex driveas socially flexible and responsive. *Psychological Bulletin*, *126*, 347 – 374.

Baumeister, R. F., Bratslavsky, E., Finkenauer, C., & Vohs, K. D. (2001). Bad is stronger than good. *Review of General Psychology*, *5*, 323 – 370.

Baumeister, R. F., Bratslavsky, E., Muraven, M., & Tice, D. M. (1998). Ego depletion: Is the active self a limited resource? *Journal of Personality and Social Psychology*, *74*, 1252 – 1265.

Baumeister, R. F., & Cairns, K. J. (1992). Repression and self-presentation: When audiences interfere with self-deceptive strategies. *Journal of Personality and Social Psychology*, *62*, 851 – 862.

Baumeister, R. F., Campbell, J. D., Krueger, J. I., & Vohs, K. D. (2003). Does high self-esteem cause better performance, interpersonal success, happiness, or healthier lifestyles? *Psychological Science in the Public Interest*, *4*, 1 – 44.

Baumeister, R. F., Catanese, K. R., & Vohs, K. D. (2001). Is there a gender difference in strength of sex drive? Theoretical views, conceptual distinctions, and a review of relevant evidence. *Personality and Social Psychology Review*, *5*, 242 – 273.

Baumeister, R. F., Dale, K., & Sommer, K. L. (1998). Freudian defense mechanisms and empirical findings in modern social psychology: Reaction formation, projection, displacement, undoing, isolation, sublimation, and denial. *Journal of Personality*, *66*, 1081 – 1124.

Baumeister, R. F., & Exline, J. J. (2000). Self-control, morality, and human strength. *Journal of Social and Clinical Psychology*, *19*, 29 – 42.

Baumeister, R. F., & Heatherton, T. F. (1996). Self-regulation failure: An overview. *Psychological Inquiry*, *7*, 1 – 15.

Baumeister, R. F., Heatherton, T. F., & Tice, D. M. (1994). *Losing control: How and why people fail at self-regulation*. San Diego, CA: Academic.

Baumeister, R. F., & Leary, M. R. (1995). The need to belong: Desire for interpersonal attachments as a fundamental human motivation. *Psychological Bulletin*, *117*, 497 – 529.

Baumeister, R. F., & Newman, L. S. (1994). Self-regulation of cognitive inference and decision processes. *Personality and Social Psychology Bulletin*, *20*, 3 – 19.

Baumeister, R. F., & Scher, S. J. (1988). Self-defeating behavior patterns among normal individuals: Review and analysis of common self-destructive tendencies. *Psychological Bulletin*, *104*, 3 – 22.

Baumeister, R. F., Smart, L., & Boden, J. M. (1996). Relation of threatened egotism to violence and aggression: The dark side of high self-esteem. *Psychological Review*, *103*, 5 – 33.

Baumeister, R. F., & Sommer, K. L. (1997). What do men want? Gender differences and two spheres of belongingness: Comment on Cross and Madson (1997). *Psychological Bulletin*, *122*, 38 – 44.

Baumeister, R. F., Stillwell, A. M., & Heatherton, T. F. (1994). Guilt: An interpersonal approach. *Psychological Bulletin*, *115*, 243 – 267.

Baumeister, R. F., Stillwell, A. M., & Heatherton, T. F. (1995a). Interpersonal aspects of guilt: Evidence from narrative studies. In J. P. Tangney & K. W. Fischer (Eds.), *Self-conscious emotions: The psychology of shame, guilt, embarrassment, and pride* (pp. 255 – 273). New York: Guilford.

Baumeister, R. F., Stillwell, A. M., & Heatherton, T. F. (1995b). Personal narratives about guilt: Role in action control and interpersonal relationships. *Basic and Applied Social Psychology*, *17*, 173 – 198.

Baumeister, R. F., Stillwell, A., & Wotman, S. R. (1990). Victim and perpetrator accounts of interpersonal conflict: Autobiographical narratives about anger. *Journal of Personality and Social Psychology*, *59*, 994 – 1005.

Baumeister, R. F., & Tice, D. M. (1990). Anxiety and social exclusion. *Journal of Social and Clinical Psychology*, *9*, 165 – 195.

Baumeister, R. F., & Tice, D. M. (2000). *The social dimension of sex*. New York: Allyn & Bacon.

Baumeister, R. F., Tice, D. M., & Hutton, D. G. (1989). Self-presentational motivations and personality differences in self-esteem. *Journal of Personality*, *57*, 547 – 579.

Baumeister, R. F., & Twenge, J. M. (2002). Cultural suppression of female sexuality. *Review of General Psychology*, *6*, 166 – 203.

Baumeister, R. F., Twenge, J. M., & Nuss, C. (2002). Effects of social exclusion on cognitive processes: Anticipated aloneness reduces intelligent thought. *Journal of Personality and Social Psychology*, *83*, 817 – 827.

Baumeister, R. F., & Vohs, K. D. (in press). Sexual economics: Sex as female resource for social exchange in heterosexual interactions. *Personality and Social Psychology Review*.

Baumeister, R. F., & Wotman, S. R. (1992). *Breaking hearts: The two sides of unrequited love*. New York: Guilford Press.

Baumeister, R. F., Wotman, S. R., & Stillwell, A. M. (1993). Unrequited love: On heartbreak, anger, guilt, scriptlessness, and humiliation. *Journal of Personality and Social Psychology*, *64*, 377 – 394.

Baumeister, R. F., Zhang, L., & Vohs, K. D. (in press). Gossip as cultural learning. *Review of General Psychology*.

Bechara, A. , Damasio, H. , Tranel, D. , & Damasio, A. R. (1997). Deciding advantageously before knowing the advantageous strategy. *Science*, *275*, 1293 – 1295.

Becker, E. (1973). *The denial of death*. New York: Free Press.

Beckman, K. , Marsella, A. J. , & Finney, R. (1979). Depression in the wives of nuclear submarine personnel. *American Journal of Psychiatry*, *136*, 524 – 526.

Beckman, L. J. (1981). Effects of social interaction and children's relative inputs on older women's psychological well-being. *Journal of Personality and Social Psychology*, *41*, 1075 – 1086.

Beggan, J. K. (1992). On the social nature of nonsocial perception: The mere ownership effect. *Journal of Personality and Social Psychology*, *62*, 229 – 237.

Bell, R. M. (1985). *Holy anorexia*. Chicago: University of Chicago Press.

Bellah, R. N. , Madsen, R. , Sullivan, W. M. , Swidler, A. , & Tipton, S. M. (1985). *Habits of the heart: Individualism and commitment in American life*. Berkeley: University of California Press.

Belle, D. (1989). Gender differences in children's social networks and supports. In D. Belle (Ed.), *Children's social networks and social supports* (pp. 173 – 188). New York: Wiley.

Bem, D. J. , & McConnell, H. K. (1970). Testing the self-perception of dissonance phenomena: On the salience of premanipulation attitudes. *Journal of Personality and Social Psychology*, *14*, 23 – 31.

Bem, D. , & McConnell, H. K. (1971). Testing the self-perception explanation of dissonance phenomena: On the salience of premanipulation attitudes. *Journal of Personality and Social Psychology*, *16*, 23 – 31.

Bem, D. J. (1996). Exotic becomes erotic: A developmental theory of sexual orientation. *Psychological Review*, *103*, 320 – 335.

Benenson, J. F. (1993). Greater preference among females than males for dyadic interaction in early childhood. *Child Development*, *64*, 544 – 555.

Benenson, J. F. , Apostoleris, N. H. , & Parnass, J. (1997). Age and sex differences in dyadic and group interaction. *Developmental Psychology*, *33*, 538 – 543.

Berger, P. L. (1970). *A rumor of angels: Modern society and the rediscovery of the supernatural*. Garden City, NY: Anchor.

Berglas, S. C. , & Baumeister, R. F. (1993). *Your own worst enemy: Understanding the paradox of self-defeating behavior*. New York: Basic.

Berglas, S. , & Jones, E. E. (1978). Drug choice as a self-handicapping strategy in response to non-contingent success. *Journal of Personality and Social Psychology*, *36*, 405 – 417.

Berkowitz, L. (1989). Frustration-aggression hypothesis: Examination and reformulation. *Psychological Bulletin*, *106*, 59 – 73.

Berkowitz, L. (1990). On the formation and regulation of anger and aggression: A cognitive-neoassociationistic analysis. *American Psychologist*, *45*, 494 – 503.

Berlin, B. , & Kay, P. (1969). *Basic color terms: Their universality and evolution*. Berkeley: University of California Press.

Betzig, L. (1986). *Despotism and differential reproduction: A Darwinian view of history*. New York: Aldine.

Bhatti, B. , Derezotes, D. , Kim, S. , & Specht, H. (1989). The association between child maltreatment and self-esteem. In A. M. Mecca, N. J. Smelser, & J. Vasconcellos (Eds.), *The social importance of self-esteem* (pp. 24 – 71). Berkeley: University of California Press.

Biernacki, R. (2000). Language and the shift from signs to practices in cultural inquiry. *History and Theory*, *39*, 289 – 310.

Billings, A. G. , & Moos, R. F. (1984). Coping, stress, and social resources among adults with unipolar depression. *Journal of Personality and Social Psychology*, *46*, 877 – 891.

Blakemore, S. -J. , & Decety, J. (2001). From the perception of action to the understanding of intention. *Nature Reviews: Neuroscience*, 2,561 – 567.

Blascovich, J., Ernst, J. M., Tomaka, J., Kelsey, R. M., Salomon, K. L., & Fazio, R. H. (1993). Attitude accessibility as a moderator of autonomic reactivity during decision making. *Journal of Personality and Social Psychology*, 64,165 – 176.

Bless, H., Hamilton, D. L., & Mackie, D. M. (1992). Mood effects on the organization of person information. *European Journal of Social Psychology*, 22,497 – 509.

Bloom, B. L., White, S. W., & Asher, S. J. (1979). Marital disruption as a stressful life event. In G. Levinger & O. C. Moles (Eds.), *Divorce and separation: Context, causes, and consequences* (pp. 184 – 200). New York: Basic.

Blumstein, P., & Schwartz, P. (1983). *American couples*. New York: Morrow.

Bolles, R. C. (1970). Species-specific defense reactions and avoidance learning. *Psychological Review*, 77,32 – 48.

Bolt, M. (1987). *Instructor's resources to accompany David G. Myers' Psychology First Edition*. New York: Worth.

Bowlby, J. (1969). *Attachment and loss: Vol. 1. Attachment*. New York: Basic.

Bowlby, J. (1973). *Attachment and loss: Vol. 2. Separation: Anxiety and anger*. New York: Basic.

Boyd, R., & Richerson, P. J. (1985). *Culture and the evolutionary process*. Chicago: University of Chicago Press.

Brady, J. V. (1958). Ulcers in "executive" monkeys. *Scientific American*, 199,95 – 100.

Braudy, L. (1986). *The frenzy of renown: Fame and its history*. New York: Oxford University Press.

Brehm, J. (1966). *A theory of psychological reactance*. New York: Academic.

Brehm, S. S., & Brehm, J. W. (1981). *Psychological reactance*. New York: Wiley.

Brewer, M. B. (1979). Ingroup bias in the minimal intergroup situation: A cognitive-motivational analysis. *Psychological Bulletin*, 86,307 – 324.

Brickman, P., & Campbell, D. T. (1971). Hedonic relativism and planning the good society. In M. H. Appley (Ed.), *Adaptation level theory: A symposium* (pp. 287 – 302). New York: Academic.

Brickman, P., Coates, D., & Janoff-Bulman, R. (1978). Lottery winners and accident victims: Is happiness relative? *Journal of Personality and Social Psychology*, 36,917 – 927.

Brockner, J., Rubin, J. Z., & Lang, E. (1981). Face-saving and entrapment. *Journal of Experimental Social Psychology*, 17,68 – 79.

Brody, L. R. (1996). Gender, emotional expression, and parent-child boundaries. In S. Fein, R. Kavanaugh, & B. Zimmeberg (Eds.), *Emotion: Interdisciplinary perspectives* (pp. 139 – 170). Hillsdale, NJ: Erlbaum.

Broidy, L. M., Nagin, D. S., Tremblay, R. E., Bates, J. E., Brame, B., Dodge, K., Fergusson, D., Horwood, J., Loeber, R., Laird, R., Lynam, D., Moffitt, T., Pettit, G. S., & Vitaro, F. (2003). Developmental trajectories of childhood disruptive behaviors and adolescent delinquency: A six-site, cross-national study. *Developmental Psychology*, 39,222 – 245.

Brown, D. E. (1991). *Human universals*. New York: McGraw-Hill.

Brumann, C. (1999). Writing for culture: Why a successful concept should not be discarded. *Current Anthropology*, 40(Suppl.),S1 – S13.

Buehler, R., Griffin, D., & Ross, M. (1994). Exploring the "planning fallacy": Why people underestimate their task completion times. *Journal of Personality and Social Psychology*, 67,366 – 381.

Bunker, B. B., Zubek, J. M., Vanderslice, V. J., & Rice, R. W. (1992). Quality of life in dual-career families: Commuting versus single-residence couples. *Journal of Marriage and the Family*,

54,399 – 407.

Burger, J. M. (1992). *Desire for control: Personality, social and clinical perspectives*. New York: Plenum.

Burger, J. M., & Solano, C. H. (1994). Changes in desire for control over time: Gender differences in a ten-year longitudinal study. *Sex Roles*, 31,465 – 472.

Burgess, E. W., & Locke, H. J. (1945). *The family: From institution to companionship*. New York: American.

Burnstein, E., Crandall, C., & Kitayama, S. (1994). Some neo-Darwinian decision rules for altruism: Weighing cues for inclusive fitness as a function of the biological importance of the decision. *Journal of Personality and Social Psychology*, 67,773 – 789.

Bushman, B. J., Baumeister, R. F., & Phillips, C. M. (2001). Do people aggress to improve their mood? Catharsis beliefs, affect regulation opportunity, and aggressive responding. *Journal of Personality and Social Psychology*, 81,17 – 32.

Bushman, B. J., Baumeister, R. F., & Stack, A. D. (1999). Catharsis, aggression, and persuasive influence: Self-fulfilling or self-defeating prophecies? *Journal of Personality and Social Psychology*, 76,367 – 376.

Buss, A. (1989). Temperaments as personality traits. In J. Bates, G. Kohnstamm, & M. Rothbart (Eds.), *Temperament in childhood* (pp. 49 – 58). New York: Wiley.

Buss, D. M. (1994). *The evolution of desire*. New York: Basic.

Buss, D. M. (2000). *The dangerous passion: Why jealousy is as necessary as love and sex*. New York: Free Press.

Buss, D. M., & Schmitt, D. P. (1993). Sexual strategies theory: A contextual evolutionary analysis of human mating. *Psychological Review*, 100,204 – 232.

Cacioppo, J. T., Gardner, W. L., & Berntson, G. G. (1999). The affect system has parallel and integrative processing components: Form follows function. *Journal of Personality and Social Psychology*, 76,839 – 855.

Cacioppo, J. T., Hawkley, L. C., & Berntson, G. G. (2003). The anatomy of loneliness. *Current Directions in Psychological Science*, 12,71 – 74.

Caldwell, M. A., & Peplau, L. A. (1982). Sex differences in same-sex friendship. *Sex Roles*, 8,721 – 732.

Campbell, D. E. (1995). *Incentives: Motivation and the economics of information*. New York: Cambridge University Press.

Campbell, J. D. (1986). Similarity and uniqueness: The effects of attribute type, relevance, and individual differences in self-esteem and depression. *Journal of Personality and Social Psychology*, 50,281 – 294.

Carruthers, P. (in press). The cognitive functions of language. *Behavioral and Brain Sciences*.

Carstensen, L. L. (1992). Social and emotional patterns in adulthood: Support for socioemotional selectivity theory. *Psychology & Aging*, 7(3),331 – 338.

Carstensen, L. L., Isaacowitz, D. M., & Charles, S. T. (1999). Taking time seriously: A theory of socioemotional selectivity. *American Psychologist*, 54(3),165 – 181.

Carver, C. S., & Scheier, M. F. (1981). *Attention and self-regulation: A control theory approach to human behavior*. New York: Springer-Verlag.

Carver, C. S., & Scheier, M. F. (1990). Origins and functions of positive and negative affect: A control-process view. *Psychological Review*, 97,19 – 35.

Caspi, A., & Roberts, B. W. (2001). Personality development across the life course: The argument for change and continuity. *Psychological Inquiry*, 12,49 – 66.

Cassirer, E. (1955). *The philosophy of symbolic forms: Vol. 1. Language* (R. Manheim,

Trans.). New Haven, CT: Yale University Press. (Original work published 1925)

Cattell, R.B. (1963). Theory of fluid and crystallized intelligence: A critical experiment. *Journal of Educational Psychology*, *54*,1 – 22.

Chapman, L. J. , & Chapman, J. P. (1969). Illusory correlation as an obstacle to the use of valid psychodiagnostic signs. *Journal of Abnormal Psychology*, *74*,271 – 280.

Chartrand, T. L. , & Bargh, J. A. (1999). The chameleon effect: The perception-behavior link and social interaction. *Journal of Personality and Social Psychology*, *76*,893 – 910.

Chen, E. S. , & Tyler, T. R. (2001). Cloaking power: Legitimizing myths and the psychology of the advantaged. In Y. Lee-Chai & J. Bargh (Eds.), *The use and abuse of power* (pp. 241 – 261). Philadelphia: Psychology Press/Taylor & Francis.

Cialdini, R. B. , Brown, S. L. , Lewis, B. P. , & Luce, C. (1997). Reinterpreting the empathy-altruism relationship: When one into one equals oneness. *Journal of Personality and Social Psychology*, *73*,481 – 494.

Cialdini, R. B. , Darby, B. L. , & Vincent, J. E. (1973). Transgression and altruism: A case for hedonism. *Journal of Experimental Social Psychology*, *9*,502 – 516.

Cioffi, D. , & Garner, R. (1996). On doing the decision: The effects of active vs. passive choice on commitment and self-perception. *Personality and Social Psychology Bulletin*, *22*,133 – 147.

Clark, M. S. , & Mills, J. (1979). Interpersonal attraction in exchange and communal relationships. *Journal of Personality and Social Psychology*, *37*,12 – 24.

Clark, R. D. , & Hatfield, E. (1989). Gender differences in receptivity to sexual offers. *Journal of Psychology and Human Sexuality*, *2*,39 – 55.

Clebsch, W. A. (1979). *Christianity in European history*. New York: Oxford University Press.

Colapinto, J. (2000). *As nature made him: The boy who was raised as a girl*. New York: Harper Collins.

Conquest, R. (1986). *The harvest of sorrow: Soviet collectivization and the terror-famine*. New York: Oxford University Press.

Conquest, R. (1990). *The Great Terror: A reassessment*. New York: Oxford University Press.

Conway, M. , & Ross, M. (1984). Getting what you want by revising what you had. *Journal of Personality and Social Psychology*, *47*,738 – 748.

Cooper, J. (2001, December). Personal communication (letter) regarding choice and school desegregation in North Carolina.

Cosmides, L. (1989). The logic of social exchange: Has natural selection shaped how humans reason? Studies with the Wason selection task. *Cognition*, *31*,187 – 276.

Cosmides, L. , & Tooby, J. (1992). Cognitive adaptations for social exchange. In J. Barkow, L. Cosmides, & J. Tooby (Eds.), *The adapted mind* (pp. 163 – 228). New York: Oxford University Press.

Costantini, A. F. , & Hoving, K. L. (1973). The effectiveness of reward and punishment contingencies on response inhibition. *Journal of Experimental Child Psychology*, *6*,484 – 494.

Craighead, W. E. , Kimball, W. H. , & Rehak, P. J. (1979). Mood changes, physiological responses, and self-statements during social rejection imagery. *Journal of Consulting and Clinical Psychology*, *47*,385 – 396.

Crary, W. G. (1966). Reactions to incongruent self-experiences. *Journal of Consulting Psychology*, *30*,246 – 252.

Crick, N. R. (2000). Engagement in gender normative versus nonnormative forms of aggression: Links to social-psychological adjustment. In W. Craig (Ed.), *Childhood social development: The essential readings* (pp.309 – 329). Oxford: Blackwell.

Crocker, J. , & Major, B. (1989). Social stigma and self-esteem: The self-protective properties of stigma. *Psychological Review*, *96*,608 – 630.

Cross, S. E. , & Madson, L. (1997). Models of the self: Self-construals and gender. *Psychological Bulletin*, *122*,5 – 37.

Cunningham, M. R. , & Shamblen, S. R. (2001, July). *The erosion and revitalization of love: Social allergies and pleasantries in romantic relationships*. Paper presented at the Conference of the International Network on Personal Relationships, Prescott, AZ.

Damasio, A. (1994). *Descartes' error: Emotion, reason, and the human brain*. New York: Grosset/ Putnam.

Darley, J. M. , & Fazio, R. H. (1980). Expectancy confirmation processes arising in the social interaction sequence. *American Psychologist*, *35*,867 – 881.

Darley, J. M. , & Gross, P. H. (1983). A hypothesis-confirming bias in labelling effects. *Journal of Personality and Social Psychology*, *44*,20 – 23.

Darley, J. M. , & Latane, B. (1968). Bystander intervention in emergencies: Diffusion of responsibility. *Journal of Personality and Social Psychology*, *8*,377 – 383.

Dawkins, R. (1976). *The selfish gene*. New York: Oxford University Press.

Deci, E. L. (1971). Effects of externally mediated rewards on intrinsic motivation. *Journal of Personality and Social Psychology*, *18*,105 – 115.

Denes-Raj, V. , & Epstein, S. (1994). Conflict between intuitive and rational processing: When people behave against their better judgment. *Journal of Personality and Social Psychology*, *66*,819 – 829.

Dennett, D. C. (2003). *Freedom evolves*. New York: Viking/Penguin.

DePaulo, B. M. , Charlton, K. , Cooper, H. , Lindsay, J. J. , & Muhlenbruck, L. (1998). The accuracy-confidence correlation in the detection of deception. *Personality and Social Psychology Review*, *1*,346 – 357.

Derber, C. (1979). *The pursuit of attention: Power and individualism in everyday life*. New York: Oxford University Press.

Detterman, D. K. (2001). Intelligence. *Microsoft Encarta Encyclopedia*. http://encarta.msn.com/ find/Concise.asp? z = 1&pg = 2&ti = 761570026.

Devine, P. G. (1989). Stereotypes and prejudice: Their automatic and controlled components. *Journal of Personality and Social Psychology*, *56*(1),5 – 18.

De Waal, F. (2001). *The ape and the sushi master: Cultural reflections of a primatologist*. New York: Basic.

Diamond, J. (1997). *Why is sex fun?* New York: Basic.

Diener, E. , & Biswas-Diener, R. (2002). Will money increase subjective well-being? A literature review and guide to needed research. *Social Indicators Research*, *57*,119 – 169.

Diener, E. , & Diener, C. (1995). The wealth of nations revisited: Income and quality of life. *Social Indicators Research*, *36*,275 – 286.

Diener, E. , & Emmons, R. A. (1984). The independence of positive and negative affect. *Journal of Personality and Social Psychology*, *47*,1105 – 1117.

Diener, E. , & Fujita, F. (1995). Resources, personal strivings, and subjective well-being: A nomothetic and idiographic approach. *Journal of Personality and Social Psychology*, *68*,926 – 935.

Diener, E. , Larsen, R. J. , & Emmons, R. A. (1984). Person X situation interactions: Choice of situations and congruence response models. *Journal of Personality and Social Psychology*, *47*,580 – 592.

Diener, E. , Larsen, R. J. , Levine, S. , & Emmons, R. A. (1985). Intensity and frequency: Dimensions underlying positive and negative affect. *Journal of Personality and Social Psychology*, *48*,1253 – 1265.

Diener, E., & Oishi, S. (2000). Money and happiness: Income and subjective well-being across nations. In E. Diener & E. M. Suh (Eds.), *Culture and subjective well-being* (pp. 185 – 218). Cambridge, MA: MIT Press.

Diener, E., Suh, E.M., Lucas, R.E., & Smith, H.L. (1999). Subjective well-being: Three decades of progress. *Psychological Bulletin*, 125,276 – 302.

Donald, M. (2002). *A mind so rare: The evolution of human consciousness*. New York: Norton.

Dower, J. W. (1986). *War without mercy: Race and power in the Pacific war*. New York: Pantheon.

Dreben, E. K., Fiske, S. T., & Hastie, R. (1979). The independence of evaluative and item information: Impression and recall order effects in behavior based impression formation. *Journal of Personality and Social Psychology*, 37,1758 – 1768.

Duckworth, K.L., Bargh, J.A., Garcia, M., & Chaiken, S. (in press). The automatic evaluation of novel stimuli. *Psychological Science*.

Dunbar, R. I. M. (1993). Coevolution of neocortical size, group size, and language in humans. *Behavioral and Brain Sciences*, 16,681 – 694.

Dunbar, R. I. M. (1996). *Grooming, gossip, and the evolution of language*. Cambridge, MA: Harvard University Press.

Dunbar, R. I. M. (1998). The social brain hypothesis. *Evolutionary Anthropology*, 6,178 – 190.

Dunton, K. J. (1988). *Parental practices associated with their children's moral reasoning development*. Unpublished doctoral dissertation, Stanford University.

Durkheim, E. (1963). *Suicide*. New York: Free Press. (Original work published 1897)

Easterbrook, J. A. (1959). The effect of emotion on cue utilization and the organization of behavior. *Psychological Review*, 66,183 – 201.

Eccles Parsons, J. (1982). *Sex differences in achievement patterns*. Unpublished invited address, American Psychological Association, Washington, DC.

Ehrlich, P.R. (2000). *Human natures: Genes, cultures, and the human prospect*. Washington, DC: Island Press/Shearwater.

Eibl-Eibesfeld, I. (1972). Human ethology: Concepts and implications for the sciences of man. *Behavioral and Brain Sciences*, 2,1 – 57.

Eibl-Eibesfeldt, I. (1975). *Ethology: The biology of behavior* (2nd ed.). New York: Holt, Rinehart & Winston.

Eisenberg, N., & Lennon, R. (1983). Sex differences in empathy and related capacities. *Psychological Bulletin*, 94,100 – 131.

Ekman, P. (1973). Cross-cultural studies of facial expression. In P. Ekman (Ed.), *Darwin and facial expression* (pp.169 – 222). New York: Academic.

Ekman, P. (1989). The argument and evidence about universals in facial expression of emotion. In H. Wagner & A. Manstead (Eds.), *Handbook of social psychophysiology* (pp. 143 – 164). Chichester, England: Wiley.

Ekman, P. (1994). Strong evidence for universals in facial expressions: A reply to Russell's mistaken critique. *Psychological Bulletin*, 115,268 – 287.

Ekman, P., & Friesen, W. V. (1971). Constants across cultures in the face and emotion. *Journal of Personality and Social Psychology*, 17,124 – 129.

Ekman, P., & Friesen, W. V. (1975). *Unmasking the face: A guide to recognizing emotions from facial clues*. Englewood Cliffs, NJ: Prentice-Hall.

Ekman, P., Friesen, W. V., O'Sullivan, M., Chan, A., Diacoyanni-Tarlatzis, I., Heider, K., Krause, R., Lecompte, W. A., Pitcairn, T., Ricci-Bitti, P. E., Scherer, K., Tomita, M., & Tzavaras, A. (1987). Universals and cultural differences in the judgments of facial expressions of emotion. *Journal of Personality and Social Psychology*, *53*,712 - 717.

Eliade, M. (1978). *A history of religious ideas: Vol. 1. From the stone age to the Eleusinian mysteries* (W. Trask, Trans.). Chicago: University of Chicago Press.

Ellis, B. J., & Symons, D. (1990). Sex differences in sexual fantasy: An evolutionary psychological approach. *Journal of Sex Research*, *27*,527 - 555.

Elster, J. (1998). Emotions and economic theory. *Journal of Economic Literature*, *36*,47 - 74.

Emery, R. E. (1999). *Marriage, divorce, and children's adjustment* (2nd ed.). Thousand Oaks, CA: Sage.

Emler, N. (1998). Sociomoral understanding. In A. Campbell & S. Muncer (Eds.), *The social child* (pp. 293 - 323). Philadelphia, PA: Psychology Press.

Emler, N. (2001). *Self-esteem: The costs and consequences of low self-worth*. York, England: York Publishing.

Epstein, S. (1994). Integration of the cognitive and psychodynamic unconscious. *American Psychologist*, *49*,709 - 724.

Erber, R., & Fiske, S. T. (1984). Outcome dependency and attention to inconsistent information. *Journal of Personality and Social Psychology*, *47*,709 - 726.

Erikson, E. H. (1950). *Childhood and society*. New York: Norton.

Erikson, E. H. (1968). *Identity, youth, and crisis*. New York: Norton.

Essock-Vitale, S. M., & McGuire, M. T. (1985). Women's lives viewed from an evolutionary perspective: 2. Patterns of helping. *Ethology and Sociobiology*, *6*,155 - 173.

Farndale, N. (2002, March 17). Living on his nerves. *Sunday Telegraph Magazine*, pp. 12 - 19.

Farrington, D. P. (1998). Youth crime and antisocial behaviour. In A. Campbell & S. Muncer (Eds.), *The social child* (pp. 352 - 392). East Sussex, England: Psychology Press/Taylor & Francis.

Fazio, R. H., Blascovich, J., & Driscoll, D. M. (1992). On the functional value of attitudes: The influence of accessible attitudes on the ease and quality of decision making. *Personality and Social Psychology Bulletin*, *18*,388 - 401.

Fazio, R. H., Powell, M. C., & Herr, P. M. (1983). Toward a process model of the attitude-behavior relation: Accessing one's attitude upon mere observation of the attitude object. *Journal of Personality and Social Psychology*, *44*,723 - 735.

Federal Bureau of Investigation. (1998). *Crime in the United States*. Washington, DC: U. S. Government Printing Office.

Fehr, E., & Gächter, S. (2002). Altruistic punishment in humans. *Nature*, *415*,137 - 140.

Feshbach, N. D. (1969). Sex differences in children's modes of aggressive responses toward outsiders. *Merrill-Palmer Quarterly*, *15*,249 - 258.

Feshbach, N. D., & Sones, G. (1971). Sex differences in adolescent reactions toward newcomers. *Developmental Psychology*, *4*,381 - 386.

Festinger, L. (1957). *A theory of cognitive dissonance*. Stanford, CA: Stanford University Press.

Festinger, L., & Carlsmith, J. M. (1959). Cognitive consequences of forced compliance. *Journal of Abnormal and Social Psychology*, *58*,203 - 210.

Festinger, L., & Maccoby, N. (1964). On resistance to persuasive communications. *Journal of Abnormal and Social Psychology*, *68*,359 - 366.

Fishbein, M., & Ajzen, I. (1975). *Belief, attitude, intention, and behavior: An introduction to theory and research*. Reading, MA: Addison-Wesley.

Fisher, J. D., Nadler, A., & Whitcher-Alagner, S. (1982). Recipient reactions to aid. *Psychological Bulletin*, *111*,27 - 54.

Fiske, A. P. (1991). *Structures of social life: The four elementary forms of human relations*. New

York: Macmillan/Free Press.

Fiske, S. T. (1980). Attention and weight in person perception: The impact of negative and extreme behavior. *Journal of Personality and Social Psychology*, 38 ,889 – 906.

Fiske, S. T. , & Taylor, S. E. (1984). *Social cognition*. New York: Random House.

Fiske, S. T. , & Taylor, S. E. (1991). *Social cognition* (2nd ed.). New York: McGraw-Hill.

Fogel, A. , Melson, G. F. , & Mistry, J. (1986). Conceptualizing the determinants of nurturance: A reassessment of sex differences. In A. Fogel & G. Melson (Eds.), *Origins of nurturance* (pp. 53 – 67). Hillsdale, NJ: Erlbaum.

Fox, F. V. , & Staw, B. M. (1979). The trapped administrator: Effects of insecurity and policy resistance upon commitment to a course of action. *Administrative Sciences Quarterly*, 24 , 449 – 471.

Fox, J. A. (1993). The death penalty: Foolproof or foolish? *Boston Sunday Globe*, September 28.

Fox, Michael J. (2002, March 18). How Parkinson's saved my life. *Daily Mail* (England), pp. 28 – 30.

Fredrickson, B. L. , & Carstensen, L. L. (1990). Choosing social partners: How old age and anticipated endings make people more selective. *Psychology & Aging* 5 (3) ,335 – 347.

Freedman, D. G. (1964). Smiling in blind infants and the issue of innate versus acquired. *Journal of Child Psychology and Psychiatry*, 5 ,174 – 184.

Freedman, J. (1978). *Happy people: What happiness is, who has it, and why*. New York: Harcourt Brace Jovanovich.

Freud, A. (1936). *The ego and the mechanisms of defense*. New York: Hogarth.

Freud, S. (1930). *Civilization and its discontents* (J. Riviere, Trans.). London: Hogarth.

Friedman, L. M. (2002). *Law in America: A short history*. New York: Random House.

Frijda, N. H. (1986). *The emotions*. Cambridge: Cambridge University Press.

Fukuyama, F. (1992). *The end of history and the last man*. New York: Free Press.

Fukuyama, F. (1999). *The great disruption: Human nature and the reconstitution of social order*. New York: Free Press.

Funder, D. C. (1987). Errors and mistakes: Evaluating the accuracy of social judgment. *Psychological Bulletin*, 101 ,75 – 90.

Gambetta, D. (1993). *The Sicilian mafia: The business of private protection*. Cambridge, MA: Harvard University Press.

Garcia, J. , Ervin, F. T. , & Koelling, R. A. (1966). Learning with prolonged delay of reinforcement. *Psychonomic Science*, 5 ,121 – 122.

Gardner, W. , Seeley, E. , Gabriel, S. , Pennington, G. , Solomon, J. , Ernst, J. , & Skowronski, J. (2002). *The role of "his" and "her" forms of interdependence in everyday life: Gender, belonging, and social experience*. Unpublished manuscript, North-western University.

Gazzaniga, M. , & Heatherton, T. F. (2002). *Psychological science*. New York: Norton.

Geary, D. C. (1998). *Male, female: The evolution of human sex differences*. Washington, DC: American Psychological Association.

Geen, R. G. (1995). *Human motivation: A social psychological approach*. Pacific Grove, CA: Brooks/Cole.

Geen, R. G. , & Quanty, M. B. (1977). The catharsis of aggression: An evaluation of a hypothesis. In L. Berkowitz (Ed.), *Advances in experimental social psychology* (Vol. 10, pp. 1 – 37). New York: Academic.

Geertz, C. (1973). *The interpretation of cultures*. New York: Basic Books.

Geertz, C. (1974). *Myth, symbol, and culture*. New York: Norton.

George Harrison: Obituary. (2001, December 8). *Economist*, p. 77.

Gerstel, N., & Gross, H. (1984). *Commuter marriage: A study of work and family*. New York: Guilford.

Gilbert, D. T. (1991). How mental systems believe. *American Psychologist*, *46*, 107 – 119.

Gilbert, D. T. (1993). The assent of man: Mental representation and the control of belief. In D. Wegner & J. Pennebaker (Eds.), *Handbook of mental control* (pp. 57 – 87). Englewood Cliffs, NJ: Prentice-Hall.

Gilbert, D. T., Brown, R. P., Pinel, E. C., & Wilson, T. D. (2000). The illusion of external agency. *Journal of Personality and Social Psychology*, *79*, 690 – 700.

Gilbert, D. T., Pinel, E. C., Wilson, T. D., Blumberg, S. J., & Wheatley, T. (1998). Immune neglect: A source of durability bias in affective forecasting. *Journal of Personality and Social Psychology*, *75*, 617 – 638.

Gilligan, C. (1982). *In a different voice: Psychological theory and women's development*. Cambridge, MA: Harvard University Press.

Gilovich, T. (1983). Biased evaluation and persistence in gambling. *Journal of Personality and Social Psychology*, *44*, 1110 – 1126.

Gilovich, T., Vallone, R., & Tversky, A. (1985). The hot hand in basketball: On the misperception of random sequences. *Cognitive Psychology*, *17*, 295 – 314.

Glass, C. C., & Singer, J. E. (1972). *Urban stress*. New York: Academic.

Glass, D. C., Singer, J. E., & Friedman, L. N. (1969). Psychic cost of adaptation to an environmental stressor. *Journal of Personality and Social Psychology*, *12*, 200 – 210.

Gollwitzer, P. M. (1990). Action phases and mind-sets. In E. T. Higgins & R. Sorrentino (Eds.), *Handbook of motivation and cognition* (Vol. 2, pp. 53 – 92). New York: Guilford.

Gollwitzer, P. M. (1999). Implementation intentions: Strong effects of simple plans. *American Psychologist*, *54*, 493 – 503.

Gollwitzer, P. M., & Brandstatter, V. (1997). Implementation intentions and effective goal pursuit. *Journal of Personality and Social Psychology*, *73*, 186 – 199.

Gollwitzer, P. M., & Kinney, R. F. (1989). Effects of deliberative and implemental mind-sets on the illusion of control. *Journal of Personality and Social Psychology*, *56*, 531 – 542.

Goodenough, F. L. (1931). *Anger in young children*. Minneapolis: University of Minnesota Press.

Gordon, W. Z. (1993). *Women, the state and revolution: Soviet family policy and social life, 1917 – 1936*. New York: Cambridge University Press.

Gottfredson, M. R., & Hirschi, T. (1990). *A general theory of crime*. Stanford, CA: Stanford University Press.

Gottlieb, J., & Carver, C. (1980). Anticipation of future interaction and the bystander effect. *Journal of Experimental Social Psychology*, *16*, 253 – 260.

Gottman, J. M. (1994). *What predicts divorce?* Hillsdale, NJ: Erlbaum.

Gould, J. L., & Gould, C. G. (1997). *Sexual selection: Mate choice and courtship in nature*. New York: Freeman/Scientific American.

Gould, S. J. (1979, May). Mickey Mouse meets Konrad Lorenz. *Natural History*, pp. 30 – 36.

Gould, S. J. (1984). *Hen's teeth and horse's toes*. New York: Norton.

Gould, S. J. (1996). *The mismeasure of man*. New York: Norton.

Gouldner, A. (1960). The norm of reciprocity: A preliminary statement. *American Sociological Review*, *25*, 161 – 178.

Graeff, B. (1990). On the NBA: Thomas is unhappy celebrity. *Cleveland Plain Dealer*, *Sports section*, p. 2.

Graham, B. (1987). *Facing death and the life after*. Waco, TX: Word Books.

Gray, J. A. (1989). Fundamental systems of emotion in the mammalian brain. In D. Palermo (Ed.),

Coping with uncertainty: Behavioral and developmental perspectives (pp. 173 – 195). Hillsdale, NJ: Erlbaum.

Gray, J. A. (1990). Brain systems that mediate both emotion and cognition. *Cognition and Emotion*, *4*, 269 – 288.

Green, D. P., Goldman, S. L., & Salovey, P. (1993). Measurement error masks bipolarity in affect ratings. *Journal of Personality and Social Psychology*, *64*, 1029 – 1041.

Green, D. P., Salovey, P., & Truax, K. M. (1999). Static, dynamic, and causative bipolarity of affect. *Journal of Personality and Social Psychology*, *76*, 856 – 867.

Greenberg, J., Pyszczynski, T., & Solomon, S. (1986). The causes and consequences of self-esteem: A terror management theory. In R. Baumeister (Ed.), *Public and private self*. New York: Springer-Verlag.

Greenblat, C. S. (1983). The salience of sexuality in the early years of marriage. *Journal of Marriage and the Family*, *45*, 289 – 299.

Greenwald, A. G., Klinger, M. R., & Liu, T. J. (1989). Unconscious processing of dichoptically masked words. *Memory and Cognition*, *17*, 35 – 47.

Grice, G. R. (1948). The relation of secondary reinforcement to delayed reward in visual discrimination learning. *Journal of Experimental Psychology*, *38*, 1 – 16.

Griffitt, W. (1981). Sexual intimacy in aging marital partners. In J. Marsh & S. Kiesler (Eds.), *Aging: Stability and change in the family* (pp. 301 – 315). New York: Academic.

Griggs, R. A., & Cox, J. R. (1982). The elusive thematic-materials effect in Wason's selection task. *British Journal of Psychology*, *73*, 407 – 420.

Gumperz, J. J., & Levinson, S. C. (Eds.). (1996). *Rethinking linguistic relativity*. Cambridge: Cambridge University Press.

Gur, R. C., & Sackeim, H. A. (1979). Self-deception: A concept in search of a phenomenon. *Journal of Personality and Social Psychology*, *37*, 147 – 169.

Guttentag, M., & Secord, P. F. (1983). *Too many women: The sex ratio question*. Beverly Hills, CA: Sage.

Haidt, J. (2001). The emotional dog and its rational tail: A social intuitionist approach to moral judgment. *Psychological Review*, *108*, 814 – 834.

Hamachek, D. (1992). *Encounters with the self* (4th ed.). San Diego, CA: Harcourt Brace Jovanovich.

Hamilton, D. L., Dugan, P. M., & Trolier, T. K. (1985). The formation of stereotypic beliefs: Further evidence for distinctiveness-based illusory correlations. *Journal of Personality and Social Psychology*, *48*, 5 – 17.

Hamilton, D. L., and Gifford, R. K. (1976). Illusory correlation in interpersonal perception: A cognitive basis for stereotypic judgments. *Journal of Experimental Social Psychology*, *12*, 392 – 407.

Hansen, R. D., & Hansen, C. H. (1988). Repression of emotionally tagged memories: The architecture of less complex emotions. *Journal of Personality and Social Psychology*, *55*, 811 – 818.

Hare, R. D. (1999). *Without conscience: The disturbing world of the psychopaths among us*. New York: Guilford.

Harrison, A. A., & Connors, M. M. (1984). Groups in exotic environments. In L. Berkowitz (Ed.), *Advances in experimental social psychology* (Vol. 18, pp. 49 – 87). New York: Academic.

Haselton, M. G., & Buss, D. M. (2000). Error management theory: A new perspective on biases in cross-sex mind reading. *Journal of Personality and Social Psychology*, *78*, 81 – 91.

Headey, B., Veenhoven, R., & Wearing, A. (1991). Top-down versus bottom-up theories of subjective well-being. *Social Indicators Research*, *24*, 81 – 100.

Hebl, M. R. , & Mannix, L. M. (2003). The weight of obesity in evaluating others: A mere proximity effect. *Personality and Social Psychology Bulletin*, 29,28 – 38.

Heine, S. J. , Lehman, D. R. , Markus, H. R. , & Kitayama, S. (1999). Is there a universal need for positive self-regard? *Psychological Review*, 106,766 – 794.

Helson, H. (1964). *Adaptation-level theory: An experimental and systematic approach to behavior*. New York: Harper.

Henrich, J. , Boyd, R. , Bowles, S. , Camerer, C. , Fehr, E. , Gintis, H. , & McElreath, R. (2001). Cooperation, reciprocity and punishment in fifteen small-scale societies. *American Economics Review*, 91,73 – 78.

Herman, C. P. , & Polivy, J. (2003). Dieting as an exercise in behavioral economics. In G. Loewenstein, D. Read, & R. F. Baumeister (Eds.), *Time and decision: Economic and psychological perspectives on intertemporal choice* (pp. 459 – 490). New York: Sage.

Herrnstein, R. J. , & Murray, C. (1994). *The bell curve: Intelligence and class structure in American life*. New York: Free Press.

Hoch, S. J. , & Loewenstein, G. F. (1991). Time-inconsistent preferences and consumer self-control. *Journal of Consumer Research*, 17,492 – 507.

Hogan, R. (1983). A socioanalytic theory of personality. In M. Page & R. Dienstbier (Eds.), *Nebraska symposium on motivation* (pp. 55 – 89). Lincoln: University of Nebraska Press.

Holtzworth-Munroe, A. , & Jacobson, N. S. (1985). Causal attributions of married couples: When do they search for causes? What do they conclude when they do? *Journal of Personality and Social Psychology*, 48,1398 – 1412.

Hoorens, V. , & Todorova, E. (1988). The name letter effect: Attachment to self or primacy of own name writing? *European Journal of Social Psychology*, 18,365 – 368.

Hoyle, R. H. , Pinkley, R. L. , & Insko, C. A. (1989). Perceptions of social behavior: Evidence of differing expectations for interpersonal and intergroup interaction. *Personality and Social Psychology Bulletin*, 15,365 – 376.

Hubel, D. H. , and Wiesel, T. N. (1959). Receptive fields of single neurons in the cat's striate cortex. *Journal of Physiology*, 148,574 – 591.

Hubel, D. H. , and Wiesel, T. N. (1962). Receptive fields, binocular interaction and functional architecture in the cat's visual cortex. *Journal of Physiology*, 160,106 – 154.

Huesmann, L. R. , Eron, L. D. , Lefkowitz, M. M. , & Walder, L. O. (1984). Stability of aggression over time and generations. *Developmental Psychology*, 20,1120 – 1134.

Hull, J. G. (1981). A self-awareness model of the causes and effects of alcohol consumption. *Journal of Abnormal Psychology*, 90,586 – 600.

Huntford, R. (1999). *The last place on earth*. New York: Modern Library.

Ickes, W. (1984). Compositions in black and white: Determinants of interaction in interracial dyads. *Journal of Personality and Social Psychology*, 47,330 – 341.

Itard, J. -M. -G. (1962). *The wild boy of Aveyron* (G. Humphrey & M. Humphrey, Trans.). New York: Appleton-Century-Crofts.

Iyengar, S. S. , & Lepper, M. R. (2000). When choice is demotivating: Can one desire too much of a good thing? *Journal of Personality and Social Psychology*, 79,996 – 1006.

Izard, C. E. (1977). *Human emotions*. New York: Plenum.

Jaffee, S. , & Hyde, J. S. (2000). Gender differences in moral orientation: A metaanalysis. *Psychological Bulletin*, 126,703 – 726.

James, W. (1890). *Principles of psychology* (Vol. 2). New York: Holt.

James, W. H. (1981). The honeymoon effect on marital coitus. *Journal of Sex Research*, 17,114 – 123.

Jamieson, D. W. , & Zanna, M. P. (1989). Need for structure in attitude formation and expression. In A. Pratkanis, S. Breckler, & A. Greenwald (Eds.), *Attitude structure and function* (pp. 383 – 406). Hillsdale, NJ: Erlbaum.

Janis, I. L. (1982). *Groupthink*. Boston: Houghton Mifflin.

Jaynes, J. (1976). *The origin of consciousness in the breakdown of the bicameral mind*. Boston: Houghton Mifflin.

Jensen, A. R. (1998). *The g factor*. Westport, CT: Praeger.

Johansson, G. (1973). Visual perception of biological motion and a model for its analysis. *Perceptual Psychophysics*, *14*, 201 – 211.

Johnson-Laird, P. N. , & Oatley, K. (2000). Cognitive and social construction in emotions. In M. Lewis & J. M. Haviland-Jones (Eds.), *Handbook of emotions* (pp. 458 – 475). New York: Guilford.

Jonas Savimbi: Obituary. (2002, March 2). *Economist*, p. 82.

Jones, E. E. , & Berglas, S. (1978). Control of attributions about the self through self-handicapping strategies: The appeal of alcohol and the role of underachievement. *Personality and Social Psychology Bulletin*, *4*(2), 200 – 206.

Jones, E. E. , & Nisbett, R. E. (1971). *The actor and the observer: Divergent perceptions of the causes of behavior*. New York: General Learning.

Jones, J. T. , Pelham, B. W. , Mirenberg, M. C. , & Hetts, J. J. (2002). Name letter preferences are not merely mere exposure: Implicit egotism as self-regulation. *Journal of Experimental Social Psychology*, *38*, 170 – 177.

Kagan, J. (1981). *The second year: The emergence of self-awareness*. Cambridge, MA: Harvard University Press.

Kahneman, D. , & Frederick, S. (2002). Representativeness revisited: Attribute substitution in intuitive judgment. In T. Gilovich, D. Griffin, & D. Kahneman (Eds.), *Heuristics and biases* (pp. 49 – 81). New York: Cambridge University Press.

Kahneman, D. , Knetsch, J. L. , & Thaler, R. H. (1990). Experimental tests of the endowment effect and the Coase theorem. *Journal of Political Economy*, *98*(6), 1325 – 1348.

Kahneman, D. , & Tversky, A. (1979). Prospect theory: An analysis of decision under risk. *Econometrica*, *47*, 263 – 291.

Kaniasty, K. , & Norris, F. N. (1995). Mobilization and deterioration of social support following natural disasters. *Current Directions in Psychological Science*, *4*, 94 – 98.

Kant, I. (1956). *Kritik der reinen Vernunft* [Critique of pure reason]. Frankfurt, Germany: Meiner. (Original work published 1787)

Kant, I. (1967). *Kritik der praktischen Vernunft* [Critique of practical reason]. Hamburg, Germany: Meiner. (Original work published 1797)

Kasser, T. , & Ryan, R. M. (1993). A dark side of the American dream: Correlates of financial success as a central life aspiration. *Journal of Personality and Social Psychology*, *65*, 410 – 422.

Kay, P. (1996). Intra-speaker relativity. In J. Gumperz & S. Levinson (Eds.), *Rethinking linguistic relativity* (pp. 97 – 114). Cambridge: Cambridge University Press.

Keegan, J. (1993). *A history of warfare*. New York: Knopf.

Keinan, G. (1987). Decision making under stress: Scanning of alternatives under controllable and uncontrollable threats. *Journal of Personality and Social Psychology*, *52*, 639 – 644.

Kendall, P. C. (1978). Anxiety: States, traits — situations? *Journal of Consulting and Clinical Psychology*, *46*, 280 – 287.

Kenny, D. A. , & Albright, L. (1987). Accuracy in interpersonal perception: A social relations analysis. *Psychological Bulletin*, *102*, 390 – 402.

Kenya: No swots, please, we're Masai. (2002, March 23). *Economist*, p. 45.

Kiecolt-Glaser, J. K., Fisher, L. D., Ogrocki, P., Stout, J. C., Speicher, C. E., & Glaser, R. (1987). Marital quality, marital disruption, and immune function. *Psychosomatic Medicine*, *49*, 13 – 34.

Kiecolt-Glaser, J. K., Garner, W., Speicher, C., Penn, G. M., Holliday, J., & Glaser, R. (1984). Psychosocial modifiers of immunocompetence in medical students. *Psychosomatic Medicine*, *46*, 7 – 14.

Kiecolt-Glaser, J. K., Ricker, D., George, J., Messick, G., Speicher, C. E., Garner, W., & Glaser, R. (1984). Urinary cortisol levels, cellular immunocompetency, and loneliness in psychiatric patients. *Psychosomatic Medicine*, *46*, 15 – 23.

Kim, H., & Markus, H. R. (1999). Deviance or uniqueness, harmony or conformity? A cultural analysis. *Journal of Personality and Social Psychology*, *77*, 785 – 800.

Kimble, G., & Perlmuter, L. (1970). The problem of volition. *Psychological Review*, *77*, 361 – 384.

Kinsey, A. C., Pomeroy, W. B., Martin, C. E., & Gebhard, P. H. (1953). *Sexual behavior in the human female*. Philadelphia: Saunders.

Kipnis, D. (1972). Does power corrupt? *Journal of Personality and Social Psychology*, *24*, 33 – 41.

Kipnis, D. (1976). *The powerholders*. Chicago: University of Chicago Press.

Kitayama, S., & Uchida, Y. (in press). Explicit self-criticism and implicit self-regard: Evaluating self and friend in two cultures. *Journal of Experimental Social Psychology*.

Klinger, E., Barta, S. G., & Maxeiner, M. E. (1980). Motivational correlates of thought content frequency and commitment. *Journal of Personality and Social Psychology*, *39*, 1222 – 1237.

Knapp, A., & Clark, M. S. (1991). Some detrimental effects of negative mood on individuals' ability to solve resource dilemmas. *Personality and Social Psychology Bulletin*, *17*, 678 – 688.

Kohlberg, L. (1985). Resolving moral conflicts within the just community. In C. Harding (Ed.), *Moral dilemmas* (pp. 71 – 97). Chicago: Precedent.

Kruglanski, A. W. (1989). *Lay epistemics and human knowledge*. New York: Plenum.

Kruglanski, A. W., & Mayseless, O. (1988). Contextual effects on hypothesis testing: The role of competing alternatives and epistemic motivations. *Social Cognition*, *6*, 1 – 20.

Kuiper, N. A., & Derry, P. A. (1982). Depressed and nondepressed content self-reference in mild depression. *Journal of Personality*, *50*, 67 – 79.

Kunda, Z. (1990). The case for motivated reasoning. *Psychological Bulletin*, *108*, 480 – 498.

Kunda, Z., & Sanitioso, B. (1989). Motivated changes in the self-concept. *Journal of Experimental Social Psychology*, *25*, 272 – 285.

LaFrance, J., & Banaji, M. (1992). Toward a reconsideration of the gender-emotion relationship. In M. Clark (Ed.), *Emotion and social behavior* (pp. 178 – 201). Newbury Park, CA: Sage.

Landauer, T. K. (1986). How much do people remember? Some estimates of the quantity of learned information in long-term memory. *Cognitive Science*, *10*, 477 – 493.

Langer, E. (1975). The illusion of control. *Journal of Personality and Social Psychology*, *32*, 311 – 328.

Langer, E. J., & Rodin, J. (1976). The effects of choice and enhanced personal responsibility for the aged: A field experiment in an institutionalized setting. *Journal of Personality and Social Psychology*, *34*, 191 – 198.

LaPiere, R. T. (1934). Attitudes vs. actions. *Social Forces*, *13*, 230 – 237.

Larson, R., & Pleck, J. (1999). Hidden feelings: Emotionality in boys and men. In R. Dienstbier & D. Bernstein (Eds.), *Nebraska symposium on motivation: Gender and motivation* (Vol. 45, pp. 25 – 74). Lincoln: University of Nebraska Press.

Larson, R., Richards, M. H., & Perry-Jenkins, M. (1994). Divergent worlds: The daily emotional experiences of mothers and fathers in the domestic and public spheres. *Journal of Personality and Social Psychology*, *67*, 1034 – 1046.

Lasch, C. (1978). *The culture of narcissism: American life in an age of diminishing expectations*. New York: Norton.

Latane, B., Williams, K., & Harkins, S. (1979). Many hands make light the work: The causes and consequences of social loafing. *Journal of Personality and Social Psychology*, *37*, 823 – 832.

Laumann, E. O., Gagnon, J. H., Michael, R. T., & Michaels, S. (1994). *The social organization of sexuality: Sexual practices in the United States*. Chicago: University of Chicago Press.

Leary, M. R., & Baumeister, R. F. (2000). The nature and function of self-esteem: Sociometer theory. In M. Zanna (Ed.), *Advances in experimental social psychology* (Vol. 32, pp. 1 – 62). San Diego, CA: Academic.

Leary, M. R., Tambor, E. S., Terdal, S. K., & Downs, D. L. (1995). Self-esteem as an interpersonal monitor: The sociometer hypothesis. *Journal of Personality and Social Psychology*, *68*, 518 – 530.

Leary, M. R., Tchividjian, L. R., & Kraxberger, B. E. (1994). Self-presentation can be hazardous to your health: Impression management and health risk. *Health Psychology*, *13*, 461 – 470.

Lee-Chai, A. Y., Chen, S., & Chartrand, T. (2001). From Moses to Marcos: Individual differences in the use and abuse of power. In A. Lee-Chai & J. Bargh (Eds.), *The use and abuse of power* (pp. 57 – 74). Philadelphia: Psychology Press/Taylor & Francis.

Leitenberg, H., & Henning, K. (1995). Sexual fantasy. *Psychological Bulletin*, *117*, 469 – 496.

Leith, K. P., & Baumeister, R. F. (1996). Why do bad moods increase self-defeating behavior? Emotion, risk taking, and self-regulation. *Journal of Personality and Social Psychology*, *71*, 1250 – 1267.

Lengfelder, A., & Gollwitzer, P. M. (2001). Reflective and reflexive action control in patients with frontal brain lesions. *Neuropsychology*, *15*, 80 – 100.

Lepper, M., Greene, D., & Nisbett, R. (1973). Undermining children's intrinsic interest with intrinsic rewards. *Journal of Personality and Social Psychology*, *28*, 129 – 137.

Lepper, M. R., & Greene, D. (Eds.). (1978). *The hidden costs of reward: New perspectives of the psychology of human motivation*. Hillsdale, NJ: Erlbaum.

Levinson, D. J. (with Darrow, C., Klein, E., Levinson, M., & McKee, B.). (1978). *The seasons of a man's life*. New York: Ballantine.

Levinson, S. C. (1996). Relativity in spatial conception and description. In J. Gumperz & S. Levinson (Eds.), *Rethinking linguistic relativity* (pp. 177 – 202). Cambridge: Cambridge University Press.

Lewinsohn, P. M., Mischel, W., Chaplin, W., & Barton, R. (1980). Social competence and depression: The role of illusory self-perceptions. *Journal of Abnormal Psychology*, *89*, 203 – 212.

Lewis, M. (2001). Issues in the study of personality development. *Psychological Inquiry*, *12*, 67 – 83.

Lieberman, M. D., Gaunt, R., Gilbert, D. T., & Trope, Y. (2002). Reflection and reflexion: A social cognitive neuroscience approach to attributional inference. In M. Zanna (Ed.), *Advances in experimental social psychology* (Vol. 34, pp. 199 – 249). New York: Elsevier.

Linder, D. E., Cooper, J., & Jones, E. E. (1967). Decision freedom as a determinant of the role of incentive magnitude in attitude change. *Journal of Personality and Social Psychology*, *6*, 245 – 254.

Lifton, R. J. (1989). *Thought reform and the psychology of totalism: A study of "brainwashing" in China*. Chapel Hill: University of North Carolina Press.

Loewenstein, G. F. (1996). Out of control: Visceral influences on behavior. *Organizational Behavior and Human Decision Processes*, *65*, 272 – 292.

Loewenstein, G. F. , & Elster, J. (Eds.). (1992). *Choice over time*. New York: Sage.

Loewenstein, G. F. , Read, D. , & Baumeister, R. F. (Eds.). (2003). *Time and decision: Economic and psychological perspectives on intertemporal choice*. New York: Sage.

Loewenstein, G. F. , Weber, E. U. , Hsee, C. K. , & Welch, N. (2001). Risk as feelings. *Psychological Bulletin*, 127,267 – 286.

Look out, Vegas. (2000, July 15). *Economist*, pp. 30 – 31.

Lopata, H. Z. (1971). *Occupation: Housewife*. Westport, CT: Greenwood.

Lord, C. , Ross, L. , & Lepper, M. (1979). Biased assimilation and attitude polarization: The effects of prior theories on subsequently considered evidence. *Journal of Personality and Social Psychology*, 37,2098 – 2109.

Lorenz, K. (1966). *On aggression*. London: Methuen.

Lucy, J. A. (1996). The scope of linguistic relativity: An analysis and review of empirical research. In J. Gumperz & S. Levinson (Eds.), *Rethinking linguistic relativity* (pp. 37 – 69). Cambridge: Cambridge University Press.

Lyman, P. , & Varian, H. R. (2000). How much information? Retrieved from. http://www.sims.berkeley.edu/how-much-info on July 21,2003.

Lyman, S. (1978). *The seven deadly sins: Society and evil*. New York: St. Martin's.

Lynch, J. J. (1979). *The broken heart: The medical consequences of loneliness*. New York: Basic.

MacAndrew, C. , & Edgerton, R. B. (1969). *Drunken comportment: A social explanation*. Chicago: Aldine.

Maccoby, E. E. (1998). *The two sexes: Growing up apart, coming together*. Cambridge, MA: Harvard University Press.

MacDonald, T. K. , & Ross, M. (1999). Assessing the accuracy of predictions about dating relationships: How and why do lovers' predictions differ from those made by observers? *Personality and Social Psychology Bulletin*, 25,1417 – 1429.

Macfarlane, A. (1986). *Marriage and love in England: Modes of reproduction 1300 – 1840*. Oxford: Basil Blackwell.

MacIntyre, A. (1981). *After virtue*. Notre Dame, IN: Notre Dame University Press.

Malinosky-Rummell, R. , & Hansen, D. J. (1993). Long-term consequences of childhood physical abuse. *Psychological Bulletin*, 114,68 – 79.

Manucia, G. K. , Baumann, D. J. , & Cialdini, R. B. (1984). Mood influence on helping: Direct effects or side effects? *Journal of Personality and Social Psychology*, 46,357 – 364.

Maranon, G. (1924). Contribution a l'étude de l'action emotive de l'adrénaline. *Revue Française d'Endocrinologie*, 2,301 – 325.

Margolis, M. L. (1984). *Mothers and such: Views of American women and why they changed*. Berkeley: University of California Press.

Marks, G. (1984). Thinking one's abilities are unique and one's opinions are common. *Personality and Social Psychology Bulletin*, 10(2),203 – 208.

Maslach, C. (1979). Negative emotional biasing of unexplained arousal. *Journal of Personality and Social Psychology*, 37,953 – 969.

Maslow, A. H. (1968). *Toward a psychology of being*. New York: Van Nostrand.

Masters, W. H. , & Johnson, V. E. (1970). *Human sexual inadequacy*. Boston: Little, Brown.

Mayer, J. D. (1993). The emotional madness of the dangerous leader. *Journal of Psychohistory*, 20, 331 – 348.

McCord, J. (1979). Some child-rearing antecedents of criminal behavior in adult men. *Journal of Personality and Social Psychology*, 37,1477 – 1486.

McCrae, R. R. (2001). Traits through time. *Psychological Inquiry*, 12,85 – 87.

McFarlin, D. B. , & Blascovich, J. (1981). Effects of self-esteem and performance feedback on future affective preferences and cognitive expectations. *Journal of Personality and Social Psychology*, *40*, 521 – 531.

McGonigle, B. O. , & Chalmers, M. (1977). Are monkeys logical? *Nature*, *267*, 694 – 696.

McLahahan, S. , & Sandefur, G. (1994). *Growing up with a single parent: What hurts, what helps*. Cambridge, MA: Harvard University Press.

McLeod, E. (1982). *Women working: Prostitution today*. London: Croom Helm.

McGuire, W. J. , & McGuire, C. V. (1992). Cognitive-versus-affective positivity asymmetries in thought systems. *European Journal of Social Psychology*, *22*, 571 – 591.

Mecca, A. M. , Smelser, N. J. , & Vasconcellos, J. (Eds.). (1989). *The social importance of self-esteem*. Berkeley: University of California Press.

Meltzoff, A. N. (1995). Understanding the intentions of others: Reenactment of intended acts by 18-month-old children. *Developmental Psychology*, *31*, 838 – 850.

Menninger, K. (1938). *Man against himself*. New York: Harcourt.

Mikulincer, M. , Florian, V. , & Hirschberger, G. (2004). The terror of death and the quest for love. In J. Greenberg, S. Koole, & T. Pyszczynski (Eds.), *Handbook of experimental existential psychology* (pp. 287 – 304). New York: Guilford.

Milardo, R. M. , Johnson, M. P. , & Huston, T. L. (1983). Developing close relationships: Changing patterns of interaction between pair members and social networks. *Journal of Personality and Social Psychology*, *44*, 964 – 976.

Miller, G. A. , & Gildea, P. M. (1987). How children learn words. *Scientific American*, *257*, 94 – 99.

Miller, L. C. , & Fishkin, S. A. (1997). On the dynamics of human bonding and reproductive success: Seeking windows on the adapted-for human-environmental interface. In J. Simpson & D. Kenrick (Eds.), *Evolutionary social psychology* (pp. 197 – 235). Mahwah, NJ: Erlbaum.

Miller, W. R. , & Brown, J. M. (1991). Self-regulation as a conceptual basis for the prevention of addictive behaviours. In N. Heather, W. R. Miller, & J. Greeley (Eds.), *Self-control and the addictive behaviours* (pp. 3 – 79). Sydney, Australia: Maxwell Macmillan.

Mischel, W. (1974). Processes in delay of gratification. In L. Berkowitz (Ed.), *Advances in experimental social psychology* (Vol. 7, pp. 249 – 292). San Diego, CA: Academic.

Mischel, W. (1996). From good intentions to willpower. In P. Gollwitzer & J. Bargh (Eds.), *The psychology of action* (pp. 197 – 218). New York: Guilford.

Mischel, W. , Ebbesen, E. B. , & Zeiss, A. R. (1973). Selective attention to the self: Situational and dispositional determinants. *Journal of Personality and Social Psychol-ogy*, *27*, 129 – 142.

Mischel, W. , Ebbesen, E. B. , & Zeiss, A. R. (1976). Determinants of selective memory about the self. *Journal of Consulting and Clinical Psychology*, *44*, 92 – 103.

Mischel, W. , Shoda, Y. , & Peake, P. K. (1988). The nature of adolescent competencies predicted by preschool delay of gratification. *Journal of Personality and Social Psychology*, *54*, 687 – 696.

Model makers: A survey of the Netherlands. (2002, May 4). *Economist*.

Monat, A. , Averill, J. R. , & Lazarus, R. S. (1972). Anticipatory stress and coping reactions under various conditions of uncertainty. *Journal of Personality and Social Psychology*, *24*, 237 – 253.

Mook, C. G. (1987). *Motivation: The organization of action*. New York: Norton.

Morf, C. C. , & Rhodewalt, F. (2001). Unraveling the paradoxes of narcissism: A dynamic self-regulatory processing model. *Psychological Inquiry*, *12*, 177 – 196.

Moscovici, S. , & Zavalloni, M. (1969). The group as polarizer of attitudes. *Journal of Personality and Social Psychology*, *12*, 125 – 135.

Muraven, M. , Baumeister, R. F. , & Tice, D. M. (1999). Longitudinal improvement of self-regulation through practice: Building self-control through repeated exercise. *Journal of Social Psychology*, *139*, 446 – 457.

Muraven, M. R., & Baumeister, R. F. (2000). Self-regulation and depletion of limited resources: Does self-control resemble a muscle? *Psychological Bulletin*, *126*, 247 – 259.

Murphy, S. (1992). *A delicate dance: Sexuality, celibacy, and relationships among Catholic clergy and religious*. New York: Crossroad.

Murray, C. (1998). *Income inequality and IQ*. Washington, DC: AIE.

Myers, D. (1992). *The pursuit of happiness*. New York: Morrow.

Nagin, D., & Tremblay, R. E. (1999). Trajectories of boys' physical aggression, opposition, and hyperactivity on the path to physically violent and nonviolent juvenile delinquency. *Child Development*, *70*, 1181 – 1196.

Nationline. (1998, June 8). Twins killed. *USA Today*, p. 2A.

Neuberg, S. L., & Fiske, S. T. (1987). Motivational influences on impression formation: Outcome dependency, accuracy-driven attention, and individuating processes. *Journal of Personality and Social Psychology*, *53*, 431 – 444.

Niedenthal, P. M., Halberstadt, J. B., & Innes-Ker, A. H. (1999). Emotional response categorization. *Psychological Review*, *106*, 337 – 361.

Nisbett, R. E., Peng, K., Choi, I., & Norenzayan, A. (2001). Culture and systems of thought: Holistic versus analytic cognition. *Psychological Review*, *108*, 291 – 310.

Nisbett, R. E., & Wilson, T. D. (1977). Telling more than we can know: Verbal reports on mental processes. *Psychological Review*, *84*, 231 – 259.

Oaten, M., & Cheng, K. (2002). *Strengthening the regulatory muscle: The longitudinal benefit of exercising self-control*. Unpublished data, Macquarie University, Australia.

Oehman, A., Lundqvist, D., & Esteves, F. (2001). The face in the crowd revisited: A threat advantage with schematic stimuli. *Journal of Personality and Social Psychology*, *80*, 381 – 396.

Oettingen, G., & Gollwitzer, P. M. (2001). Goal setting and goal striving. In A. Tesser & N. Schwarz (Eds.), *Blackwell handbook of social psychology: Intraindividual processes* (pp. 329 – 348). Oxford: Blackwell.

Ohman, A., & Mineka, S. (2001). Fears, phobias, and preparedness: Toward an evolved module of fear and fear learning. *Psychological Review*, *108*, 483 – 522.

O'Sullivan, C. S., & Durso, F. T. (1984). Effect of schema-incongruent information on memory for stereotypical attributes. *Journal of Personality and Social Psychology*, *47*, 55 – 70.

O'Toole, B. J. (1990). Intelligence and behavior and motor vehicle accident mortality. *Accident Analysis and Prevention*, *22*, 211 – 221.

Overmier, J. B., & Seligman, M. E. P. (1967). Effects of inescapable shock upon subsequent escape and avoidance learning. *Journal of Comparative and Physiological Psychology*, *63*, 23 – 33.

Palmer, S. E. (1975). The effects of contextual scenes on the identification of objects. *Memory and Cognition*, *3*, 519 – 526.

Patterson, G. R., DeBaryshe, B. D., & Ramsey, E. (2000). A developmental perspective on antisocial behavior. In W. Craig (Ed.), *Childhood social development: The essential readings* (pp. 333 – 348). Oxford: Blackwell.

Peele, S., & Brodsky, A. (1991). *Love and addiction*. New York: Penguin.

Pelham, B. W., Mirenberg, M. C., & Jones, J. T. (2002). Why Susie sells seashells by the seashore: Implicit egoism and major life decisions. *Journal of Personality and Social Psychology*, *82*, 469 – 487.

Petty, R. E., & Cacioppo, J. T. (1986). The elaboration likelihood model of persuasion. In L. Berkowitz (Ed.), *Advances in experimental social psychology* (Vol. 19, pp. 123 – 205). San Diego,

CA: Academic.

Piers, G. , & Singer, M. (1971). *Shame and guilt: A psychoanalytic and cultural study*. New York: Norton. (Original work published 1953)

Pines, M. , & Aronson, E. (1983). Antecedents, correlates, and consequences of sexual jealousy. *Journal of Personality*, *51*,108 – 135.

Pinker, S. (1994). *The language instinct*. New York: HarperCollins.

Pinker, S. (1997). *How the mind works*. New York: Norton.

Pinker, S. (2002). *The blank slate: The modern denial of human nature*. New York: Viking.

Platt, J. (1973). Social traps. *American Psychologist*, *28*,641 – 651.

Polivy, J. (1981). On the induction of mood in the laboratory: Discrete moods or multiple affect states? *Journal of Personality and Social Psychology*, *41*,803 – 817.

Povinelli, D. J. , & Bering, J. M. (2002). The mentality of apes revisited. *Current Directions in Psychological Science*, *20*,115 – 119.

Powers, W. T. (1973). *Behavior: The control of perception*. Chicago: Aldine.

Prentice, D. A. , & Miller, D. T. (1992). When small effects are impressive. *Psychological Bulletin*, *112*,160 – 164.

Pryor, J. B. , & Kriss, M. (1977). The cognitive dynamics of salience in the attribution process. *Journal of Personality and Social Psychology*, *35*,850 – 856.

Pullum, G. K. (1991). *The great Eskimo vocabulary hoax and other irreverent essays on the study of language*. Chicago: University of Chicago Press.

Pyszczynski, T. , & Greenberg, J. (1987). Toward an integration of cognitive and motivational perspectives on social inference: A biased hypothesis-testing model. In L. Berkowitz (Ed.), *Advances in experimental social psychology* (Vol. 20, pp. 297 – 340). New York: Academic.

Pyszczynski, T. , Greenberg, J. , & Holt, K. (1985). Maintaining consistency between self-serving beliefs and available data: A bias in information processing. *Personality and Social Psychology Bulletin*, *11*,179 – 190.

Pyszczynski, T. , Greenberg, J. , & Solomon, S. (1997). Why do we need what we need? A terror management perspective on the roots of human social motivation. *Psychological Inquiry*, *8*,1 – 20.

Rahman, Q. , & Wilson, G. D. (2001). *The psychobiology of sexual orientation*. Manuscript submitted for publication.

Reis, H. T. (1990). The role of intimacy in interpersonal relations. *Journal of Social and Clinical Psychology*, *9*,15 – 30.

Reiss, I. L. (1986). A sociological journey into sexuality. *Journal of Marriage and the Family*, *48*, 233 – 242.

Rhodewalt, F. , & Eddings, S. (2002). Narcissus reflects: Memory distortion in response to ego relevant feedback in high and low narcissistic men. *Journal of Research in Personality*, *36*, 97 – 116.

Ridley, M. (1993). *The red queen: Sex and evolution in human nature*. New York: Penguin.

Robbins, T. (1988). *Cults, converts, and charisma: The sociology of new religious movements*. London, England: Sage.

Roberts, B. W. , & Caspi, A. (2001). Personality development and the person-situation debate: It's déjà vu all over again. *Psychological Inquiry*, *12*,104 – 109.

Roberts, W. A. (2002). Are animals stuck in time? *Psychological Bulletin*, *128*,473 – 489.

Rodin, J. , & Langer, E. J. (1977). Long term effects of a control-relevant intervention with the institutionalized aged. *Journal of Personality and Social Psychology*, *35*,897 – 902.

Rogers, T. B. , Kuiper, N. A. , & Kirker, W. S. (1977). Self-reference and the encoding of personal information. *Journal of Personality and Social Psychology*, *35*,677 – 688.

Rohner, R. P., & Veneziano, R. A. (2001). The importance of father love: History and contemporary evidence. *Review of General Psychology*, *5*, 382 – 405.

Rosenfeld, D., Folger, R., & Adelman, H. F. (1980). When rewards reflect competence: A qualification of the overjustification effect. *Journal of Personality and Social Psychology*, *39*, 368 – 376.

Ross, M. (1989). The relation of implicit theories to the construction of personal histories. *Psychological Review*, *96*, 341 – 357.

Ross, M., & Sicoly, F. (1979). Egocentric biases in availability and attribution. *Journal of Personality and Social Psychology*, *37*, 322 – 336.

Rothbart, M. K. (1989). Temperament and development. In J. Bates, G. Kohnstamm, & M. Rothbart (Eds.), *Temperament in childhood* (pp. 187 – 247). New York: Wiley.

Rothbaum, F., Weisz, J. R., & Snyder, S. S. (1982). Changing the world and changing the self: A two-process model of perceived control. *Journal of Personality and Social Psychology*, *42*, 5 – 37.

Rowe, D. C. (1998). Genes, environment, and psychological development. In A. Campbell & S. Muncer (Eds.), *The social child* (pp. 51 – 83). East Sussex, England: Psychology Press/Taylor & Francis.

Rowe, D. C., Jacobson, K. C., & Van den Oord, E. J. C. G. (1999). Genetic and environmental influences on vocabulary IQ: Parental education level as a moderator. *Child Development*, *70*, 1151 – 1162.

Rozin, P., Millman, L., & Nemeroff, C. (1986). Operation of the laws of sympathetic magic in disgust and other domains. *Journal of Personality and Social Psychology*, *50*, 703 – 712.

Rubin, L. (1990). *Erotic wars: What happened to the sexual revolution?* New York: Farrar, Straus, & Giroux.

Russell, J. A. (1994). Is there a universal recognition of emotion from facial expressions? A review of the cross-cultural studies. *Psychological Bulletin*, *115*, 102 – 141.

Russell, J. A. (1995). Facial expressions of emotion: What lies beyond minimal universality? *Psychological Bulletin*, *118*, 379 – 391.

Russell, J. A., & Feldman Barrett, L. (1999). Core affect, prototypical emotional episodes, and other things called emotion: Dissecting the elephant. *Journal of Personality and Social Psychology*, *76*, 805 – 819.

Rutter, M. (1979). Maternal deprivation, 1972 – 1978: New findings, new concepts, new approaches. *Child Development*, *50*, 283 – 305.

Sackeim, H. A., & Gur, R. C. (1979). Self-deception, other-deception, and self-reported psychopathology. *Journal of Consulting and Clinical Psychology*, *47*, 213 – 215.

Sahlins, M. (1999). Two or three things that I know about culture. *Journal of the Royal Anthropological Institute*, *5*, 399 – 421.

Sampson, R. J., & Laub, J. H. (1990). Crime and deviance over the life course: The salience of adult social bonds. *American Sociological Review*, *55*, 609 – 627.

Sampson, R. J., & Laub, J. H. (1993). *Crime in the making: Pathways and turning points through life*. Cambridge, MA: Harvard University Press.

Sartre, J.-P. (1953). *Existential psychoanalysis*. New York: Philosophical Library.

Sartre, J.-P. (1974). *Being and nothingness*. Secaucus, NJ: Citadel. (Original work published 1943)

Schachter, S., & Singer, J. E. (1962). Cognitive, social and physiological determinants of emotional state. *Psychological Review*, *69*, 379 – 399.

Schacter, D. L. (2001). *The seven sins of memory*. New York: Houghton Mifflin

Schaffner, P. E. (1985). Specious learning about reward and punishment. *Journal of Personality and Social Psychology*, *48*, 1377 – 1386.

Schimmel, S. (1992). *The seven deadly sins: Jewish, Christian, and classical reflections on human nature*. New York: Free Press.

Schlenker, B. R. (1980). *Impression management: The self-concept, social identity, and interpersonal relations*. Monterey, CA: Brooks/Cole.

Schlenker, B. R., & Leary, M. R. (1982). Social anxiety and self-presentation. *Psychological Bulletin*, *92*, 641 – 669.

Schmidt, F. L., & Hunter, J. E. (1992). Development of a causal model of processes determining job performance. *Current Directions in Psychological Science*, *1*, 89 – 92.

Schmidt, F. L., & Hunter, J. E. (1998). The validity and utility of selection methods in personnel psychology: Practical and theoretical implications of 85 years of research findings. *Psychological Bulletin*, *124*, 262 – 274.

Schmitt, D. P., & Buss, D. M. (2001). Human mate poaching: Tactics and temptations for infiltrating existing mateships. *Journal of Personality and Social Psychology*, *80*, 894 – 917.

Schneider, W., & Shiffrin, R. M. (1977). Controlled and automatic human information processing: I. Detection, search, and attention. *Psychological Review*, *84*, 1 – 66.

Schwartz, B. (2000). Self-determination: The tyranny of freedom. *American Psychologist*, *55*, 79 – 88.

Searle, J. R. (2001). *Rationality in action*. Cambridge, MA: MIT Press.

Sedikides, C. (1993). Assessment, enhancement, and verification determinants of the self-evaluation process. *Journal of Personality and Social Psychology*, *65*, 317 – 338.

Sedikides, C., Gaertner, L., & Toguchi, Y. (2003). Pancultural self-enhancement. *Journal of Personality and Social Psychology*, *84*, 60 – 70.

Seligman, M. E. P. (1975). *Helplessness: On depression, development, and death*. San Francisco: Freeman.

Sewell, W. H. (1999). The concept(s) of culture. In V. Bonnell & L. Hunt (Eds.), *Beyond the cultural turn* (pp. 35 – 61). Berkeley: University of California Press.

Shoda, Y., Mischel, W., & Peake, P. K. (1990). Predicting adolescent cognitive and self-regulatory competencies from preschool delay of gratification: Identifying diagnostic conditions. *Developmental Psychology*, *26*, 978 – 986.

Shrauger, J. A., & Schoeneman, T. J. (1979). Symbolic interactionist view of self-concept: Through the looking glass darkly. *Psychological Bulletin*, *86*, 549 – 573.

Shrauger, J. S. (1975). Responses to evaluation as a function of initial self-perceptions. *Psychological Bulletin*, *82*, 581 – 596.

Shrauger, J. S., & Sorman, P. B. (1977). Self-evaluations, initial success and failure, and improvement as determinants of persistence. *Journal of Consulting and Clinical Psychology*, *45*, 784 – 795.

Sipe, A. W. R. (1995). *Sex, priests, and power: Anatomy of a crisis*. New York: Brunner/Mazel.

Skinner, E. A. (1995). *Perceived control, motivation, and coping*. Thousand Oaks, CA: Sage.

Slobin, D. I. (1996). From "thought and language" to "thinking for speaking." In J. Gumperz & S. Levinson (Eds.), *Rethinking linguistic relativity* (pp. 70 – 96). Cambridge: Cambridge University Press.

Sloman, S. A. (2002). Two systems of reasoning. In T. Gilovich, D. Griffin, & D. Kahneman (Eds.), *Heuristics and biases* (pp. 379 – 396). New York: Cambridge University Press.

Slovic, P., Finucane, M., Peters, E., & MacGregor, D. G. (2002). The affect heuristic. In T. Gilovich, D. Griffin, & D. Kahneman (Eds.), *Heuristics and biases: The psychology of intuitive judgment* (pp. 397 – 420). New York: Cambridge University Press.

Smith, G., & Engel, R. (1968). Influence of a female model on perceived characteristics of an automobile. *Proceedings of the 76th Annual Convention of the American Psychological Association*, *168*,681 – 682.

Smith, T. (1994). Attitudes toward sexual permissiveness: Trends, correlates, and behavioral connections. In A. S. Rossi (Ed.), *Sexuality across the life course* (pp. 63 – 97). Chicago: University of Chicago Press.

Smith, T. W., Ingram, R. E., & Brehm, S. S. (1983). Social anxiety, anxious self-preoccupation, and recall of self-relevant information. *Journal of Personality and Social Psychology*, *44*, 1276 – 1283.

Snyder, A. I. (1978). Periodic marital separation and physical illness. *American Journal of Orthopsychiatry*, *48*,637 – 643.

Spanier, G. B., & Casto, R. F. (1979). Adjustment to separation and divorce: A qualitative analysis. In G. Levinger & O. C. Moles (Eds.), *Divorce and separation: Context, causes, and consequences* (pp. 211 – 227). New York: Basic.

Spence, J. T., & Segner, L. L. (1967). Verbal vs. nonverbal reinforcement combinations in the discrimination learning of middle and lower class children. *Child Development*, *38*,29 – 38.

Sprecher, S. (1999). "I love you more today than yesterday": Romantic partners' perceptions of changes in love and related affect over time. *Journal of Personality and Social Psychology*, *76*,46 – 53.

Stark, R., & Bainbridge, W. S. (1985). *The future of religion: Secularization, revival and cult formation*. Berkeley: University of California Press.

Stasser, G., & Titus, W. (1985). Pooling of unshared information in group decision making: Biased information sampling during discussion. *Journal of Personality and Social Psychology*, *48*, 1467 – 1478.

Stasser, G., & Titus, W. (1987). Effects of information load and percentage of shared information o the dissemination of unshared information during group discussion. *Journal of Personality and Social Psychology*, *53*,81 – 93.

Steele, C. M., & Southwick, L. (1985). Alcohol and social behavior: I. The mediating role of inhibitory conflict. *Journal of Personality and Social Psychology*, *48*,18 – 34.

Stephan, W. G., & Stephan, C. W. (1985). Intergroup anxiety. *Journal of Social Issues*, *41*,157 – 175.

Sternberg, R. J. (1997). *Successful intelligence: How practical and creative intelligence determine success in life*. New York: Plume.

Suicide technologies: Exit this way. (2001, December 8). *Economist*, pp. 69 – 70.

Sullivan, H. S. (1953). *The interpersonal theory of psychiatry*. New York: Norton.

Suls, J., & Wan, C. K. (1987). In search of the false uniqueness phenomenon: Fear and estimates of social consensus. *Journal of Personality and Social Psychology*, *52*,211 – 217.

Swann, W. B., Jr. (1987). Identity negotiation: Where two roads meet. *Journal of Personality and Social Psychology*, *53*,1038 – 1051.

Swann, W. B., Jr., Griffin, J. J., Predmore, S., & Gaines, B. (1987). The cognitiveaffective crossfire: When self-consistency confronts self-enhancement. *Journal of Personality and Social Psychology*, *52*,881 – 889.

Symanski, R. (1980). Prostitution in Nevada. In E. Muga, *Studies in prostitution* (pp. 246 – 279). Nairobi: Kenya Literature Bureau.

Symons, D. (1979). *The evolution of human sexuality*. New York: Oxford University Press.

Tajfel, H. (1970). Experiments in intergroup discrimination. *Scientific American*, *223*,96 – 102.

Tajfel, H., & Billig, M. (1974). Familiarity and categorization in intergroup behavior. *Journal of Experimental Social Psychology*, *10*,159 – 170.

Tajfel, H., Flament, C., Billig, M.G., & Bundy, R.F. (1971). Social categorization and intergroup behaviour. *European Journal of Social Psychology*, *1*, 149 – 177.

Tangney, J. P., Baumeister, R. F., & Boone, A. L. (in press). High self-control predicts good adjustment, less pathology, better grades, and interpersonal success. *Journal of Personality*.

Tannahill, R. (1980). *Sex in history*. New York: Stein and Day/Scarborough.

Tavris, C. (1989). *Anger: The misunderstood emotion*. New York: Simon & Schuster.

Taylor, S.E. (1983). Adjustment to threatening events: A theory of cognitive adapta-tion. *American Psychologist*, *38*, 1161 – 1173.

Taylor, S.E., & Brown, J.D. (1988). Illusion and well-being: A social psychological perspective on mental health. *Psychological Bulletin*, *103*, 193 – 210.

Tedeschi, J.T., & Felson, R.B. (1994). *Violence, aggression, and coercive actions*. Wash-ington, DC: American Psychological Association.

Teger, A.I. (1980). *Too much invested to quit*. New York: Pergamon.

Tellegen, A., Lykken, D. T., Bouchard, T. J., Wilcox, K. J., Segal, N. L., & Rich, S. (1988). Personality similarity in twins reared apart and together. *Journal of Person-ality and Social Psychology*, *54*, 1031 – 1039.

Tetlock, P.E. (1981). Pre- to post-election shifts in presidential rhetoric: Impression management or cognitive adjustment? *Journal of Personality and Social Psychology*, *41*, 207 – 212.

Tetlock, P.E. (1983). Accountability and the complexity of thought. *Journal of Personality and Social Psychology*, *45*, 74 – 83.

Tetlock, P.E. (1986). A value pluralism model of ideological reasoning. *Journal of Personality and Social Psychology*, *50*, 819 – 827.

Tetlock, P.E., & Boettger, R. (1989). Accountability: A social magnifier of the dilution effect. *Journal of Personality and Social Psychology*, *57*, 388 – 398.

Tetlock, P.E, & Kim, J.I. (1987). Accountability and judgment processes in a personality prediction task. *Journal of Personality and Social Psychology*, *52*, 700 – 709.

Thorndike, E. L., & Lorge, I. (1944). *The teacher's word book of 30,000 words*. New York: Columbia University Bureau of Publications.

Tice, D. M., & Baumeister, R. F. (1997). Longitudinal study of procrastination, performance, stress, and health: The costs and benefits of dawdling. *Psychological Science*, *8*, 454 – 458.

Tice, D. M., Bratslavsky, E., & Baumeister, R. F. (2001). Emotional distress regulation takes precedence over impulse control: If you feel bad, do it! *Journal of Personality and Social Psychology*, *80*, 53 – 67.

Tindall, R.C., & Ratliff, R.G. (1974). Interaction of reinforcement conditions and developmental level in a two-choice discrimination task with children. *Journal of Experimental Child Psychology*, *18*, 183 – 189.

Tomasello, M. (1999). *The cultural origins of human cognition*. Cambridge, MA: Harvard University Press.

Tremblay, R.E. (2000). The development of aggressive behavior during childhood: What have we learned in the past century? *International Journal of Behavioral Development*, *24*, 129 – 141.

Tremblay, R.E. (2003). Why socialization fails: The case of chronic physical aggression. In B. B. Lahey, T.E. Moffitt, & A. Caspi (Eds.), *The causes of conduct disorder and serious juvenile delinquency* (pp. 182 – 224). New York: Guilford.

Tremblay, R.E., Nagin, D.S., Sguin, J.R., Zoccolillo, M., Zelazo, P.D., Boivin, M., Prusse, D., & Japel, C. (in press). Physical aggression during early childhood: Trajectories and predictors. *Pediatrics*.

Trope, Y. (1983). Self-assessment in achievement behavior. In J. Suls & A. Greenwald (Eds.),

Psychological perspectives on the self (Vol. 2, pp. 93 – 121). Hillsdale, NJ: Erlbaum.

Trope, Y. (1986). Self-enhancement and self-assessment in achievement behavior. In R. Sorrentino & E. T. Higgins (Eds.), *Handbook of motivation and cognition* (Vol. 2, pp. 350 – 378). New York: Guilford.

Trout, D. L. (1980). The role of social isolation in suicide. *Suicide and Life-Threatening Behavior*, *10*, 10 – 23.

Turner, J. C. (1985). Social categorization and the self-concept: A social cognitive theory of group behavior. In E. J. Lawler (Ed.), *Advances in group processes: Theory and research* (Vol. 2, pp. 77 – 121). Greenwich, CT: JAI.

Tversky, A., & Kahneman, D. (1973). Availability: A heuristic for judging frequency and probability. *Cognitive Psychology*, *5*, 207 – 232.

Twenge, J. M., Baumeister, R. F., Tice, D. M., & Stucke, T. S. (2001). If you can't join them, beat them: Effects of social exclusion on aggressive behavior. *Journal of Personality and Social Psychology*, *81*, 1058 – 1069.

Twenge, J. M., Catanese, K. R., & Baumeister, R. F. (2002). Social exclusion causes self-defeating behavior. *Journal of Personality and Social Psychology*, *83*, 606 – 615.

Udry, J. R. (1980). Changes in the frequency of marital intercourse from panel data. *Archives of Sexual Behavior*, *9*, 319 – 325.

Vallacher, R. R., & Wegner, D. M. (1985). *A theory of action identification*. Hillsdale, NJ: Erlbaum.

Vallacher, R. R., & Wegner, D. M. (1987). What do people think they're doing? Action identification and human behavior. *Psychological Review*, *94*, 3 – 15.

Vaughan, D. (1986). *Uncoupling*. New York: Oxford University Press.

Viscusi, K., & Magat, W. (1987). *Learning about risk*. Cambridge, MA: Harvard University Press.

Vohs, K. D., Twenge, J. M., Baumeister, R. F., Schmeichel, B. J., & Tice, D. M. (2002). *Decision fatigue: Making multiple personal decisions depletes the self 's resources*. Unpublished manuscript.

Von Fersen, L., Wynne, C. D. L., & Delius, J. D. (1991). Transitive inference formation in pigeons. *Journal of Experimental Psychology: Animal Behavior Processes*, *17*, 334 – 341.

Wahba, M. A., & Bridwell, L. G. (1983). Maslow reconsidered: A review of research on the need hierarchy theory. In R. Steers & L. Porter (Eds.), *Motivation and work behavior* (pp. 34 – 41). New York: McGraw-Hill.

Waldman, S. (1992, January 27). The tyranny of choice: Why the consumer revolution is ruining your life. *New Republic*, pp. 22 – 25.

Wallace, H. M., & Baumeister, R. F. (2002). The performance of narcissists rises and falls with perceived opportunity for glory. *Journal of Personality and Social Psychology*, *82*, 819 – 834.

Wason, P. (1966). Reasoning. In B. M. Foss (Ed.), *New horizons in psychology* (pp. 106 – 137). Harmondsworth, England: Penguin.

Wason, P., & Johnson-Laird, P. N. (1972). *The psychology of reasoning*. London: Batsford.

Watson, D., & Clark, L. A. (1992). Affects separable and inseparable: On the hierarchical arrangement of the negative affects. *Journal of Personality and Social Psychology*, *62*, 489 – 505.

Watson, D., & Tellegen, A. (1985). Toward a consensual structure of mood. *Psychological Bulletin*, *98*, 219 – 235.

Wegner, D. M. (2002). *The illusion of conscious will*. Cambridge, MA: MIT Press.

Wegner, D. M. (in press). Who is the controller of controlled processes? In R. Hassin, J. Uleman, & J. Bargh (Eds.), *Unintended thought* (Vol. 2). New York: Guilford.

Weinberger, D. A., Schwartz, G. E., & Davidson, R. J. (1979). Low-anxious, high-anxious, and repressive coping styles: Psychometric patterns and behavioral and physiological responses to stress. *Journal of Abnormal Psychology*, 88,369 – 380.

Weiner, B. (1985). "Spontaneous" causal thinking. *Psychological Bulletin*, 97,74 – 84.

Weiner, B., Frieze, I., Kukla, A., Reed, L., Rest, S., & Rosenbaum, R. M. (1971). Perceiving the causes of success and failure. In E. E. Jones, D. E. Kanouse, H. H. Kelley, R. E. Nisbett, S. Valins, & B. Weiner (Eds.), *Attribution: Perceiving the causes of behavior* (pp. 95 – 120). Morristown, NJ: General Learning.

Weintraub, K. J. (1978). *The value of the individual: Self and circumstance in autobiography*. Chicago: University of Chicago Press.

Weiss, J. M. (1971a). Effects of coping behavior in different warning signal conditions on stress pathology in rats. *Journal of Comparative and Physiological Psychology*, 77,1 – 13.

Weiss, J. M. (1971b). Effects of coping behavior with and without a feedback signal on stress pathology in rats. *Journal of Comparative and Physiological Psychology*, 77,22 – 30.

Weiss, J. M. (1971c). Effects of punishing the coping response (conflict) on stress pathology in rats. *Journal of Comparative and Physiological Psychology*, 77,14 – 21.

Wells, L. E., & Rankin, J. H. (1991). Families and delinquency. A meta-analysis of the impact of broken homes. *Social Problems*, 38,71 – 93.

Wenzlaff, R. M., Wegner, D. M., & Roper, D. (1988). Depression and mental control: The resurgence of unwanted negative thoughts. *Journal of Personality and Social Psychology*, 55,882 – 892.

Wheeler, L., & Nezlek, J. (1977). Sex differences in social participation. *Journal of Personality and Social Psychology*, 35,742 – 754.

Wheeler, L., Reis, H. T., & Nezlek, J. (1983). Loneliness, social interaction, and sex roles. *Journal of Personality and Social Psychology*, 45,943 – 953.

Wicker, A. M. (1969). Attitudes vs. actions: The relationship of verbal and overt behavioral responses to attitude objects. *Journal of Social Issues*, 22,41 – 78.

Will, G. F. (1990, May 21). The budget (yawn) battle. *Newsweek*, p. 100.

Will, G. F. (2002a, September 29). The billions between tort and extort. *Cleveland Plain Dealer*, p. H5.

Will, G. F. (2002b). *With a happy eye but...: America and the world*. New York: Free Press.

Wills, T. A. (1981). Downward comparison principles in social psychology. *Psychological Bulletin*, 90,245 – 271.

Williams, K. D. (2001). *Ostracism: The power of silence*. New York: Guilford.

Wilson, J. Q. (2002). *The marriage problem: How our culture has weakened families*. New York: Harper Collins.

Wilson, T. D. (2002). *Strangers to ourselves: Discovering the adaptive unconscious*. Cambridge, MA: Harvard University Press.

Wilson, T. D., & Gilbert, D. T. (2003). Affective forecasting. In M. Zanna (Ed.), *Advances in experimental social psychology* (Vol. 35, pp. 345 – 411). New York: Elsevier.

Wilson, T. D., Meyers, J., & Gilbert, D. T. (2001). Lessons from the past: Do people learn from experience that emotional reactions are short lived? *Personality and Social Psychology Bulletin*, 27, 1648 – 1661.

Winfield, F. E. (1985). *Commuter marriage*. New York: Columbia University Press.

Winter, D. G. (1973). *The power motive*. New York: Free Press.

Wong, R. (2000). *Motivation: A biobehavioural approach*. Cambridge: Cambridge University Press.

Wood, W. , Quinn, J. , & Kashy, D. (2002). Habits in everyday life: Thought, emotion, and action. *Journal of Personality and Social Psychology*, *83*(6),1281 – 1297.

Wright, K. N. , & Wright, K. E. (1992). Does getting married reduce the likelihood of criminality? A review of the literature. *Federal Probation*, *56*,50 – 56.

Wyer, R. S. , & Frey, D. (1983). The effects of feedback about self and others on the cognitive processing of feedback-relevant information. *Journal of Experimental Social Psychology*, *19*,540 – 559.

Yerkes, R. M. , & Dodson, J. D. (1908). The relation of strength of stimulus to rapidity of habit-formation. *Journal of Comparative Neurology and Psychology*, *18*,459 – 482.

Zajonc, R. B. (1985). Emotion and facial efference: A theory reclaimed. *Science*, *228*,15 – 21.

Zanna, M. P. , Higgins, E. T. , & Taves, P. A. (1976). Is dissonance phenomenologically aversive? *Journal of Experimental Social Psychology*, *12*,530 – 538.

Zillman, D. (1993). Mental control of angry aggression. In D. M. Wegner & J. W. Pennebaker (Eds.), *Handbook of mental control* (pp.370 – 392). Englewood Cliffs, NJ: Prentice-Hall.

Zuckerman, M. (1979). Attribution of success and failure revisited; or, The motivational bias is alive and well in attribution theory. *Journal of Personality*, *47*,245 – 287.

Zullow, H. M. , & Seligman, M. E. (1990). Pessimistic rumination predicts defeat of presidential candidates, 1900 to 1984. *Psychological Inquiry*, *1*,52 – 61.

Wang, W., Cheng, J. and Chen, X. (2008). Relationship between consumer
ethnocentrism and purchase intentions of domestic products.

Wei, L., Liu, W. and ... (1999). The influence of consumer's perceptions
of the environment ... Journal of ... pp.42-60.

Wu, J., Liu, D. and ... (1997). ... ... Journal
of Marketing Research. pp.

Zhou, K. Z., Su, C. and Bao, Y. (2002). A paradox of price-quality and
market efficiency. Journal of Consumer Marketing. pp.349-365.

Zhuang, W. (1991). Branding and ... ...

Zhang, X. and Huang, J. (1996). ... ...
26. Journal of Consumer Research.

Zhang, Y. (1996). ... ...
(1996). ... ...

... ...
... ... pp.

Zhang, H. et al. (1998). The influence of consumer's ...
Journal of ... ... pp.